Chemisch-polytechnisches Fachwörterbuch

Teil 1: Englisch-Deutsch

Interdisziplinäres Fachwörterbuch mit ca. 20.000 Einträgen, chemischen Formeln, Abkürzungen und Akronymen

von

Dipl.-Ing. Jochen A. Wanderer

Wanderer Verlag Heere
ISBN 3-927726-05-2

Impressum

Gesamtherstellung:
Dipl.-Ing. Jochen A. Wanderer
Berggarten 2
D-West 3327 Heere
Telefon 05345-4462
FAX 05345-334

Die Deutschen Bibliothek - CIP-Einheitsaufnahme
Wanderer, Jochen A.:
Chemisch-polytechnisches Fachwörterbuch : interdisziplinäres
Fachwörterbuch mit ca. 20.000 Einträgen, chemischen Formeln,
Abkürzungen und Akronymen / von Jochen A. Wanderer. - Heere :
Wanderer.
NE: HST
Teil 2. Deutsch-englisch. - 1992
ISBN 3-927726-06-0

Copyright © 1992, Wanderer Verlag, Heere

Alle Rechte, insbesondere das Recht der Vervielfältigung und Verbreitung sowie der Übersetzung in weitere Sprachen vorbehalten. Kein Teil des Werkes darf in irgendeiner Form ohne schriftliche Genehmigung des Verlages reproduziert oder unter Verwendung elektronischer Systeme gescannt, gespeichert, verarbeitet, vervielfältigt oder verbreitet werden.
Lizenz-Anfragen zur Verwertung von Rechten im anglo-amerikanischen Ausland sind erwünscht.
Printed in West Germany.

Vorwort

Die Zielbranchen

Dieses Buch ist für Personen geschrieben, die in folgenden Branchen aktiv sind und den Stand der Technik auf internationalen Tagungen oder im Schrifttum verfolgen (müssen):
- Anorganische Chemie
- Bergbau & Erzaufbereitung
- Chemie-Ingenieurtechnik
- Chemische Analytik
- Elektrochemie
- Eisen- & Stahlherstellung
- Geologie
- Gießen von Metallen
- Halbzeugverarbeitung
- Maschinen- und Apparatebau
- Metallurgie der NE-Metalle
- Pulvermetallurgie
- Qualitätskontrolle
- Recycling
- Umformende Technik
- Umschmelzen
- Umweltschutz
- Verfahrenstechnik
- Wärmebehandlung
- Werkstoffprüfung

Die Zielgruppen

Das Buch wendet sich an:
- Ingenieure in Praxis & Forschung
- Professoren & akad. Lehrpersonal
- Wiss. Assistent(inn)en
- Student(inn)en n. d. Vorexamen
- Übersetzer- und Dolmetscher

Zum Buch

- Seit 1976 arbeitet der Autor in der Dokumentation in den oben genannten Branchen und wertet die internationale anglo-amerikanische Fachliteratur aus.
- Am Ende der 70er und während der 80er Jahre waren keine modernen Fachwörterbücher auf dem Markt, so daß die Lücken und die Grenzen für deren Benutzbarkeit schnell erreicht wurden.
- Um für das Buchprojekt eine hohe Aktualität gewährleisten zu können, wurden viele Informationen aus alten und neuen Fach-Zeitschriften bzw. Fach-Büchern & Tagungsbänden herausgesucht, notiert, sortiert, auf Relevanz und definitive Richtigkeit überprüft. Diese Praxis war insbesondere für das Füllen der Lücken im Bereich der Abkürzungen und Akronymen notwendig, die aufgeschlüsselt wurden.
- Für chemische Substanzen (incl. Trivialnamen), rohstoff- und großtechnisch relevante Minerale werden in fast allen Fällen dem Benutzer eine weiterführende Kurzinformation (z.B. chemische Zusammensetzung, Formel) angeboten. Die chemischen Formeln fehlen in allen einschlägig bekannten Fachwörterbüchern. Diese Informationen sollen die Treffsicherheit für die Student(inn)en im Allgemeinen, aber insbesondere für Personen innerhalb der Übersetzer- & Dolmetscherberufe

| Vorwort |

erhöhen. Den Angehörigen dieser zuletzt genannten Berufsgruppen fehlt i. A. aufgrund ihres Ausbildungsganges das chemisch-technische Detailwissen.

- Das Buch wurde um Informationen unter Einfluß der über 15 Jahre langen Dokumentations- & Übersetzungspraxis ergänzt. Dazu gehört auch die Neuaufnahme von Länder-Abkürzungen nach ISO-Code, die man zunächst in solch einem Buch nicht vermutet, aber die in dem Bereich der Fachliteraturdokumentation Standard sind und heutzutage in praktisch allen Fachdatenbanken (bzw. deren Computerausdrucken) auftauchen. Mit dieser Crossreferenz können Sie die Dokumentencodierung entschlüsseln und damit den darin enthaltenen Informationsgehalt zurückgewinnen.

Schwerpunkte

- Die Personen der rohstofforientierten, chemie- oder ingenieur-technischen Berufe stehen einer ständigen Erweiterung bzw. Veränderung ihres Fachwortschatzes gegenüber, dem dieses chemisch-polytechnische Fachwörterbuch Rechnung tragen soll.
- Das chemisch-polytechnische Fachwörterbuch berücksichtigt die Sprachentwicklung der letzten 15 Jahre.
- Auf die beliebten Querverweise wurde weitgehend verzichtet, denn umfangreiche Blätter- & Suchaktionen sind arbeitstechnisch ermüdend.
- Aufschlüsselung von Abkürzungen und Akronymen, insbesondere bei Firmen- bzw. Verfahrensnamen.
- Großtechnisch relevante, chemische Substanzen und Minerale mit den chemischen Summenformeln.
- Ca. 30.000 Zeilen Textumfang mit über 1000 Ingenieurstunden Arbeitszeit für das mehrfach recherchierte und überprüfte Manuskript, über den Text- und chemischen Formelsatz sowie die Satzkorrektur.
- Die beiden Bände mit der gesammelten Information von zusammen über zweitausend Ingenieurstunden erhalten Sie zum Preis von weniger als einer halben Ingenieurstunde.
- Ausgeschriebene, eindeutige Einträge - keine Schlangensymbolik etc.
- Ländernamen und deren ISO-Code als Crossreferenz
- Ein hoher Nutzen, d.h. geringer Zeit- und Suchaufwand für Sie, möge den Aufwand zur Herstellung des Buches begleiten.

Wenn Sie trotz aller Kontrollinstanzen eine Ergänzung haben oder einen Fehler finden, dann schreiben Sie mir bitte. Sollte Ihnen meine Arbeit gefallen, dann empfehlen Sie mich bitte weiter.

Mit freundlichen Grüßen und Glückauf!

Jochen A. Wanderer

Heere, 1. Juli 1992

A

AA process (*ammonoalunite process*) - das Ammoniumalunit Verfahren, Abk.: AA Verfahren

AAC process (*ammoniacal ammonium carbonate process*) - die ammoniakalische Laugung von Lateriten, im deutschen Sprachraum besser bekannt unter dem Namen: Caron Verfahren

AAS = atomic absorption analysis - die Atomabsorptionsspektrometrie

AAS = Australian Associated Smelters Ltd. *(Melbourne)*

abandon - verlassen, aufgeben

abbreviation - die Abkürzung

aberrant - abweichend

above ground - über Tage

abrade - abschleifen, abschaben

abrasion - der Abrieb, die Abrasion

abrasion soldering - das Reiblöten

abrasion test - der Abrasionsversuch

abrasive - das Schleifmittel

abrasive belt - das Schleifband

abrasive belt grinding - das Bandschleifen

abrasive blasting cabine (*surface processing*) - der Strahlraum (*Oberflächenbearbeitung*)

abrasive blasting process - das Strahlarbeiten

abrasive corundum - der Strahlkorund

abrasive hardness - die Ritzhärte

abrasive jet machining - das Flüssigkeitsstrahlbearbeiten

abrasive wear - der Abrasivverschleiß

absenteeism - das Arbeitsversäumnis

absorbent materials - das Absorptionsmittel

absorption - die Absorption (*Aufsaugung*), die Aufnahme

absorption of gas - die Gasaufnahme

absorption spectrometry - die Absorptionsspektrometrie

abstract - entziehen, herausziehen

abstract of a paper - die Zusammenfassung eines Fachaufsatzes

abundance - der Überfluß

abutment - das Widerlager

abyssinian gold (*aluminium bronze*) - die Aluminiumbronze, das Talmigold

ac, a.c., AC, A.C. = alternating current - der Wechselstrom

acanthite - Mineral Acanthit, Ag_2S

Accar process - das Accar Verfahren (*Eisendirektreduktion*)

acceleration - die Beschleunigung

acceleration measurement - die Beschleunigungsmessung

acceleration sensor - der Beschleunigungsaufnehmer

acceleration time - die Hochlaufzeit

acceptance - die Abnahme, die Genehmigung

acceptance test - die Abnahmeprüfung

accepted design - der genehmigte Entwurf

access - der Zugang

accessible - zugänglich

accessory - das Zubehör

accessory minerals - die beigemengten Mineralien

accident - die Betriebsstörung, die Störung, der Unfall, der Unglücksfall, die Betriebsunterbrechung

accident of a seam - die Unterbrechung eines Flözes

accident prevention - der Unfallschutz

acclimatization - die Klimatisierung

accomodate - unterbringen, aufnehmen, zurichten, anpassen

accomodating terms

accomodating terms - die annehmbaren Bedingungen
accompanying element - das Begleitelement
accordance - die Übereinstimmung
account of settlement - die Abschlußrechnung
accountant - der Rechnungsführer
accretions - das Zuwachsen *(Anwachsen)* im Ofen, der Ofenansatz
accretions of shaft furnace - die Ansätze eines Schachtofens, die Ofensau
accu *(exact: lead accumulator)* - der Akku *(exakt: Bleiakkumulator)*
accumulate - speichern, anwachsen, sich anhäufen
accumulation - die Ablagerung, die Ansammlung, die Anreicherung, die Speicherung
accumulation of imperfections - das Fehlstellenagglomerat
accumulation of heat - der Wärmestau, die Wärmespeicherung
accumulative frequence curve - die Summenhäufigkeitskurve
accumulator - der Sammler, der Akkumulator, der Speicher
accuracy - die Genauigkeit
accuracy characteristics - das Genauigkeitsmerkmal Richtigkeit
accuracy of analytical results - die Richtigkeit von analytischen Ergebnissen
accuracy of shape - die Formgenauigkeit
accuracy to gauge - die Maßhaltigkeit
accurate length - die genaue Länge
acelain acid - die Azelainsäure, $C_9H_{16}O_4$
acetic acid - die Essigsäure, Trivialname: der Eisessig, CH_3COOH
aceton - das Azeton, CH_3COCH_3 oder C_3H_6O
acetonitrile - das Azetonitril, CH_3CN
acetylbromide - das Azetylbromid, CH_3COBr
acetylchlorid - das Azetylchlorid, CH_3COCl
acetylene - das Azetylen, das Äthin, C_2H_2 *(identisch mit CH-CH mit Dreifachbindung zwischen den Kohlenstoffatomen)*
acetylene generateur - der Azetylenentwickler
achieve - erreichen, erlangen, vollbringen
achromatic - farblos
acicular - nadelförmig
acicular fracture - der nadelförmige Bruch
acicular structure - das Nadelgefüge
acid - die Säure
acid aqueous solutions - die saure wäßrige Lösung
acid bottom - der saure Herd
acid carboys - die Säureflaschen *(im Korb)*
acid corrosion - die Säurekorrosion
acid electrode - die ES Elektrode *(umhüllte Stabelektrode)*
acid embrittlement - die Beizsprödigkeit
acid furnace lining - die saure Ofenzustellung
acid leaching - das saure Auslaugen
acid lining - das saure Futter, die saure Auskleidung
acid medium - das saure Medium
acid proof - säurefest
acid proof structures - der Säurebau
acid protective clothing - die säurefeste Kleidung
acid recovery plant - die Laugenaufarbeitungsanlage
acid slag - die saure Schlacke
acid slagging practice - die saure

Schlackenführung

acid to litmus paper - sauer auf Lackmuspapier reagierend

acid vat - der Säurebottich

acid resisting paint - der säurefeste Anstrich

acidification - die Säuerung

acidify - ansäuern

acidimeter - der Säuremesser (das Azidimeter)

acidimetric titration - die Neutralisationstitration

acidity - die Azidität (Säurestärke)

acidulate - säuern

acidulous - säuerlich

acknowledgment of receipt - die Abnahmebescheinigung

acoustic emission - die Schallemission

acoustic insulation - die akustische Isolierung

acoustic measurement - die akustische Messung

acoustic testing - die akustische Prüfung

acoustical holography - die akustische Holographie

acoustical properties - die akustische Eigenschaft

acoustical spectroscopy - die akustische Spektroskopie

acoustical waves - die akustische Welle

acquisition of measured data - die Meßdatenerfassung

ACR process = advanced carbothermic reduction process for Si production - erweitertes, carbothermisches Reduktionsverfahren zur Siliciumherstellung, Abk.: ACR Verfahren

across the measures - querschlägig

acrylic acid - die Akrylsäure, $C_3H_4O_2$ oder $CH_2=CHCOOH$

actinide - die Aktinide

actinide metals production - die Aktinidherstellung

actinium - Actinium, Ac

actinium ion - Actiniumion, Ac(+3)

activated carbon - der aktive Kohlenstoff

activated charcoal - die Aktivkohle

activation - die Aktivierung

activation analysis - die Aktivierungsanalyse

activation energy - die Aktivierungsenergie

activation potential - das Aktivierungspotential

active burning - die lebhafte Verbrennung

active oxygen - der aktive Sauerstoff, das Ozon (besondere Form des Sauerstoffs (O_3). Der aktive Sauerstoff (Ozon) dient als starkes Oxydations-, Desinfektions- und Bleichmittel)

activity - die Lebhaftigkeit, die Aktivität

activity coefficient - der Aktivitätskoeffizient

actual amount of air required - der wirkliche Luftbedarf

actual power - die effektive Leistung

actual size - das tatsächliche Maß oder das "Ist-Maß"

acute angle - der spitze Winkel

acute angle triangle - das spitzwinklige Dreieck

adapt - anpassen, sich anpassen, adaptieren

adaptative control - die adaptive Regelung

adaptor pan - die Paßrinne

add up - addieren, aufrechnen, summieren

addendum - die Kopfhöhe eines Zahnes

additional charges - die Nebenkosten

additional performance - die Zusatz

additional weight

leistung
additional weight - das Mehrgewicht
additions - die Zuschläge, der Zusatz zur Charge
additions - der Nachtrag, die Ergänzung
additions to the shaft furnace mixture - die Zuschläge zum Schachtofenmöller
additive - der Zusatzstoff
adhere - haften an, anhaften, festhaften
adhere by melting - anschmelzen
adhering capacity - das Haftvermögen
adhering forces - die Haftkräfte
adhering power - die Haftfestigkeit
adhesion - die Adhäsion
adhesion mass - das Haftmittel
adhesion test - der Adhäsionsversuch
adhesive - das Klebemittel
adhesive - haftend, klebrig
adhesive bonding - kleben
adhesive strength - die Haftfestigkeit
adhesive strength of electrolytic zinc - Haftungsverhalten von Elektrolytzink
adhesive substance - das Klebemittel
adhesive tape - der Klebestreifen
adhesive wear - der Adhäsivverschleiß
adhesiveness - die Haftfestigkeit, die Klebrigkeit
adhesives - die Klebmassen
adhesivity - das Haftvermögen
adiabatic curve - die Adiabate *(die Kurve der Zustandsänderung von Gas, z.B. Luft, wenn Wärme weder zunoch abgeführt wird)*
adiabatic transformation - die adiabate Umwandlung
adit - die einfallende Strecke *(Stollen)*, der Berg, der Zugang
adjacent - benachbart, aneinanderstoßend

adjust - einstellen, einpassen, abstimmen, anpassen, justieren, ausgleichen
adjustable - verstellbar, regelbar, einstellbar, nachstellbar
adjustable spanner - der verstellbare Schraubenschlüssel, die Blitzzange
adjustement - die Einstellung, die Verstellung
adjusting levels - das Einstellen auf gleiches Niveau
adjusting scales - die Ausgleichwaage
adjusting screw - die Stellschraube, die Druckschraube *(Walzwerk)*
administration - die Verwaltung
admiralty bronze *(marines bronze)* - die Admiralitätsbronze *(Marinebronze)*; *chemische Zusammensetzung: Cu 70%, Zn 29%, Sn 1%*
admissible - zulässig
admissible wear - der zulässige Verschleiß
admission pressure - der Eintrittsdruck
admixture - die Beimengung, der Zuschlag
adopt - übernehmen, annehmen
adsorption - die Adsorption
adult school - die Erwachsenenfortbildungsstätte, die Abendschule
adulterant - der Fälschungsstoff
adulterate - fälschen, nachahmen
advance - fortschreiten, mitführen
advance - der Fortschritt, der Vorschub
advanced furnace - der Ofen neuester Bauart
advanced gas cooled reactor *(AGR)* - der moderne, gasgekühlte Reaktor
advanced working - die Vorrichtungsarbeiten, der Vorbau
advancing prices - die steigenden Preise, die anziehenden Preise
advertisement - das Inserat, die Zei-

advertiser

tungsanzeige
advertiser - der Inserent
AE = United Arab Emirates - die Vereinigten Arabischen Emirate
aenigmatite - das Mineral Aenigmatit, $Na_2Fe_5TiSi_6O_{20}$
aerate - belüften, Luft beimischen
aerated column reactors - die luftdurchströmten Kolonnenreaktoren
AES = Auger electron spectroscopy - die Auger-Elektronenspektroskopie, Abk.: AES
AFA = American Foundrymen's Association - die Fachvereinigung der amerikanischen Gießereihüttenleute
AFC = armoured flexible conveyor - der schwere Kettenförderer, der Panzerförderer
affination - die Affination *(Trennung von Gold und Silber)*
affinity for - die chemische Verwandtschaft zu, die Affinität
affix - anheften
affluent *(or afflux)* - der Zufluß
Republic of **Afghanistan** - die Republik Afghanistan
AFR = air flow rate *(flotation)* - die Luftströmungsgeschwindigkeit *(Flotation)*, kurz: LSG-Faktor
Africa - das Afrika
after charging - das Nachsetzen
after fermentation - die Nachgärung
afterglowing - das Nachglühen
aftermachined - nachgearbeitet
aftertreatment - die Nachbehandlung
AG = Antigua *(incl. Redonda)*
age estimation - die Altersbestimmung
age hardening - die Ausscheidungshärtung
ageing - die Alterung
ageing resistant - alterungsbeständig
agglomeration - das Agglomerieren, die Zusammenballung, die Anhäufung
agglomeration of ore concentrate - das Stückigmachen von Erzkonzentrat *(z.B. durch Sintern oder Pelletieren)*
agglutinating power of coal - die Backfähigkeit einer Kohle
aging artificial - das künstliche Altern
agitate - durchrühren, rühren, umrühren
agitation - das Rühren
agitation flotation cell - die Rührwerkszelle
agitation leaching - die Rührlaugung
agitator - die Rühreinrichtung
AGR = advanced gas cooled reactor - der moderne, gasgekühlte Reaktor
agreement - das Übereinkommen, die Abmachung, der Vertrag oder das Abkommen
commercial **agreement** - die handelsübliche Vereinbarung
agricultural - landwirtschaftlich
agriculture - die Landwirtschaft
AH welding = atomic hydrogen welding - das Wolfram-Wasserstoff Schweißen, *Abk.: WW Schweißen*
Aikinite - das Mineral Aikinit, $PbCuBiS_3$
AIMM = Australasian Inst. of Mining and Metallurgy *(Parkville)*
air - 1. die Grubenwetter *(Bergbau)*, 2. die Luft, 3. der Wind *(Metallurgie)*
air admission - der Luftzutritt
air belt - der Windkasten
air blast - der Gebläsewind, das Luftgebläse
air blowing - das Luftblasen
air bubble - die Luftblase
air classifier - der Windsichter
air column - die Luftsäule
air compression - die Luftverdichter

air conditioning plant

air conditioning plant - die Luftklimaanlage, die Klimaanlage
air conduit - die Windleitung
air conduit *(mining)* - die Wetterleitung, die Lutte
air cooled - mit Luftkühlung, luftgekühlt
air current - der Luftstrom
air cushion - das Luftkissen
air cushion vehicle - das Luftkissenfahrzeug
air deficiency - der Luftmangel
air deflector - das Leitblech
air density - die Luftdichte
air depression - der Luftunterdruck, der Unterdruck
air draft - die Zugluft, der Luftzug
air dried brick - der luftgetrocknete Ziegel
air dry - lufttrocken
air dry wood - das lufttrockene Holz
air exhaust - der Luftabzug, der Abzug
air filter - der Luftfilter
air flap valve - die Luftklappe
air flow rate, *AFR* - die Luftströmungsgeschwindigkeit *(Flotation)*, Abk.: der LSG-Faktor
air flue - der Luftkanal
air gap - der Luftspalt
air hardenend - luftgehärtet
air hardening - die Lufthärtung
air hoist - das Drucklufthebezeug
air layer - die Luftschicht
air line - die Flugverkehrslinie
air patenting - das Luftpatentieren
air pit - die mikroskopisch kleine Luftblase *(Gasblase)*
air pollution - die Luftverschmutzung
air pollution control - die Luftreinhaltung
air port - der Flughafen
air pump - die Luftpumpe *(slang: Vakuumpumpe)*
air quenching - das Luftabschrecken
air raid shelter - der Luftschutzraum
air separation - das Windsichten
air separator - der Windsichter
air shaft (mining) - der Wetterschacht
air transport - der Lufttransport
air tube - der Luftschlauch
air vessel - der Windkessel
air-lift drilling technology - die Lufthebebohrtechnik
air-refined steel - der windgefrischte Stahl
air-relief valve - das Entlüftungsventil
air-tight - luftdicht
air-toughening of steel - das Abkühlen von Stahl im Luftstrom
aircraft industrie - die Luftfahrtindustrie
airplane - das Flugzeug
airscrew - die Luftschraube
AISE = Association of Iron and Steel Engineers
AISI = American Iron and Steel Institute
AISI specification - AISI Spezifikation
aisle - die Halle
aisle foreman - der Hallenmeister
aisle of shop - das Seitenschiff einer Werkstatthalle
AK = Alaska *(USA)*
akermanite *(iron blast furnace slags)* - der Akermanit, $2CaO*MgO*2SiO_2$
AL = Alabama *(USA)*
alabaster *(special white gypsum)* - das Mineral Alabaster *(besonders weiße Form des Gips)*, $CaSO_4*2H_2O$
alarm device - die Alarmanlage
audible alarm device - die akustische Alarmanlage
Alaska = AK *(USA)*
People's Republic of **Albania** - die

albite

Volksrepublik Albanien

albite - das Mineral: der Albit, der Natronfeldspat, $NaAlSi_3O_8$

alcaline cleaning - das Reinigen in alkalischen Lösungen

ALCASA = Aluminio Del Caroni S.A. *(Bolivar - Venezuela)*

ALCOA = Aluminium Co. of America *(USA)*

alcohol - der Alkohol

aldehyde - das Aldehyd

ALDYM = Alusuisse Dynamic Model *(Computerprogramm)*

Algeria, *Democratic and Popular Republic of* - die Demokratische und Volksrepublik Algerien

align - richten, ausschnuren, ausrichten, gerade hinhängen

alignment - die Ausmessung nach der Schnur, die Ausrichtung

aline anodes - die Anoden ausrichten *(gerade hinhängen)*

Aliquat 336 = Tricaprylmethylammoniumchlorid

alkali ... - Alkali...

alkali build ups - die Alkaliansätze

alkali metals - die Alkalimetalle

alkali metal addition - der Alkalimetallzusatz

alkali metal alloy - die Alkalimetallegierung

alkali metal complex - der Alkalimetallkomplex

alkali metal compound - die Alkalimetallverbindung

alkali metal ion - das Alkalimetallion

alkali metal production - die Alkalimetallherstellung

alkaline cleaning - das Reinigen in alkalischen Lösungen

alkaline corrosion - die Basenkorrosion

alkaline earth metal - das Erdalkalimetall

alkaline leaching - das alkalische Auslaugen

alkaline medium - das alkalische Medium

all mine pig iron - das nur aus Erzen hergestellte Roheisen

all silver made - ganz aus Silber hergestellt

all steel made - ganz aus Stahl hergestellt

allanite - Mineral: Allanit, $(Ce,Ca,Y)_2(Al,Fe)_3(SiO_4)_3(OH)$

alligator cracks in crucibles - die feinen Risse in Tiegeln

alligator pipe wrench - die gezahnte Rohrzange

alligator shears - die Schrotthebelschere

allotropic transformation - die allotrope Umwandlung

allotropy - die Allotropie

allowance coal - die Deputatkohle

allowance in money - die Entschädigung in Geld

allowing - Zugeben

alloy cast iron - das legierte Gußeisen

alloy cast steel - der legierte Stahlguß

alloy coating - das Legierungsbeschichten

alloying - Legieren

alloying element - das Legierungselement

alloying element effect - der Legierungselementeinfluß

alloys - Legierung

alluvial deposit - die angeschwemmte Lagerstätte, die alluviale Ablagerung

alluvial deposits - der angeschwemmte Boden

alluvium *(geol.)* - das angeschwemmte Land, Alluvium

almandine - das Mineral Almandin,

along the strike

$Fe_3Al_2(SiO_4)_3$
along the strike - in streichender Richtung
alpha particle - die Alpha Teilchen
alpha phase - die Alpha Phase
alpha radiation - die Alpha Strahlen
alpha ray - die Alpha Strahlen
alpha iron *(old)* use now: ferrite - das Alpha Eisen *(Dies ist eine völlig veraltete Bezeichnung für Ferrit)*
alterations - die Veränderungen
alternate - abwechselnd
alternate angles - der Gegenwinkel
alternate motion - die hin- und hergehende Bewegung, die Pendelbewegung
alternate strength - die Schwingungsfestigkeit, die Wechselfestigkeit
alternate stress - die Dauerbeanspruchung, die Wechselbeanspruchung
alternate stresses - die abwechselnden Beanspruchungen
alternate torsional strength - die Drehwechselfestigkeit
alternating current, *AC, ac, A.C., a.c.* - der Wechselstrom, *(falls slang: der Drehstrom)*
alternator - die Wechselstrommaschine
altimetry - die Höhenmeßkunde
altitude - die Höhe
ALUAR = Aluminio Argentino S.A.I.C. *(Puerto Madryn - Argentinien)*
ALUCHEMIE = Aluminium & Chemie Rotterdam B.V. *(Netherlands)*
alum - der Kalialaun *(das Kaliumaluminiumsulfat);* Trivialname: Rasierstein, $KAl(SO_4)_2 \cdot 12H_2O$, *(oder als Doppelsalz: $K_2SO_4 \cdot Al_2(SO_4)_3 \cdot 24H_2O$)*
alum - der Alaun *(technisches bzw. handelsübliches Aluminiumsulfat)*
alum boiler - der Alaunkessel
alum dressed - alaungar *(Gerberei)*, weißgar
alum liquor - die Alaunlösung *(Papierherstellung)*, die Aluminiumsulfatlauge
alum schist *(or: alum shale)* - der Alaunschiefer
alumina *(aluminium oxide)* - die Tonerde, das Aluminiumoxid, Al_2O_3
alumina abrasive - das Tonerdeschleifmittel
alumina plant - die Tonerdefabrik, die Al_2O_3-Anlage
alumina seed - die Aluminiumoxid-Impfkristalle
alumina trihydrate - das Tonerdetrihydrat
aluminates - das Aluminat
aluminiferous - aluminiumhaltig, tonerdehaltig
aluminite - Mineral: der Alaunstein
aluminium - das Aluminium, Al
aluminium acetate - das Aluminiumazetat, die essigsaure Tonerde, $Al(CH_3COO)_3$
aluminium acetylacetonate - das Aluminiumazetylacetonat, $C_{15}H_{21}AlO_6$
aluminium addition - der Aluminiumzusatz
aluminium alloy - die Aluminiumlegierung
aluminium ammonium sulfate alumn - Aluminiumammoniumsulfat-Ammoniumalaun, $NH_4Al(SO_4)_2$
aluminium arsenate - das Aluminiumarsenat, $AlAsO_4$
aluminium base alloy - die Aluminium-Basislegierung
aluminium beverage can - die Aluminiumgetränkedose
aluminium borate - das Aluminiumborat, $Al_2O_3 \cdot B_2O_3$
aluminium boride - das Aluminiumborid, $Al(BO_3)$

aluminium bromide

aluminium bromide - das Aluminiumbromid, $AlBr_3$

aluminium bronze *(abyssinian gold)* - die Aluminiumbronze *(das Talmigold)*

aluminium caesium sulphate *(cesium alum)* - das Aluminium-Cäsiumsulfat, das Cäsiumalaun, das Cäsium Aluminiumsulfat, $CsAl(SO_4)_2$, $AlCsO_8S_2$

aluminium carbide - das Aluminiumcarbid, Al_4C_3

aluminium cathode design - die Aluminiumkathodengestaltung

aluminium chlorate - das Aluminiumchlorat, $Al(ClO_3)_3$

aluminium chloride - das Aluminiumchlorid, $AlCl_3$

aluminium coating - das Aluminiumbeschichten

aluminium complex - der Aluminiumkomplex

aluminium compound - die Aluminiumverbindung

aluminium fluoride - das Aluminiumfluorid, AlF_3

aluminium hydride - das Aluminiumhydrid, AlH_3

aluminium hydroxide *(hydrargillite)* - das Aluminiumhydroxid, das Tonerdehydrat, $Al(OH)_3$

aluminium iodide - das Aluminiumjodid, AlJ_3

aluminium ion - das Aluminiumion, $Al(+3)$

aluminium killed steel - der aluminiumberuhigte Stahl

aluminium nitrate - das Aluminiumnitrat, $Al(NO_3)_3$, AlN_3O_9

aluminium nitride - das Aluminiumnitrid, AlN

aluminium ore - das Aluminiumerz

aluminium oxide, alumina - das Aluminiumoxid, die Tonerde, Al_2O_3

aluminium paint - die Aluminiumfarbe

aluminium phosphate - das Aluminiumphosphat, $Al(PO_4)$, $AlPO_4$

aluminium phosphide - das Aluminiumphosphid, AlP

aluminium production - die Aluminiumherstellung

aluminium rubidium sulfate - das Aluminiumrubidiumsulfat, Rubidiumaluminiumsulfat, $RbAl(SO_4)_2$, AlO_8RbS_2

aluminium selenide - das Aluminiumselenid, Al_2Se_3

aluminium silicate - das Aluminiumsilikat, Al_2O_5Si, Al_2SiO_5

aluminium sulfate - das Aluminiumsulfat, $Al_2(SO_4)_3 * 18H_2O$

aluminium sulfide - das Aluminiumsulfid, Al_2S_3

aluminium tri ethyl - das Aluminiumtriäthyl *(flüssig und an der Luft selbstentzündlich)*, $Al(C_2H_5)_3$

aluminizing - das Aluminieren

aluminothermy - das aluminothermische Verfahren

alumn aluminium ammonium sulfate - das Aluminiumammoniumsulfat-Ammoniumalaun, $NH_4Al(SO_4)_2$

alundum *(trade name of alumina abrasive)* - das Alundum *(Handelsbezeichnung eines Tonerdeschleifmittels)*

alunite *(potassium aluminium sulfate hydroxide)* - natürliches Mineral: Alunit, $KAl_3(OH)_6(SO_4)_2$, oder als Doppelsalz: $K_2SO_4Al_2(SO_4)_3 * 4Al(OH)_3$

ALUSUISSE = Suisse Aluminium Ltd. *(Zürich - Schweiz)*

Alusuisse Dynamic Model *(Computerprogramm)* = ALDYM

ALUTERV-FKI = Alumíniumpiari Tervezö Fés Kutató Intézet *(Budapest - Ungarn)*

amalgam

amalgam - die Quecksilberlegierung, Amalgam

amalgamation - das Amalgamieren

amantadin sulfate - das Amantadinsulfat, $C_{20}H_{34}N_2H_2SO_4$

amber - der Bernstein

ambient air - die umgebende Luft

ambient atmosphere - die Außenluft

ambient temperature - die Raumtemperatur

AMC = Asociacion Mexicana del Cobre A.C. *(Mexico D.F.)*

AMDEL = Australian Mineral Development Laboratories *(Frewville)*

American Foundrymen's Association *(AFA)* - die Fachvereinigung der amerikanischen Gießereihüttenleute

American Rolling and Mining Company = ARMCO

American Samoa = AS

American Society for Metals = ASM

American Standards Association = ASA

americium - Americium, (Am)

AMG = Aluminium Metallurgical Granules *(Kansas City - USA)*

amianthus *(asbestos)* - Mineral: Amianthus, Asbest *(Sammelbezeichnung für feinstfaserige Mineralien der Serpentin- und Hornblendegruppe)*

ammonia - der Ammoniak, NH_3

ammoniacal ammonium carbonate process *(AAC process)* - die ammoniakalische Laugung von Lateriten, im deutschen Sprachraum unter dem Namen Caron Verfahren besser bekannt

ammoniacal liquor - das Ammoniakwasser, *der Salmiakgeist,* NH_3

ammonium acetate - das Ammoniumazetat, CH_3COONH_4

ammonium bromide - das Ammoniumbromid, NH_4Br

ammonium carbamate - das Ammoniumcarbamat, $CH_6N_2O_2$

ammonium chloride - das Ammoniumchlorid, der Salmiak, NH_4Cl

ammonium chromate - das Ammoniumchromat, $CrO_4*(NH_4)_2$

ammonium complex - der Ammoniumkomplex

ammonium compound - die Ammoniumverbindung

ammonium dichromate - das Ammoniumdichromat, $Cr_2O_7*(NH_4)_2$

ammonium dihydrogen phosphate - das Ammoniumdihydrogenphosphat, $(NH_4)H_2PO_4$

ammonium fluoride - das Ammoniumfluorid, NH_4F

ammonium hexafluoro phosphate - das Ammoniumhexafluorophosphat, NH_4PF_6

ammonium hydrogen carbonate - das Ammoniumhydrogencarbonat, $(NH_4)HCO_3$

ammonium hydrogen difluorid - das Ammoniumhydrogendifluorid, $(NH_4)HF_2$

ammonium hydrogen sulfat - das Ammoniumhydrogensulfat, NH_4HSO_4

ammonium hydroxide - das Ammoniumhydroxid, NH_4OH

ammonium iodide - das Ammoniumjodid, NH_4J

ammonium ion - das Ammoniumion, NH_{4+}

Ammonium mono vanadat - das Ammoniummonovanadat, NH_4VO_3

ammonium nitrate - das Ammoniumnitrat, Trivialname: Ammonsalpeter, NH_4NO_3

ammonium paratungstate solution *(APT solution)* - die Ammoniumparawolframat Lösung *(APW Lösung)*, $[5(NH_4)_2O * 12WO_3 * 5H_2O]$ oder $[(NH_4)_{10} * W_{12}O_{41} * xH_2O]$

ammonium peroxo disulfat - das Ammoniumperoxodisulfat, $(NH_4)_2S_2O_8$

ammonium phosphate - das Ammoniumphosphat, $PO_4*(NH_4)_3$

ammonium sulfate - das Ammoniumsulfat, das schwefelsaures Ammoniak, $(NH_4)_2SO_4$

ammonium sulfite - das Ammoniumsulfit, $(NH_4)_2SO_3$

ammonium tartrate - das Ammoniumtartrat, $(NH_4)_2C_4H_4O_6$

ammonium thiocyanate - das Ammoniumthiocyanat, NH_4SCN

ammonium thiosulfate - das Ammoniumthiosulfat, $(NH_4)_2S_2O_3$

ammonoalunite - das Ammoniumalunit, $NH_4Al_3(OH)_6(SO_4)_2$

ammonoalunite process - das Ammoniumalunit Verfahren *(AA Verfahren)*

amorphization crystallization - der Übergang von amorph nach kristallin

amorphous alloy - die amorphe Legierung

amorphous metal - das amorphe Metall

amorphous state - der amorphe Zustand

amorphous state structure - der amorphe Gefügezustand

amount - der Betrag, die Menge

controlled **amount** - die bestimmte Menge

amount of work done - der Arbeitsaufwand

amperage - die Stromstärke

amperometric titration - die amperometrische Titration

amplifier - der Verstärker

AMS = Australian Mining and Smelting Ltd. *(Melbourne)*

analog system - das Analogsystem

analysis - die Analyse

ammonium phosphate

analysis by weight - die Gewichtsanalyse

analysis of soils - die Bodenanalyse, Bodenuntersuchung

analysis of variance - die Varianzanalyse

analytical balance - die Präzisionswaage, die Analysenwaage

analytical determination - die analytische Bestimmung

analytical pure *(a.p.; ap; A.P.; AP)* - analytisch rein

analyzing - das Scheiden, das Analysieren

anatase - Mineral: der Anatas, TiO_2

anchor - verankern

anchor - der Anker, der Querbolzen, die Klammer, die Schließe

anchor bolt - der Ankerbolzen, die Ankerschraube

anchor station - die Abspannstation

anchorage - die Verankerung, der feste Halt, die verläßliche Stütze

ancillary ... - Hilfs...

ancillary equipment - die Anbaugeräte *(die Hilfseinrichtung)*

andorite - das Mineral: der Andorit, $Pb_2Ag_3Sb_3S_8$

Andorra - Andorra

andradite - das Mineral: der Andradit, $Ca_3Fe_2(SiO_4)_3$

anelasticity - Anelastizität

anemo - der Wind

anemometer - das Anemometer, das Windmeßgerät

angle - die Ecke, das Knie *(im Sinne von Winkel)*

angle - der Winkel, die Richtung

angle iron - der Eisenwinkel, der Winkeleisen

angle of bosh *(blast furnace)* - der Rastwinkel

angle of deviation

angle of deviation - der Abweichungswinkel
angle of incidence - der Einfallwinkel
angle of inclination - der Neigungswinkel, der Inklinationswinkel
angle of repose - der Schüttwinkel, der Böschungswinkel
angle of wrap - der Umschlingungswinkel
angle steel - der Winkelstahl
angle tool holder - der gekröpfte Werkzeughalter
angle valve - das Eckventil
angle wrench - der Steckschlüssel, der Pfeifenschlüssel
angled screw driver - der Winkelschraubenzieher
anglesite - das Mineral Anglesit, $PbSO_4$
Angola - Angola *(Afrika)*
angular advance - der Voreilwinkel
angular cutter - der Winkelfräser
angular file - die Eckfeile
angular point - der Scheitelpunkt eines Winkels
angular thread - das Spitzgewinde
angular velocity - die Winkelgeschwindigkeit
anhydrite - das Anhydrit, der wasserfreie Gips, $CaSO_4$
anhydrous - wasserfrei, anhydrisch
aniline - das Anilin, C_6H_7N
aniline tailings - die Anilinrückstände
animal charcoal - die Tierkohle
animal glue - der Tierleim
anions - das Anion
anisotropy - die Anisotropie
ankerite - Mineral: Ankerit, $Ca(Fe,Mg,Mn)(CO_3)_2$
ANL = Argonne National Laboratory *(USA)*
anneal - glühen, ausglühen, glühfrischen, anlassen
annealing - das Glühen, das Glühfrischen, das Tempern
annealing bell - die Glühhaube
annealing furnace - der Glühofen
annealing hood - die Glühhaube
annealing ore - das Tempererz
annealing oven - der Temperofen, der Glühfrischofen
annealing temperatur - die Glühtemperatur
annealing twin - der Rekristallisationszwilling
annite - das Mineral Annit, $KFe_3AlSi_3O_{10}(OH,F)_2$
annual account - die Jahresrechnung
annual balance - die Jahresschlußbilanz
annual variations - die Jahresschwankungen
annular - ringförmig
annular bit *(mining)* - der Kronenbohrer
annular brick kiln - der Ziegelringofen
annular distributor - der Ringverteiler, die Spinne *(Hydrozyklon)*
annular gear - das Zahnrad mit Innenverzahnung
annular groove - die Ringnute
annular kiln - der Ringofen
annular valve - das Ringventil
annular vertical kiln *(A.V. kiln)* - der ringförmige, senkrechte Kalzinierofen
anode - die Anode
anode butt - der Anodenstumpf
anode carbon *(electrode)* - die Anodenkohle
anode effect - der Anodeneffekt
anode effect quenching - die Anodeneffektlöschung

anode furnace *(copper refining)* - der Anodenofen

anode furnace *(prebaked anodes for aluminium production)* - der Anodenbrennofen *(vorgebrannte Anoden zur Al-Herstellung)*

anode life - die Anodenreise

anode liner - der Anodenausrichter *(Elektrolysepersonal)*

anode lugs - die Anodenohren

anode pounding rock - der Anodenrichtbock

anode rack - das Anodengestell

anode skin - die Anodengußhaut

anode sludge - der Anodenschlamm

anode spacing - der Anodenabstand

anode straightener - der Anodenrichter *(Elektrolysepersonal)*

anodic polarization - die anodische Polarisation

anodic protection - der anodische Schutz

anodic reaction - die anodische Reaktion

anodic stripping polarography - die Inverspolarographie

anodic stripping voltammetry methode *(ASV method)* - die Inversvoltametrie

anorthite - Mineral: Calciumfeldspat, Anorthit, $CaAl_2Si_2O_8$

anorthosite - Mineral: der Anorthosit, $(Na_2O * Al_2O_3 * 6SiO_2 * CaO * Al_2O_3 * 2SiO_2)$

ansovite - Mineral: der Ansovit, Ti_3O_5

Antartica - die Antarktis, *AQ*

anthoinite - Mineral: der Anthoinite, $Al(WO_4)(OH) * H_2O$

anthracite - Anthrazit, *(die harte und glänzende Steinkohle)*

anti flushing shield - das Versatzschild

anti freeze - das Frostschutzmittel

anti freezing - kältebeständig, kälteabwehrend

anti friction bearing steel - der Wälzlagerstahl

anti piping compounds - die Lunkerverhütungsmittel

anti piping powder - das Lunkerpulver

anti run back device - die Rücklaufbremse

antiferromagnetism - der Antiferromagnetismus

antifoam - der Antischäumer

antifriction alloy - die reibungsarme Legierung, Lagerlegierung

antifriction bearing - das Wälzlager, das reibungsarme Lager

antifriction bearing cage - der Wälzlagerkäfig

antigorite - Mineral: der Antigorit, $(Mg,Fe)_3Si_2O_5(OH)_4$

Antigua - Antigua, *AG*

antiknock fuel - der klopffeste Treibstoff

antimonides - das Antimonid

antimony (stibium) - das Antimon, Sb

antimony acetate - das Antimon(III) acetat, $C_6H_9O_6Sb$

antimony addition - der Antimonzusatz

antimony alloy - die Antimonlegierung

antimony chloride - das Antimonchlorid, Trivialname: Antimonbutter, $SbCl_3$, $SbCl_5$

antimony coating - das Antimonbeschichten

antimony complex - der Antimonkomplex

antimony compound - die Antimonverbindung

antimony fluorid - das Antimonfluorid; SbF_3, SbF_5

antimony hydride - das Antimonhy-

antimony hydroxide

drid (Stibin), SbH_3

antimony hydroxide - das Antimon(III)-hydroxid, die antimonige Säure, $Sb(OH)_3$

antimony iodide - das Antimonjodid, SbJ_3

antimony ion - das Antimonion, $Sb(+3), Sb(+5), Sb(-3)$

antimony ore - das Antimonerz

antimony oxide - Antimon(V)-oxid, die Antimonsäure, $Sb_2O_5 * H_2O$

antimony oxide - das Antimonoxid, Sb_2O_3, das Antimonyl, SbO,

antimony production - die Antimonherstellung

antimony sulfide - das Antimon(V)-sulfid, Sb_2S_5

antimony sulfide *(crudum)* - das Mineral: der Antimonglanz; Crudum = Antimon(III)-sulfid, der Grauspießglanz, Sb_2S_3

antiphase domains - die Antiphasendomäne

antique literature - die antike Literatur

antlerite - das Mineral: der Antlerit, $CuSO_4[Cu(OH)_2]$

anvil - der Amboß

anvil block - der Unteramboß

anvil chisel - der Schrotmeißel

anvil face - der Amboßbahn

anvil horn - das Amboßhorn

AOD converter = argon oxygen descarburisation converter - Argon-Oxygen-Descarburierungs-Konverter, *Abk.: der AOD Konverter*

ap, a.p., A.P, AP = analytical pure - analytisch rein

apatite *(name comes from the greek and means means swindler)*, calcium phosphate - der Apatit *(der Name kommt aus dem griechischen und bedeutet Schwindler. Der Name wurde wegen der zahlreichen Verwechslungsmöglichkeiten vergeben)*

aperture - die Öffnung

apex - der Scheitelpunkt

apex *(geom.)* - die Spitze eines Kegels

apex nozzle - die Apexdüse

apex of an angle - der Scheitel eines Winkels

APP = atomic power plant - das Atomkraftwerk, *das AKW*

apparatus - die Apparatur, die Vorrichtung

apparent density - das Schüttgewicht

apparent density (powder metallurgy) - die scheinbare Dichte (Pulvermetallurgie)

apparent density - die Rohdichte

apparent density - die Fülldichte

apparent load - die Scheinlast

apparent power - die Scheinleistung *(Elektrotechnik)*

appearance - das Aussehen

appliance - das Gerät, das Zubehör, die Vorrichtung, die Einrichtung

application - die Bewerbung, die Patentanmeldung

application *(utilisation)* - die Anwendung, der Gebrauch

application of load - das Aufbringen einer Belastung, der Kraftangriff

applied chemistry - die angewandte Chemie

applied load - die angewandte Belastung

applied mechanics - die angewandte Mechanik

applied moment - der Angriffspunkt

applied research - die Zweckforschung *(die zielgerichtete Forschung)*

applied stress - die angewandte Belastung

apply - anwenden, auftragen, sich bewerben

apply a protective coat - einen Schutzüberzug auftragen
apply for - anmelden
apply for a patent on invention - ein Patent anmelden
applying method - die Anwendungstechnik
appraisal - die Schätzung
appreciation - die Wertschätzung, die Würdigung, die Bewertung
apprentice - der Auszubildende, der Lehrling
apprenticeship - die Lehre
approach - die Annäherung an
approximate - angenähert, annähernd
approximate *(math.)* - aufrunden, runden
approximate formula - die Annäherungsformel, die Rundungsformel
as a first **approximation** - in erster Annäherung
approximation method - die Näherungsmethode
apron *(min.)* - das Schurzfell *(Bergbau)*
apron conveyor - das Plattentransportband, der Stahlgliederbandförderer
apron pan - die Gleitrinne, das Plattenbandsegment
aprotic solvents - das aprotische Lösungsmittel
APT solution = ammonium paratungstate solution - die Ammoniumparawolframatlösung, *die APW Lösung*: [$5(NH_4)_2O * 12WO_3 * 5H_2O$ oder $(NH_4)_{10} * H_2W_{12}O_{42} * xH_2O$]
AQ = Antarctica - Antarktis
AQL = acceptable quality level - die genügende Qualität
aqua - das Wasser, H_2O
aqua chlorata - das Chlorwasser, die Salzsäure, HCl
aqua communis - das Trinkwasser, das trinkbare Wasser, H_2O
aqua demineralisata - das entmineralisierte Wasser
aqua destillata - das destillierte Wasser, das H_2O dest.
aqua fortis *(nitric acid)* - die Salpetersäure, Aqua forte, das Scheidewasser, das Ätzwasser, HNO_3
aqua hydrosulfurata - das Schwefelwasserstoffwasser, $H_2S * H_2O$
aqua regis - das Königswasser, ($HCl + HNO_3 + H_2O$)
aquametry - die Aquametrie
aqueous electrolysis - die wäßrige Elektrolyse
aqueous elektrolyte - der wäßrige Elektrolyt
aqueous solutions - die wäßrige Lösung
AR = Arkansas *(USA)*
AR = Republic Argentina - Republik Argentinien
arabic figure - die arabische Zahl
aragonite - Mineral: Aragonit *(prismatische Kristalle der Korallenstöcke)*, $CaCO_3$
arbitrary sample testing - die Stichprobenprüfung
arbitration analysis - die Schiedsanalyse *(Probenahme)*
arbour - 1. die Spindel, 2. der Dorn
arbour clamp - die Dornschraubzwinge
arc - der Kreisbogen *(Winkelmaß)*, der Bogen
electric arc - der elektrische Lichtbogen
arc blow - das Lichtbogenblasen
arc brazing - das Lichtbogenlöten
arc cutting - das Lichtbogenschneiden
extended **arc flash reactor process** *(EAFR process)* - das erweiterte Lichtbogenofen-Schwebeschmelzreaktorverfahren, *Abk.: das LBO-SSR Verfahren*

arc furnace

arc furnace - der Lichtbogenofen
arc furnace electrode - die Lichtbogenofenelektrode
arc furnace steelmaking - die Elektrostahlherstellung
arc initiation - das Lichtbogenzünden
arc lamp - die Bogenlampe
arc resisting furnace - der Lichtbogen-Widerstandsofen
arc shears - die Bogenschere
arc spot welding - das Lichtbogenpunktschweißen
arc spraying - das Lichtbogenspritzen
arc surfacing - das Lichtbogenauftragsschweißen
arc welding - das Lichtbogenschweißen, die Bogenschweißung
arch - der Gewölbebogen, der Bogen, der Ausbaubogen, das Ofengewölbe
sprung arch - das Ofengewölbe mit Dehnfuge
arch *(mining)* - die Ortung
arch brick - der Gewölbestein, der Wölbstein
arch bridge - die Bogenbrücke
arch dam - der Staudamm
arch lid of furnace - der Gewölbedeckel eines Ofens
arch of furnace - das Ofengewölbe
arch pillar *(mining)* - der Hauptpfeiler
arch pitch - die Gewölbehöhe, der Gewölbestich
arch shaped - bogenförmig
arch span - die Bogenweite
arched - gewölbt
arched girder - die Kappe eines Streckenbogens
arched girder - der gebogene Träger
arched roof - das Herdgewölbe
arched roof *of reverberatory furnace* - die gewölbte Flammofendecke
arching - Wölben

architect - der Architekt
archives - das Archiv
Arctic - die Arktis
arctic climate - das arktische Klima
area - die Fläche
area of pressure - die Druckfläche
area rate of advance - der Flächenverhieb *(Bergbau)*
argentan - das Alpakasilber, Abk.: Alpaka
argentic - silberhaltig
argentiferous - silberhaltig
Republic **Argentina** - Republik Argentinien, *RA*
argentine metal - Zinn-Antimon-Legierung
argentite - Mineral: Silberglanz, Argentit, Ag_2S
argentum - das Silber, Ag
caustic argentum or **nitricum lunar** - das Silbernitrat, der Höllenstein, $AgNO_3$
argil - der Ton *(die Töpfererde)*
argillaceous - tönern, tonhaltig
argilliferous - tonhaltig, aus Ton
argon - Argon, Ar
argon oxygen process - Argon Sauerstoff Verfahren
argon purge tube - das Argonspülrohr
argon oxygen descarburisation converter - AOD Konverter
argyrodite - Mineral: Argyrodit, Ag_8GeS_6
arithmetical mean - das arithmetische Mittel
Arizona = AZ *(USA)*
arizonite - Mineral: Arizonit, $TiO_2 * Fe_2O_3$
Arkansas = AR *(USA)*
arm - bewehren
arm girdle - das Halslager des Auslegers einer Bohrmaschine

arm saw - die Handsäge
armament - die Waffenausrüstung
armature coil - die Ankerspule
armature end connections - die Ankerklemmen
armature winding - die Ankerwicklung
ARMCO = American Rolling and Mining Company
ARMCO direct reduction process - das ARMCO Direktreduktionsverfahren
ARMCO iron = technical clean iron - das Weicheisen *(das technisch reine Eisen von der Firma ARMCO)*, Abk.: ARMCO Eisen *(Handelsbezeichnung)*
armour of blast furnace - die Hochofenrüstung
armour plate - das Panzerblech
armour plating - die Schiffspanzerung
armoured - bewehrt
armoured - gepanzert
armoured flexible conveyor, *(AFC)* - der schwere Kettenförderer, der Panzerförderer
armoured glass - das Drahtglas
armoured vehicle - der Panzer
armoured wire - der bewehrte Draht
Aron meter - der Amperestundenzähler, *(Aronmeter)*
arrangement - die Anordnung, die Verteilung, die Gruppierung, die Einrichtung, die Zurichtung von Anlagen
arrears - die Außenstände
arrest point - der Haltepunkt
arresting device - die Arretiervorrichtung
arrow - der Pfeil
arsenal - das Zeughaus
arsenates - das Arsenat, AsO_4-haltiges Salz
arsenic - das Arsen, As
arsenic acid - die Arsensäure, H_3AsO_4
arsenic addition - der Arsenzusatz
arsenic alloy - die Arsenlegierung
arsenic chloride - das Arsenchlorid, $AsCl_3$
arsenic complex - der Arsenkomplex
arsenic compound - die Arsenverbindung
arsenic ion - das Arsenion, Wertigkeiten: As(+3), As(+5), As(-3)
arsenic hydride (arsine) - der Arsenwasserstoff, Trivialname: Arsin, AsH_3
arsenic oxide - das Arsenoxid, das Arsenik, As_2O_3
arsenic sulfide - das Arsensulfid, As_2S_3, As_2S_5
arsenical acid - die arsenige Säure, H_3AsO_3
arsenides - Arsenid
arsenopyrite - Mineral: Arsenopyrit, Mißpickel, FeAsS
arsine *(arsen hydrid)* - der Arsenwasserstoff, Arsin, AsH_3
art - Kunst
art of metal making - die Technik der Metallherstellung
articulate - gelenkig bewegen
articulated - gegliedert, gelenkig, gebogen
articulated car - der Gelenkwagen
articulated connecting rod - die Nebenpleuelstange
articulated rod - das Anlenkpleuel
artificial - künstlich, unecht
artificial gemstone - der künstliche Edelstein, $ZrO_2 * Y_2O_3$
AS = American Samoa
as cast - im gegossenen Zustand
as rolled - im gewalzten Zustand
ASA = American Standards Association
Asarco = American Smelting and Refi-

Asarco copper refining process

ning Company

Asarco copper refining process, *Asarco process* - das Asarco Kupferraffinationsverfahren, *das Asarco Verfahren*

Asarco furnace, *copper smelting furnace of Asarco* - der Kupfereinschmelzofen in der Bauart von der Firma Asarco, *der Asarco Ofen*

asbestos *(amianthus)* - der Asbest *(Sammelbezeichnung für feinstfaserige Mineralien aus der Serpentin- und Hornblendegruppe)*

asbestos cement - der Asbestzement

asbestos string - die Asbestschnur

ascending - das Steigen, das Ansteigen

ascending main - die Steigleitung

ascensional cast - der steigende Guß

ascertain - ermitteln, feststellen

ASEA SKF process, *iron ladle refining process* - das Pfannenraffinationsverfahren in der Eisenmetallurgie, *das ASEA-SKF Verfahren*

ASEA STORA process, *powder production* - das ASEA STORA Pulverherstellungsverfahren, *das ASEA STORA Verfahren*

ash - die Asche

ash cave - der Aschenbehälter, der Aschenfallraum

ash fusion behaviour - das Aschenschmelzverhalten

ash handling - die Aschenentfernung, die Aschenräumung, die Aschenabfuhr

ash pan - der Aschenkasten

ash pit - das Aschenloch, die Aschengrube

Asia - das Asien

ASM = American Society for Metals *(Warrendale, PA - USA)*

ASME = American Society for Mechanical Engineers *(New York - USA)*

ASME norm - die ASME Norm

ASNT = American Society of Nondestructive Testing *(Columbus - USA)*

aspect - das Aussehen

asphalt pavement - das Asphaltpflaster

asphalt*(um)* - der Asphalt, das Mineralpech

asphalting - die Asphaltierung

aspirate - absaugen

aspirated dust - der Sichterstaub

aspirating mouth - die Saugöffnung

assay - der Versuch

assay crucible - der Probentiegel

assay office - das Laboratorium, das Labor

assayer's tongs - die Probierzange

assaying - das Probieren

assaying - das Prüfen

assaying - das Versuchen

assaying room - das Probierlaboratorium

Assel mill - das Asselwalzwerk

assemble - zusammenbauen, montieren

assembler *(computer language)* - die Maschinensprache *(EDV)*

assembling - die Montage, der Zusammenbau

assembly - die Baugruppe

assembly drawing - die Montagezeichnung, die Zusammenbauanweisung

assembly jig - die Verbindungsmontage, Montagevorrichtung

assembly line - das Montageband

assembly stand - der Montagebock

assessment - die Beurteilung

assets and liabilitis - die Aktiva und Passiva

assigne - der Bevollmächtigte

assistant - der Gehilfe, der helfende Mitarbeiter, der Hilfsarbeiter

scientific **assistant at university** - der wissenschaftliche Assistent an der Universität
assistant engineer - der Hilfsmaschinist
assistant melter - der zweite Schmelzer
assistant professor - der Professor, der die eigentliche Arbeit macht
association - der Verband, die Vereinigung
assorting - das Sortieren
astate ion - das Astation, At(+1), At(1), At(+5), At(+7)]
astatine - das Astat, At
ASTM = American Society for Testing and Materials *(Philadelphia - USA)*
ASTM standard - die Norm der American Society for Testing and Materials
ASV = Ardal og Sunndal Verk A.S. *(Oslo - Norwegen)*
ASV method = anodic stripping voltammetry methode - die Inversvoltametrie
asymmetrical - unsymmetrisch
asymmetry - die Asymmetrie
asynchronous motor - der Asynchronmotor
asynchronus - asynchron
AT = Republic of Austria - Republik Österreich
atacamite - Mineral: Atakamit, $CuCl_2*3[Cu(OH)_2]$
atlantic ocean - der Atlantische Ozean
controlled **atmosphere** - die geregelte Gaszusammensetzung
atmospheric conditions - die atmosphärischen Bedingungen
atmospheric corrosion - die atmosphärische Korrosion
atmospheric pressure - der Atmosphärendruck, Luftdruck
atmospheric riser - der atmosphärische Speiser
atokite - Mineral: Atokit, $(Pd,Pt)_3Sn$
atom - das Atom
atom core - der Atomkern
atom core destruktion - die Atomkernzertrümmerung
atom core fission - die Atomkernspaltung
atom migration - die Atomwanderung
atom nucleus - der Atomkern
atom percent - das Atomprozent
atom probe - die Atomsonde
atom smashing - die Atomzertrümmerung
atom splitting - die Atomzertrümmerung
atomic absorption analysis, *AAS* - die Atomabsorptionsspektrometrie
atomic arrangement - die Atomanordnung
atomic bond - die Atombindung
atomic cluster - das Atomcluster
atomic combining capacity - die atombindende Kraft
atomic displacement - die Atomverschiebung
atomic energy - die Atomenergie
atomic heat - die Atomwärme
atomic hydrogen arc welding - das Lichtbogenschweißen im Schutzgas
atomic hydrogen welding, *AH welding* - das Wolfram-Wasserstoff Schweißen, *das WW Schweißen*
atomic ion - das Atomion
atomic mass - die atomare Masse
atomic model - das Atommodell
atomic number - die Ordnungszahl
atomic physics - die Atomphysik
atomic place - der Gitterplatz
atomic power plant, *APP* - das Atomkraftwerk, *AKW*
atomic radius - der Atomradius

atomic reactor

atomic reactor - der Atomreaktor
atomic refraction - die Atomrefraktion
atomic spectrum - das Atomspektrum
atomic structure - die Atomstruktur
atomic theory - die Atomtheorie
atomic transmutation - die Atomumwandlung
atomic volume - das Atomvolumen
atomic wastes - der Atommüll
atomic weapon - die Atomwaffe
atomic weight unit, *awu* - das Atomgewicht
atomism - die Atomistik
atomizing - zerstäuben
attached - befestigen an
attaching - befestigen, anbringen
attaching part - das Anbauteil
attachment - die Befestigung
attack *(chem.)* - aufschließen, ätzen, angreifen
attacks in bombs - der Bombenaufschluß
attendance of machines - die Maschinenwartung
attendant - der Bedienungsmann
attle *(min.)* - das taube Gestein, die Gangart
attorney - der Bevollmächtigte
attractant - der Lockstoff
attraction - die Anziehung
attractive power - die Anziehungskraft
attrition - die Abnutzung, die Zermürbung
attrition type mill *(coal treatment)* - die Gebläseschlägermühle *(Kohleaufbereitung)*
attritor mill - die Rührwerkskugelmühle
audibility - die Vernehmbarkeit
audible - vernehmbar, hörbar
audible alarm device - die akustische Warnanlage
audio frequency *(phys.)* - die Tonfrequenz
auditing of accounts - das Prüfen von Rechnungen
auditor - der Rechnungsprüfer
auger - der Erdbohrer, der Bohrer, der Holzbohrer, der Brunnenbohrer
auger bit *(min.)* - der Hohlbohrer
auger electron spectrometry - die Auger-Spektrometrie, *Abk.: AES*
auger microscopy - die Auger Elektronenmikroskopie
aurates - die Aurate
auriferous - goldhaltig
auripigmente *(yellow),* orpiment - Mineral: Auripigment, das gelbe Arsensulfid, *Trivialname: Rauschgelb,* As_2S_3
aurum - das Gold, Au
ausforming - das Austenitformhärten
austempering - die Zwischenstufenvergütung
austempering - das isothermisches Bainitumwandeln, das Härten im Wärmebad
austenite - der Austenit *(Legierungsphase im Eisen-Kohlenstoff-Diagramm mit Gamma Gefüge)*
austenite dissociation - der Austenitzerfall
austenite transformation - die austenitische Umwandlung
austenitic - austenitisch
austenitic alloy - die austenitische Legierung
austenitic cast iron - das austenitisches Gußeisen
austenitic ferritic steel - der austenitisch-ferritische Stahl
austenitic stainless steel - der austenitische, nichtrostende Stahl
austenitic steel - der austenitische

Stahl
austenitization - die Austenitisierung
austenizing temperature - die Austenitisierungstemperatur
Republic of **Austria** - Republik Österreich, *AT*
austrium *(old name for gallium)* - das Austrium *(historische Bezeichnung für Gallium)*
authorize - bevollmächtigen
autobalancing - selbstausgleichend
autobalancing - freischwingend
autobody sheet - das Karosserieblech
autocar - der Kraftwagen
autocentering chuck - das selbstzentrierende Spannfutter
autoclave - der Druckbehälter, der Autoklav
autogenous cutting - der Autogenschneider
autogenous grinding - das autogene Mahlen
autogenous mill - die Autogenmühle
autogenous welding - die Autogenschweißung
autogenous welding - die Gasschweißung
autoirradiation - die Selbststrahlung
automated measurement - das automatische Messen
automatic - selbsttätig, automatisch
automatic control - die automatische Regelung
automatic cut out - der Sicherungsautomat
automatic discharge - die Selbstentleerung
automatic feeding - das selbsttätige Speisen
automatic feeding - das selbsttätige Beschicken
automatic inspection - die automatische Prüfung

austenitization

automatic lubricator - der Selbstöler
automatic mixture control - die selbsttätige Gemischreglung
automatic pouring process - das automatische Gießen
automatic replease - der Selbstauslöser
automation - die Automatisierung
automatique inspection - die automatische Prüfung
automobile industry - die Autoindustrie
autoradiochromatography - die Autoradiochromatographie
autorotation - der Eigenumlauf
autunite - Mineral: der Autunit *(Uranphosphat: Calciumbisuranylorthophosphat)*, der Kalkuranglimmer
auxiliary ... - Hilfs ...
auxiliary arc - der Hilfslichtbogen
auxiliary furnace - der Hilfsofen
auxiliary hook - der Nothaken, der Hilfshaken
auxiliary line - die Hilfslinie
auxiliary material - der Hilfsstoff
auxiliary services - die Vorleistungen und Nachleistungen im Abbau
auxiliary shops - die Nebenbetriebe
auxiliary switch - der Hilfsschalter
auxiliary tap hole - das Notstichloch, das Notloch *(das Abstichloch für den Notfall)*
auxiliary tube - die Nebenrohrleitung
auxiliary tuyere - die Notwindform, die Notform
AV kiln = annular vertical kiln - der ringförmige, senkrechte Kalzinierofen
availability analysis - die Verfügbarkeitsanalyse
available funds - das verfügbare Kapital
available head of pump - das nutzbare

available heat

Pumpengefälle
available heat - das Wärmeangebot
average - durchschnittlich
average on - im Durchschnitt
average output - die Durchschnittsproduktion
average sample - die Durchschnittsprobe
average speed - die mittlere Drehzahl
avoid - verhüten, verhindern, vermeiden
AWA = American Wire Association
awu = atomic weight unit - das Atomgewicht
axes *(plural of axis)* - die Mittellinien, die Achsen
axial - achsig
axis - die Achse, die Mittellinie
axis of crystal - die Kristallachse
axis of groove - die Kaliberachse *(Walzen)*
axle - die Achse, die Radachse, die Welle, die Spindel
axle base - der Achsabstand
axle lathe - die Achsendrehbank
axle sleeve - die Achsbuchse
AZ = Arizona *(USA)*
AZC = Akita Zinc Co. Ltd. *(Japan)*
azure - himmelblau
azurite - Mineral: der Azurit (blauer Schmuckstein), $2CuCO_3 \cdot Cu(OH)_2$

B

babbit - das Lagerfutter
babbit = a tin- or lead basis alloy - eine Legierung auf Zinn- oder Bleibasis
babbit metal - das Lagerweißmetall, das Weißlagermetall
back firing - das Zurückschlagen der Verbrennungsflamme *(Rückzündung)*, der Flammenrückschlag
back flash - die Rückspülung
back plate - die Stützschale
back pressure - der Gegendruck
back pressure valve - das Gegendruckventil, das Rückschlagventil
back side - die Rückseite
back skewback - das abstichseitige Gewölbewiderlager
back stone of furnace - der Rückstein eines Ofens
back up roll - die Stützwalze
backbone *(of a furnace)* - das Rückgrat *(eines Ofens)*
backer - das Stützwerkzeug
backfill - das Hinterfüllen, der Versatz
backing - die Hinterfüllung, die Hintermauerung, das Hinterfüttern
backing material - der Grundwerkstoff Trägermaterial
backing of moulds - das Trocknen von Formen
backing oven der - der Trocknungsofen
backing sand - der Füllsand
backscatter curve - die Rückstreukurve *(bei der Korngrößenbestimmung)*
backscattering - die Rückstreuung
backwall of furnace - die Ofenrückwand
BACT = best available control technic - die hochwirksame Steuertechnik, *die HWS Technik*

bacterial corrosion - die biologische Korrosion
bacterial leaching - die Bakterienlaugung, das bakterielle Auslaugen
baddeleyite - der Baddeleyit *(zirconiumhaltiges Mineral mit ca. 90-93% ZrO_2)*
baffle crusher - der Prallbrecher
baffle grid - das Prallgitter
baffle pulverizing - die Prallzerkleinerung
bag - der Sack, der Beutel
bag filter - der Schlauchfilter, der Sackfilter
bag filter *with cleaning action by pulse-jet* - der Schlauchfilter mit Reinigung durch Druckluft
bag filter *with mechanical cleaning action by reverse air* - der Schlauchfilter mit mechanischer Reinigung durch Spülluft
Commonwealth of the **Bahamas** = BS
State of **Bahrain** = BH
bail - das Gehänge *(in der Gießerei)*
bail - das Wasser ausschöpfen
bainite - der Bainit *(das Zwischenstufengefüge)*
bainite region - der Zwischenstufenbereich, die Bainitzone
bainitic cast iron - das bainitische Gußeisen
bainitic steel - der bainitische Stahl
bainitic transformation - die bainitische Umwandlung
baked core - der gehärtete Kern
baked mould - die getrocknete Gußform
baking cherry coal - die Sinterkohle
baking oven - der Trocknungsofen
balance - das Gleichgewicht, der Ausgleich
balance - der nicht bestimmte Restanteil *(bei Legierungen)*, der Analyserest
balance of expenses - der Kostenausgleich
balance of weight - der Massenausgleich
balance room - der Waagenraum
balance sheet - die Bilanz, die Bilanzaufstellung
balanced - entlastet
balanced roll - die Anstellwalze
balances - die Waage
balancing - das Auswuchten
balancing device - die Ausgleichvorrichtung
balancing stand - der Auswuchtstand
Balbach-Thum cell - die Balbach-Thum-Zelle *(Silberelektrolysezelle mit horizontaler Elektrodenanordnung)*
bale - zusammenballen, brikettieren
bale out - das Metall aus dem Ofen schöpfen
bale out furnace - der Schöpfofen
baled scrap - der paketierte Schrott
bales - die Ballen
baling press - die Ballenpresse
ball - die Luppe, die Renneisenluppe, die Puddelluppe
ball - der Packen, die Kugel
ball bearing - das Kugellager
ball bearing steel - der Kugellagerstahl
ball clay - der Töpferton *(mit nur geringen Verunreinigungen)*
ball condenser - der Kugelkühler
ball cup or ball socket - die Kugelpfanne
ball diameter - der Kugeldurchmesser, die Kugeldicke
ball hardness test - die Kugeleindruckprüfung
ball impact hardness testing - die

ball impression hardness

Kugelschlaghärteprüfung *(dynamische Härteprüfung)*
ball impression hardness - die Brinellhärte, die Kugeldruckhärte
ball journal - der Kugelzapfen
ball mill - die Kugelmühle
ball mill *with classifier-reject return to mill inlet* - die Kugelmühle mit Sichtergrobgut-Rückführung
ball pressure test - die Kugeldruckhärteprüfung, die Brinellhärteprüfung
ball socket or ball cup - die Kugelpfanne
ball type crusher - der Kugelbrecher
balling drum - die Pelletiertrommel
ballon - der Rezipient
balloon - die Korbflasche
BAM - die Bundesanstalt für Materialprüfung *(Berlin)*
band - der Streifen, das Band
band *(geology)* - die dünne Gesteinsschicht
band saw - die Bandsäge
band structure - die Bandstruktur
band theory - die Bandtheorie
banded structure - das Zeilengefüge
People's Republic of **Bangladesh** - die Volksrepublik Bangladesh
banked blast furnace - der gedämpfte Hochofen
bar - der Stab, die Schiene, die Stange
bar *(support)* - die Kappe *(des Ausbaus)*
bar cleaning machine - die Stangenputzmaschine in der Elektrolyse
bar copper - das Stangenkupfer, das Barrenkupfer
bar draw - das Stabziehen
bar filler rod - der nackte Schweißdraht
bar iron - das Stabeisen
bar magnet - der Stabmagnet
bar metal arc welding - das Lichtbogenschweißen mit Nacktdraht
bar mill - das Stabeisenwalzwerk, die Stabstraße
bar shiner - der Leitschienenputzer *(Elektrolysepersonal)*
bar tin - das Stangenzinn
Barbados = BB
barbed hook - der Widerhaken
barbed wire - der Stacheldraht
barbitur acid - die Barbitursäure, $C_4H_4N_2O_3$
bargain (mining) - das Gedinge
barium - das Barium *(griech. Name barys = schwer)*, Ba
barium acetate - das Bariumacetat, $Ba(CH_3COO)_2$
barium addition - der Bariumzusatz
barium alloy - die Bariumlegierung
barium boride - das Bariumborid, $Ba_3(BO_3)_2$
barium bromide - das Bariumbromid, $BaBr_2$
barium carbide - das Bariumcarbid, BaC_2
barium carbonate - das Bariumcarbonat, als Mineral: Witherit, $BaCO_3$
barium chlorate *(for green fire)* - das Bariumchlorat *(für Grünfeuer)*, $Ba(ClO_3)_2$
barium chloride - das Bariumchlorid, $BaCl_2$
barium chromate *(baryte yellow pigment)* - das Bariumchromat, das Barytgelb *(Malfarbe; Pigment)*, $BaCrO_4$
barium complex - der Bariumkomplex
barium compound - die Bariumverbindung
barium ferrite - das Bariumferrit *(Maniperm)*, $BaO_6Fe_2O_3$
barium fluoride - das Bariumfluorid, BaF_2

barium hydride

barium hydride - das Bariumhydrid, BaH_2

barium hydroxide - das Bariumhydroxid, $Ba(OH)_2$

barium hydroxide crystals *with water, baryte water* - der Ätzbaryt, das Barytwasser, *wenn Ätzbaryt in Wasser gelöst ist*, $Ba(OH)_2 * 8H_2O$

barium iodide - das Bariumjodid, BaJ_2

barium ion - das Bariumion, $Ba(+2)$

barium manganate - das Bariummanganat, $BaMnO_4$

barium nitrate - das Bariumnitrat, $Ba(NO_3)_2$

barium nitride - das Bariumnitrid, $Ba(NO_2)_2$

barium oxide - das Bariumoxid, BaO

barium perchlorate - das Bariumperchlorat, $Ba(ClO_4)_2$

barium peroxide *(white powder)* - das Bariumperoxid *(schwer lösliches weißes Pulver)*, BaO_2

barium phosphate - das Bariumphosphat, $Ba_3(PO_4)_2$

barium phosphite - das Bariumphosphit, $BaHO_3P$

barium silicide - das Bariumsilicid, $BaSi_2$

barium sulfate *(blanc fixe)* - das Bariumsulfat, das Permanentweiß *(Malerei)*, $BaSO_4$

barium sulfide - das Bariumsulfid, BaS

barium titanate - das Bariumtitanat, $BaTiO_3$

Bariumferrit - Maniperm, $BaO * 6Fe_2O_3$

bark mill - der Brecher für Graphit

Barkhausen effect - der Barkhausen-Effekt

barking of trees - das Schälen von Bäumen

barrel, *bbl* - 1. das Barrel, die Tonne, das Faß, 2. die Walze, die Trommel, der Zylinder

barrel finishing - das Trommelpolieren

barrel hoop - der Faßreifen

barrel plating - das Trommelelektroplatieren

barrel shaped furnace - der Trommelofen

barrel throttle *(or valve)* - der Rundschieber

barrel vault - das Tonnengewölbe

barreling - das Einfüllen in Fässer

barrels by - faßweise

barren - taub, erzfrei, unfruchtbar, *(im Kohlenbergbau: nicht kohleführend)*

barren contact - der taube Kontaktgang

barren flux - die arme Schlacke

barren gangue - das taube Gestein

barren ground *(mining)* - die unbauwürdige Gebirgsschicht, das Muttergestein

barren solution - die Armlauge *(Hydrometallurgie)*

barrow - die Karre*(n)*, die Förderwagen

barrow charging - die Karrenbegichtung

bars - der Barren, das Stabmaterial

baryte mineral, heavy spar, *(barium sulfate)* - der Schwerspat *(Bariumsulfat)*, der Baryt, $BaSO_4$

baryte rose *(rare mineral: baryte in sand)* - Mineral: die Barytrose *(seltene Konkretionsform des Baryt in Sand)*, $BaSO_4$

baryte water *(barium hydroxide crystalls with water)* - das Ätzbaryt, das Barytwasser; wenn Ätzbaryt gelöst in Wasser, $Ba(OH)_2 * 8H_2O$

baryte yellow *(pigment: barium chromate)* - das Bariumchromat, das Barytgelb *(Malfarbe, Pigment)*, $BaCrO_4$

basal crack - der Fußriß

bascule bridge - die Klappbrücke

base

base - die Grundlage, die Grundplatte, die Basis
base *(chem.)* - die Base
base alloy - die Ausgangslegierung
base bullion - 1. das unreine Werkblei, 2. das noch edelmetallhaltige Rohmetall
base circle of gear - der Zahnradgrundkreis
base exchange capacity - das Basenaustauschvermögen
base face - die Auflagefläche
base helix - die Grundschraubenlinie
base line - die Festlinie, die Grundlinie (der Landesvermessung)
base material - der Grundstoff
base metal - das Grundmetall, das unedle Metall
base of calculation - die Berechnungsgrundlage
base pitch - die Grundteilung
base rate - der Tariflohn
base speed - die Grunddrehzahl
base year - das Bezugsjahr
basement - das Sockelgeschoß, der Sockel
basic cupola - der basische Kupolofen
basic elektrode - die KB Elektrode
basic flux - das basische Flußmittel
basic lining - die basische Ofenzustellung basisches Futter
basic load - die Einheitsbelastung
basic monolithic lining - das basische Stampffutter
basic open hearth furnace - der basische Siemens Martin Ofen
basic oxide - das Basenanhydrid
basic oxygen furnace *(BOF)* - der LD Konverter, der Sauerstoffaufblaskonverter
basic oxygen process *(BOP)* - das LD Verfahren, das Sauerstoffaufblasverfahren
basic oxygen steelmaking *(BOS)* - die LD-Stahlherstellung, die Sauerstoffaufblasstahlwerk
basic pig iron - das Thomasroheisen
basic reacting - die basische Reaktion
basic refractory - das basische, feuerfeste Erzeugnis
basic research - die Grundlagenforschung
basic salt - das basische Salz
basic slag - die Thomasschlacke, die basische Schlacke
basic slag cement - der Schlackenzement
basic slag practise - die basische Schlackenführung
basic solvent - das basisches Lösungsmittel
basic steel - der basische Stahl
basic tolerance - die Grundtoleranz
basic wages - der Grundlohn
basicity - die Basizität
basin - der Behälter
basin - das Becken
basin - der Kessel
basin - der Tümpel
basin of mould - der Gießtümpel
basket - der Korb
basket charging - die Korbbeschickung
bastard slag - die Zwischenschlacke
bastnaesite - das Mineral: Bastnäsit, $(Ce;La;Dy)*CO_3F$
batch - chargenweise, satzweise, diskontinuierlich
batch charging - das satzweise Beschicken, die diskontinuierliche Beschickung
batch control - die Gruppensteuerung (mehrere Einheiten von einem Leitstand)
batch furnace - der Kammerofen, der Ofen mit satzweiser Beschickung

batch leaching - die Chargenlaugung, diskontinuierliche Laugung

batch mill - der satzweise arbeitende Kollergang, der diskontinuierliche Kollergang

batch of coal - der Kohlenkuchen *(Kokerei)*

batch operation - das Einzelverfahren, das diskontinuierliche Arbeiten, die intermittierende Betriebsweise

batch process - das Chargenverfahren, das diskontinuierliche Verfahren

batch production - die Losfertigung, die diskontinuierliche Produktion

batch wise - diskontinuierlich, chargenweise

bath - das Bad

bath additive - der Badzusatz

bath agitation - die Badbewegung

bath composition *(of melt or electrolysis)* - die Badzusammensetzung *(von Schmelze bzw. Elektrolyse)*

bath motion through hearth purge - die Badbewegung durch Herdspülung

bath ratio control *(aluminium production: Hall Heroult cell)* - die Badverhältniskontrolle

bath temperature - die Badtemperatur

bathing-cabin *(dressing room)* - die Umkleidekabine

bating - das Beizen

battery - die Batterie

battery of boilers - die Kesselgruppe

battery scrap - der Akkuschrott

battery scrap - der Batterieschrott

Bauschinger effect - der Bauschinger Effekt

bauxite - der Bauxit

bay - die Werkshalle

bay wheel *(dosage)* - das Zellenrad

Bayer alumina - die Tonerde aus dem Bayerverfahren

Bayer process - das Bayerverfahren, die Tonerdegewinnung nach dem Bayerverfahren

BB = Barbados

BBC = Brown Boverie & Cie A.G.

bbl = barrel - das Barrel

BBU = Bleiberger Bergwerks-Union

BBU process = Bleiberger Bergwerks Union process *to recycle used lead battery scrap* - das Bleiberger Bergwerks Union Verfahren *zur Aufarbeitung von Blei-Akkuschrott*

bcc structure = body centered cubic structure - die kubisch raumzentrierte Struktur, *krz Struktur*

BCL = Bougainville Copper Ltd.

BCM process = black copper metallurgy process *(copper direct production)* - das Kupferdirektherstellungsverfahren, *BCM Verfahren*

BE = Kingdom of Belgium - das Königreich Belgien

bead polymerization - die Perlpolimerisation

beaker - das Becherglas

beam - 1. der Hebelarm; 2. der Strahl; 3. der Balken, der Ausleger, der Träger

beam *(mining)* - die Kappe

beam channeling - die Strahlkanalisierung

beam deflektion - die Strahlablenkung

beam rolling mill - das Trägerwalzwerk

bean ore - das Bohnerz, der Brauneisenstein

bear - die Ofensau, die Eisensau, der Ofenbär, der Eisenbär

bearing - ... haltig

bearing - das Maschinenlager, das Lager

bearing bracket - das Lagerschild

bearing bronze - die Lagerbronze

bearing cage - der Lagerkäfig

bearing clearance - das Lagerspiel

bearing material

bearing material - der Lagerwerkstoff
bearing metal - das Lagermetall
bearing rod - die Tragstange
bearing solution - die Mutterlauge
bearing steel - der Lagerstahl
bearing trouble - der Lagerschaden
beaten gold - das Blattgold, das Goldblatt
beaten iron - das gehämmerte Eisen
beater - der Flügel *(vom Rührwerk)*
beater - der Hammer *(vom Hammerbrecher)*
beater - der Papierholländer, der Holländer
beating - das Schmieden, das Hämmern, das Schlagen, das Stampfen
beating crusher - der Schlagbrecher
bed - die Lage, das Formbett, das Bett
bed - die Schicht *(Geologie)*
bed - der Herd *(Metallurgie)*
bed coke - der Füllkoks, der Anheizkoks
bed density - die Bettdichte *(in der Wirbelschicht)*
bed die - der Lochring
bed expansion - die Ausdehnung der Wirbelschicht, die Expansion des WS-Bettes
bed of loos particles - die Schüttschicht *(bei Wirbelschichtverfahren)*
bed separation *(geology)* - das Aufblättern der Gebirgsschichten
bedding - die Bettung
beech tar - der Buchenholzteer
beef tallow - der Rindertalg
bees wax - das Bienenwachs
behaviour - das Verhalten *(eines Werkstoffs)*
behaviour in testing - das Verhalten bei der Prüfung
Belgian mill - die Stabstrecke mit besonderer Vorstraße
Kingdom of **Belgium** - Königreich Belgien, *BE*
Belize *(former British Honduras)* - Belize
bell - die Haube, die Glocke
bell and hopper device - der Gichtverschluß
bell center punch - der selbstzentrierende Körner
bell crusher - die Glockenmühle
bell foundry - die Glockengießerei
bell furnace - der Haubenofen *(Glühofen)*
bell metal - die Glockenbronze
bell mouthed - glockenförmig erweitert
bell mouthed coupling - die Trichterkupplung
bell turret - Glockenturm
bell winch of blast furnace - die Hochofenglockenwinde
belleville washer - die Tellerfeder
bellied - bauchig
bellow - das Gebläse, der Faltenbalg
belly of blast furnace - der Kohlensack des Hochofens
belt - der Gurt, der Treibriemen, der Riemen, das Band
belt cleaner - der Gurtreiniger
belt conveyor - der Bandförderer, das Förderband, der Transportgurt
belt drive - der Riemenantrieb
belt fastener - der Riemenverbinder
belt filters - der Bandfilter
belt guiding roller - die Gurtführungsrolle
belt joint - die Riemenverbindung
belting - der Bandgurt *(das Bandgurtmaterial)*
ben *(chem.)* - der Laboratoriumstisch
bench - die Werkbank

bench

bench - der Laboratoriumstisch
bench clamp - die Bankzwinge
bench hook - das Bankeisen
bench lathe - die Tischdrehbank
bench mark - die Höhenmarke *(Vermessungswesen)*
bench shears - die Bockschere
bench test - der Laborversuch
bench test - der Prüfstandversuch
bench vice - der Bankschraubstock
bencyl alcohol - der Benzylalkohol, $C_6H_5CH_2OH$
bend - der Krümmer, die Biegung
bend loading - die Biegebeanspruchung
bend pipe - der Rohrkrümmer, der Krümmer
bend pulley - die Druckrolle *(Ablenktrommel)*
bend test - die Biegeprüfung
bending - 1. die Biegung, 2. windschief
bending backwards - das Umbiegen
bending capacity - die Biegefähigkeit
bending coeffizient - der Biegebeiwert
bending fatigue resistance - die Biegeschwellfestigkeit
bending fatigue test - der Hin und Herbiegeversuch
bending machine - die Biegemaschine
bending moment - das Biegemoment
bending off tool - das Abkantwerkzeug
bending press - die Biegepresse, die Abkantmaschine
bending property - die Biegbarkeit
bending strength - die Biegefestigkeit
bending vibrations - die Biegeschwingungen
beneficiate - aufbereiten, anreichern
beneficiation of coal - Kohleveredelung
beneficiation of domestic refuse - die Aufbereitung von Hausmüll
beneficiation of ore - die Erzaufbereitung
beneficiation plant - die Aufbereitungsanlage
BENELUX = Belgien Netherlands-Luxembourg
bentonite *(montmorillonite rich clay)* - das Bentonit *(montmorillonitreicher Ton)*
benzene - das Benzol
benzene derivative - das Benzolderivat
benzene nucleus - die Benzolformel
benzoe acid - die Benzoesäure, $C_7H_6O_2$
benzole - das Benzol, C_6H_6
benzole elutriate oil - das Benzolauswaschöl
berkelium - das Berkelium, Bk
Bermuda - Bermuda, *BM*
Bernstein acid - die Bernsteinsäure, $C_4H_6O_4$
berthierite - das Mineral: Berthierit, $FeSb_2S_4$
bertrandite - das Mineral: Bertrandit, $4BeO*SiO_2*H_2O$
beryllia - die Berylliumerde, BeO_2
beryllium - das Beryllium *(Name nach dem Edelstein Beryll, der farblos ist und auch der Brille als Namensgeber diente)*, Be
beryllium addition - der Berylliumzusatz
beryllium alloy - die Berylliumlegierung
beryllium aluminate - das Berylliumaluminat
beryllium boride - das Berylliumborid, $Be_3(BO_3)_2$
beryllium bromide - das Berylliumbromid, $BeBr_2$
beryllium bronze - die Berylliumbronze *(Cu-Be-Legierung)*
beryllium carbide - das Berylliumcarbid, Be_2C

beryllium carbonate

beryllium carbonate - das Berylliumcarbonat, $BeCO_3$
beryllium chloride - das Berylliumchlorid, $BeCl_2$
beryllium complex - der Berylliumkomplex
beryllium compound - die Berylliumverbindung
beryllium copper - das Berylliumkupfer *(Vorlegierung)*
beryllium earth - die Berylliumerde, BeO_2
beryllium fluoride - das Berylliumfluorid, BeF_2
beryllium hydride - das Berylliumhydrid, BeH_2
beryllium hydroxide - das Berylliumhydroxid, $Be(OH)_2$
beryllium iodide - das Berylliumjodid, BeJ_2
beryllium ion - das Berylliumion, $Be(+2)$
beryllium nitrate - das Berylliumnitrat, $Be(NO3)_2$
beryllium nitride - das Berylliumnitrid, Be_3N_2
beryllium ore - das Berylliumerz
beryllium oxide - das Berylliumoxid *(Werkstoff für hochfeste Anwendung z.B. für Verbrennungskammern in Raketen)*, BeO
beryllium phosphate - das Berylliumphosphat, $Be_3(PO_4)_2$
beryllium phosphide - das Berylliumphosphid
beryllium silicate - das Berylliumsilikat
beryllium silicide - das Berylliumsilicid
beryllium sulfate - das Berylliumsulfat, $BeSO_4$
beryllium sulfide - das Berylliumsulfid, BeS
beryllium window - das Berylliumfenster
besom - der Kehrbesen, der Besen
Bessemer converter - der Bessemerkonverter, die Bessemerbirne
Bessemer matte - der Feinstein *(z.B. in der Nickelgewinnung)*
Bessemer pig iron - das Bessemer-Roheisen *(enthält wenig Phosphor <0.10%)*
Bessemer process - das Bessemer Verfahren
Bessemer slag - die Bessemer Schlacke
Bessemer steel - der Bessemer Stahl
Bessemer steel plant - das Bessemer Stahlwerk
bessemerizing - der Konverterbetrieb *(das Verblasen im Konverter)*
best available control technic - die hochwirksame Steuertechnik
best selected copper - das Raffinatkupfer erster Qualität
beta decay - der Beta Zerfall
beta desintegration - der Beta Zerfall
beta martensite - der kubische Martensit
beta particles - die Beta Strahlen
beta phase - die Beta Phase
beta radiation - die Beta Strahlen
beta ray - die Beta Strahlen
beta-mercapto-ethano - das Beta-Mercapto-Ethanol, BME
beta-ray attenuation - die Beta-Röntgenstrahlschwächung
betatron - das Betatron
bevel - die Schräge, die Abflachung
bevel - schräg, abgefast
bevel gear - das Kegelrad
bevel gearing - Kegelradgetriebe
beveling - Abkanten, Abfasen
bevelled - abgeschrägt, zugeschärft
beverage can - die Getränkedose
BF = blast furnace - der Hochofen

BF bell = blast furnace bell - die Gichtglocke

BF process = Bergbau-Forschung GmbH Verfahren

BFI = Betriebsforschungsinstitut des VDEh

BG = People's Republic of Bulgaria - Volksrepublik Bulgarien

BGM = Brand Gold Mining Co. Ltd. *(Welkom - RSA)*

BH = State of Bahrain - Bahrain

BHN = Brinell hardness number - die Härtezahl nach Brinell, die Brinellhärte

BHP = Broken Hill Propiety *(Australia)*

Kingdom of **Bhutan** - Königreich Bhutan, *BT*

BHW = Braunschweiger Hüttenwerke *(West Germany)*

bi... - zwei...

bias - schief

biaxial - zweiachsig

biaxial stress - die zweiachsige Spannung

bibb - der Zapfhahn

bibliography - die Bibliographie

bicrystal - der Bikristall

bicycle - das Fahrrad

bicyclic compounds - die bicyclischen Verbindungen

bid bonds *(raw materials trading)* - die Bietungsgarantie *(Rohstoffhandel)*

bidistilled water - das doppelt destillierte Wassser

bilge pump - die Lenzpumpe

bill of charges - die Kostenrechnung, die Rechnung

bill of materials - die Stückliste

billet - der Knüppel, der Rundbolzen, der Rundknüppel

billet mill or billet rolling mill - das Knüppelwalzwerk

billet shears - die Knüppelschere

billet trolley - der Knüppelwagen

BIM = Billiton International Metals *(Leidschendam - Netherlands)*

bimetal - das Bimetall

bimetallic layer - die Bimetallschicht

bimetallic strip - der Bimetallstreifen

bimetallic thermocouple - das Thermo Bimetall

bimolecular reaction - die bimolekulare Reaktion

bin - der Silo *(Bunker)*

binary alloy - die Zweistofflegierung, die binäre Legierung

binary compound - die binäre Verbindung

binary system - das binäre System

bind *(chem.)* - binden

binders - das Bindemittel

binding agent - das Bindemittel

binding capacity *(chem.)* - die Bindekraft

binding energy - die Bindungsenergie

binding materials - das Bindemittel

bioassay - der biologische Test

biodegradation - der biologische Zerfall

biography - die Biographie

biology - die Biologie

biotit - der Magnesiaglimmer, der Biotit, $[K(Mg;Fe)_3 * (OH;O)_2 * (Al;Fe)Si_3O_{10}]$

bird's eye view - die Vogelperspektive, die Draufsicht

birefringence - die Doppelbrechung

bismite *(bismuth ochre, yellow pigment)* - der Bismit *(Mineral)*, das Bismutocker *(gelbes Pigment)*, Bi_2O_3

bismuth - das Bismut, Bi

bismuth addition - der Bismutzusatz

bismuth alloy - das Bismutlegierung

bismuth chloride - das Bismutchlorid, $BiCl_3$

bismuth complex

bismuth complex - der Bismutkomplex
bismuth compound - die Bismutverbindung
bismuth hydroxide - das Bismuthydroxid, Bi(OH)$_3$
bismuth iodide - das Bismutjodid, BiJ$_3$
bismuth ion - das Bismution, Bi(3+); Bi(5+); Bi(-3)
bismuth nitrate - Bismutnitrat Bi(NO3)3
bismuth ochre *(yellow pigment)*, bismite - das Bismutocker *(gelbes Pigment)*, der Bismit Bi$_2$O$_3$
bismuth ore - das Bismuterz
bismuth oxide *(yellow pigment)* - das Bismutoxid *(gelbes Pigment)*, Bi$_2$O$_3$
bismuth production - die Bismutherstellung
bismuth sulfide - das Bismutsulfid, Bi$_2$S$_3$
bismuthinite - das Mineral: Bismutglanz, das Bismutin, Bi$_2$S$_3$
bismuthyl nitrate - das Bismuthylnitrat *(ungiftige weiße Schminke)*, Bismutsubnitrat, BiONiO$_3$
BISRA = British Iron & Steel Research Association
biting of rolling piece - das Fassen des Walzstabes
bitumen - der Asphalt, das Bitumen
bituminiferous - bitumenhaltig, asphalthaltig
bituminous - reich an flüchtigen Bestandteilen
bituminous coal - die Weichkohle, die Gaskohle, die Backkohle, die Fettkohle
bituminous shale - der Kohleschiefer
bivalent - zweiwertig
BKR = Berliner Kupfer-Raffinerie GmbH
black - schwarz
black annealing - das Schwarzglühen

black copper - das Schwarzkupfer
black copper metallurgy process *(copper direct production)*, BCM process - das Kupferdirektherstellungsverfahren, *das BCM Verfahren*
black damp *(min.)* - die Stickwetter
black finish - das Brünieren
black hearth malleable cast iron - der schwarze Temperguß *(amerikanisch)*
black market - der schwarze Markt
black metallurgie - die Schwarzmetallurgie
black ore - das schwarze Erz, (FeO*MnO)WO$_3$
black pickling - die Schwarzbeize *(Vorbeize)*
black pig iron - das übergare Roheisen
black plate - das Schwarzblech
black structure malleable cast iron - der Temperguß mit schwarzem Gefüge
blackboard - das schwarze Brett, die Wandtafel
blacking *(moulding)* - das Schwärzen *(Formerei)*
blacking brush - der Schwärzepinsel
blackness - die Schwärze *(als Farbe)*
blacksmith - der Grobschmied
blackwashing of moulds - das Schlichten von Formen
blade the stationary - die Leitschaufel
blade the moving - die Laufschaufel
blade - 1. der Gebläseflügel, die Turbinenschaufel, 2. die Messerklinge, die Klinge
blade holder - der Messerhalter
blades of steam turbine - die Schaufeln einer Dampfturbine
blading of turbine - die Beschaufelung einer Turbine
blanc fixe, barium sulfate - das Bariumsulfat, Permanentweiß *(Malerei)*,

BaSO₄
Blanc method - die Chlormethylierung
blank - 1. der Rohling *(vorbearbeitetes Stück)*, der Zuschnitt, 2. der Rohblock, das Rohstück *(unbearbeitetes Stück)*
blank experiment - die Blindprobe
blank flange - der Blindflansch
blank hardness test - der Blindhärteversuch
blank test or **blank trial** - der Blindversuch, der Leerversuch
blank tritration - die Leertritration
blanket of metal bath - die Schutzabdeckung eines Metallbades
blanking - das Druckschneiden, das Ausschneiden
blanking mandrel - der Schnittstempel
blanking press - die Lochstanze
blanking tool - das Stanzwerkzeug
blanks - das Blindpräparat
blast - der Gebläsewind, der Wind
blast air - der Gebläsewind
blast box - der Windkasten
blast cleaning - das Sandstrahlen
blast distribution main - das Windverteilungsrohr
blast furnace *(BF)* - der Hochofen
blast furnace bell - die Gichtglocke
blast furnace blowing down - die Hochofenstillegung
blast furnace blowing in - das Hochofenanblasen
blast furnace blowing out - das Hochofenausblasen
blast furnace bosh - die Hochofenrast
blast furnace charge - die Hochofenbeschickung
blast furnace charging bridge - die Hochofengichtbrücke
blast furnace crucible - das Hochofengestell
blast furnace dust - der Gichtstaub
blast furnace flue dust - der Hochofenflugstaub
blast furnace framework - das Hochofengerüst
blast furnace gas - das Hochofengas
blast furnace gas taking-off - die Gichtgasabführung
blast furnace hearth - das Hochofengestell
blast furnace hoist - der Hochofengichtaufzug
blast furnace hopper - der Hochofentrichter
blast furnace in blast - der Hochofen im Feuer
blast furnace in wall - das Hochofenschachtmauerwerk
blast furnace lining - die Hochofenauskleidung
blast furnace mantle - der Hochofenmantel
blast furnace metallurgist - der Hochöfner
blast furnace mouth - die Hochofengicht
blast furnace operation - der Hochofenbetrieb
blast furnace output - das Hochofenausbringen
blast furnace part - das Hochofenteil
blast furnace practice - die Hochofenführung
blast furnace ring - der Hochofentragring
blast furnace section - das Hochofenprofil
blast furnace slag - die Hochofenschlacke
blast furnace slag cement - der Hochofenschlackenzement
blast furnace stack - der Hochofenschacht

blast furnace tap

blast furnace tap - der Hochofenabstich

blast furnace throat - die Hochofengichtöffnung

blast furnace top gas mud - der Hochofengichtschlamm

blast furnace tuyere - die Hochofenwindform

blast furnace with chamber hearth - der Hochofen mit eingebautem Gestell

blast furnace with closed breast - der Hochofen mit geschlossener Brust

blast furnace with open breast - der Hochofen mit offener Brust

blast gate - der Windschieber

blast heating - die Winderhitzung

blast main - die Windhauptleitung

blast pipe - die Windleitung

blast volume - die Windmenge

blasting (mining) - die Sprengung

blasting cartridge - die Sprengpatrone

blasting fuse - die Zündschnur

blasting grit - der Gebläsekies

blasting technique *(explosive)* - die Sprengtechnik

bleaching - das Bleichen

bleaching agents - die Bleichmittel

bleaching liquor - Bleichlauge

bleeder valve - Entlastungsventil

bleeding - 1. das Abblasen, 2. das Abzapfen einer Flüssigkeit *(z.B. Elektrolyt)*, 3. das Ausbluten; das Farbbluten

bleeding hole - Abblasöffnung

bleeding of ingots - Auslaufen nicht völlig erstarrter Blöcke

blemish - der Fehler

blend - die Mischung

blender - der Mischer

blendes - die Blenden *(z.B. Zinkblende)*

blending - das Mischen, das Vermengen, das Verschneiden

blending colours - die verlaufenden Farben

blenking press - die Schneidpresse

blind head - der geschlossene Speiser *(Gießerei)*

blind riser - der Blindspeiser *(Massel)*

blind tuyeres - die verstopften Winddüsen, die gestopften Winddüsen

blister copper - das Blisterkupfer (enthält 98.5-99.5% Cu), das Blasenkupfer

blister steel - der Blasenstahl, der Zementstahl

blistered - löcherig, porig, blasenhaltig

Bloch wall - die Bloch Wand *(Grenzschicht zwischen Weißschen Bezirken)*

block and tackle - der Flaschenzug

block brake - Backenbremse

block brazing - das Blocklöten

block core mould - die Kernblockform

block slag - die Klotzschlacke

blockage or blocking - die Verstopfung

bloom - der Vorblock, der Rohblock

bloom pass - das Blockwalzkaliber

bloom shears - die Blockschere

bloom trolley - der Blockkarren

bloomery - das Frischfeuer, das Rennfeuer

bloomery furnace - der Stückofen

bloomery process - das Rennverfahren

blooming - das Anlaufen, die Vergütung

blooming mill - das Blockwalzwerk

blooming mills - die Vorwalzwerke, die Grobwalzstraße

blooming roll - die Blockwalze

blotting paper - das Löschpapier

blow - verblasen, blasen

blow off (steam) - abblasen *(Dampf)*

blow pressure - der Winddruck, der Blasdruck

blow squeeze moulding

blow squeeze moulding machine - die Blaspressformmaschine
blow-off valve - das Abblasventil, das Auspuffventil
blow-out fuse - die Durchschlagsicherung
blower - 1. der Lüfter, die Gebläsemaschine, der Ventilator, 2. das undichte Rohr
blower at the converter - der Blasemeister am Konverter
blower cooling - die Gebläsekühlung, die Windkühlung
blowhole - die Gasblase
blowing - das Verblasen *(von Luft unter die Badoberfläche)*, Abk.: das Blasen
blowing down of shaft furnace - das Niederblasen eines Schachtofens
blowing in of shaft furnace - das Anblasen eines Schachtofens
blowing of mine - die Grube auffliegen lassen
blowing *with changing wind pressure* - das Blasen mit wechselndem Winddruck
blowpipe - der Gasbrenner, das Lötrohr
blowpipe analysis - die Lötrohranalyse
blue annealing - das Blauglühen
blue billy - der Kiesabbrand
blue brittleness - die Blausprödigkeit
blue copperas - das Kupfervitriol, $CuSO_4*5H_2O$
blue print - die Fotokopie, die Blaupause
blue short - blaubrüchig
blue shortness - die Blausprödigkeit, der Blaubruch
blueing - das Bläuen
bluestone - der Blaustein, $CuSO_4$
bluing - das Anlassen
bluish - bläulich
blunger - der Auflöser
blunger - der Dispergierer, das Rührwerk
blunt - stumpf
blunt metal saw file - die dreikantige Sägenfeile
BM = Bong Mining Co. *(Monrovia - Liberia)*
BM = Bermuda
BMC = British Metal Corp.
BME = beta-mercapto-ethanol
BMI = Batelle Memorial Institute
BMMD = Black Mountain Mineral Development Co. Ltd. *(Aggeneys - RSA)*
BMS = Brunswick Mining and Smelting Co. Ltd. *(Canada)*
BN = Brunei
BNFMF = British Non Ferrous Metals Federation *(London)*
BO = Republic of Bolivia - Republik Bolivien
board - die Pappe
board - das Brett, die Bohle
boarding - die Bretterverkleidung, das Verschalen
body centered cubic structure - die kubisch raumzentrierte Struktur, krz Struktur
body of coal - die brennbaren Kohlenbestandteile
boehmite - das Mineral: Böhmit *(Aluminiumhydroxid)*, alpha-AlOOH, AlO(OH) = $Al_2O_3*H_2O$
BOF = basic oxygen furnace - der LD Konverter, der Sauerstoffaufblaskonverter
bog iron ore - das Sumpferz, das Seeerz, Raseneisenerz, Brauneisenerz
bogey or bogie - das Fahrgestell, der Wagen
bogie frame - das Drehgestell
bogie-hearth annealing furnace - der Herdwagenglühofen
bogie-hearth furnace - der Herdwagenofen

boil

boil - das Kochen, das Sieden
boil down - eindampfen
boil-away loss - die Verdampfungsverluste
boiler - der Dampfkessel, der Kessel
boiler chimney - Kesselschornstein
boiler drum - der Druckkessel, die Kesseltrommel
boiler feed water - das Kesselspeisewasser
boiler flues - die Kesselzüge
boiler furnace - die Kesselfeuerung
boiler grate - der Kesselrost
boiler head - der Kesselboden
boiler house - das Kesselhaus
boiler jacket - der Kesselmantel
boiler maker - der Kesselschmied
boiler plate - das Kesselblech
boiler riveting - die Kesselnietung
boiler roof - das Kesselgewölbe
boiler scale - der Kesselstein
boiler scaler - der Kesselsteinklopfer
boiler set - die Kesseleinmauerung
boiler shell - der Kesselkörper
boiler stay - der Kesselanker
boiler tube - das Kesselrohr, das Siederohr
boiler works - die Kesselschmiede
boiling - das Sieden, das Kochen
boiling down - verkochen
boiling kettle - der Kochkessel, der Siedekessel
boiling point - der Siedepunkt
boiling point elevation - die Siedepunkterhöhung
boiling range - die Siedegrenzen
boiling temperature - die Siedetemperatur
boiling water reactor, *BW reactor* - der Siedewasserreaktor, *SW Reaktor*
Boliden-Norzink process - das Boliden-Norzink Verfahren
Republic of **Bolivia** - Republik Bolivien, *BO*
bolometer - das Bolometer
bolt - 1. der Bolzen, der Ausbauanker, 2. die Schraube
bolt together - verschrauben
bolting - das Verschrauben
bomb proof - bombensicher
bond - binden
bond length - der Atomabstand
bond together - verbinden, verkleben
bonding forces - die Bindungskräfte
bone ash - die Knochenasche
bone charcoal - die Knochenkohle
bone glue - der Knochenleim
bone mill - die Knochenmühle
bone powder - das Knochenmehl
bonus - die Leistungsprämie, die Prämie
bonus job - die Prämienarbeit
bonus schemes - das Prämiensystem
book - das Buch
book keeper - der Buchhalter
bookbinder - der Buchbinder
booking - das Eintragen, das Buchen
bookseller - der Buchhändler
boost - verdichten *(Druck erhöhen)*
booster - der Zusatzmotor, der Verstärker
booster blower - das Verstärkergebläse
BOP = basic oxygen process - das LD Verfahren, das Sauerstoffaufblasverfahren
borates - das Borat
borax - der Borax *(wasserhaltiges Natriumborat)*, Natriumtetraborat, $Na_2B_4O_7 \cdot 10H_2O$
borazite - das Mineral: Borazit *(weiße Knollen im Staßfurter Karnallit)*, der Staßfurtit, $MgCl_2 \cdot 6MgO \cdot 8B_2O_3$

Borazol

Borazol - das Borazol *("anorganisches Benzol")*, $B_3N_3H_6$
border - die Grenze, die Begrenzung
bordering - das Begrenzen, das Säumen
Bordoni peak - der Bordoni Spitzenwert
bore - bohren
bore - die Ausbohrung, die Bohrung
bore bit - der Bohrmeißel
bore hole - das Bohrloch
bore rod - das Bohrgestänge
bore stem - das Bohrgestänge
bore technique - die Bohrtechnik
borehole probe - die Bohrlochsonde
borer (mining) - der Bohrer
boric acid - die Borsäure, H_3BO_3
boride - das Borid
boriding - das Borieren
boring - das Bohren *(Fertigungsverfahren)*
boring bit - die Bohrerschneide
boring chisel - der Meißelbohrkopf
boring head - der Bohrkopf
boring tools - das Bohrgerät, das Bohrzeug
borings - die Bohrspäne
bornite - das Mineral: Bornite *(bronzefarben)*, Cu_5FeS_4
boron - das Bor, B
boron addition - der Borzusatz
boron bromide - der Borbromid, BBr_3
boron carbide - das Borcarbid, B_4C
boron chloride - das Borchlorid, BCl_3
boron complex - der Borkomplex
boron compound - die Borverbindung
boron fluoride - das Borfluorid *(farbloses stechend riechendes Gas)*, BF_3
boron iodide - das Borjodid, BJ_3
boron ion - das Borion, B(+3)
boron nitride - das Bornitrid *(Hochtemperaturwerkstoff)*, BN
boron oxide - das Boroxid, B_2O_3
boron steel - der Borstahl
Borrmann effect - der Borrmann Effekt
BOS = basic oxygen steelmaking - die LD- Stahlherstellung, das Sauerstoffaufblasstahlwerk
Bose Einstein distribution - die Bose Einstein Verteilung
bosh - die Hochofenrast, die Schachtofenrast
bosh - das Abschreckbecken
bosh jacket - der Rastmantel
bosh of blast furnace - der Kohlensack eines Hochofens, die Rast
bosh region - die Rastzone
bosh walls - die Rastwände
boss - der Nocken, die Nase, die Verdickung, der Ansatz, die Warze, der Anguß
boss roller - Walzmeister
Republic of **Botswana** - Republik Botswana, *BW*
bott - der Stopfen
bott stick - die Stopfenstange
botting - das Stichloch verschließen
bottle top ingot mould - die Flaschenhalskokille
bottleneck in the production - der Engpaß der Herstellung
bottom - der Fuß, die Sohle, der Herdboden, die Unterlage, der Grund, der Boden
bottom blowing - von unten Blasen
bottom blown converter - der bodenblasende Konverter
bottom brick - der Bodenstein
bottom cast - der steigende Guß, das Gießen von unten
bottom changing facilities - die Bodenauswechselvorrichtung
bottom coal - die Unterkohle
bottom deposits - der Bodenschlamm

bottom die

(Aufbereitung)
bottom die - das Untergesenk
bottom die - die Matrize
bottom discard - der Fußschrott, der Fußverschnitt
bottom discharge - die Bodenentleerung
bottom fin - der Bodenbart *(Konverter)*
bottom flask - der Unterkasten *(Formerei)*
bottom gate - der Anschnitt für steigenden Guß
bottom of furnace *or bottom stone of shaft furnace* - der Bodenstein des Schachtofens, der Ofenboden
bottom part - das Unterteil
bottom plate *(of a plough)* - das Hobelschwert
bottom pour - steigend gießen, von unten gießen
bottom pouring - das Gespanngießen
bottom pouring assembly - das Gespannsystem
bottom pouring ladle - die Stopfengießpfanne
bottom punch - der Unterstempel
bottom race - der Untertrum
bottom road - die Fußstrecke
bottom roll - die Unterwalze
bottom slab - die Bodenplatte
bottom stone of shaft furnace - der Bodenstein des Schachtofens, der Ofenboden
bottom strand - der Untertrum
bottom tap - der Bodenabstich
boulangerite - das Mineral: Boulangerit, $5PbS*2Sb_2S_3$
boulder dam - die Staumauer
boundary - die Grenze, die Markscheide
boundary conditions - die Grenzbedingungen
boundary ditch - der Grenzgraben
boundary friction - die Grenzflächenreibung
boundary lubrication - Grenzschichtschmierung
Bourkina Fasso - Bourkina Fasso *(früher: Obervolta)*
Bournonite - das Mineral: Bournonit, $CuPbSbS_3$
Bouvet Island - Bouvetoya, *BV*
bow dividers - der Bogenzirkel
bow saw - die Bügelsäge
bowling down - das Eindampfen
box - die Kiste, der Kasten, das Gehäuse
box annealing - das Kastenglühen
box annealing furnace - der Kastenglühofen
box car - der geschlossene Wagen
box chuck - das Zweibackenfutter
box girder - der Kastenträger
box nailing machine - die Kistennagelmaschine
box of weights *(chem.)* - der Gewichtssatz
box pass of rolls - das Walzenflachkaliber
box tipping wagon - der Kastenkipper
brace - die Stütze, die Strebe, die Versteifung
braced girder - der Steifrahmen
bracing - das Versteifen, die Verstrebung
bracing of furnace - die Verankerung eines Ofens
bracing wire - der Spanndraht
bracket - 1. der Träger, der Tragbalken, 2. die Klammer, der Haken, die Befestigung, 3. der Ausleger; 4. die Konsole
bracket arm - die Tragstange
bracket bearing - der Kragkranz
bracket crane - der Konsolkran
bracket jib crane - der Schwenkkran

bracket rim - der Tragkranz
braggite - das Mineral: der Braggit, (Pt;Pt;Ni)S
braid - die Schnur, die Leine
braided wire - der umklöppelte Draht
brake - die Bremse
brake adjustment - die Bremsennachstellung
brake block - die Bremsbacken
brake drum - die Bremstrommel
brake lever - der Bremshebel
brake lining - der Bremsbelag
brake power - die Nutzleistung, die Bremsleistung
brake rod - die Bremsstange
brake test sheet - der Bremsprüfschein
braking - das Bremsen
braking gear - die Bremsvorrichtung
braking performance - die Bremsarbeit
branch - die Abzweigung, der Zweig
branch establishment - die Niederlassung, das Zweiggeschäft
branch off - abzweigen
branch pipe - die Zweigleitung, die Rohrabzweigung
branch switch - der Dosenschalter
branching - Verzweigung
brand - die Marke, die Sorte, das Warenzeichen, der Einbrand
brand name for a zinc diecasting alloy - das Markenzeichen für eine Zinkdruckgußlegierung
branning machine - die Kleieputzmaschine *(Weißblech)*
brass - das Messing
brass automotive radiator - der Autokühler aus Messing
brass bushes - das Messinglager
brass foundry - die Messinggießerei
brass foundry - die Gelbgießerei
brass powder - das Messingpulver

brass rod - die Messingstange
brass sleeve - die Messingbuchse
brass special zink - Hüttenzink 99, Zn-Gehalt 99.0%
brass turnings - die Messingspäne
brass wire - der Messingdraht
bravoite - das Mineral: der Bravoit, (Ni;Fe)S$_2$
brazability - die Hartlöteignung
braze metal - das Hartlötgut
braze welding - das Fugenlöten
brazed joint - die Lötverbindung
Federative Republic of **Brazil** - Förderative Republik Brasilien, *BR*
brazing - das Hartlöten
brazing filler - das Hartlot *(Schmelzbereich 830-910 C),* Zusammensetzung: Cu: 42-60%; Rest Zn
brazing flux - das Lötflußmittel
brazing furnace - der Lötofen
brazing paste - die Lötpaste
brazing soldering equipment - die Lötausrüstung
breach leather - das Schurzfell
breadth - die Breite
break out - der Durchbruch
break water - der Wellenbrecher
breakdown - die Betriebsstörung, die Störung, der Zusammenbruch, die Panne
breaker - der Brecher
breaker core - der Trennkern
breaking - das Zerkleinern, das Brechen
breaking down mill - das Grobwalzwerk, das Vorwalzwerk
breaking down pass *(rolling)* - der Vorstich *(Walzen)*
breaking elongation - die Dehnung beim Bruch
breaking load - die Bruchlast
breaking off, breaking up - der Abbruch, der Abriß

breaking up

breaking up *(chem.)* - das Aufschließen, der Aufschluß
breast of blast furnace - die Hochofenbrust
breather - die Gasmaske
breather unit - die Bewetterungsanlage, die Belüftungsanlage
breathing apparatus - das Atmungsgerät
breathing valve - das Schnüffelventil
fast **breeder reactor** *(FBR)* - der schnelle Brüter
breeze - der Kohlengrus, der Grus
breezing of coke - der Koksabrieb
breiauptite - das Mineral: Breiauptit, NiSb
bremsstrahlung - die Bremsstrahlung
BRI = Ballard Researcg Inc. *(Vancouver - Canada)*
brick - der Backstein, der Ziegelstein
brick building - der Ziegelbau
brick burning - das Ziegelbrennen
brick clay - der Ziegelton
brick layer - der Maurer
brick rim - der Mauerkranz
brick shaft lining - die Schachtausmauerung
brick substructure - die Untermauerung, die Hintermauerung
brick works - die Ziegelei
brickwork - die Ziegelmauerung, die Ausmauerung *(Ofenzustellung)*
brickwork lining - der Ziegelmauerausbau *(Strecke und Schacht)*
bridges - die Brücke
bright - blank, glänzend
bright annealing - das Blankglühen
bright finished steel - der Blankstahl
brightened silver - das Blicksilber
brightener - der Glanzbildner *(Galvanotechnik)*, der Glanzzusatz
Brillouin zone - die Brillouin Zone
brine - die Salzlösung
brine - die Sole
brine pan - Solepfanne
Brinell hardness number, *BHN* - die Härtezahl nach Brinell, die Brinellhärte
Brinell test - der Brinell Versuch
bring to account - in Rechnung stellen
bring up - hochbringen, steigern
briquetting - das Brikettieren
British Indian Ocean Territory = IO
British Thermal Unit, *BTU* - die Britische Wärme-Einheit = 0.252 kcal *BWE*
British Thermal Unit/pound, *BTU/lb* - die Britische Wärme-Einheit/engl. Pfund = *0.556 kcal/kg*
brittle - zerbrechlich, spröde, brüchig
brittle fracture - der Sprödbruch
brittle fracture test - der Sprödbruchversuch
brittleness - die Brüchigkeit, die Sprödigkeit
BRIUOD = Beijing Research Inst. of Uranium Ore Dressing
broach - 1. die Kalibrierungsstange; 2. die Reibahle, die Ahle; 3. die Ziehstange, die Räumnadel
broaching - das Aufräumen
broad - breit
broad casting - der Rundfunk
broad side - das Querformat
brochantite - das Mineral: Brochantit, $CuSO_4 \ast 3[Cu(OH)_2]$
broken - in Stücke gebrochen
broken circuit - der offene Stromkreis
broken porcelain - die Porzellanscherben
bromic acid - die Bromwasserstoffsäure *(kurz: Bromsäure)*, Hydrogenbromid, *HBr*
bromides - das Bromid

bromine

bromine - das Brom, Br
bromine addition - der Bromzusatz
bromine benzol - das Brombenzol, C_6H_5Br
bromine complex - der Bromkomplex
bromine compound - die Bromverbindung
bromine cyanide - das Bromcyan, BrCN
bromine ion - das Bromion, Br(+1); Br(+3); Br(+5); Br(-1)
bromoform = tribromomethane - Bromoform, $CHBr_3$
bronze - die Bronze
bronze fittings - die Bronzebeschläge
brookite - das Mineral: der Brookit, TiO_2
broom - der Kehrbesen
brown coal - die Braunkohle
brown fumes - der braune Rauch
brown hematite ore - das Raseneerz
brown iron ore - der Brauneisenstein
Brunei = BN
brush - feinmalen
brush out or brushing - das Feinmalen
BS = British Standard, die britische Norm
BS = Commonwealth of the Bahamas - Bahamas
BSB = Blei- und Silberhütte Braubach GmbH *(West Germany)*
BSC = British Steel Corp. Ltd. *(London)*
BSFA = British Steel Founders Association
BT = Kingdom of Bhutan - Königreich Bhutan
BTMPPA = Cyanex 272 ion exchanger, bis(2,4,4-trimethylpentyl) phosphinic acid - Cyanex 272 Ionenaustauscher,
BTU = British Thermal Unit - die Britische Wärme-Einheit = *0.252 kcal*
BTU/lb = British Thermal Unit/pound - die Britische Wärme-Einheit/engl. Pfund = *0.556 kcal/kg*
BU = Socialist Republic of the Union of Burma - Sozialistische Republik der Union von Burma
to **bubble** - in Blasen durchstreichen
bubble - die Blase
bubble by bubble - blasenweise
bubbling - die Blasenbildung
bubbling brick - der Spülstein
buck - brechen, zerkleinern
bucket - Becher, der Kübel, der Eimer
bucket chain - die Eimerkette, die Becherkette
bucket conveying - die Kübelförderung
bucket conveyor - das Becherwerk
bucket elevator - das Schöpfwerk
bucket grab - der Schrappkübel
bucket wheel - das Schöpfrad
buckle - der Buckel, die Warze, die Ansatzbildung
buckle - ausbeulen
buckling - die Knickung
buckling load - die Knicklast
buckling strength - die Knickfestigkeit,
buddle - das Schlämmen von Erz
buddling dish - der Schlämmherd
buffing - das Polieren
buffing - das Schwabbeln
buggy - der Wagen
buggy castings of ingots - das Gießen von Rohblöcken auf Wagen, der Wagenguß
build up metal - das Auftragsmetall
build up welding - die Auftragschweißung
build-up - der Ansatz
build-ups and plugging - die Ansatzbildung und Materialverstopfung
build-ups in suspension preheater -

builder

die Ansätze im Zyklon-Vorwärmer
builder *(chem.)* - die Gerüststoffe *(z.B. Pentanatriumtriphosphat, Zeolith)*
building - das Gebäude
building foundation - die Baugründung
building rubble - der Bauschutt
building up by welding - das Freiformschweißen
building up process - der Entstehungsvorgang
building worker - der Bauhandwerker
built in drive - der eingebaute Antrieb
built up crank shaft - die zerlegbare Kurbelwelle
built up edge - die Aufbauschneide
bulb condenser - der Kugelkühler
bulb iron - das Wulsteisen, das Bulbeisen
bulbous - knollig
Peoples's Republic of **Bulgaria** - Volksrepublik Bulgarien, *BG*
bulge - ausbeulen, aufweiten
bulging - das Aufwellen, das Ausbeulen, das Bossieren
bulging dies - das Stauchwerkzeug
bulging test - die Aufweitungsprobe, der Stauchversuch
bulk in - unverpackt, lose
bulk - das Schüttgut
bulk concentrate - das Rohkonzentrat
bulk density - die Schüttdichte, das Raumgewicht von Schüttgütern
bulk flotation - die Mengenflotation
bulk materials - das Schüttgut
bulk supply - die Fremdenergie (aus überregionalem Netz)
bulk welding - das Schweißen mit eisenhaltigem Pulver
bulkhead - die Querwand
bulky material - das sperrige Material
bull head *(of continuous rolling mill)* - das Endgerüst *(einer kontinuierlichen Walzstraße)*
bull ladle - die Gabelpfanne, die Handpfanne, die Scherenpfanne
bulldog *(tap cinder)* - die Puddelschlacke
bullet - die Gewehrkugel
bullet resistant - kugelsicher
bullion - 1. das Werkblei, das Rohblei; 2. Rohmetall *(insbesondere bei Edelmetallen)*
bump - rüttelverdichten, stoßen
bumper rod *(autocar)* - die Stoßstange
bumping table - der Rütteltisch
bumps - die beulenartigen Auswüchse bei der elektrolytischen Abscheidung von Metallen
Bunakalk - der Bunakalk, der Löschkalk, das Kalkhydrat, $Ca(OH)_2$
bundled wire - das Drahtbündel
bung of reverberatory furnace - der Gewölbebalken eines Flammofens
bunker - der Silo, der Bunker
bunker *(coal)* - der Kohlenbunker
bunker belt feeder - das Bunkerabzugband
bunker discharger - der Bunkerabzug
bunker level indicator - der Füllstandsanzeiger für den Bunker
Bunsen's gas burner - der Bunsenbrenner
buoyancy - die Tragfähigkeit, der Auftrieb in Flüssigkeiten
burden - gattieren, möllern, beschicken, begichten
burden - die Beschickung, der Möller
burden - die Gemeinkosten
burden for cupola - die Kupolofengattierung
burden level gauge - das Überlastmeßgerät
burden of blast furnace - der Hochofenmöller
burden ratio - das Möllerverhältnis

burden yield - das Möllerausbringen
burette - die Bürette
Burgers circuit - der Burgers-Umlauf *(Kristallkunde)*
Burgers vector - der Burgersvektor
buried engine - der versenkt eingebaute Motor
burlap - die Packleinwand
Socialist Republic of the Union of **Burma** - Sozialistische Republik der Union von Burma, *BU*
burn - brennen
burn off - der Abbrand
burner - der Brenner
burner port - die Brenneröffnung
burning gas - das Brenngas
burning up of tap hole - das Aufbrennen des Stichlochs
burning zone of the rotary kiln - die Sinterzone des Drehrohrofens
burnish - das Glanzschleifen
burnish - das Polieren
burnishing - das Brünieren
burnishing tool - der Polierstahl
burnt brick - der gebrannte Ziegelstein, der Backstein
burnt lime - der Branntkalk, CaO
burnt metal - das überhitzte *(verbrannte)* Metall
burnt ore - der Pyritabbrand
burr height - die Schnittgradhöhe
burr of a castings - der Grat von einem Abguß, der Bart
burring - das Entgraten
burrow - die Schutthalde, die Halde
burst test - der Berstversuch
bursting - das Platzen, das Reißen, das Zerspringen, das Bersten
Republic of **Burundi** - Republik Burundi, *BI*
bus - der Autobus
BUS - Berzelius Umwelt-Service GmbH (Düsseldorf - West Germany)
bus bar - die Stromschiene, die elektrische Sammelschiene, die Leitschiene
bus catch - der Buchsenmitnehmer
bush - die Buchse, das Lagerfutter
bushelling - das Paketieren
bushelling furnace (puddling) - der Schrottofen *(Puddelei)*
bushing - die Laufschale, die Laufbüchse, die Lagerschale, die Lagerbuchse
bushing metal - das Lagermetall
business administration - die Betriebswirtschaft
bustle pipe - die Windleitung am Schachtofen, die Ringleitung
butane - das Butan
butt - das Blockende, das Walzgutende, der Preßrest
anode **butt** - der anodische Stumpf
butt ingot - der Restblock
butt joint - der Stumpfstoß
butt of ingot - das untere Blockende
butt of sheet - die Schnittfläche eines Bleches
butt seam welding - das Foliennahtschweißen
butt weld - die Stumpfnaht
butt welded - stumpf geschweißt
butt welding - die Stumpfschweißung, die Stoßschweißung
butterfly valve - die Wechselklappe, die Drosselklappe
buttering - das Puffern
button - der Knopf
button control - die Knopfsteuerung
button head rivet - der Niet mit halbrunden Kopf
button plate - das Warzenblech
buttress - der Strebepfeiler
butyric acid - die Buttersäure, $C_4H_8O_2$; $CH_3CH_2CH_2COOH$
buyer - der Käufer, der Kunde, der Ab-

buzz planning machine

nehmer

buzz planning machine - die Abrichthobelmaschine

BV = Bouvet Island

BVDSH = Bundesverband Deutscher Stahlhandel *(Düsseldorf - West Germany)*

BVÖ = Bergmännischer Verband Österreichs *(Leoben)*

BW = Republic of Botswana

BW reactor = boiling water reactor - der Siedewasserreaktor, SW Reaktor

BWI = das Betriebswirtschaftliche Institut des VDEh

by pass - der Nebenstrom, die Umgehungsleitung

by passing - die Umgehung, die Umführung, die Umleitung

by product - das Beiprodukt, das Nebenprodukt, das Nebenerzeugnis

by product coking plant - die Kokerei mit Nebenproduktgewinnung

by product recovery *(unit)* - die Nebenproduktgewinnung, die Gewinnungsanlage für Nebenprodukte

C

C15 compound - die C15 Verbindung (vom Be_2Ti-Typ)

CA = Californien *(USA)*

CA = close anneal - das Glühen unter Luftabschluß, das Kistenglühen

CA = close annealed - dichtgeglüht, feingeglüht

CA = Canada - Kanada

CA welding = coal arc welding - das Kohlelichtbogenschweißen

CAAA = clean air act amendement - das Nachtragsgesetz zur Luftreinhaltung

cab - der Führungsstand, die Führungskabine

cabbages - der paketierte Kupferdrahtschrott

cable - das Seil, das Kabel *(die Leitung)*

cable box - der Kabelverzweiger

cable clip - das Drahtseilschloß, der Kabelschuh *(elektr.)*

cable drilling - die Seilbohrung

cable gland - die Kabeleinführung

cable handling device - die Kabelführung

cable joint - die Verbindungsmuffe

cable plant - die Kabelfabrik

cable pulley - die Seilrolle

cable rig - die Seilbohranlage

cabtyred cable - die Gummischlauchleitung

CAC = continuous annular chromatograph - der kontinuierliche ringförmige Chromatograph

CAD = computer aided design - das rechnergestützte Gestalten, das rechnergestützte Konstruieren

CAD = computer aided drafting - die rechnerunterstütze Zeichnungsherstellung

cadmium

cadmium - das Cadmium *(Kadmium ist eine veraltete Schreibweise)*, Cd
cadmium acetate - das Cadmiumacetat, $Cd(CH_3COO)_2$
cadmium acetyl-acetonate - das Cadmiumacetylacetonat, $C_{10}H_{14}CdO_4$
cadmium addition - der Cadmiumzusatz
cadmium alloy - die Cadmiumlegierung
cadmium bromide - das Cadmiumbromid, $CdBr_2$
cadmium carbide - das Cadmiumcarbid
cadmium carbonate - das Cadmiumcarbonat, $CdCO_3$
cadmium chloride - das Cadmiumchlorid, $CdCl_2$
cadmium coating - das Cadmiumbeschichten
cadmium complex - der Cadmiumkomplex
cadmium compound - die Cadmiumverbindung
cadmium fluoride - das Cadmiumfluorid, CdF_2
cadmium hydride - das Cadmiumhydrid
cadmium hydroxide - das Cadmiumhydroxid, $Cd(OH)_2$
cadmium iodide - das Cadmiumjodid, CdJ_2
cadmium ion - das Cadmiumion, $Cd(+2)$
cadmium nitrate - das Cadmiumnitrat, $Cd(NO_3)_2$
cadmium nitride - das Cadmiumnitrid
cadmium ore - das Cadmiumerz
cadmium orthophosphate - das Cadmiumorthophosphat, $Cd_3(PO_4)_2$
cadmium oxide - das Cadmiumoxid, CdO
cadmium phosphide - das Cadmiumphosphid
cadmium production - die Cadmiumherstellung
cadmium selenide - das Cadmiumselenid, CdSe
cadmium silicate - das Cadmiumsilikat, $CdSiO_3$
cadmium silicide - das Cadmiumsilicid,
cadmium sulfate - das Cadmiumsulfat, $CdSO_4$
cadmium sulfide *(yellow)* - das Cadmiumsulfid *(gelbes Pigment)*, CdS
cadmium telluride - die Cadmiumtelluride, CdTe
CAE = computer aided engineering - die rechnerunterstütze Ingenieurtechnik
caesium (old) see: cesium
cafeteria - die Kaffeküche, der Erfrischungsraum
cage - der Förderkorb
cage winding installation - die Gestellförderanlage
caisson - der Senkkasten
cake - 1. die Walzplatte *(Gußformate zum Weiterverarbeiten)*, 2. **round cake** - die Rundplatte, 3. **square cake** - die Quadratplatte, 4. **wedge cake** - die keilförmige Platte
cake discharge - der Kuchenabwurf
caking coal - die Fettkohle
calaverite - das Mineral: der Calaverit Goldtellurit, $AuTe_2$
calcareous - kalkig
calcareous basic ore - das basische kalkreiche Erz
calcination - das Kalzinieren, die Kalzinierung
calcination of gypsum - die Gipsbrennerei
calcine - rösten, kalzinieren, brennen
calcined alum - das gebrannte Alaun
calcined ore - das Rösterz
calcining gases - die Röstgase
calcining kiln - der Drehrohofen zur Kalzination
calcining of ores - das Rösten von Erzen, die Erzröstung
calcite - der Kalkspat, der Calcit, das Cal-

calcium

ciumcarbonat, der Islandspat, $CaCO_3$
calcium - das Calcium, Ca
calcium addition - der Calciumzusatz
calcium alloy - die Calciumlegierung
calcium aluminate - das Calciumaluminat, $xCaO \cdot yAl_2O_3$
calcium arsenate - das Calciumarsenat, $Ca_3(AsO_4)_2 \cdot 3H_2O$
calcium boride - das Calciumborid, CaB_6
calcium bromide - das Calciumbromid, $CaBr_2$
calcium carbide - das Calciumcarbid, CaC_2, Ca_2C_3
calcium carbonate - das Calciumcarbonat, $CaCO_3$
calcium carbonate slurry - der Kreideschlamm = Calciumcarbonat-Trübe, Calcit-Trübe, $CaCO_3 \cdot H_2O$
calcium carbonate - das Calciumcarbonat, $CaCO_3$
calcium chloride - das Calciumchlorid, $CaCl_2$
calcium complex - der Calciumkomlex
calcium compound - die Calciumverbindung
calcium cyanamide - der Kalkstickstoff *(Kalkcyanamid), $CaCN_2$*
calcium fluoride - das Calciumfluorid *(Flußmittel, erniedrigt den Schmelzpunkt von Schlacken), CaF_2*
calcium fluoride mineral = fluorspar - der Flußspat, CaF_2
calcium hydride - das Calciumhydrid, CaH_2
calcium hydrogenphosphate - das Calciumhydrogenphosphat, $CaHPO_4$
calcium hydroxide - das Calciumhydroxid, der Löschkalk, $CaOH$, $Ca(OH)_2$
calcium iodide - das Calciumjodid, CaJ_2
calcium ion - das Calciumion, $Ca(+2)$
calcium lactate - das Calciumlactat (zur Bodenuntersuchung), $C_6H_{10}CaO_6$
calcium nitrate - das Calciumnitrat, der Kalksalpeter, $Ca(NO_3)_2$
calcium nitride - das Calciumnitrid, Ca_3N_2
calcium oxide - das Calciumoxid, der Branntkalk, CaO
calcium phosphate - das Calciumphosphat, $Ca_3(PO_4)_2$, $Ca_2P_2O_7$
calcium phosphate mineral = apatite - Apatit *(der Name aus dem griechischen bedeutet Schwindler wegen der zahlreichen Verwechslungen mit anderen Mineralen)*, Calciumphosphat, $Ca_5(F,Cl,OH)[PO_4]_3$
calcium phosphide - das Calciumphosphid, Ca_3P_2
calcium production - die Calciumherstellung
calcium silicate - das Calciumsilikat, $CaSiO_3$, Ca_2SiO_4, Ca_3SiO_5
calcium silicide - das Calciumsilicid
calcium sulfate - das Calciumsulfat, $CaSO_4$
calcium sulfide - das Calciumsulfid, CaS
calcium tungstate - das Calciumwolframat, $CaWO_4$
calcretes *(are thin highly variable secondary limestones)* - die Oberflächenkalksteinlagerstätte
calculate - berechnen
calculating machine - die Rechenmaschine
calculation - die Kalkulation
calculation - die Berechnung
calendering roll - die Kalanderwalze
calibrating procedure - der Eichvorgang
calibration - die Eichung *(einer Apparatur)*
calibration block - der Vergleichskörper
californium - das Californium, Cf
caliper rule - 1. der Kalibermaßstab, 2. die Schraublehre
calipers - der Tastzirkel
calipers feelers - der Taster

caliqua pump - die Umwälzpumpe
caloric value - der Heizwert
calorific power - die Heizkraft
calorific value - der Heizwert
calorimeter - das Kalorimeter
calorimetry - die Wärmemessung, die Kalorimetrie
cam - der Nocken
CAM = computer aided manufacturing - das rechnerunterstützte Fertigen
cam gear - die Nockensteuerung
cam groove - die Führungsrolle
cambered - gekrümmt, gewölbt, überhöht, geschweift
Cambodia - Kambodscha, *veraltet für: Khmer Republik*
United Republic of **Cameroon** - Vereinigte Republik Kamerun
can - die Dose, der Kanister, der Behälter, die Blechdose, die Brennelementhülse
Canada - Kanada, *CA*
candle - die Kerze
candle power - die Beleuchtungsstärke, die Lichtstärke
cane sugar - der Rohrzucker
canfieldite - das Mineral: der Canfieldit, $4Ag_2S \cdot SnS_2$
CANMET = Canada Centre for Mineral and Energy Technology *(Ottawa)*
cantilever - der Ausleger, der Freiträger
cantilever bar - der freitragende Träger
cantilever roll stand - das Auslegerwalzwerk
Canton and Enderbury Islands - die Canton- und Enderbury-Inseln, *CT*
canvas belt - der Baumwollriemen
caoutchouc - der Kautschuk, das Rohgummi
cap - die Kappe, die Haube, die Kapsel, der Deckel
CAP = computer aided planning - die rechnerunterstützte Produktionsplanung

cap nut - die Überwurfmutter
cap screw - die Kopfschraube
Cap Verde Islands - die Kap Verdischen Inseln
cap-lamp - die Kopflampe
capacitor - der Kondensator
capacitor discharge welding - das Kondensatorentladungsschweißen
capacity - die Leistung, die Fähigkeit, die Kapazität, der Durchsatz
capacity chart - die Kapazitätsdiagramm, das Durchsatzdiagramm
capacity of the can - das Fassungsvermögen des Behälters
cape chisel - der Kreuzmeißel
capel - die Seilklemme, die Klemmkausche
capillarity - die Kapillarität
capillary pressure curves - die Kapillardruck-Kurven
capped ingot - der steckengebliebene Block
capped steel - der gedeckelte Stahl
capping board painter - der Holmmaler (Elektrolysepersonal)
capping pass - die Decklage
capric acid - die Kaprinsäure *(Dekansäure)*, $CH_3\text{-}(CH_2)_8\text{-}COOH$
capstan - die Winde mit senkrechter Welle, der Spill
capstan head - der Revolverkopf
capsule - die Kapsel
CAQA = computer aided quality assurance - die rechnerunterstützte Qualitätsüberwachung
car - der Kraftwagen, die Wagen
CAR = computer aided robotics - die rechnergesteuerten Fertigungsautomaten
car driver - der Autofahrer
car repair shop - die Autoschlosserei
caravan - der Wohnwagen
carbamide resin - das Karbamidharz

carbide tool

carbide tool - das Karbidwerkzeug
carbides - das Carbid
carbohydrate - das Kohlehydrat
carbon - der Kohlenstoff, C
carbon addition - der Kohlenstoffzusatz
carbon arc cutting - das Kohlelichtbogenschneiden
carbon brick - der Kohlenstoffstein
carbon complex - der Kohlenstoffkomplex
carbon crucible - der Kohletiegel
carbon dioxide - das Kohlendioxid *(Schutzgas: CO_2)*
carbon dioxide welding - das Kohlendioxidschweißen
carbon dioxide moulding - das Kohlensäureformen
carbon disulfide - der Schwefelkohlenstoff CS_2
carbon electrode - die Kohleelektrode
carbon equivalent - das Kohlenstoffäquivalent
carbon ion - das Kohlenstoffion, $C(+2)$, $C(+4)$, $C(-4)$
carbon monoxide - das Kohlenmonoxid
carbon refractory - das feuerfeste Kohlenstofferzeugnis
carbon steel - der unlegierte Stahl
carbon tetrachloride - der Tetrachlorkohlenstoff, das Tetrachlormethan, CCl_4
carbon-in-column process, *CIC process* - die Goldgewinnung mit Aktivkohle-Kolonnen nach der Haldenlaugung
carbon-in-leach process, *CIL process* - die Goldgewinnung mit Aktivkohle in der Laugungstrübe
carbon-in-pulp process, *CIP process* - die Goldgewinnung mit Aktivkohle in den gelaugten Trüben in den Adsorptionstanks
carbonate ore - das Karbonaterz
carbonate ore concentrate - das karbonatische Erzkonzentrat
carbonates - das Carbonat
carbonation - das Carbonatisieren
carbone electrode - die Kohleelektrode
carboniferous - kohlenstoffhaltig
carboniferous rocks - das kohleführende Gebirge, die kohleführende Schichten
carbonitriding - das Carbonitrieren
carbonitriding compound - das Carbonitriermittel
carbonization - die Karbonisation, die Durchkohlung
high temperature **carbonization** - die Hochtemperaturverkokung
carbonize - aufkohlen, härten
carbonized coke - der gare Koks
carbonized iron - das aufgekohlte Roheisen
carbonyl iron *(purity 99.99% Fe)* - das Carbonyleisen *(es entsteht durch Zersetzung von Eisenpentacarbonyl)*
carbonyl powder - das Carbonylpulver
carbonyl process - das Carbonylverfahren
carborundum - das Carborundum, *das Siliciumkarbid,* SiC
carbothermic reduction - die carbothermische Reduktion
advanced **carbothermic reduction process** *for Si production* - erweitertes carbothermisches Reduktionsverfahren zur Siliciumherstellung, *das ACR Verfahren*
carbothermy - die Karbothermie
carboy *(chem.)* - die Korbflasche, der Ballon
carburization - die Aufkohlung
carburized steel - der Einsatzstahl
carburizing - das Aufkohlen
carburizing agent - das Härtemittel, das Kohlungsmittel
carburizing compound - das Aufkohlungsmittel

carburizing furnace - der Aufkohlungsofen
carcass - der Bandkörper
card - die Karte
card punching machine - die Kartenlochmaschine
cardan shaft - die Gelenkwelle, die Kardanwelle
cardboard - die Pappe
care of to, *c/o* - per Adresse, in Firma, bei Familie
cargo - die Schiffsladung, die Ladung
cargo hold - der Laderaum
carnallite - das Mineral: der Carnallit, $KCl*MgCl_2*6H_2O$
carnotite - das Carnotit *(komplexes Mineral in erdigen oder pulvrigen Massen. Wichtiges Vanadium- und Uranerz) Kaliumuranylvanadat* $[K_2 * (UO_2)_2 * (VO_4)_2 * 3H_2O]$
Caron process - das Caron Verfahren *(die ammoniakalische Laugung von Lateriten - oxidischen Nickelerzen)*
carpenter - der Zimmermann
carpenters rasp - die Holzraspel
carriage - der Wagen
carriage frame - das Wagengestell
carriage return, *CR* - der Wagenrücklauf
carrier - der Ladungsträger
carrier frequency - die Trägerfrequenz
carrier of reaction - der Reaktionsträger
carrier scattering - die Ladungsträgerstreuung
carrollite - das Mineral: der Carrollit, $CuCo_2S_4$
carry on - betreiben
carrying capacity - die Tragfähigkeit
carrying idler - die Tragrolle
carrying liquid - die Trägerflüssigkeit
cart - die Pferdekarre, die Karre
cart-load - die Fuhre
cartage - die Anfuhr und Abfuhr

carthouse - der Schuppen
cartridge fuse - die Patronensicherung *(elekt.)*
cartridge oil filter - der Ölfilter mit Wechselpatrone
case - 1. die Härteschicht, 2. die Kiste, das Gehäuse
case depth *(depth of hardening)* - die Aufkohlungstiefe Einsatzhärtetiefe
case hardened layer - die Einsatzhärtungsschicht
case hardening steel - der Einsatzstahl
cash flow - die Liquidität
casing - das Gehäuse
casing lid - der Gehäusedeckel
casing of shaft furnace - die Schachtofenpanzerung
casing shell - die Gehäusewandung
cask - das Fass, die Bütte
cassiterite - das Mineral: der Zinnstein, der Kassiterit, SnO_2
ascensional **cast** - der steigende Guß
as **cast** - im gegossenem Zustand
cast alloy - die Gußlegierung
cast fin - die Gußnaht
cast house - die Gießhalle
cast in - das Eingießen
cast in insert - das Eingießteil
cast in integral - das Gießen in einem Stück
cast in pairs - paarweise gießen
cast iron - das Gußeisen, der Grauguß
cast iron roll - die Gußeisenwalze
cast lugs - die Gußohren *(z.B. an Kupferanoden)*
cast metal - das Gußmetall
cast on - das Angießen
cast on piece - der angegossene Zapfen
cast seam - die Gußnaht
cast specimen - die Gußprobe
cast steel - der Stahlguß

cast structure

as cast structure - das Gußgefüge
cast wheel - das Gußrad
casting - das Gußteil, das Gießen *(in Formen)*, der Abguß, das Formgußstück
casting bay - die Gießhalle
casting defect - der Gußfehler
casting facilities - die Gußanlage
casting gutter - die Gießrinne
casting machines - die Gießmaschinen
casting method - das Gießverfahren
continuous casting of copper anodes *(Contilanod process)* - kontinuierliche Gießanlagen für Kupferanoden mit integrierten Ohren. *Entwicklung der Norddeutschen Affinerie*
casting pit - die Gießgrube
casting scrap - der Gußbruch
casting strains - die Gußspannungen *(im Innern, die beim Abkühlen des Gußstücks entstehen)*
casting with blow holes - der blasige Guß, der poröse Guß
castings - die Gußwaren, die Abgüsse, das Gußstück
castor oil - das Rizinusöl
cat gold - das Katzengold, $K(Mg,Fe)_3 * (OH,F)_2 * [(Al,Fe)Si_3O_{10}]$
catalan forge - das Rennfeuer
catalogue - der Katalog
catalysis - die Katalyse
catalyst - die Kontaktsubstanz, der Katalysator
catch - auffangen, schnappen, greifen, fassen
catch - der Sperrhaken, die Sicherung, der Mitnehmer
catcher *(rolling mill)* - der Mann hinter der Walze
catcher's side of rolling mill - die Auslaufseite des Walzwerks
catching of melt - das Abfangen der Schmelze
catenary - kettenartig

cathode - die Kathode
cathode lives - die Kathodenreise *(Lebensdauer der Kathode)*
cathode loops - die Kathodenohren
cathode needles - die Kathodennadeln
cathode nodules - die Kathodenknospen
cathode runs - die Kathodenreise
cathode scrap - der Kathodenabfall
cathode sputtering - das Kathodenabstäuben
cathode supporting tube - das Kathodentragrohr
cathode supporting rods - die Kathodentragstange
cathodic polarization - die kathodische Polarisation
cathodic protection - der kathodische Schutz
cathodic reaction - die kathodische Reaktion
cathodic vacuum etching - das kathodische Vakuumätzen
cation - das Kation
cauliking chisel - der Stemmeißel
caulking - das Abdichten, Verstemmen
caulking edge - die Stemmkante
causes of contamination - die Verschmutzungsursache
causing - das Hervorrufen, das Veranlassen, das Verursachen
caustic - ätzend
caustic potash - der Ätzkali
caustic soda *(sodium hydroxide)* - das Ätznatron *(kaustisches Soda)*, Na_2O, die Natronlauge, NaOH
cautious - vorsichtig, behutsam
cautious conditions - die milden Bedingungen
cautious operating conditions - die schonende Betriebspraxis
caving - der Bruchbau
cavitation - die Hohlraumbildung, die Ka-

cavitation corrosion

vitation
cavitation corrosion - die Kavitationskorrosion
cavity - der Hohlraum, die Aushöhlung, die Vertiefung
CBM = condition based maintenance - die zustandsbedingte Instandhaltung *(Erneuerung aufgrund von Inspektionsergebnissen)*
CBMM = Companhia Brasileira de Metalurgia et Mineracao *(Sao Paulo - Brasilien)*
CBMS process = chill block melt spinning process - das Chill Block Melt Spinning Verfahren, *CBMS Verfahren*
CC = continuous cooling - die kontinuierliche Kühlung
CC = combined carbon - der gebundene Kohlenstoff
CC = continuous casting - das Stranggießen
CC = Cocos Islands - die Cocos Inseln, *CC*
cc structure = cubic crystal structure - die kubische Kristallstruktur
CCBDA = Canadian Copper & Brass Development Association *(Toronto)*
CCD = countercurrent decantation - das Dekantieren im Gegenstrom
CCDC machine = cold chamber die casting machine - die Kaltkammerdruckgießmaschine, *die KKD-Gießmaschine*
CCEC = Chiyoda Chemical Engineering and Construction Co. Ltd. *(Yokohama - Japan)*
CCNR = Copper Cliff Nickel Refinery - die Nickelraffinerie in Copper Cliff
CCT curve = continuous cooling transformation curve - das kontinuierliche Kühlungs-Umwandlungsschaubild
CCT curve = continous cast temperature curve - die kontinuierliche Abkühlungskurve
CCT furnace = continuous car-type furnace - der Herdwagen-Durchschubofen, *der HD Ofen*
cd / c.d. = current density - die Stromdichte
CDA = Copper Development Association
CDI = Cobalt Development Inst. *(Brussel)*
ce / c.e. = current efficiency - die Stromausbeute
CEAC = Commissariat à l'Energie Atomique Centre
ceiling - die Decke
cellular structure - das Zellengefüge
cellular texture - das Zellengewebe
cellulose - die Zellulose
cellulose electrode - die umhüllte Stabelektrode, ZE Elektrode
cement - der Zement
cement lime and gypsum industry, *CLG industry* - die Zement-, Kalk und Gipsindustrie, die ZKG-Industrie
cement moulding - das Zementsandformen
cement on - ankitten, kitten
cementation - die Zementation
cementation - die Einsatzhärtung
cementation extraction - das Auslaugen durch Zementation
cementation powder - das Härtepulver
cemented carbide alloy bits and tools - Hartmetallplättchen und -werkzeuge
cemented carbide - das Hartmetall
cementiferous - zementhaltig
cementing - das Zusammenkitten, das Kitten
cementite - der Zementit
cementite bearing - zementithaltig
CEN = European Comittee for Standardization = Europäisches Komitee für Normung
center drill - der Zentrierbohrer
center gauge - die Spitzenlehre
center line - die Mittellinie
center riser center runner - der Gieß-

centering

trichter
centering - das Ankörnen, das Körnen
centering - das Zentrieren
centigrade - Grad Celsius
Central African Republic - Zentralafrikanische Republik
Central America - das Mittelamerika
Central Electricity *Generating Board* - Zentral-Gesellschaft zur Stromerzeugung in Großbritanien
central point - der Mittelpunkt, das Zentrum
centre bit - der Zentrumbohrer
centre roll - die Mittelwalze
centre stand chain conveyor - der Mittelkettenförderer
centreless grinding - das spitzenlose Schleifen
centrifugal *(centrifuged)* **coal** - die Schleuderkohle
centrifugal acceleration - die Zentrifugalbeschleunigung
centrifugal casting machine - die Schleudergießmaschine
centrifugal casting - das Schleudergießen
centrifugal classification process - das Zentrifugalklassierverfahren
centrifugal clutch - die Fliehkraftkupplung
centrifugal coal bunker - der Schleuderkohlenbunker
centrifugal force - die Zentrifugalkraft, die Fliehkraft
centrifugal jet cleaning machine - die Schleuderstrahl-Putzmaschine
centrifugal pump - die Kreiselpumpe
centrifugal separation - die Trennung durch Zentrifugieren
centrifugally cast composite rolls - die Schleuder-Verbundguß-Walzen
centrifuge - die Schleuder, die Zentrifuge
centrifuge iron process *(British Steel Corp.), CIP* - das Zentrifuge-Eisen-Verfahren
centripetal force - die Zentripetalkraft
ceo = chief executive officer - der geschäftsführende Direktor
Cerabond SAF *(spray applied fiber)* **of IFSI** *(Industrial Furnace Systems Inc.)* - der Keramikfaserwerkstoff für Pfannenabdeckungen
ceramic coating - das Keramikbeschichten
ceramic fibre - die Keramikfaser
ceramic industry - die Keramikindustrie
ceramic material - die Keramik
ceramic moulding - das Keramikformen
ceramic tool - das keramische Werkzeug
cerargyrite - das Mineral: der Cerargyrit, $AgCl$
ceric ion - das Cer-(IV)-ion
cerium - das Cer, Ce
cerium addition - der Cerzusatz
cerium alloy - die Cerlegierung
cerium boride - das Cerborid, CeB_6
cerium bromide - das Cerbromid, $CeBr_3$
cerium carbide - das Cercarbid, CeC_2
cerium carbonate - das Cercarbonat, $Ce_2(CO_3)_3$
cerium chloride - das Cerchlorid, $CeCl_3$
cerium complex - der Cerkomplex
cerium compound - die Cerverbindung
cerium fluoride - das Cerfluorid, CeF_3, CeF_4
cerium hydride - das Cerhydrid, CeH_2
cerium hydroxide - das Cerhydroxid, $Ce(OH)_4$, $Ce(OH)_3$
cerium iodide - das Cerjodid, CeJ_3
cerium ion - das Cerion, $Ce(3+)$, $Ce(4+)$
cerium nitrate - das Cernitrat, $Ce(NO_3)_3$, $Ce(NO_3)_4$
cerium nitride - das Cernitrid, CeN
cerium oxide - das Ceroxid, Ce_2O_3, CeO_2
cerium phosphate - das Cerphosphat

cerium phosphide

cerium phosphide - das Cerphosphid
cerium silicate - das Cersilikat
cerium silicide - das Cersilicid, $CeSi_2$
cerium sulfate - das Cersulfat, $Ce(SO_4)_2$, $Ce_2(SO_4)_3$
cerium sulfide - das Cersulfid, Ce_2S_4
Cermet - der Cermet
cerous bromide - das Cerbromid, $CeBr_3$
cerous carbonate - das Cercarbonat, $Ce_2(CO_3)_3$
cerous chloride - das Cerchlorid, $CeCl_3$
cerous fluoride - das Cerfluorid, CeF_3, CeF_4
cerous iodide - das Cerjodid, CeJ_3
cerous ion - das Cer-(III)-ion
cerous nitrate - das Cernitrat, $Ce(NO_3)_3$, $Ce(NO_3)_4$
cerous sulfate - das Cersulfid, Ce_2S_4
certificate of origin - das Ursprungszeugnis, der Herkunftsnachweis
certified reference material - das beglaubigte Referenzmaterial
cerussite - das Mineral: der Cerussite, Weißbleierz, $PbCO_3$
cervantinite - das Mineral: der Cervantinit, Sb_2O_4
cesium - das Cäsium, Cs
cesium addition - der Cäsiumzusatz
cesium alloy - die Cäsiumlegierung
cesium alum (aluminium caesium sulphate) - Aluminium-Cäsiumsulphat *(Cäsiumalaun)*, Cäsium-Aluminiumsulfat, $CsAl(SO_4)_2$, $AlCsO_8S_2$
cesium boride - das Cäsiumborid
cesium bromide - das Cäsiumbromid, CsBr
cesium carbide - das Cäsiumcarbid
cesium carbonate - das Cäsiumcarbonat, Cs_2CO_3
cesium chloride - das Cäsiumchlorid, CsCl
cesium complex - der Cäsiumkomplex
cesium compound - die Cäsiumverbindung
cesium fluoride - das Cäsiumfluorid, CsF
cesium hydride - das Cäsiumhydrid, CsH
cesium hydroxide - das Cäsiumhydroxid, CsOH
cesium iodide - das Cäsiumjodid, CsJ, CsJ_3, CsJ_5
cesium ion - das Cäsiumion, Cs(1+)
cesium nitrate - das Cäsiumnitrat, $CsNO_3$
cesium nitrite - das Cäsiumnitrit, $CsNO_2$
cesium oxide - das Cäsiumoxid, Cs_2O
cesium phosphate - das Cäsiumphosphat
cesium phosphide - das Cäsiumphosphid
cesium silicate - das Cäsiumsilikat
cesium silicide - das Cäsiumsilicid
cesium sulfate - das Cäsiumsulfat, Cs_2SO_4
cesium sulfide - das Cäsiumsulfid, Cs_2S, Cs_2S_4, Cs_2S_5
CETMIC = Centro de Tecnologia de Recusos Minerales y Ceramics *(Buenos Aires - Argentinia)*
Ceylon = old - use now: Sri Lanka Ceylon
CEZ = Canadian Electrolytic Zinc Co. *(Valleyfield)*
CFB = technology cirulating fluid bed technology to coal combustion - die Wirbelschichtofentechnologie zur Kohleverbrennung, *WSO Technologie*
CGG zinc alloy = continuous galvanizing grade zinc alloy - die Zinklegierung mit 0,3-0,6% Al,*die CGG Zinklegierung*
CH = Switzerland - Swiss Confederation, Schweiz
Republic of **Chad** - die Republik Tschad
chaff - das Kaff
chain - die Kette
inboard **chain** - die Mittenkette
chain assembly - das Kettenband *(Bau-*

chain connector

gruppe), der Kettenstrang
chain connector - das Kettenschloß, der Kettenbügel
chain conveyor - der Kettenförderer
chain dredger - der Kettenbagger
chain drive - das Kettengetriebe
chain hook - der Kettenhaken
chain jack - die Kettenwinde
chain link - das Kettenglied
chain nut - die Kettennuß
chain reaction - die Kettenreaktion
chain stripper - der Kettenabnehmer, Kettenabweiser
chain tongs - die Kettenzange
chalcocite - das Mineral: der Chalkosin Cu_2S
chalcopyrite - das Mineral: der Kupferkies, der Chalkopyrit, $CuFeS_2$
chalk - die Kreide
chalkanite - das Mineral: der Chalkanit Kupfervitriol, $CuSO_4 * 5H_2O$
chalkostibnite - das Mineral: der Chalkostibnit, $CuSbS_2$
chalybeate water - das eisenhaltige Wasser, das Stahlwasser
chamber - die Kammer
chamber welding - das Schweißen in einer Kammer
chamfering - das Abschrägen von Kanten, das Fasen
chamosite mineral - der Chamosit, $(Fe,Mg)_5Al(Si_3Al)O_{10}(OH,O)_8$
champignon tool - der Pilzstahl
change - der Austausch, der Ersatz, die Auswechselung, der Wechsel
change money - das Geld wechseln
change of state - die Zustandsänderung
changing - das Wechseln
changing part - das Austauschteil, das Ersatzteil
changing shift - die Wechselschicht
changing to different fuels - die Brennstoffumstellung
channel - der Kanal, die Rinne, der Abzugsgraben
channel - auskehlen, die Rinne anlegen
channel induction furnace - der Rinneninduktionsofen
channel iron - das U-Eisen
channel rays - die Kanalstrahlen
channel section - der U-Träger
channeled plate - das Riffelblech
channels - die Vertiefungen, die Riefen
channels of sale - die Absatzwege, die Absatzkanäle
chaplet - die Kernstütze
chaplet nail - die Kernstütze in Nagelform
characteristic radiation - die charakteristische Strahlung
characteristic curve - die Kennlinie
charcoal - die Holzkohle
charcoal dust - die Holzkohlenlösche, der Holzkohlenstaub
charcoal heap - der Kohlenmeiler
charcoal pile - der Kohlenmeiler
charcoal refinery - die Holzkohlenfeinung
charge - die Füllung, die Ladung, die Belastung, die Beschickung, das Beschicken, der Einsatz
charge - unter Spannung setzen, laden
charge - beladen, beschicken, füllen, hineinfüllen, aufgeben, besetzen *(von Bohrlöchern)*
charge density - die Ladungsdichte
charge hopper - der Fülltrichter
charge make up - das Gattieren
charge movement - die Beschickungsbewegung
charge the standard - die Normalgattierung, die übliche Beschickung
charged particle - das geladene Teilchen
charging - das Beschicken

charging bay

charging bay - die Beschickungsöffnung
charging bin - der Füllbehälter, der Ladebunker
charging box - die Lademulde, die Chargiermulde
charging box car - der Muldenbeschickungswagen
charging bucket - der Beschickungskorb
charging buggy *(or bogey)* - der Einsatzwagen, der Chargierwagen
charging car - der Füllwagen
charging column of blast furnace - die Hochofengichtsäule
charging crane - der Beschickungskran
charging crane - der Chargierkran
charging floor - die Einsetzbühne, die Gichtbühne, die Bedienungsbühne, die Chargierbühne
charging hole - die Einfüllöffnung, die Chargieröffnung
charging hopper - die Fülltrichter, die Aufgabetrichter
charging ladle - die Einsetzpfanne, die Chargierpfanne
charging of blast holes - das Laden von Sprengschüssen
charging orifice - die Füllöffnung
charging peel - der Einsetzlöffel
charging plant - die Begichtungsanlage, der Chargierbetrieb
charging plug - der Ladestöpsel
charging sequence - die Beschickungsreihenfolge, die Gichtenfolge, die Reihenfolge des Chargiermaterials
charging spoon - der Chargierlöffel, der Einsetzlöffel
charging time - die Beschickungsdauer, die Chargierzeit
Charpy notch - die Rundkerbe
charred cable - das verschmorte Kabel
charring - das Vermeilern, das Verkohlen
chart - die graphische Darstellung, das Schaubild, das Diagramm

chase - 1. auftreiben 2. ausmeißeln
chasing - das Gewindeschneiden
chasing tool - der Gewindeschneider
chatter - die Rattermarke
chattering *(of machine parts)* - 1. das Schwingen, 2. das Zittern *(von Maschinenteilen)*
CHC = chlorinated hydrocarbons - die Chlorkohlenwasserstoffe, *CKW*
check - 1. prüfen, überprüfen, nachvermessen, 2. verriegeln
check analysis - die Kontrollanalyse
check flask *(chem.)* - der Kontrollkolben
check for freedom - prüfen auf leichten Gang
check lever - der Sperrhebel
check list - die Prüfliste
check screw - die Stellschraube
check test - die Kontrollprüfung
check valve - das Absperrventil, die Drosselklappe
check valve suction pump - die Membranpumpe
checking - das Sperren, die Kontrolle, das Sichern
cheek - die Wange
cheese for crucibles - der Tiegeluntersatz
cheese weight - das Spanngewicht *(am Führungsseil)*
chelate dyes - die Metallkomplexfarbstoffe auf Chelatbasis
chelates *(organic compound)* - die Chelate *(organische Verbindung)*
chelating agents - die Chelatbildner
chelating ion exchanger - der chelatische Ionenaustauscher
chelation - die Chelation
chelatometry - die Chelatometrie
chemical affinity - die chemische Affinität, die chemische Verwandtschaft
chemical bond - die chemische Bindung
chemical composition - die chemische

chemical compounds

Zusammensetzung
chemical compounds - die chemischen Verbindungen
chemical corrosion - die chemische Korrosion
chemical determination - die chemische Analyse
chemical engineering - die chemische Verfahrenstechnik
chemical engineer - der Chemotechniker, der Chemieingenieur
chemical equations - die chemischen Gleichungen
chemical equilibrium - das chemische Gleichgewicht
chemical etching - das chemische Ätzen
chemical fibers - die Chemiefasern
chemical generic name - die chemische Kurzbezeichnung
chemical industry - die chemische Industrie
chemical industry - die Chemieindustrie
chemical instability - die chemische Unbeständigkeit
chemical lab manual - das Experimentierhandbuch
chemical machining - das chemische Bearbeiten
chemical periodical - die chemische Zeitschrift
chemical pigments - die Körperfarben
chemical polishing - das chemische Polieren
chemical potential - das chemische Potential
chemical precipitation - die chemische Fällung
chemical pretreatment - die chemische Vorbehandlung
chemical process technology - die chemische Verfahrenstechnik
chemical properties - die chemische Eigenschaft
chemical prospecting - die geochemische Prospektion
chemical reaction rate - die chemische Reaktionsgeschwindigkeit
chemical reaction kinetics - die Reaktionskinetik
chemical reaction - die chemische Reaktion
chemical reactor - der chemische Reaktor
chemical reagent - das chemische Reagenz
chemical reduction - die chemische Reduktion
chemical synthesis - die chemische Synthese
chemical vapor deposition - das chemische Aufdampfen
chemicals - die Chemikalie
chemisorption - die Chemisorption
chemist - der Chemiker
chemistry - die Chemie
applied chemistry - die angewandte Chemie
cherry red heat - die Kirschrotglut
cherry red - kirschrot
CHESS = community health and environmental surveillance system - das öffentliche Gesundheits- und Umweltschutzüberwachungssystem
chestnut coal - die Nußkohle
chi phase - die Chi Phase
chief designer - der Chefkonstrukteur
chief engineer - der technische Direktor, der Oberingenieur
chief executive officer, *ceo* - der geschäftsführende Direktor
Republic of **Chile** - Republik Chile, *CL*
Chile salpetre - der Chilesalpeter *(Natronsalpeter, kurz: Salpeter)*, $NaNO_3$
chill - der Kühlkörper
chill - abschrecken
chill block melt spinning process,

chill casting

CBMS process - das Chill Block Melt Spinning Verfahren, *das CBMS Verfahren*

chill casting - der Kokillenguß, der Schalenhartguß

chill mould - die Kokille *(ohne Wasserkühlung)*

chill scrap - der Kokillenbruch

chill testing - die Untersuchung der Härtetiefe

chilled cast iron - der Hartguß

chilling of the moulds by water - das Abkühlen der Kokillen mit Wasser

chimney - der Kamin, der Schlot, die Esse, der Schornstein

chimney damper - der Kaminschieber

chimney flue - der Schornsteinfuchs, der Essenkanal

chimney head - die Schornsteinkappe

chimney soot - der Kaminruß

chimney stove - der Kaminofen

chimney sweeper - der Kaminfeger, der Schornsteinfeger

chimney sweeping door - die Essenreinigungstür, die Kaminreinigungstür

People's Republic of **China** - die Volksrepublik China

china clay - das Mineral: der Kaolinit *(das Aluminiumsilikat)*, die Porzellanerde $Al_2(OH)_4 * Si_2O_5 = Al_2O_3 * 2SiO_2 * 2H_2O$

china ware - das Porzellan

chip - der Span

chip formation - die Spanbildung

chipping hammer - der Meißelhammer, der Putzhammer

chipping of blooms - das Putzen von Blöcken

chipping working - die spanabhebende Bearbeitung

chisel - der Meißel

chisel shaft *(mining)* - der Bohrschaft

chisel steel - der Meißelstahl

chisel tempered - meißelhart

chlor-acetic acid - die Chloressigsäure, $C_2H_3*ClO_2$

chlorate - die Chlorsäure *(ist nur verdünnt beständig)*, das Chlorat, $HClO_3$

chlorhydric acid - der Chlorwasserstoff *(farbloses Gas, das sich in Wasser zu Salzsäure löst)*, das Hydrogenchlorid, HCl

chloride ion - das Chlorion, Cl(+1), Cl(+5), Cl(+7), Cl(-1)

chloride roasting - die chlorierende Röstung

chlorides - die Chloride

chlorinated hydrocarbons, *CHC* - die Chlorkohlenwasserstoffe, *CKW*

chlorinated lime - das Calciumchloridhypochlorit *(Verwendung als Bleichmittel und zum Desinfizieren)*, der Chlorkalk, CaCl(ClO)

chlorinating furnace - der Chlorierofen

chlorination - die Chlorierung

chlorine - das Chlor, Cl

chlorine addition - der Chlorzusatz

chlorine complex - der Chlorkomplex

chlorine compound - die Chlorverbindung

chlorite - die chlorige Säure *(unbeständig)*, Chlorit, $HClO_2$

chlorite - das Mineral: der Chlorit, $(Mg,Al,Fe)_{12}(Si,Al)_8O_{20}(OH)_{16}$

chloritoid - das Mineral: der Chloritoid, $(Fe,Mg,Mn)_2Al_4Si_2O_{10}(OH)_4$

chloro metallic acids - die Chlorsäuren

chloroacetic acid - die Chloressigsäure, die Chloräthansäure, $ClCH_2COOH$, $CH_2ClCOOH$

chloroacetone - das Chloraceton, CH_3COCH_2Cl, C_3H_5ClO

chloroacetonitrile - das Chloracetonitril, $ClCH_2CN$, C_2H_2ClN

chloroform - das Chloroform, $CHCl_3$

chock - der Ausbaubock, der Pfeiler, der Bock

choke damp

choke damp of explosion - die Nachschwaden einer Sprengung
choking - das Verstopfen, das Drosseln
choking coil - die Drosselspule
chop - hacken, zerhacken
chord (geom.) - die Sehne, die Bogensehne
chrictonite - das Mineral: der Chrictonit, $(Fe(II)_{16}Fe(III)_{14}Ti_{66}O_{169})$
Christmas Island - die Weihnachtsinseln
chromating - das Chromatieren
chromatograph - der Chromatograph
annular chromatograph - der ringförmige Chromatograph
chromatography - die Chromatographie
chrome magnesite refractory - das Chromerz, das Magnesiterzeugnis
chrome refractory - das Chromerzeugnis
chrome-iron-stone - der Chromeisenstein, $Cr_2O_3 \cdot FeO$
chrome-magnesite brick - der Chrom-Magnesitstein
chromic acid - die Chromsäure Chrom(VI)-oxid, $CrO_3 \cdot H_2O$
chromite - das Mineral: der Chromeisenstein, der Chromit, $Cr_2O_3 \cdot FeO = FeCr_2O_4$
chromite sand - der Chromitsand
chromite-free refractory material - das chromerzfreie, feuerfeste Ausgangsmaterial
chromium - das Chrom, Cr
chromium addition - der Chromzusatz
chromium alloy - die Chromlegierung
chromium boride - das Chromborid, CrB, CrB_2
chromium brick - der Chromstein
chromium bromide - das Chrombromid, $CrBr_2$, $CrBr_3$
chromium carbide - das Chromcarbid, Cr_3C_2, Cr_4C, Cr_7C_3
chromium carbonate - das Chromcarbonat, $CrCO_3$
chromium chloride - das Chromchlorid, $CrCl_2$, $CrCl_3$
chromium coating - das Verchromen
chromium complex - der Chromkomplex
chromium compound - die Chromverbindung
chromium fluoride - das Chromfluorid, CrF_2
chromium green - das Chromgrün *(Bleichromat und Berliner Blau)*
chromium hydride - das Chromhydrid, CrH
chromium hydroxide - das Chrom(III)-hydroxid, das Chromhydroxid, $Cr(OH)_2$, $Cr(OH)_3$
chromium iodide - das Chromjodid, CrJ_2
chromium ion - das Chromion, $Cr(+2)$, $Cr(+3)$, $Cr(+6)$
chromium nitrate - das Chromnitrat, $Cr(NO_3)_3$
chromium nitride - das Chromnitrid, CrN, Cr_2N
chromium ore - das Chromerz
chromium oxide - das Chromoxid *(grünes Pigment)*, Cr_2O_3, CrO_3
chromium phosphide - das Chromphosphid
chromium phosphate - das Chromphosphat
chromium plated - verchromt
chromium production - die Chromherstellung
chromium red - das Chromrot, *das Bleioxidchromat*, $PbO \cdot PbCrO_4$
chromium silicate - das Chromsilikat
chromium silicide - das Chromsilicid, $CrSi$, $CrSi_2$, Cr_3Si, Cr_5Si_3
chromium sulfate - das Chromsulfat, $CrSO_4$
chromium sulfide - das Chromsulfid, CrS, Cr_3S_4
chromium yellow - das Chromgelb, *das*

Bleichromat, PbCrO$_4$
chromizing - das Chromieren
chromyl chloride *(dichlorodioxochromium)* - das Chromylchlorid, Cl$_2$CrO$_2$
chronoamperometry - die Chronoamperometrie
chronopotentiometry - die Chronopotentiometrie
chrysokolla - das Mineral: das Chrysokoll *(wird in Quarzgängen gefunden - Schmuckstein)*, CuSiO$_3$*H$_2$O
chuck - das Innenspannfutter
chuck jaw - die Spannbacke
chute - die Rutsche, die Sturzrinne
chute grate - das Schüttrost
chuting down - das Stürzen, das Abstürzen
ci / c.i. = current intensity - die Stromstärke *(Ampere)*, A
CI engine = compression ignition engine - der Motor mit Kompressionszündung, der Dieselmotor
CIC process = heap leaching with carbon-in-column - die Goldgewinnung mit Aktivkohle-Kolonnen nach der Haldenlaugung
cif = cost insurance freight - die Kosten für Versicherung und Fracht *(alle Kosten bis zum Zielhafen trägt der Verkäufer)*
CIL process = carbon-in-leach process - die Goldgewinnung mit Aktivkohle in der Laugungstrübe
CIM = computer integrated manufacturing - die rechnerintegrierte Produktion RIP
CIM = Canadian Inst. of Mining and Metallurgy *(Montreal)*
CIMM = Centro de Investigación Minera y Metalúrgica *(Santiago - Chile)* CIMM
CIMME = Chinese Inst. of Mining & Metallurgy Engineers *(Taipei - Taiwan)*
cinder - die Kohlenschlacke, die Schlacke, der Zunder

cinder dump - die Schlackenhalde
cinder grate - das Schlackenrost
cinder notch - das Schlackenabstichloch
cinder pit - das Schlackenloch, die Schlakkengrube
cinder pit man - der Hüttenmann für die Schlackengrube, der Schlackentürke
cinder tip - die Aschenhalde
cinders - die Asche
cinematography - die Kinematographie
cinnabar - das Mineral: der Zinnober, HgS
Cioffi iron *(purity 99.99 Fe)* - das Cioffieisen *(wird durch Glühen von kohlenstoffarmem Eisen im Wasserstoffstrom bei hohen Temperaturen gewonnen)*,
CIP = centrifuge iron process *(British Steel Corp.)* - das Zentrifuge-Eisen-Verfahren
CIP process = carbon-in-pulp process *(hydromet. Au-extraction)* - Goldgewinnung mit Aktivkohle in den gelaugten Trüben in den Adsorptionstanks
cipher - das Zahlzeichen, die Ziffer
circuit - der Kreislauf, der Stromkreis
closed **circuit** - der geschlossene Stromkreis
circuit breaker - der Stromkreisunterbrecher, der Ausschalter
circular accelerator - der Kreisbeschleuniger
circular cutter - der Fräser
circular pitch - die Umfangsteilung, die Kreisteilung, die Zahnteilung
circulating - im Umlauf
circulating fluidized bed - die zirkulierende Wirbelschicht
circulating load - der firmeninterne Materialumlauf, die Umlauflast
circulating pump - die Umwälzpumpe
circulation of solution - der Laugenumlauf
circulation of eletrolyte - der Elektrolyt-

circulation section

kreislauf
circulation section - die Laugengruppe
circulator - der Laugenwärter *(Elektrolysepersonal)*
circumferential weld - die Rundnaht
cirulating fluid bed technology *to coal combustion, CFB technology* - die Wirbelschichtofentechnologie zur Kohleverbrennung, *WSO Technologie*
cistern car - der Tankwagen
city gas - das Leuchtgas, das Stadtgas
civil engineering - das Bauingenieurwesen
CIX = countercurrent ion-exchange - der Ionenaustausch im Gegenstrom
CIX process = continuous ion-exchange process - das kontinuierliche Ionenaustauschverfahren
CL = center line - die Mittellinie
clad metal - das plattierte Metall
clad sheet - das plattierte Blech
clad tube - das plattierte Rohr
clad wire - der plattierte Draht
cladded section - das plattierte Profil
cladding - das Plattieren
clam shell dredge - der Greiferbagger
clamp - die Schraubzwinge
clamp - die Klemme, die Klammer
clamp screw - die Klemmschraube, die Bündelschraube
clamp-on connector - das Klemmkettenschloß
clarification - die Klärung
clarification of solution - die Laugenreinigung
clarifier area - die Klärfläche
clarify - klären, absetzen
clarifying - das Klären, das Läutern
Clark machine - die Drehscheibengießmaschine der Bauart nach Clark
classification process - das Klassierverfahren
classifier - die Klassieranlage
classifier area - die Trennfläche
classifying - die Klassifizierung
classifying jigging screen - das Klassierrüttelsieb
classifying screen - das Klassiersieb
claw - die Klaue
clay - der Ton *(Lehm)*
clay bed *(geol.)* - das Tonlager
clay brick - der Tonziegel
clay ground *(geol.)* - der Lehmboden
clay gun - die Stopfmaschine für feuerfeste Masse
clay gun *(shaft furnace)* - die Stichlochstopfmaschine
clay mixture - die Tonmischung
clay pipe - das Tonrohr
clay plug - der Massepfropfen
clay pulp - der Tonbrei, die Lehmtrübe, die Lehmbrühe
clay retort - die Tonretorte
clay shale - der Tonschiefer
clay soil - der Tonboden, der Lehmboden
clay vessel - das Tongefäß
clean *(coal)* - aufbereiten *(Kohle)*
clean air act amendement - das Nachtragsgesetz zur Luftreinhaltung
clean coal - die Reinkohle
clean room - der staubfreie Raum
clean-up of soil contamination *and older burdens* - die Sanierung von Bodenkontaminationen und Altlasten
cleaner - die Sortierstufe 2 in der Aufbereitung
cleaning - das Reinigen
cleaning action by pulse-jet - die Reinigung durch Druckluft
cleaning materials - das Reinigungsmittel
cleaning methods - die Reinigungsmethode
cleaning operations - die Reinigungsar-

beit
cleanness - der Reinheitsgrad
clear - wegbefördern *(Kohle)*
CLEAR process = copper leaching electrowinning and recycle process - das Kupfer-Laugung-Elektrolyse und Rückgewinnungsverfahren der Duval Corporationen, *das CLEAR Verfahren*
clearance - die Abbeförderung
clearing - das Klären, das Läutern
clearing house - das Abrechnungsbüro
clearing of mud - das Abschlämmen
clearing plough - der Räumhobel
cleavability - die Spaltbarkeit
cleaving - das Spalten
cleaving chisel - der Spaltmeißel
clench bricking - die Knirschverlegung
clerk - der Angestellte, der Gehilfe
CLG = industry cement lime and gypsum industry - die Zement-, Kalk- und Gipsindustrie, *die ZKG-Industrie*
kind clift - der dunkle Schieferton
climax - die Höchstwirkung, der Höchstgrad
climbing irons - das Steigeisen
clinch - abdichten, dicht machen
clinker - der Klinker
clinker - die Kohlenschlacke
clinker - der Backstein, der Ziegel
clipper - der Karabinerhaken
clod coal - die Stückkohle
cloddy - klumpig *(in Klumpen),* knollig
clogged by chips - verstopft durch Späne
clogging - das Verschmieren, das Verstopfen
close anneal - das Glühen unter Luftabschluß, das Kistenglühen
close annealed - dichtgeglüht, feingeglüht
close grained - feinkörnig, dichtkörnig
close grained metal - das feinkörnige Metall

close of account - der Rechnungsabschluß
close tolerance - die enge Toleranz
closed circuit television - das Kabelfernsehen
closed circuit grinding - die Kreislaufmahlung
closed die forging die - das geschlossene Gesenk
closed-die rolling - das Gesenkwalzen
axial closed-die rolling - das axiale Gesenkwalzen
cloth - das Tuch, der Stoff
cloth filter - der Tuchfilter, der Filter aus Stoff
cloth pressure filter - der Tuchdruckfilter
clouding - die Trübe *(Schlacke)*
clumsy - schwerfällig
cluster - das Bündel
cluster casting - das Traubengießen
cluster gear - das Stufenzahnrad
cluster mill - das Sendzimir Walzwerk
cluster mills - die Mehrrollen-Walzgerüste
cluster roll stand - das Vielwalzengerüst
clutch - die Kupplung
clutch brake - die Kupplungsbremse
clutch shaft - die Mitnehmerwelle, die Kupplungswelle
CM = corrective maintenance - die ausfallbedingte Instandhaltung
CMEI = Compania Minera El Indio *(Santiago - Chile)*
CML = Consolidated Murchison Ltd. (Gravelotte - RSA)
CMSA = Chamber of Mines of South Africa *(Johannesburg - RSA)*
CNRS = Centre National de la Recherche Scientifique
CO = Colorado *(USA)*
co, c/o = to care of - per Adresse, in Fir-

CO_2 welding

ma, bei Familie

CO_2 welding = carbon dioxide welding - das CO_2 Schweißen (Kohlendioxidschweißen)

COAC = Coco amine hydrochloride as collector *(in Feldspar flotation)* - Kokusamine-Salzsäure als Sammler *(Flußspatflotation)*

coagulate - gerinnen, koagulieren

coagulation in slurries *with a high fines content* - die Koagulation in feinstkornreichen Filtrationstrüben

coal spillage - die Schlabberkohle, die verschüttete Kohle

coal *(fuel)* - die Kohle *(Brennstoff)*

coal arc welding *(CA welding)* - das Kohlelichtbogenschweißen

coal bearing - kohleführend

coal carbonization - die Steinkohlenverkokung

coal cleaning plant - die Kohlenaufbereitungsanlage

coal deposit - die Kohlenlagerstätte

coal face - der Kohlenstoß, der Streb

coal face support - der Strebausbau

coal fines - die Feinkohle

coal firing - die Steinkohlenfeuerung, die Kohlefeuerung

coal formation - die Steinkohlenformation, das Kohlegebirge

coal gas - das Leuchtgas, das Steinkohlengas, das Starkgas

coal getting - die Kohlengewinnung

coal haulage gate *(or road)* - die Kohlenabfuhrstrecke

coal measures - das produktive Carbon, die kohleführende Schicht, das Steinkohlengebirge

coal mine - die Steinkohlengrube, die Kohlengrube

coal mining - der Kohlenabbau

coal preparation - die Kohlenaufbereitung

coal refuse - der Bergeversatz

coal seam - das Steinkohlenflöz, das Kohlenflöz

coal service bunker - der Kokskohlenbunker

coal spoils - die Kohlenabgänge, die Kohleasche

coal treatment - die Kohlenaufbereitung

coal washery - die Steinkohlenwäsche, die Kohlenwäsche

coal waste - der Kohlenabbauverlust, der Abbauverlust

coal winding shaft - der Kohlenförderschacht

coal winning - die Kohlengewinnung

coalescence - die Koaleszenz

coarse coal - die Grobkohle

coarse crystalline - grobkristallin

coarse grain - das Grobkorn

coarse grain structure - das Grobkorngefüge

coarse grained - grobkörnig, grobfaserig

coarse grinding - grobmahlen

coarse radiated - grobstrahlig

coarse thread - das Grobgewinde

coated material - der beschichtete Werkstoff

coating - die Beschichtung, der Überzug

coating in the burning zone *of the rotary kiln* - die Ansätze in der Sinterzone des Drehrohrofens

coating methods of leaf gilding - die Aufbringung von Blattgold

coating process - das Beschichtungsverfahren

coatings - der Überzug

cobalt - das Cobalt *(die Schreibweise "Kobalt" ist veraltet)*, Co

cobalt addition - der Cobaltzusatz

cobalt alloy - die Cobaltlegierung

cobalt aluminate *(Thênard's blue)* - das Cobaltaluminat, das Thênards Blau

(Pigment), CoO * Al$_2$O$_3$ oder CoAl$_2$O$_4$

cobalt blue (*coelestine blue*) - das Zölestinblau, Cobaltstannat(IV), das Cobaltblau, CoSnO$_3$

cobalt boride - das Cobaltborid, CoB, Co$_2$B

cobalt bromide - das Cobaltbromid, CoBr$_2$

cobalt carbide - das Cobaltcarbid

cobalt carbonate - das Cobaltcarbonat, CoCO$_3$

cobalt chloride - das Cobaltchlorid, CoCl$_2$

cobalt coating - das Cobaltbeschichten

cobalt complex - der Cobaltkomplex

cobalt compound - die Cobaltverbindung

cobalt fluoride - das Cobaltfluorid, CoF$_2$

cobalt fluorosilicate - das Cobalt(II)-hexafluorosilikat, Co[SiF$_6$]

cobalt hydride - das Cobalthydrid

cobalt hydroxide - das Cobalthydroxid, Co(OH)$_2$, Co(OH)$_3$

cobalt iodate - das Cobaltjodat, Co(JO$_3$)$_2$

cobalt iodide - das Cobaltjodid, CoJ$_2$

cobalt ion - das Cobaltion, Co(2+), Co(3+)

cobalt nitrate - das Cobaltnitrat, Co(NO$_3$)$_2$

cobalt nitride - Cobaltnitrid, Co$_3$N

cobalt ore - das Cobalterz

cobalt oxide - das Cobaltoxid, CoO, Co$_2$O$_3$, Co$_3$O$_4$

cobalt phosphate - das Cobaltphosphat, Co$_3$(PO$_4$)$_2$, Co$_2$P$_2$O$_7$

cobalt phosphite - das Cobaltphosphit, CoHPO$_3$

cobalt potassium nitrite - das Kaliumhexanitrocobaltat, K$_3$[Co(NO$_2$)$_6$]

cobalt production - die Cobaltherstellung

cobalt silicate - das Cobaltsilikat, Co$_2$SiO$_4$

cobalt silicide - das Cobaltsilicid

cobalt sulfate - das Cobaltsulfat, CoSO$_4$

cobalt sulfide - das Cobaltsulfid, CoS

cobalt sulfite - das Cobaltsulfit, CoSO$_3$

cobalt tungstate - das Cobaltwolframat, CoWO$_4$

cobalt yellow pigment - das Cobaltgelb (*Kaliumhexanitritokobaltat*), Aureolin, K$_3$[Co(NO$_2$)$_6$]

cobalte phosphide - Cobaltphosphid, CoP, CoP$_3$, Co$_2$P,

cobaltic ion - das Cobalt-(III)-ion

cobaltin (*cobaltite*) - das Glanzcobalt, der Cobaltglanz (*Cobaltin*), CoAsS

cobaltous ion - das Cobalt-(II)-ion

cobber - der Berge-Vorabscheider

cock wrench - der Hahnschlüssel

Cocos Islands - die Cocos Inseln, CC

COD determination = crack opening displacement determination - die Messung der Rißaufweitungsverschiebung, *COD Messung*

code of practice - die Richtlinie

CODELCO = Corporacion Nacional del Cobre de Chile *[Chuquicamata (CL)]*

codeposition - die Koabscheidung

coefficient - der Beiwert, der Faktor

coefficient of thermal expansion - der Koeffizient der thermischen Ausdehnung

coefficient of diffusion - der Diffusionskoeffizient

coelestine mineral (*strontium sulfate*) - das Zölestin (*Strontiumsulfat*). Coelestin, SrSO$_4$

coelestine blue (*cobalt blue*) - das Zölestinblau, Cobaltstannat(IV), das Cobaltblau, CoSnO$_3$

coercive force - das Koerzitivkraft

coffered ceiling - die Kassettendecke

coffering of shaft - die wasserdichte Schachtausmauerung

coffinite - das Mineral: der Coffinit, U(SiO$_4$)$_{1-x}$*(OH)$_{4x}$

cog

cog - der Zapfen
cog down - herunterwalzen
cog wheel - das Zahnrad
cogged - gezahnt, verzahnt
cogged ingot - der Vorblock
cogging - die Vorstrecke
cogging mill - die Vorwalze
coherence - der Zusammenhang
coherent precipitate - das kohärente Ausscheidungsprodukt
cohesion - die Kohäsion
cohesion pressure - der Binnendruck
cohesiveness of moulding sand - die Bindefähigkeit von Formsand
coil - die Spule, das Bandbund
inner **coil diameters** - der Bundinnendurchmesser
coil ignition - die Batteriezündung
coil lifting cars - der Bundhubwagen
coil weight - das Bundgewicht
coiled sheet - das aufgerollte Blechband
coiled spring - die Spiralfeder
coiled tube - die Rohrschlange
coiler - die Haspel
coiling *(strip)* - das Aufspulen
coiling apparatus for copper wire - die Wickelanlage für Kupferdraht
coiling machine - die Wickelmaschine
coily-ball type - knäuelig
coin - die Münze
coinage alloy - das Münzmetall, die Münzlegierung
coincide - übereinstimmen, sich decken
coining - das Prägen
coining die - das Prägewerkzeug
coining press - die Prägemaschine, der Prägestock
coke - der Koks
coke blast furnace - der Kokshochofen
coke breeze - der Koksabrieb, der Koksgrus

coke coal tower - der Kokskohlenbunker
coke consumption - der Koksverbrauch
coke dust - der Koksstaub
coke extractor - die Koksausdrückmaschine
coke guide car - der Kokskuchenführungswagen
coke of low reactivity - der reaktionsträge Koks
coke oven - der Koksofen
coke oven battery - die Koksofengruppe
coke oven dust - der Koksofenstaub
coke oven gas - das Koksofengas
coke pig iron - das Koksroheisen
coke pusher - die Koksausdrückmaschine
coke storage bin - der Koksbunker
coking - das Verkoken
coking blend - die Kokseinsatzmischung
coking charge - die Koksmischung
coking coal - die verkokbare Kohle, die Kokskohle
coking of coal - das Verkoken der Steinkohle
coking plant - die Kokerei
coking time - die Garungszeit
cold - kalt
cold bending - die Kaltbiegung
cold bending crack - der Kaltbiegeriß
cold bending test - die Kaltbiegeprobe
cold blast cupola - der Kaltwindkupolofen
cold blast furnace - der Kaltwindhochofen
cold blast sliding valve - der Kaltwindschieber
cold blowing of blast furnace - das Kaltblasen eines Hochofens
cold blown pig iron - das kalt erblasene Roheisen
cold box - der kalte Kernkasten
cold box process - das Cold Box Verfahren

cold brittleness

cold brittleness - die Kaltsprödigkeit
cold cast - kalt vergießen
cold chamber die casting machine, CCDC machine - die Kaltkammerdruckgießmaschine, KKD Gießmaschine
cold cracking - die Kaltrißbildung
cold cupping - das Kaltziehen
cold deformation - die Kaltverformung
cold drawing - das Kaltziehen
cold drawn steel - der kaltgezogene Stahl
cold firing - das Kaltschüren
cold formability - die Kaltumformbarkeit
cold forming - das Kaltformgeben
cold galvanizing - die Kaltverzinkung
cold heading - das Kaltstauchen
cold junction - die Kaltlötstelle
cold lap - der Walzgrat
cold plasticity - die Kaltbildsamkeit
cold press - die Kaltpresse
cold pressure welding - das Kaltpreßschweißen
cold process - das Kaltverfahren
cold resistance - die Kältefestigkeit, die Kältebeständigkeit
cold resistant - kältebeständig
cold roll forming - das Profilieren
cold rolled - kaltgewalzt
cold rolled sheet - das kaltgewalzte Blech
cold rolling - das Kaltwalzen
cold rolling mill - das Kaltwalzwerk
cold setting binder - das kalthärtende Bindemittel
cold shearing of sheets - das Kaltschneiden von Blechen
cold short ore - das phosphorreiche Erz
cold shortness - die Kaltbrüchigkeit, die Kaltrissigkeit, die Kaltsprödigkeit, die Sprödigkeit bei Raumtemperatur
cold shut - die Kaltschweiße *(Diskontinuität an der Oberfläche eines gegossenen Metalls)*
cold state of shaft furnace - der Kaltgang eines Schachtofens
cold straining - die Kaltverformung
cold strengthening - die Kaltverfestigung
cold stretch - das Kaltrecken
cold twisting - das Kaltverdrehen
cold work tool steel - der Kaltarbeitsstahl
cold working of blast furnace - der Rohgang des Hochofens
colemanite *(water containing calcium borate, used as flux)* - der Colemanit *(wasserhaltiges Calciumborat, Verwendung als Flußmittel)*, CaB_4O_7
collapse - die Knickung
collapsible - zusammenklappbar
collapsing - das Zusammenbrechen
collapsing tap - der Gewindebohrer mit einziehbaren Backen
collar - die Schulter, der Ansatz, der Bund, der Überschubring
collar bearing - das Halslager
collar flange - der Winkelflansch
collar of roll - der Walzenring
collar pin - der Zapfen mit Bund
collar stop bearing - das Ringspurlager
collar thrust bearing - das Kammlager
collar with thread - die Gewindemuffe
collar without thread - die Muffenhülse
collect - sammeln, auffangen
collecting device - der Sammler *(die Auffangvorrichtung)*
collecting reagent - der Sammler *(Chemikalie)*
collective agreement - arbeitsrechtliche Vereinbarung
collective lens - die Sammellinse
collective process - das kollektive Elektronenmodell
collector - der Sammler
collector pipe - das Sammelrohr
collectors *for the flotation separation* -

collectors

Sammler für die flotative Trennung
investigated **collectors** - die untersuchten Sammler
collet - der Konusring
collet - der Hals
collide - zusammenstoßen, kollidieren
collier - 1. der Kohlenbergarbeiter, 2. das Kohlenschiff
collier berth - das Kohlenschiff, der Ankerplatz
colliery - das Steinkohlenbergwerk, die Steinkohlenzeche
colliery manager - der Bergwerksdirektor *(Steinkohlenbergbau)*
collision - der Zusammenstoß
colloidal - kolloidal
colloidal gold - das wasserlösliche Gold
colloidal suspension - die kolloidale Suspension
Colorado = CO *(USA)*
colorimeter - der Farbenmesser
colour - die Farbe
coloured - bunt, farbig
coloured coatings - der Farbüberzug
coloured crayon - der Farbstift
colouring - das Färben
colouring agent - das Färbemittel
colourless - farblos
Republic of **Columbia** - Republik Kolumbien, *CO*
columbite - das Mineral: der Columbite (Überbegriff für Minerale aus Nioboxid und Tantaloxid) $(Fe,Mn)(Nb,Ta)_2O_6$
columbium *(USA and Kanada: old name for Niob)* - nordamerikanische Bezeichnung für Niob, Cb = Nb
column - die Säule
column chromatography - die Säulenchromatographie
column of journal - die Spalte einer Zeitung

column strength - die Knickfestigkeit
columnar - säulenförmig
columnar structure - das Stengelkristallgefüge
columne - der Pfeiler
colusite - das Mineral: der Colusit, $(Cu_3Sn,Fe,V,As)S_4$
COMAT leaching process = cobalt from matte leaching process - COMAT Laugungsverfahren *(Cobaltherstellung durch Rohstein-Laugung)*
combination - die Verbindung
combination boiler - der Verbundkessel
combination pliers - die Kombizange
combine - binden
combine - der Mähdrescher
combined - zusammengesetzt
combined advancing *and retreating working* - der Z-Bau
combined carbon, *CC* - der gebundene Kohlenstoff
combined mining - das Verbundbergwerk
combined process - der Verbundbetrieb
combined torsion and tensil stress - die verbundene Verdreh- und Zugbeanspruchung
comblike - kammartig, kammförmig
combustibility - die Verbrennbarkeit, die Brennbarkeit
combustible - brennbar
combustible - der Brennstoff
combustion - die Verbrennung
combustion air - die Verbrennungsluft
combustion chamber - der Verbrennungsraum, die Brennkammer
combustion engine - der Verbrennungsmotor
combustion furnace - der Verbrennungsofen
combustion gas - das Heizgas
combustion gas analysis - die Heizgasanalyse

combustion heat - die Verbrennungswärme
combustion process - der Verbrennungsprozeß
combustion rate - die Verbrennungsgeschwindigkeit
combustion residues - die Verbrennungsrückstände
combustion space - der Verbrennungsraum
combustion zone - die Verbrennungszone
Comex = commodity exchange - die Warenbörse in New York
commercial agreement - die handelsübliche Vereinbarung
commercial electrolytes - die Betriebslauge
commercial exploitation - die wirtschaftliche Ausbeutung
commercial quality, CQ - die handelsübliche Güte, die großtechnische Qualität
commercial shapes - die Handelsformate, die Lieferformate
comminute - fein zerkleinern
comminution - die besonders feine Zerkleinerung, die Feinzerkleinerung
comminution plant - die Zerkleinerungsanlage
commodity - die Ware
commodity exchange - die Warenbörse in New York, Comex
common iron pyrites - das Mineral: der Schwefelkies *(Pyrit)*, Eisensulfid, FeS_2
common name - der Trivialname, der gewöhnliche Name
communicate - in Verbindung treten, mitteilen
community health *and environmental surveillance system*, *CHESS* - das öffentliche Gesundheits- und Umweltschutzüberwachungssystem
community law - das Gemeinschaftsrecht
Comoro Islands - die Comoro Inseln, KM

compact - verdichten, verfestigen
compact ore - das dichtlagernde Erz
compacted graphite cast iron - das Gußeisen mit Vermiculargraphit
compacted graphite - der Vermiculargraphit
compaction plant - die Granulieranlage
comparing description - die vergleichende Beschreibung
comparisons - der Vergleich
compensate - ausgleichen, kompensieren
compensation - der Ausgleich
comperative value - der Vergleichswert
competitions - der Wettbewerb
complaint - die Beanstandung, die Beschwerde
complement - die Ergänzung
complete destruction - die völlige Zertrümmerung
complete overhaul - die Grundüberholung
complex - der Komplex
complex alloy - die Vielstofflegierung, die Mehrstofflegierung
complex ore - das polymetallische Erz mit komplexer chemischer und/oder mineralogischer Zusammensetzung, das komplexe Erz, das Komplexerz
complexometric titration - die komplexometrische Titration
component - das Bauteil, der Bestandteil
composite cast rolls - das Verbundgußwalzen
composite casting - das Verbundgießen
composite material - der Verbundwerkstoff
composite mould - das Verbundform
composite roll - die Verbundstoffwalze
composite wire - der Verbunddraht
composition - die Zusammensetzung, die Verbindung
composition effect - der Konzentrations-

compound

einfluß
compound - die Verbindung
compress - komprimieren
compressed air - die Druckluft
compressed air main - die Hauptdruckluftleitung
compressed air hoses - die Preßluftschläuche
compressibility - die Zusammendrückbarkeit
compression - die Verdichtung, die Kompression
compression ignition engine - der Motor mit Kompressionszündung, der Dieselmotor
compression stroke - der Verdichtungstakt
compression test - der Kompressionsversuch, der Druckversuch
compressive forming - das Druckumformen
compressive stress - die Druckspannung
compressive strength - die Druckfestigkeit
compressor - der Verdichter, der Kompressor
Compton scattering - die Comptonstreuung
computer - die elektronische Rechenanlage, *die EDV*
computer aided robotics, *CAR* - die rechnergesteuerten Fertigungsautomaten
computer aided quality assurance, *CAQA* - die rechnerunterstützte Qualitätsüberwachung
computer aided planning, *CAP* - die rechnerunterstützte Produktionsplanung
computer aided manufacturing, *CAM* - das rechnerunterstützte Fertigen
computer aided engineering, *CAE* - die rechnerunterstützte Ingenieurtechnik
computer aided design, *CAD* - das rechnergestützte Konstruieren
computer aided design, *CAD* - das rechnergestützte Gestalten
computer aided drafting, *CAD* - die rechnerunterstützte Zeichnungsherstellung
computer assistance - die Rechnerunterstützung
computer hardware - die Computerhardware, der Computer, das EDV-Gerät, der Rechner
computer integrated manufacturing, *CIM* - die rechnerintegrierte Produktion
computer program - das Computerprogramm, das Rechnerprogramm
computer simulation - die Elektronenrechnersimulation, die Rechnersimulation
comulative residue - der Summenrückstandswert
concealed - verborgen, überdecken *(von jüngeren geologischen Schichten)*
concentration distribution - die Konzentrationsverteilung
concentration measurement - die Konzentrationsmessung
concession - die Berechtsame, die Konzession, die Schürfbefugnis
concession boundary - die Feldgrenze
concrete - der Beton
concrete block - der Betonformstein
concrete block lining - der Betonformsteinausbau *(Schacht)*
concrete reinforcing bar - der Betonstahl
condensate - das Kondensat
condensate line - die Kondenswasserleitung
condensation - die Kondensation
condenser - der Verflüssiger, der Kondensator
condition based maintenance, *CBM* - die zustandsbedingte Instandhaltung *(Erneuerung aufgrund von Inspektions-*

conditioning

ergebnissen)
conditioning - die Klimatisierung
conditioning - die Aufbereitung
conduction band - das Leitungsband
conduction electron - das Leitungselektron
conductometric titration - die konduktometrische Titration
conductor *(electricity)* - der Leiter
conduit - die Rohrleitung
cone - der Konus
cone crusher - der Kegelbrecher
conference - die Tagung
conference - der Kongress
conference proceedings proceedings - der Tagungsbericht, der Tagungsband
People's Republic of Congo - die Volksrepublik Kongo, *CG*
conichalcite - das Mineral: der Conichalcite, $CaCu(AsO_4)(OH)$
Connecticut = CT *(USA)*
connecting rod - die Pleuelstange, die Schubstange, die Kurbelstange
connection - die Verbindung
connection valve - das Verbindungsventil
consecutive - aufeinanderfolgend
consequence analysis - die Folgenanalyse
considerations - die Überlegungen
console - die Konsole
consolidate - festigen, festwerden
constantan *(special alloy)* - das Konstantan *(Widerstandslegierung. Besonderheit: elektr. Widerstand ist fast temperaturunabhängig), Zusammensetzung:* Cu: 56%, Ni: 31%, Fe: 1%, Mn: 1%
constituent - das Bestandteil
constitution - die Beschaffenheit, die Verfassung
constitutional diagram - das Zustandsdiagramm
construction - die Konstruktion
construction materials - der Baustoff
construction materials testing - die Baustoffprüfung
construction of new plant - der Bau eines neuen Werks
constructional weldability - die Schweißsicherheit
consulting - die Beratung, die Konsultation
consulting engineering - die technische Beratung
consulting engineer - die Ingenieurberatung, der technische Gutachter, der beratende Ingenieur
consumable guide welding - die Schweißsicherheit
consumables - der Verbrauchsstoff
consume - verbrauchen
consumption - der Verbrauch
contact - die Berührung, der Kontakt
contact angle - der Kontaktwinkel
contact potential - das Berührungspotential
contact resistance - der Kontaktwiderstand
to eliminate **contacts** - den Kurzschluß (m) *(der Brenner in der Elektrolyse)* beseitigen
to search for **contacts** - Kurzschluß (m) *(Brenner)* suchen
container - der Behälter
contaminated - verunreinigt mit, kontaminiert
contamination - die Verschmutzung
contents - der Gehalt, der Inhalt
minimum **contents** - der Mindestgehalt
total **contents** - der Gesamtgehalt
true metal **contents** - der tatsächliche Metallgehalt
contiguous - benachbart
Contilanod process = continuous casting of copper anodes - die kontinuierliche Gießanlage für Kupferanoden mit integrierten Ohren. *(Eine Entwicklung der*

Contimelt process

Norddeutschen Affinerie)

Contimelt process = continuous copper wire production - die kontinuierliche Kupferdrahtproduktion, *das Contimelt Verfahren*

continous cast temperature curve, *CCT curve* - die kontinuierliche Abkühlungskurve

continuous - stetig, ununterbrochen, kontinuierlich

continuous annealing - das Durchlaufglühen

continuous annular chromatograph, *CAC* - der kontinuierliche, ringförmige Chromatograph

continuous car-type furnace, *CCT furnace* - der Herdwagen-Durchschubofen, *der HD-Ofen*

continuous casting - das Stranggießen

continuous casting machine - die Stranggießanlage

continuous casting powder - das Stranggießpulver

continuous casting slags - die Stranggießschlacke

continuous casting wheels - die Stranggießräder

continuous charging - das kontinuierliche Beschicken

continuous concrete - der Monolithbeton, der Gußbeton

continuous cooling - die kontinuierliche Kühlung

continuous cooling transformation curve, *CCT curve* - kontinuierliches Kühlungs-Umwandlungsschaubild

continuous electrode - die Dauerelektrode

continuous furnace - der Durchziehofen

continuous galvanizing grade zinc alloy, *CGG zinc alloy* - die Zinklegierung mit 0,3-0,6% Al, *CGG Zinklegierung*

continuous ion-exchange process, *CIX process* - das kontinuierliche Ionenaustauschverfahren

continuous load - die Dauerbelastung

continuous measurement - das kontinuierliche Messen

continuous melting - das kontinuierliche Schmelzen

continuous operation - der Dauerbetrieb

continuous ore sintering - das kontinuierliche Erzsintern

continuous power output - die Dauerleistung

continuous precipitator trains - die kontinuierlich arbeitenden Fällungsbehälterreihen

continuous precipitation - die kontinuierliche Ausscheidung

continuous pressure filtration - die kontinuierliche Druckfiltration

continuous process - das kontinuierliche Verfahren

continuous thickener - der Rundeindicker

continuous work - die Bandarbeit

contour - der Umriß, die Form

contour line - die Höhenschichtlinie

contra-rotating - gegenläufig

contract - 1. der Vertrag, 2. der Auftrag

contract rate - der Akkordlohn, der Stücklohn

contract work - die Akkordarbeit

contract work *(mining)* - die Gedingearbeit

contracting - das Zusammenziehen

contraction - die Schwindung, die Schrumpfung

contraction cavity - der Schwindungslunker

contraction of mould - das Saugen einer Gußform

contraction rule - das Gesetz der Zusammenziehung

contraction strain - die Schrumpfspannung

contractor - der Unternehmer
contribution - der Beitrag
contributor of periodical - der Mitarbeiter einer Zeitschrift
contrivance - die Einrichtung, der Mechanismus
control - die Kontrolle, die Steuerung, die Regelung
control - kontrollieren, steuern, regeln
control cabinet - der Steuerschrank
control cable - das Steuerseil
control console - der Steuerstand
control equipment - die Regelvorrichtung
control gear - das Schaltgetriebe
control lever - der Steuerhebel
control panel - das Steuerpult
control room - die Steuerzentrale
control test - die Sicherheitsprüfung, die Gegenprobe
control valve - das Steuerventil
controllability - die Regelbarkeit
controllable - steuerbar, kontrollierbar
controlled atmosphere furnace - der Schutzgasofen
controlled drive - der zwangsläufige Antrieb
controlled potential electrolysis - die Elektrolyse mit konstantem Potential (Elektrogravimetrie)
controlling - das Überwachen, das Nachprüfen, das Untersuchen
controlling device - die Kontrollvorrichtung, die Regelvorrichtung
convection - die Konvektion
convection heat - die Berührungswärme, die Konvektionswärme
conventional continuous thickener - der Rundeindicker
conventional transmission electron microscop, CTEM - das konventionelle Transmissions-Elektronenmikroskop
convergence - die Konvergenz, die Annäherung (im Bergbau: die Annäherung von Hangendem und Liegendem)
convergent lines - die zusammenlaufenden Linien
conversion - die Umwandlung
conversion coating - das Konversionsbeschichten
conversion of shaft kilns *(lime produktion)* - der Umbau von Schachtofenanlagen *(Kalkherstellung)*
convert - umwandeln, konvertieren, verändern
converter - der Konverter
converter *(steel production)* - die Frischbirne *(Stahlherstellung)*
conveying equipment - die Förderanlage
conveying machine - die Fördermaschine
conveying tower - der Förderturm
conveyor - die Transportanlage, die Förderung *(mit Band oder Kette)*, der Förderer
conveyor belt - der Fördergurt
conveyor technique - die Fördertechnik
Cook Islands - die Cook Inseln
cooling - die Kühlung
extremely rapid cooling - die sehr schnelle Kühlung, das Abschrecken
cooling bed - das Kühlbett
cooling capacity - das Abschreckvermögen
cooling rate the critical - die kritische Abkühlungsgeschwindigkeit
cooling stack - der Kühlkamin
coordinate - die Koordinate
coordination number - die Koordinationszahl
copper - das Kupfer, Cu
copper addition - der Kupferzusatz
copper arsenosulfide, *mineral enargite* - Enargit, Kupfer-Arsensulfid, Cu_3AsS_4
copper boride - das Kupferborid, Cu_3B_2
copper bromide - das Kupferbromid,

copper carbide

CuBr, CuBr$_2$
copper carbide - das Kupfercarbid
copper carbonate - das Kupfercarbonat, CuCO$_3$
copper cast alloy - die Kupfergußlegierung
copper chloride - das Kupferchlorid, CuCl, CuCl$_2$
copper coating - das Verkupfern
copper complex - der Kupferkomplex
copper compound - die Kupferverbindung
copper conversion process - das Kupferkonverterverfahren
copper converter - der Kupferkonverter
copper converting - die Kupferkonvertierung
copper cyanide - Kupfercyanid, CuCN
copper extraction *from acid aqueous solutions* - die Kupferextraktion aus sauren, wäßrigen Lösungen
copper fluoride - das Kupferfluorid, CuF$_2$
copper fluoroborate (compound of copper and fluoroboric acid) - das Kupferfluoroborat (Verbindung aus Kupfer und Fluorborsäure)
copper grade - die Kupfersorte
copper hydride - das Kupferhydrid, Cu$_2$H$_2$
copper hydroxide - das Kupferhydroxid, Cu(OH)$_2$
copper iodide - das Kupferjodid, CuJ
copper ion - das Kupferion, Cu(+1), Cu(+2)
copper kneading alloys - die Kupferknetlegierungen
copper leaching electrowinning and recycle process, *CLEAR process* - das Kupfer-Laugung-Elektrolyse und Rückgewinnungsverfahren der Duval Corporation, *CLEAR Verfahren*
copper mould - die Kupferkokille
copper nitrate - das Kupfernitrat, Cu(NO$_3$)$_2$
copper nitride - das Kupfernitrid
copper ore - das Kupfererz
copper oxide - das Kupferoxid, Cu$_2$O, CuO
copper phosphate - das Kupferphosphat, Cu$_3$(PO$_4$)$_2$
copper phosphide - das Kupferphosphid, CuP$_2$, Cu$_3$P, CuHPO$_3$
copper pig - die Kupfermassel
copper production - die Kupferherstellung
copper rain rainy copper - das Sprühkupfer
copper refining electrolysis - die Kupferraffinationselektrolyse
modern **copper refining electrolysis** = *ISA - process* - die moderne Kupfer-Raffinationselektrolyse, *das ISA Verfahren*
copper schist - das Mineral: der Kupferschiefer
copper silicate - das Kupfersilikat
copper silicide - das Kupfersilicid, Cu$_4$Si
copper slate - das Mineral: der Kupferschiefer
copper smelter - die Kupferrohhütte
copper smelting furnace *of Asarco* - der Kupfereinschmelzofen *von der Firma American Smelting and Refining Co.*
copper sulfamate (compound of copper and sulfamic acid) - das Kupfersulfamat (Verbindung aus Kupfer und Amidoschwefelsäure)
copper sulfate - das Kupfersulfat, *Kupfervitriol*, CuSO$_4$
copper sulfide - das Kupfersulfid CuS$_2$, CuS
copper sulfite cuprous sulfite - das Kupfersulfit, Cu$_2$SO$_3$
continuous copper wire production, *Contimelt process* - die kontinuierliche Kupferdrahtproduktion, *das Contimelt Verfahren*
copper-tin-zinc-alloy *(for coating process),* Deckalloy - die Kupfer-Zinn-

copperas mineral

Zink-Legierung *(für Beschichtungsverfahren)*, Deckalloy
copperas mineral, *melanterite green* - das Melanterit, Eisenvitriol, $FeSO_4 \cdot 7H_2O$
copy-right - das geistige Eigentum, das Nachdruckrecht
coral graphite - das Korallengraphit
cord tables - die Cordherde *(gravimetrische Aufbereitung von Golderz)*
core - der Bohrkern, der Kern,
core blowing machine - die Kernblasmaschine
core box - der Kernkasten
core drilling - das Kernbohren
core moulding machine - die Kernherstellungsmaschine
core removal - das Entkernen
core setting jig - die Kerneinlegelehre
core shooter - die Kernschießmaschine
cored filler rod - die Füllstabelektrode
cored filler strip - die Füllbandelektrode
cored filler wire - die Fülldrahtelektrode
coremaking - das Kernformen
coremaking facilities - die Kernformanlage
coremaking machine - die Kernformmaschine
corner - der Winkel, die Ecke
corner joint - der Eckstoß
corner pillar - der Eckpfeiler
cornered - eckig
corrective maintenance, *CM* - die ausfallbedingte Instandhaltung
correlate - beziehen auf
correlate - die Wechselbeziehung, die Beziehung
correlation function - die Korrelationsfunktion
corroding proof - rostfest
corrosion - die Korrosion
uniform corrosion - die ebenmäßige Korrosion *(Flächenkorrosion)*
corrosion current - der Korrosionsstrom
corrosion diagram - das Korrosionsdiagramm
corrosion fatigue - die Korrosionsermüdung
corrosion inhibitor - das Korrosionsschutzmittel
corrosion inhibition - die Korrosionsinhibierung
corrosion mechanism - der Korrosionsmechanismus
corrosion potential - das Korrosionspotential
corrosion product - das Korrosionsprodukt
corrosion protection - der Korrosionsschutz
corrosion rate - die Korrosionsgeschwindigkeit
corrosion resistant steel - der korrosionsfeste Stahl
corrosion resistant alloy - die korrosionsfeste Legierung
corrosion resistance - die Korrosionsbeständigkeit
corrosion test - der Korrosionsversuch
corrugated - gewellt
corrugated iron - das Wellblech
corrugated material - der Wellwerkstoff
corrugated sheet - das Wellblech
corundum - der Korund *(grobkristallines Aluminiumoxid)*, Al_2O_3
corynite - das Mineral: der Corynit, $Ni(Sb,As)S$
cost efficient melting unit - die wirtschaftliche Schmelzanlage
cost insurance freight, cif - die Kosten, Versicherung, Fracht *(alle Kosten bis zum Zielhafen trägt der Verkäufer)*
cost prices - die Selbstkosten
Costa Rica - Republik Costa Rica, *CR*
costs - die Kosten
cottage - das Wohnhaus

cotton

cotton - die Baumwolle
cotton fibre - das Baumwollgewebe
cotton tie - das Stabeisen
cotton waste - die Putzwolle
Cottrell pinning - die Cottrell Verankerung
coulometer - das Coulombmeter
coulometry - die Coulometrie
counter flow - der Gegenstrom
counter rock - das Nebengestein
counterbalance - das Gegengewicht
counterblow hammer - der Gegenschlaghammer
countercurrent - der Gegenstrom
countercurrent washing column - der Gegenstromwäscher
countercurrent ion-exchange, *CIX* - der Ionenaustausch im Gegenstrom
countercurrent decantation, *CCD* - das Dekantieren im Gegenstrom
countercurrent decantation - die Gegenstromdekantation
couple - verbinden, ankuppeln
coupling - die Kupplung
covalent bond - die kovalente Bindung
covellite - das Kupferindigo *(tief dunkelblaues Mineral), der Covellin, CuS*
cover - die Decke, die Überdeckung, das Deckgebirge
covered electrode - die umhüllte Stabelektrode
covering - das Abdecken
covering of demand - den Bedarf decken
covering oil *(electrolyse plant)* - das Abdecköl *(in der Elektrolyse)*
cowl - die Staubglocke, das Räumschild
cowper - der Hochofenwinderhitzer
cowper stove - der Winderhitzer
CQ = commercial quality - die handelsübliche Güte, die großtechnische Qualität
CR = Republic of Costa Rica - Republik Costa Rica
CR = carriage return - der Wagenrücklauf
crack - der Bruch, der Sprung, der Spalt, der Riß
crack - spalten, rissig werden, kracken
crack initiation - die Rißeinleitung
crack opening displacement determination, *COD determination* - die Messung der Rißaufweitungsverschiebung, COD Messung
crack propagation - die Rißausbreitung
cracking - die Rißbildung
craft - das Handwerk
craftsman - der Handwerker
crane - der Kran
crane hook - der Lastwagen
crane operator - der Kranführer
crank pin - der Kurbelzapfen
cranked - gekröpft
crankshaft - die Kurbelwelle
crash proof - bruchsicher
creep - das Kriechen
creep curve - die Kriechkurve
creep deformation - die Kriechverformung
creep limit - die Kriechgrenze, die Dauerfestigkeit
creep resistant steel - der kriechfeste Stahl
creep strength - die Kriechfestigkeit
creep test - der Kriechversuch, die Dauerprüfung
creep testing machine - die Kriechprüfmaschine
creeper - die Kettenbahn
crest - der Gipfel
crest factor - der Extremwert, der Spitzenwert
crevice corrosion - die Spaltkorrosion
crew - die Mannschaft, die Belegschaft
crimping - das Bördeln
critical cooling rate - die kritische Abkühlungsgeschwindigkeit

critical current density

critical current density - die kritische Stromdichte
critical current - der kritische Strom
critical field - der kritische Bereich
CRM = certified reference material - das beglaubigte Referenzmaterial
crocoite, red lead ore - das Rotbleierz, Krokoit, $PbCrO_4$
crop end - der Schopf *(am Gußstück)*
crop out deposit - die ausstreichende Lagerstätte
crops (casting) - die Endstücke *(beim Gießen)*
cross cut - der Querschlag
cross flow classification - die Querstromklassierung
cross flow filtration - die Querstromfiltration
cross rolling - das Kreuzwalzen, das Querwalzen
cross section - das Anlagenschema, der Querschnitt
cross wire welding - das Kreuzdrahtschweißen
crowdion - das Crowdion
crown drum - die gewölbte Trommel
crucible - der Schmelztiegel, der Tiegel
crucible furnace - der Tiegelofen
crucible induction furnace - der Tiegelinduktionsofen
crucible steel - der Tiegelstahl
cruciform joint - der Kreuzstoß
crude coppers - die Rohkupfersorten
crude gas - das Rohgas
crude metal - das Rohmetall
crude oil - das Rohöl, das Erdöl
crude ore - das Roherz, das Fördererz
crude silver - das Blicksilber
crude steel production, *CSP* - die Rohstahlproduktion, *RSP*
crude steel unit, *CSU* - das Rohstahlgewicht, *RSG*
crude steel weight, CSW - das Rohstahlgewicht, RSG
crudum - das Crudum, Sb_2S_3
crumple - zerknittern
crumple tube stilt - die zusammendrückbare, rohrförmige Stempelverlängerung
crush - zerkleinern, brechen
crusher - der Brecher
crusher head - der Brechkegel
crushing - das Brechen, das Zerkleinern
crushing device - der Zerkleinerungsapparat
crushing plant - die Zerkleinerungsanlage
cryogenic temperature - die Tiefsttemperatur
cryogenic temperature test - der Tieftemperaturversuch
cryogenic treatment - das Tiefkühlen
cryogenics - die Tieftemperaturtechnik
cryolithe - das Mineral: der Kryolith, der Eisstein *(Natriumhexafluoroaluminat)*, Na_3AlF_6
crystal - der Kristall
crystal face - die Kristallebene
crystal field - das Kristallfeld
crystal growth - das Kristallwachstum
crystal lattice - das Kristallgitter
crystal nucleation - die Kristallkeimbildung
crystal orientation - die Kristallorientierung
crystal phase - die Kristallphase
crystal structure - die Kristallstruktur
crystallite - der Kristallit
crystallization - die Kristallisation
crystallographic plane - die kristallographische Ebene
crystallographic direction - die Kristallrichtung
crystallography - die Kristallographie

CS

CS = Socialist Republic Czechoslovakia - die Sozialistische Republik Tschechoslowakei
CSA = Canadian Standards Association
CSIMM = Central-South Inst. of Mining and Metallurgy *(Changsa - China)*
CSIRO = Commonwealth Scientific and Industrial Research Organization
CSP = crude steel production - die Rohstahlproduktion, *RSP*
CSU = crude steel unit - das Rohstahlgewicht, *RSG*
CSUT = Central-South Univ. of Technology *(Changsha - China)*
CSW = crude steel weight - das Rohstahlgewicht, *RSG*
CT = Connecticut *(USA)*
CT = Canton and Enderbury Islands - die Canton- und Enderbury-Inseln
CTDC = Copper Technical Data Centre *(Townsville - Australien)*
CTEM = conventional transmission electron microscop - das konventionelle Transmissions-Elektronenmikroskop
CU = Republic of Cuba - Republik Kuba
cubanite - das Mineral: der Cubanit, $CuFe_2S_3$
cubic crystal structure, cc structure - die kubische Kristallstruktur
cubic texture - die Würfellage
cumulative damage - die Schadensakkumulation
cupellation - das Treiben
cupola - der Kupolofen
cupola forehearth - der Kupolofenvorherd
cupola part - das Kupolofenteil
cupping defect - der Tiefziehfehler
cupping test - der Tiefziehversuch, die Tiefziehprobe
cupreous - kupferig, kupferartig
cupric carbonate - das Kupfercarbonat, $CuCO_3$
cupric chlorid - das Kupferchlorid, $CuCl_2*2H_2O$
cupric ion - das Cupriion, Cu(II)-ion
cupric oxide - das Kupferoxid, Cuprioxid, CuO
cupriferous - kupferhaltig
cuprite - das Mineral: das Rotkupfererz, der Cuprit, Cu_2O
cupro ferrite - das Mineral: das Cuproferrit, CuFeO
cuprospinel - das Mineral: das Cuprospinell, $(Cu,Mg)Fe_2O_4$
cuprotungstite - das Mineral: das Cuprotungstit, $Cu_2(WO_4)(OH)_2$
cuprous chloride - das Kupferchlorür, Cuprochlorid, Cu_2Cl_2
cuprous ion - das Cuproion, Cu(I)-Ion
cuprous oxide - das Kupferoxidul, Cuprooxid, Cu_2O
cuprous sulfite - das Kupfersulfit, Cu_2SO_3
Curie point - die Curie Temperatur
curing - das Vulkanisieren
curing vessel - der Vulkanisierkessel
curium - das Curium, Cm
curoids - die Curoide *(Gruppenbezeichnung der Elemente Curium bis Lawrencium)*
currency of money - der Geldumlauf
current - der elektrische Strom
current delivery - die Stromabgabe
current density, c.d., cd - die Stromdichte, *S.D. oder SD*
current efficiency, c.e. - die Stromausbeute
current intensity, c.i., ci - die Stromstärke (Ampere), A
current meter - der Stromzähler
current path - die Strombahn
current rectifier - der Stromrichter
current strength - die Stromstärke
current supply - die Stromversorgung
current transformer - der Stromwandler

curve shape

curve shape - die Kurvenform
curved mould - die Bogenkokille
curved mould continuous casting - das Bogenkokillenstranggießen
cushion - das Polster
CUST = Chengdu Univ. of Science and Technology *(China)*
custom duties - der Zoll
customer - der Kunde, der Abnehmer, der Käufer
cut - der Schnitt, der Schram, die Spanstärke *(beim Hobeln)*
cut - fräsen, schneiden
cut face - die Schnittfläche
cut off clack-valve - das Absperrventil
cut off devices - die Absperrorgane
cut point - die Kornscheide, die Trennkorngröße
cut sample *(of metal bars)* - die Aushiebprobe *(bei Metallbarren)*
cut size diameters - der Trennkorndurchmesser
cutlery - die Schneidwaren
cuttability - die Schneideignung
cutter - das Messer
cutter - die Fräsmaschine, der Fräser
cutter (mining) - der Schlitzhauer
cutter arbor - der Fräsdorn
cutter bar - die Schrämstange
cutter break - der Setzriß im Hangenden
cutter chain - die Schrämkette
cutter drum - die Schrämwalze
cutter head - der Messerkopf
cutter loader - der Schrämlader
cutter pick - der Schrämmeißel
cutter speed - die Schrämgeschwindigkeit
cutter track - die Schrämgasse, das Schrämfeld
cutting - das Schneiden, das Schrämen
cutting - der Durchstich
cutting frozen chip - das rasch unterbrochene Schneiden
cutting and forging dies - die Schnitt- und Stanzwerkzeuge
cutting angle - der Schnittwinkel
cutting depth - die Schnittiefe
cutting die - das Schneidwerkzeug
cutting fluid - die Schneidflüssigkeit
cutting force - die Schnittkraft
cutting hardness - die Schneidhärte
cutting head - der Schrämkopf
cutting heigth - die Schrämstärke
cutting horizon - die Schrämhöhe
cutting machine - die Trennmaschine
cutting method - die schneidende Gewinnung
cutting of diamonds - das Schleifen von Diamanten
cutting off - das Abstechen
cutting off burner - der Schneidbrenner
cutting off lathe - die Abstechdrehbank
cutting run - die Schrämfahrt
cutting speed - die Schnittgeschwindigkeit
cutting tool - das Zerspanungswerkzeug, der Schnittstahl, der Abstechstahl
cutting torch - der Schneidbrenner
cutting winning - die schneidende Gewinnung
cutting-to-length line - die Querteilanlage
cutting-to-length - das Querteilen
CVD = chemical vapor deposition - das chemische Aufdampfen
CY = Republic of Cyprus Republik Zypern, CY
cyanamide - das Cyanamid *(Salz)*, H_2N-CN
cyanates - das Cyanat
Cyanex 272 ion exchanger - Cyanex 272 Ionenaustauscher, *BTMPPA* = bis-(2,4,4-trimethylpenthyl) phosphinic acid

cyanide

cyanide - das Cyanid, *CN*
cyanide leaching - die Cyanidlaugerei
cyaniding - das Cyanbadhärten
cycle - der Zyklus, der Kreislauf, der Takt
cyclic load - die zyklische Belastung
cycloidal high-reduction mills - das Hochumform-Zykloid-Walzwerk
cyclone furnace - der Zyklonofen
cyclotron - das Zyklotron
cyclotron resonance - die Zyklotronresonanz
cylinder - der Zylinder, die Walze
cylinder casing - der Zylindermantel
cylinder displacement - die Kolbenverdrängung, der Zylinderinhalt
cylindrical grinding - das Rundschleifen
cylone separator - der Zyklonabscheider *(Gasreiniger)*
Cymet process - das Cymet-Verfahren *(hydromet. Kupfergewinnung: Laugung von Kupferkies mit $FeCl_3$)*
Cyprus, Republic of - die Republik Zypern, *CY*
Cyprus process - das Cyprus Verfahren *(hydromet. Kupfergewinnung)*
CZ = Canal Zone - die Canal Zone
Czechoslovakia Socialist Republik - die Sozialistische Republik Tschechoslowakei, *CS*

D

D2EHPA = di-2-ethyl-hexyl-phosphoric acid - Di-2-Ethyl-Hexyl-Phosporsäure $[CH_3(CH_2)_3CH(CH_2CH_3)CH_2O]_2 * PO_2H$
daf coke = dry and ash-free coke - der wasser- und aschefreie Koks
Republic of **Dahomey** - Republik Dahomey, *DY*
daily wages - der Tageslohn, der Schichtlohn
dam - die Halde
dam dike - der Damm
dam construction - der Dammbau
damage - der Schaden
damage - beschädigen
damp - anfeuchten, dämpfen, benetzen
damp down the shaft furnace - den Schachtofen dämpfen
damped moulding sand - der angefeuchtete Formsand
damping capacity - die Dämpfungsfähigkeit
dampness - die Feuchtigkeit
dampness of air - die Luftfeuchtigkeit
dark blue - dunkelblau
dark room - die Dunkelkammer
darting flame - die Stichflamme
dash line - die punktierte Linie, die gestrichelte Linie
data - die Angaben, die Daten, die Abmessungen, die Werte
data processing - die Datenverarbeitung
data recording - die Datenaufzeichnung
data sheets - das Datenblatt
data table - die Datentabelle

data transmission - die Datenübertragung

date of delivery - die Lieferfrist

DATS = Dihydroxyacetophenone-thiosemicarbazone

daubing - die Schmiermasse

Davidite - das Mineral: der Davidit *(ein komplexes Mineral von Uranoxid mit Seltenen Erden)*, $[Fe(2+),Ce,U,seltene Erden]_x * [Ti,Fe(3+),V,Cr]_y * O_z$

Davy lamp *(mining)* - die Grubensicherheitslampe

Dawsonite - der Dawsonit *(Bauxitmineral)*, $(NaAl(OH)_2CO_3)$

day shift - die Tagschicht

day work - die Tagelohnarbeit

DBE = Deutsche Gesellschaft zum Bau und Betrieb von Endlagern *(Peine)*

DC = District of Columbia *(USA)*

DC or d.c. = direct current - der Gleichstrom

DC casting process = direct chill casting process - das Stranggießen *(oder Blockgießen)* in wassergekühlten Gießanlagen, *DC Gießverfahren*

DC generator = direct current generator - der Gleichstromgenerator

DC motor = direct current motor - der Gleichstrommotor

DC process = direct casting process - der Wasserguß, DC Verfahren

DC shaft = downcast shaft - der Einziehschacht *(Wetterschacht, Grubenbewetterung)*

DDW = destilled deionised water - das destillierte deionisierte Wasser

DE = West Germany - Westdeutschland, Bundesrepublik Deutschland, BRD

DE = Delaware *(USA)*

De Haas van Alphen effect - der De Haas van Alphen Effekt *(magnetischer Feldeffekt)*

dead flux - der tote Schlackenfluß

dead guard - das Schutzblech

dead head *of mould* - der verlorene Kopf, der Schrumpfkopf *einer Gußform*

dead lime - der totgebrannte Kalk, CaO

dead roasting - das Totrösten

dead rock - die Gangart, das taube Gestein

dead smooth file - die Feinschlichtfeile

dead soaking pit - der ungeheizte Tiefofen

dead soft annealing - das Weichglühen

dead steel - der ausgekochte Stahl

dead weight - das Leergewicht

dead wire - der stromlose Draht

deaeration - die Entlüftung

deaeration of feed water - die Speisewasserentlüftung

deaerator - der Luftabscheider

dealuminization - die Entaluminierung

debris - das Haufwerk, die Berge

deburring - das Abgraten

Debye temperature - die Debye Temperatur

decagon - das Zehneck

decant - klären, absetzen, abgießen

decantation - das Dekantieren, das Klären *(den Schlamm in der Trübe absetzen lassen)*

decantation tank - der Scheidebehälter

decanter - das Abklärgefäß, der Dekanter

decanter centrifuge - die Absetzschleuder

decarbonization - die Entkohlung

decarburizing agent - das Entkohlungsmittel

deck - der Boden (eines Förderkorbes)

Deckalloy = copper-tin-zinc-alloy *(for coating process)* - die Kupfer-Zinn-Zink-Legierung *(für Beschichtungsverfahren)*

decoiler - die Abhaspel

decomposable - zerlegbar

kinetic decomposition - die kinetische Zersetzung

decomposition

decomposition - die Zersetzung, das Zerfallen
deconcentrating - das Auflösen, das Verdünnen
decontamination - das Entgiften, die Dekontaminierung
decopperized solution - die entkupferte Endlauge
decorative coatings - der Dekorationsüberzug
deduster - der Windsichter
deduster dust - der Sichterstaub
dedusting process - das Entstaubungsverfahren
deep drawability - die Tiefziehfähigkeit
deep drawing - das Tiefziehen
deep drawing die - die Ziehform
deep drawing mandrel - der Ziehstempel
deep penetration electrode - die TF Elektrode
deep sea mining - das Tiefseegewinnen
defect - der Fehler
defect cluster - die Gitterfehlerhäufung
defect formation - die Bildung von Gitterfehlern
defect of forgings - der Schmiedestückfehler
defectformation - die Gitterfehlerbildung
deficit - der Fehlbetrag, das Defizit
definition of terms - die Begriffsdefinition
deform - verformen, deformieren
deformation - die Verformung
deformation band - das Deformationsband
deformation texture - die Verformungstextur
degassing - das Entgasen
degassing method by local reduced pressure, DMLRP - das Entgasen bei örtlich reduziertem Druck
degenerated graphite - der entartete Graphit
degradation - 1. der Abrieb, 2. die chemische Entwertung, der chemische Abbau
degree - das Grad, die Stufe
degritting - die Überkornabscheidung, die Entgriesung
DEGUSSA = Deutsche Gold- und Silber-Scheideanstalt AG *(Frankfurt am Main)*
DEHO = LIX 63 liquid ion exchanger *(Henkel Corp.)* - LIX 63 flüssiger Ionenaustauscher *(Henkel Corp.)*, DEHO, 5.8.8-Diethyl-7-Hydroxy-6-Dodecanone Oxime
dehydratation - die Dehydratation, das Dörren
dehydratation *(drainage)* - der Entzug von Wasser, die Trocknung
dehydration or **dehydrogenation** - der Wasser*(stoff)*entzug, die Dehydrierung
delafossite - das Mineral: der Delafossit, $CuFeO_2$
Delaware = DE *(USA)*
delayed fracture - die Bruchverzögerung
deliver - austragen, ausliefern, abwerfen
delivery - die Lieferung, der Austrag
delivery boom - die Abwurfausleger
delivery drum - die Trommel am Austragende
delivery end - das Austragende
delivery jib - der Abwurfausleger
delta phase - die Delta Phase
demagging - die Magnesiumentfernung *(aus Aluminiumschrott)*
demagnetization - das Entmagnetisieren
demixing - die Entmischung
denaturating agent - das Vergällungsmittel
dendrite - der Dendrit
dendritic structure - das dendritische Gefüge
Kingdom of **Denmark** - Königreich Dänemark, *DK*

dense

dense - blasenfrei, dicht
dense medium - die Schwertrübe
dense-medium separation, *DMS* - das Schwimmsink-Trennverfahren
densification - die Verdichtung
density - die Dichte
density change - die Dichteänderung
density measurement - die Dichtemessung
density of states - die Zustandsdichte
Denver flotation cell - die Denver Flotationszelle
deoxidation - die Desoxidation
deoxidizing agent - das Desoxidationsmittel
depassivation - die Depassivierung, der Passivitätsverlust
dephosphorization - die Entphosphorung
depolarization - die Depolarisation
deposit *(geol.)* - die Lagerstätte
deposit - die Abscheidung *(Elektrolyse)*
deposit development - der Lagerstättenaufschluß
deposit science - die Lagerstättenkunde
deposit science generally - die allgemeine Lagerstättenkunde
deposition - das Beschichten
deposition rate - die Abschmelzleistung
depreciation - 1. die buchmäßige Abschreibung, 2. die Wertminderung *(Probenahme, Bewertung und Bemusterung)*
depreciation on plant eqquipment - die Abschreibungen auf Werksanlagen
depressing reagent - der Drücker
depth - 1. die Tiefe, 2. die Teufe *(Bergbau)*
depth of cutting - die Schnittiefe
deputy - der Steiger *(Bergbau)*
deputy manager - der Grubenbetriebsführer *(Steinkohlenbergbau)*
derelict cars - die Altautos
derichment *(reducing of minor elements)* - das Metallabreichern *(Verringern von Verunreinigung)*
derivation - der *(chemische)* Abkömmling
derivation - die Ableitung
derive - gewinnen, ableiten
derrick - der Bohrturm, der Auslegerkran
descaling agents - das Entzunderungsmittel
descaling plants - die Entzunderungsanlage
descend - absinken *(Geologie)*
descloizit - das Mineral: der Descloizit, $PbZn(VO_4)OH$, bzw. $4(Pb,Zn) * V_2O_5 * H_2O$
description - die Beschreibung
desert environment - das Wüstenklima
desiccator - der Trocknungsapparat, das Trocknungsmittel
design - der Entwurf, die Gestaltung *(gedankliches und zeichnerisches Entwerfen)*
accepted **design** - der genehmigte Entwurf
design improvement - die Verbesserung der Konstruktion
design of systems considered in terms of energy - die Auslegung von Anlagen unter energetischen Gesichtspunkten
desilication - die Entkieselung *(die Abtrennung der Kieselsäure)*, die SiO_2-Abscheidung
desintegrator - die Schlagmühle
desintegrator - der Spalter
desliming - die Entschlämmung, die Abschlämmung *(des Feinkorns)*
desoction - der Absud
desorption - das Austreiben eines adsorbierten Stoffes *(oder Gases)*, die Desorption
desoxidizing agent - das Desoxidationsmittel
destilled deionised water, *DDW* - das

destructible

destillierte deionisierte Wasser, H_2O
destructible - zerstörbar
destruction - die Zertrümmerung, die Zerstörung
desulfurization - die Entschwefelung
desulfurizing agent - das Entschwefelungsmittel
DETA = di-ethylene-tri-amine - Di-Ethyl-Tri-Amin, $(NH_2CH_2CH_2)_2NH$
detach - aushaken, lösen
detaching hook - der Auslösehaken
detail may not add due to rounding - die Differenzen durch Runden
detailed - ausführlich, detailliert, ins einzelne gehend
deteriorate - sich abnutzen
deterioration - der Verschleiß
determination - die Ermittlung *(Analyse)*, die Bestimmung
determine - bestimmen
detonation spraying - das Flammschockspritzen
detraining point - der Personenbahnhof, die Aussteigestelle
detrimental - vernichtend, zerstörend
detrimental action - die zerstörende Wirkung
deuterium - das Deuterium, D_2
deuterium - das schwere Wasser *(Wasserstoffisotop D)*, das Deuterium
deuterium oxid - das Deuteriumoxid *(schweres Wasser)*, D_2O
deuteron - das Deuteron
develop - entwickeln, auf-, erschließen
developing country - das Entwicklungsland
development - die Entwicklung
development department - die Entwicklungsabteilung
development engineer - der Entwicklungsingenieur
development of new process - die Verfahrensneuentwicklung
development work - die Entwicklungsarbeit
deviation - die Abweichung
device - die Vorrichtung, das Gerät
Devoe-Holbein process for gold extraction, *DH process* - das Devoe-Holbein Verfahren zur Goldgewinnung, *DH Verfahren*
dew point - der Taupunkt
dewatering - die Entwässerung
dewatering centrifuge - die Entwässerungszentrifuge
dezincification - die Entzinkung
DH process = Dortmund-Hoerder Huettenunion vacuum steel refining process - das Dortmund-Hoerder Hüttenunion Vakuumhebeverfahren zur Stahlraffination, *DH Verfahren*
DH process = Devoe-Holbein process for gold extraction - das Devoe-Holbein Verfahren zur Goldgewinnung, *das DH Verfahren*
di-2-ethyl-hexyl-phosphoric acid - die Di-2-Ethyl-Hexyl-Phosporsäure, D2EHPA, $[CH_3(CH_2)_3 * CH(CH_2CH_3) * CH_2O]_2 * PO_2H$
di-ammonium hydrogen-phosphate - das Di-Ammoniumhydrogenphosphat, $(NH_4)_2HPO_4$
di-ammonium hydrogen citrate - das Di-Ammoniumhydrogencitrat, $C_6H_{14}N_2O_7$
di-ethylene-tri-amine - das Di-Ethyl-Tri-Amin, DETA, $(NH_2CH_2CH_2)_2NH$
Di-normal-hexyl sulfide *(practical refining of PGM)* - Di-normal-hexyl sulfide *(benötigt für Raffination von Platingruppenmetallen)*, DNHS,
diagram - das Schaubild, das Diagramm
dialysis - die Dialyse *(chem.: Auflösung/Trennung)*
diamagnetism - der Diamagnetismus
diameter - der Durchmesser

diamond

diamond - der Diamant
diamond hardness - die Vickers-Härte
diamond lap - das Diamantschleifwerkzeug
diamond strucure - die Diamantstruktur
diamond tool - das Diamantwerkzeug
diaphorite - das Mineral: der Diaphorit, $Pb_4Ag_6Sb_6S_{16}$
Diaspore - das Mineral: der Diaspor *(Bauxitmineral)*, $Al_2O_3 * H_2O = 2H(AlO_2)$
dichromic acid - die Dichromsäure, $H_2Cr_2O_7$
dickite - das Kaolinsilikat, Dickit
dictionary - das Wörterbuch
die - der Preßstempel, das Gesenk, die Matrize
die casting - der Spritzguß
die casting machine - die Spritzgießmaschine
die coating - die Kokillenschlichte
die forging - das Gesenkschmieden
die maker - der Werkzeugmacher
dielectric constant - die Dielektrizitätskonstante
dielectric materials - das dielektrische Material
Diesel engine - der Dieselmotor
Diesel fuel oil - der Dieselkraftstoff
di-ethylen-triamin-penta acid, DTPA - die Diethylen-Triamin-Penta-Säure
differential pressure sensor - der Differenzdruckaufnehmer
differential pressure measurement - die Differenzdruckmessung
differential thermal analysis - die Differentialthermoanalyse, *DTA*
diffraction - die Beugung
diffusion - die Diffusion
diffusion brazing - das Diffusionshartlöten
diffusion coefficient - der Diffusionskoeffizient

diffusion creep - das Diffusionskriechen
diffusion pair - das Diffusionspaar
diffusion soldering - das Diffusionsweichlöten
diffusion welding - das Diffusionsschweißen
Digenit - das Mineral: der Digenit *(das nichtstöchiometrische Kupfersulfid)*, $Cu_{(2-x)}S$
digestion - der Aufschluß
digestor - der Extraktionsapparat
digger - der Goldgräber
digging - das Umgraben, das Graben
digital feed back system - die digitale Regelstrecke
digital system - das Digitalsystem
dike, dam - der Damm
dilatancy - die Dilatanz
dilatometry - die Dilatometrie
dilute alloy - die verdünnte Legierung
dilute magnetic alloy - die verdünnte magnetische Legierung
dilution - die Verdünnung
dimension - die Dimension, das Maß
dimensional control - die Dimensionsprüfung
dimensional instability - die Maßunbeständigkeit
dimensioning - die Dimensionierung
DIN standard - die DIN - Norm *(Deutsches Institut für Normung)*
dint - senken, nachsenken
diode - die Diode
diopside - das Diopsid, $CaMgSi_2O_6$
dip - 1. eintauchen; 2. die Neigung der Gebirgsschichten *(das Einfallen)*
dip brazing - das Tauchhartlöten
dip roof - das herabgezogene Gewölbe
dip soldering - das Tauchweichlöten, kurz: Tauchlöten
dip stick - der Peilstab
dip transfer - der Kurzlichtbogen

dipole moment

dipole moment - das Dipolmoment
dipper - der Baggerlöffel
dipping galvanize - das Feuerverzinken
direct casting process, DC process - der Wasserguß, DC Verfahren
direct chill casting process, DCC process - das Stranggießen *(oder Blockgießen)* in wassergekühlten Gießanlagen, DC Gießverfahren
direct contact welding - das direkte Heizelementschweißen
direct current, DC or d.c. - der Gleichstrom
direct current generator, DC generator - der Gleichstromgenerator
direct current motor, *DC motor* - der Gleichstrommotor
direct extrusion - das direkte Strangpressen *(Fließpressen)*
direct heating - das direkte Erhitzen
direct reduction process - das Direktreduktionsverfahren
direct segregation - die direkte Seigerung
direct strand casting - das Stranggießwalzen
directional solidification - die gerichtete Erstarrung
directory - der Herstellernachweis, das Adreßbuch
dirt - der Dreck, die Berge
dirty band(s) - das Bergemittel
dirty winding shaft - der Bergeförderschacht
disadvantageous - unvorteilhaft, nachteilig
disassembly - die Demontage, der Abriß
disc - der Teller, die Scheibe
disc clutch - die Scheibenkupplung
disc filter - der Scheibenfilter
discard - der Abfall, die Berge
discard - 1. das Gießendstück *(das die Lunker und andere Defekte enthält, das abgeschnitten und verworfen wird)*, 2. hütteninternes Recyclingstück
discharge - abladen *(ausladen)*, entladen
discharge nozzle - die Auslaßöffnung
discharging - das Entleeren
discharging hopper - der Verladebunker
disconnect - trennen, unterbrechen, abhängen
discontinuous precipitation - die diskontinuierliche Ausscheidung
discordant - diskordant *(Geologie: nicht zusammenhängend)*
dish - der Teller
disintegration - die Auflösung
disintegration of stones - die Verwitterung von Gestein
disk - die Scheibe
dislocation - die Versetzung
dislocation annihilation - die Versetzungsvernichtung
dislocation climb - das Versetzungsklettern
dislocation decoration - das Versetzungsätzen
dislocation density - die Versetzungsdichte
dislocation dipole - der Versetzungsdipol
dislocation energy - die Versetzungsenergie
dislocation forest - der Versetzungswald
dislocation glide - das Versetzungsgleiten
dislocation interaction - die Versetzungswechselwirkung
dislocation jog - der Versetzungssprung
dislocation line - die Versetzungslinie
dislocation loop - der Versetzungsring
dislocation mobility - die Versetzungsbeweglichkeit
dislocation motion - die Versetzungsbewegung
dislocation multiplication - die Versetzungsmultiplikation
dislocation node - der Versetzungsknoten

dislocation nucleation

dislocation nucleation - die Versetzungskeimbildung
dislocation pile up - die Versetzungsaufstauung
dislocation pinning - die Versetzungsverankerung
dislocation source - die Versetzungsquelle
dislocation structure - die Versetzungsstruktur
dislocation velocity - die Versetzungsgeschwindigkeit
dismantle - zerlegen, auseinandernehmen, abbrechen
dismissals - die Entlassung
disordered alloy - die nichtgeordnete Legierung
dispatches of aluminium in terms of end-uses - die Aufteilung des Aluminium-Endverbrauchs
dispersion - die Dispersion
dispersion hardening - das Dispersionshärten
dispersion strengthened steel - der dispersionsgehärtete Stahl
dispersion strengthened metal - das dispersionsgehärtete Metall
dispersion strengthened material - der dispersionsgehärtete Werkstoff
disposable - verkäuflich, verwendbar, frei verfügbar
disposable - nach Gebrauch wegzuwerfen
disposable income - das Nettoeinkommen
disposable output - die verwertbare Fördermenge *(Förderleistung)*
disposable probes - die Einwegprobe
disposal - der Abtransport und die Vernichtung von Abfall
disposal - die Abfallbeseitigung, die Entsorgung
disposition - die Anordnung, das Verteilen
dissimilar steel grades - die verschiedenartigen Stahlklassen
dissociated dislocation - die dissoziative Versetzung
dissociation - die Dissoziation, die Zersetzung
dissolution - die Auflösung
dissolver - der Auflöser, der Dispergierer
distance measurement - die Abstandsmessung
distance sensor - der Abstandsaufnehmer
distene - das Mineral: das Disthen *(Aluminiumsilikat)*, $Al_2SiO_5 = Al_2O*SiO_4$
distill - destillieren
distillate - das Destillat
distillation - die Destillation
distillation residues - die Destillationsrückstände
distinguished difference - der kennzeichnende Unterschied
distribute - verteilen
distributing plate - die Traverse *(Förderkorb), die Verteilerplatte*
distribution - die Verteilung
distribution coefficient - der Verteilungskoeffizient
distribution station - die Verteilerstation
distributor - der Verteiler *(Verkäufer)*
district - das Revier, die Abteilung
District of Columbia = DC *(USA)*
disturb - stören
ditch - graben
divacancy - die Doppelleerstelle
divide blast - der geteilte Wind
divider - der Zirkel
DK = Kingdom of Denmark - Königreich Dänemark
DKG = Deutsche Keramische Gesellschaft e.V. *(Bad Honnef)*
DKI = Deutsches Kupfer-Institut e.V. *(Berlin)*
DM = Dominica Dominika
DMLRP = degassing method by local re-

DMS

duced pressure - das Entgasen bei örtlich reduziertem Druck

DMS = dense-medium separation - das Schwimmsink-Trennverfahren

DNHS = Di-normal-hexyl sulfide *(practical refining of PGM)* - Di-normal-hexyl sulfide *(benötigt für Raffination von Platingruppenmetallen)*

dock yard - das Arsenal

documentary analysis - die Beleganalyse

doellerite - das Mineral: der Doellerit, TiO_2

dolomite - das Mineral: der Dolomit *(Calcium- und Magnesiumcarbonat)*, $Ca(CO_3) * Mg(CO_3)$

dolomite refractory - das Dolomiterzeugnis

domain wall - die Domänenwand

domestic appliances - das Haushaltsgerät

domestic refuse - der Hausmüll

Dominica - Dominika, *DM*

Dominican Republic - die Dominikanische Republik, *DO*

door tunnel - der Türtunnel

doping - das Dopen

Doppler effect - der Doppler Effekt

Dored process - das Dored Verfahren *(Direktreduktion)*

Dorr-type thickener - der Rundeindicker der Firma Dorr

Dortmund-Hoerder Huettenunion vacuum steel refining process - das Dortmund-Hoerder Hüttenunion Vakuumhebeverfahren zur Stahlraffination, *das DH Verfahren*

dosage or dosing - das Dosieren

double contact process *(sulfuric acid production)* - das Doppelkontaktverfahren *(Schwefelsäureherstellung)*

double drum shearer - der Doppelwalzenschrämlader

double duo stand - das Doppelduowalzengerüst

double flow - der Doppelfluß

double frame - das Gespann mit vier Stempeln

double roll crusher - der Zweiwalzenbrecher

double-acting - doppelt wirkend

double-chain scraper conveyor - der Zweikettenkratzförderer, der Doppelkettenkratzförderer

double-roll crusher - der Zweiwalzenbrecher

double-stand conveyor - der Doppelkettenförderer

Dow process - das Dow Verfahren *(Magnesiumherstellung aus Seewasser)*

DOWA process - das DOWA Verfahren *(Abgasentschwefelung: Schwefeldioxidentfernung mit Aluminiumsulfatlösung und Kalkmilch)*

downcast shaft, *DC shaft* - der Einziehschacht *(Wetterschacht, Grubenbewetterung)*

downgate - der Eingußkanal

downhand position - die Wannenposition

downhill run - die Talfahrt

draft - das Polygon, der Zug

drag chain raw coal feeder - der Trogketten-Aufgeber für Kohle

drag lines - die Riefe

drag soldering - das Schlapplöten

drain - entwässern

drain off - ablassen

drainage - die Wasserhaltung, die Entwässerung

drainage sump - der Laugensammelkasten

draw off slags - die Schlacke aus dem Ofen ziehen *(abtrennen)*

drawing - 1. das Ziehen; 2. die Zeichnung

drawing die - das Drahtzieheisen

drawing die - die Ziehmatrize

drawing office - das Konstruktionsbüro, die Bude der Zeichnergilde

dredge - der Bagger
dredged sludge - der Baggerschlamm
dredger - der Eimerbagger, der Bagger
dress - ausrichten, zurichten
dressed ore - das aufbereitete Erz
dressing - Putzen, das Richten
dressing of ores - die Erzaufbereitung
dressing room *(bathing-cabin)* - die Kaue
drift - die geneigt einfallende Strecke, der geneigte Stollen
drift mining - der Stollenbetrieb
drifting operation *in metal ore mining* - der Streckenvortrieb im Erzbergbau
drill - der Bohrer
drill *(mining)* - das Bohren
drill sample - die Bohrprobe
drilling machine - die Bohrmaschine
drilling platform - die Bohrplattform
drilling rig - die Bohrinsel
drillings - die Bohrspäne
drip pan - die Tropfschale, das Leckblech
drive - der Antrieb
controlled drive - der geregelte Antrieb
drive *(mining)* - das Auffahren einer Strecke
drive engineering - die Antriebstechnik
drive shaft - die Antriebswelle
drive sprocket - das Antriebsritzel
drivehead - der Antrieb
driving drum - die Antriebstrommel
drop - der Tropfen
drop detachment method *(interfacial tension measurements)* - Tropfenabriß-methode *(Grenzflächenspannungsmessungen)*
drop hammer - der Fallhammer
drop weight test - der Pellini Versuch
dross - das Gekrätz, der Dross
drum - die Trommel, die Walze
drum filters - der Trommelfilter
drum shear with paper coiler - die Trommelschere mit Papierhaspel
dry and ash-free coke, *daf coke* - der wasser- und aschefreie Koks
dry classifying in air classifier - die Trockensichtung im Windsichter
dry cleaning - das Trockengasreinigen
dry gas cleaning *(electrostatic gas cleaning)* - die trockene Gasreinigung *(elektrostatische Gasreinigung)*
dry sand moulding - das Trockensandformen
dry strength - die Trockenfestigkeit
dry treatment - das Trockenverfahren
drying - das Trocknen
drying oil - das Trockenöl
DSC process = direct strang casting process - das direkte Stranggießverfahren, *das DS Gießverfahren*
DTA = differential thermal analysis - die Differentialthermoanalyse
DTPA = diethylentriaminpenta acid - die Diethylen-Triamin-Penta-Säure
dual phase steel - der Dualphasenstahl
dual phase structure - das Dualphasengefüge
duct - das Leitungsrohr, der Lüftungskanal
ductile - streckbar, dehnbar
ductile brittle transition - der Übergang duktil spröd
ductile cast iron - das Gußeisen mit Kugelgraphit
ductile fracture - der Verformungsbruch
ductility - die Ziehbarkeit, die Dehnbarkeit
ductility - die Formänderungsfestigkeit, die Verformungsfähigkeit
become due - fällig werden
duftite - das Mineral: der Duftit, $PbCu(AsO_4)(OH)$
duktility - die Duktilität
become dull - den Glanz verlieren, stumpf werden
dump - die Halde, die Kippe

dump discharge

dump discharge - der Haldenumschlag
dump leaching - das Haldenauslaugen
dump works - der Haldenbetrieb
dumping - das Stürzen, das Kippen
dumping site - die Deponie
duplex - doppelt
Duplex plating - das Duplex Elektroplatieren
Duplex process - das Duplex Verfahren *(Stahlherstellung)*
dust - der Staub
dust catcher - der Staubabscheider
dust collection - der Staubsammler
dust combustion - der Staubbrand
dust explosion - die Staubexplosion
dust filters - der Staubfilter
dust ore - das mulmige Erz
dust removal - das Entstauben
dust removal from gases - die Gasentstaubung
dust suction fans - die Staubsauganlagen
dust suppression officer - der Staubbekämpfungssteiger
dust suppression - die Staubbekämpfung
duty-free - zollfrei
DVM impact test - der DVM Kerbschlagversuch
DVV = Deutscher Verzinkerei Verband e.V. *(Düsseldorf)*
Dwight Lloyd process - das Dwight Lloyd Verfahren *(kontinuierliches Erzsintern)*
DY = Republic of Dahomey - Republik Dahomey
dynamic behaviour - das dynamische Verhalten
dynamic characteristics - die dynamische Charakteristik
dynamic light scattering - die dynamische Lichtstreuung
dynamic load - die dynamische Belastung
dynamic measurement - das dynamische Messen
dynamic modulus of elasticity - der dynamische Elastizitätsmodul
dynamic test - die dynamische Prüfung *(Werkstoffprüfung)*
dynamical recovery - die dynamische Erholung
dynamical recrystallisation - die dynamische Rekristallisation
dyscrasite - das Mineral: der Dyscrasit, Ag_3Sb
dysprosium - das Dysprosium *(Lanthanidelement)*, Dy
dysprosium addition - der Dysprosiumzusatz *(Seltenerdmetallzusatz)*
dysprosium alloy - die Dysprosiumlegierung *(Seltenerdmetall-Legierung)*
dysprosium complex - der Dysprosiumkomplex
dysprosium compound - die Dysprosiumverbindung
dysprosium ion - das Dysprosiumion, $Dy(+3)$

E

EAA = European Aluminium Association
EAF dust = electric arc furnace dust - der Elektrostahlwerkstaub, *ESW Staub*
EAFR process = extended arc flash reactor process - das erweiterte Lichtbogen-Schwebeschmelzreaktorverfahren, *das EAFR Verfahren*
earing - die Zipfelbildung
earth - die Erde *(Erdboden)*
earth science - die Geowissenschaft
earthmoving equipment - das Erdbewegungsgerät
EB = electron beam - der Elektronenstrahl

EBCHR process = electron beam cold hearth refining process *(for Ti)* - Elektronenstrahlraffinationsverfahren für Titan mit kaltem Herd, das *EBCHR Verfahren*

EBF = electron beam furnace - der Elektronenstrahlofen, *ESO*

ebonite - das Hartgummi

EBRD process = electron beam rotating disc process (titan powder production) - der Elektronenstrahlofen mit rotierender Titanelektrode

ebullition - das Schäumen der Schlacke

EC = European Community - Europäische Gemeinschaft, *EG*

EC = Republic of Ecuador - Republik Ecuador

eccentric - exzentrisch, außermittig

eccentric - der Exzenter

ecology - die Ökologie

economic data - die Wirtschaftsdaten

economic demonstrated resources, *EDR* - sichere wirtschaftlich gewinnbare Erzvorräte

economic statistics - die Wirtschaftsstatistik

economics - die Wirtschaftlichkeit

economiser - der Abgasvorwärmer, der Rauchgasvorwärmer *(für Speisewasser)*

economy - die Wirtschaft

ECP-electrodes = electroactive carbon paste electrodes - Graphitpaste-elektroaktive- Elektroden,*die GPE-Elektroden*

Ecuador, Republic of - Republik Ecuador, *EC*

eddy - der Wirbel

eddy current - der Wirbelstrom

eddy current testing - die Wirbelstromprüfung

edge crack - der Kantenriß, der Querriß

edge crusher - der Kollergang

edge dislocation - die Stufenversetzung

edge joint - der Parallelstoß

edge seam - das stehende Flöz

edge trimmer with scrap cutter - die Besäumschere mit Saumstreifenschere

edge welds - die Stirnnaht

edging mill stand - das Stauchgerüst

editor - der Herausgeber, der Schriftleiter

EDM = electrical discharge machining - das elektroerosive Bearbeiten, *EEB*

EDM = electric discharge machine - die Elektroerosionseinrichtung

EDM electrode = electric discharge machining electrode - die funkenerosive Bearbeitungselektrode, *die EDM Elektroden*

EDP = electronic data processing - die elektronische Datenverarbeitung, *EDV*

EDP application - die EDV-Anwendung

EDR = economic demonstrated resources - sichere, wirtschaftlich gewinnbare Erzvorräte

education - die Ausbildung

EDV technique = electrodynamic venturi technique - die elektrodynamische Venturitechnik, EDV Technik

EEC = European Economic Community - die Europäische Wirtschaftsgemeinschaft, *EWG*

effect analysis - die Folgenanalyse

effective output - die abgegebene Leistung

effectiveness - die Wirksamkeit

efficiency - der Wirkungsgrad

effluence - der Ausfluß, der Abfluß, das Ausfließen, das Filtrat, der Durchschlag

effluent - strömend, ausfließend

EG = Arab Republic of Egypt - die Arabische Republik Ägypten

e.g. = exempli gratia *(for instance)* - zum Beispiel, z.B.

Arab Republic of **Egypt** - Arabische Republik Ägypten, *EG*

Einsteinium - das Einsteinium *(Trans-*

Eire

uranelement - Aktinide), Es
Eire - Irland, *IE*
EKOF = Erz- und Kohleflotation GmbH *(Bochum)*
Republic of **El Salvador** - Republik El Salvador, *SV*
elastic analysis - die elastische Bruchmechanik
elastic constant - die Elastizitätskonstante
elastic deformation - die elastische Verformung
elastic modulus - der Elastizitätsmodul
elasticity - die Elastizität
elastoplastic analysis - die elastoplastische Bruchmechanik
elbow - der Krümmer, das Knie
ELC steel quality = extra low carbon steel quality - die extra kohlenstoffarme Stahlqualität, *der ELC Gütestahl*
electric appliances - das Elektrogerät
electric arc - der Lichtbogen
electric arc furnace dust, *EAF dust* - der Elektrostahlwerkstaub, *ESW Staub*
electric arc heating - die Lichtbogenbeheizung
electric battery - die elektrische Batterie
electric cable - das elektrische Kabel
electric charge - die elektrische Ladung
electric circuit - die elektrische Schaltung
electric conductor - der elektrische Leiter
electric contact - der elektrische Kontakt
electric current - der elektrischer Strom
electric discharge machining electrode, *EDM electrode* - die funkenerosive Bearbeitungselektrode, *die EDM Elektroden*
electric discharge machine, *EDM* - die Elektroerosionseinrichtung
electric double layer - die elektrolytische Doppelschicht
electric drive - der elektrische Antrieb

electric energy - die elektrische Energie
electric equipment - die elektrische Ausrüstung
electric field - das elektrische Feld
electric furnace steel - der Elektroofenstahl
electric furnace - der E-Ofen
electric insulation - die elektrische Isolierung
electric insulating material - der elektrische Isolierstoff
electric iron melting furnace - der elektrische Eisenschmelzofen
electric main - der Hauptstromanschluß, der Netzanschluß
electric metallurgical furnace - der Elektroofen
electric motor - der Elektromotor
electric potential - das elektrische Potential
electric power consumption - der Stromverbrauch
electric pulse - der elektrische Impuls
electric sensing zone technique, *ESZ technique* - die Technik zur Messung von Einschlüssen in flüssigen Metallen
electric steel plant - das Elektrostahlwerk
electric vehicle - das Elektrofahrzeug
electrical characteristic - die elektrische Größe
electrical conductivity - die elektrische Leitfähigkeit
electrical discharge machining, *EDM* - *das elektroerosive Bearbeiten, EEB*
electrical energy - die elektrische Energie
electrical engineering - die Elektrotechnik
electrical measurement - das elektrische Messen
electrical properties - die elektrische Eigenschaft
electrical sheet - das Elektroblech

electro deposition

electro deposition - die Elektroabscheidung

electro slag refining process, *ESR process* - das Elektro-Schlacke-Umschmelzverfahren, *ESU Verfahren*

electro-magnetic-casting, *EMC* - das elektromagnetische Gießen

electroactive carbon paste electrodes, *ECP-electrodes* - Graphitpaste-elektroaktive- Elektroden,*die GPE-Elektroden*

electrocapillarity - die Elektrokapillarität

electrocast refractory - das schmelzgegossene Feuerfesterzeugnis

electrochemical protection - der elektrochemische Korrosionsschutz

electrochemical property - die elektrochemische Eigenschaft

electrochemical potential - das elektrochemische Potential

electrochemical overvoltage - die elektrochemische Überspannung

electrochemical machining - das elektrochemische Bearbeiten

electrochemical honing - das elektrochemische Honen

electrochemical displacement - die elektrochemische Verdrängung

electrochemical corrosion - die elektrochemische Korrosion

electrochemical analysis - die elektrochemische Analyse

electrochemistry - die Elektrochemie

electrode - die Elektrode

electrode covering - die Elektrodenumhüllung

electrode force - die Elektrodenkraft

electrode holder - der Elektrodenhalter

electrode indentation - der Elektrodeneindruck

electrode life - die Elektrodenstandzeit

electrode pick up - das Anlegieren

electrode potential - das Elektrodenpotential

electrode production - die Elektrodenfertigung

electrode weaving - die Elektrodenpendelung

electrodes - die Elektrode

electrodiffusion - die Elektrodiffusion

electrodynamic venturi technique, *EDV technique* - die Elektrodynamische Venturitechnik, *die EDV Technik*

electroflotation - die Elektroflotation

electroforming - das Elektroformgeben

electrogas welding - das Elektrogasschweißen

electrogravimetry - die Elektrogravimetrie

electrohydraulic forming - das elektrohydraulische Umformen

electroless plating - das stromlose Beschichten

electrolysis - die Elektrolyse

electrolysis in aqueous solution - die Elektrolyse in wäßriger Lösung

electrolysis of bulk materials - die Schüttgutelektrolyse

electrolysis vats - die Elektrolysewannen

electrolyte - der Elektrolyt

virgin **electrolyte** - der frisch angesetzte Elektrolyt

electrolytic cell for aluminium - die Elektrolysezelle für Aluminium

electrolytic cleaning - das elektrochemische Reinigen

electrolytic etching - das elektrochemische Ätzen

electrolytic levelling - das elektrochemische Einebnen

electrolytic refining - das elektrolytische Raffinieren

electrolytic separation - die elektrolytische Trennung

electrolytic thinning - das elektrochemische Abdünnen

electromagnet - der Elektromagnet

electromagnetic wave

electromagnetic wave - die elektromagnetische Welle
electromagnetic stirring, *EMS* - das elektromagnetische Rühren
electromagnetic pump - die elektromagnetische Pumpe
electromagnetic forming - das elektromagnetische Umformen
electromagnetic field - das elektromagnetische Feld
electromagnetic casting, *EMC* - das elektromagnetische Gießen, *EMG*
electrometallurgy - die Elektrometallurgie
electromotive force, emf - die Elektromotorische Kraft, *EMK*
electron - das Elektron
electron beam, *EB* - der Elektronenstrahl
electron beam brazing - das Elektronenstrahllöten
electron beam cold hearth refining process *(for Ti), EBCHR process* - Elektronenstrahlraffinationsverfahren für Titan mit kaltem Herd, *das EBCHR Verfahren*
electron beam cutting - das Elektronenstrahlschneiden
electron beam furnace, *EBF* - der Elektronenstrahlofen, *ESO*
electron beam machining - das Elektronenstrahlbearbeiten
electron beam melting - das Elektronenstrahlschmelzen
electron beam remelting - das Elektronenstrahlumschmelzen
electron beam rotating disc process *(titan powder production), EBRD process* - der Elektronenstrahlofen mit rotierender Titanelektrode
electron beam welding - das Elektronenstrahlschweißen
electron density - die Elektronendichte
electron diffraction - die Elektronenbeugung
electron emission - die Elektronenemission
electron energy loss - die Elektronenenergieverlust
electron gas - die Elektronengas
electron gun - die Elektronenkanone
electron microprobe analysis, EMP analysis - die Elektronenmikrosondenanalyse, *EMS Analyse*
electron microprobe - die elektronische Mikrosonde
electron microscopy - die Elektronenmikroskopie
electron microscope - das Elektronenmikroskop
electron mobility - die Elektronenbeweglichkeit
electron phonon interaction - die Elektron-Phonon-Wechselwirkung
electron spectroscopy for chemical analysis, *ESCA* - die Elektronenspektroskopie zur chemischen Analyse
electron spectrometry - die Elektronenspektrometrie
electron tube - die Elektronenröhre
electronegativity - die Elektronegativität
electronic data processing, *EDP* - die elektronische Datenverarbeitung, *EDV*
electronic equipment - die elektronische Ausrüstung, die elektronischen Bauteile
electronic structure - die Elektronenstruktur
electronics - die Elektronik
electrophoresis - die Elektrophorese
electrophoresis coating - das elektrophoretische Beschichten
electroplating - das Elektroplattieren *(Galvanotechnik)*
electropolishing - das elektrolytische Polieren
electrorefining - die Elektroraffination
electroslag furnace, *ES furnace* - der Elektroschlackeumschmelzofen, *ESU Ofen*

electroslag remelting process

electroslag remelting process, *ESR process* - das Elektroschlackeumschmelzverfahren, *ESU Verfahren*
electroslag remelting, *ESR* - das Elektroschlackeumschmelzen, *ESU*
electroslag surfacing - das Elektroschlakkeauftragschweißen
electroslag welding, *ES welding* - das Elektroschlackeschweißen, *ES Schweißen*
electrostatic coating - das elektrostatische Beschichten
electrostatic gas cleaning *(dry gas cleaning)* - die elektrostatische Gasreinigung *(trockene Gasreinigung)*
electrostatic powder coating - das elektrostatische Pulverbeschichten
electrostatic precipitator - der elektrostatische Abscheider, der Elektrofilter
electrostatic separation - das elektrostatische Trennen
electrum - das Elektrum *(Mineral: Au,Ag)*
elevating pan - die Anschlußrinne
elevator - der Fahrstuhl, der Aufzug, das Becherwerk
eliminate - abscheiden, beseitigen, herauslösen
eliminate *(impurity)* - abtrennen *(Begleitelement entfernen)*
elimination - das Abstoßen
elimination of minor elements - die Abtrennung von Begleitelementen
Elkem process = Elektrokemish process - Elkem Verfahren
Ellingham diagram - das Ellingham Diagramm
elongation - die Dehnung
elongation at fracture - die Bruchdehnung
ELSA = emergency life support apparatus - die Fluchthaube
elucidate - klären, aufhellen, aufklären
elucidation *of the flotation behaviour* - die Aufklärung des Flotationsverhaltens
eluent - das Eluat
elute - ausspülen, eluieren, auswaschen
elution - das Herauslösen von adsorbierten Stoffen aus Adsorptionsmitteln, die Elution
elutriate - herausschlämmen *(Strömungssichten)*
elutriation - das Strömungssichten
embale - einpacken, verpacken
embrittlement - die Versprödung
acid **embrittlement** - die Beizsprödigkeit
EMC = electromagnetic casting - das elektromagnetische Gießen, *EMG*
emerald - der Smaragd
emerald green - das Smaragdgrün
emergency - der Notfall, die Notlage
emergency life support apparatus, *ELSA* - die Fluchthaube
emergency power unit - das Notstromaggregat
emery - der Schmirgel
emery wheel - die Schmirgelscheibe
emf = electromotive force - die elektromotorische Kraft, *EMK*
EMG = Elettrochimica Marco Ginatta S.p.A. *(Turin - Italien)*
emission *(acoustic)* - die Emission *(Schall)*
emission *(air)* - die Emission *(Luft)*
emission spectrometry - das Emissionsspektrometrie
emissivity - das Emissionsvermögen
EMMB = Empresa Minera de Mantos Blancos S.A. *(Antofagasta - Chile)*
EMP = analysis electron microprobe analysis - die Elektronenmikrosondeanalyse, *EMS Analyse*
empirical formula - die empirische Formel
Emplecite - das Mineral: der Emplecit, $CuBiS_2$

employee

employee - der Arbeitnehmer, der Angestellte
employer - der Unternehmer, der Arbeitgeber
employers' liability insurance assoc. - die Berufsgenossenschaft, *BG*
employment situation - die Beschäftigungslage
empressite - das Mineral: der Empressit, AgTe
EMS = electromagnetic stirring - das elektromagnetische Rühren
emulsion - die Emulsion
ENAF = Empresa Nacional de Fundiciones, *(Oruro - Bolivien)*
enamel - das Email
enamelling - das Emaillieren
enargite *(copper arsenosulfide)* - das Mineral: Enargit, Kupfer-Arsensulfid, Cu_3AsS_4
endless-belt riffle - das geriffelte Endlosband *(gravimetrische Aufbereitung von Golderz)*
endogeneous inclusion - der endogene Einschluß
energize - speisen, erregen, betätigen
energy - die Energie
energy balance - die Energiebilanz
energy consumption - der Energieverbrauch
energy costs - die Energiekosten
energy gap - die Energielücke
energy input - die Energiezufuhr
energy level - das Energieniveau
energy production - die Energieerzeugung
energy savings - die Energieeinsparung
engine - der Motor
engine part - das Motorteil
engine valve - das Motorventil
engineer - der Ingenieur
engineering - die Ingenieurtechnik, der Maschinenbau
England - England, *GB*
enlarge - ausweiten, vergrößern, erweitern
enrich ores - die Erze anreichern
enriched uranium - das angereicherte Uran
enrichment - die Anreicherung, die Sortierung
ENSC = Ecole Nationale Superieure de Chimie
ENSM = Ecole Nationale Superieure des Mines
enstatite - Mineral: Enstatit, $MgSiO_3$
enterprise - das Unternehmen
enthalpy - die Enthalpie
entired system - das Gesamtsystem
entrained electrolyte - der Elektrolyteinschluß *(in der rauhen Oberfläche mitgeführter Elektrolyt an den Kathoden)*
entrainment separator - der Einschlußabscheider *(Waschbad)*
entrance - der Einlauf *(Düse)*
entropy - die Entropie
environment - die Umwelt, die Umgebung
environment protection - der Umweltschutz
environmental damage - die Umweltschädigung
environmental protection agency, *EPA* - die Umweltschutzbehörde in den USA
EPA = environmental protection agency
epidote - das Mineral: der Epidot, $Ca_2(Al,Fe)_3(SiO_4)_3(OH)$
epitaxy - die Epitaxie
EPUSP = Escola Politecnica Univ. Sao Paulo *(Brasilien)*
equalizing hopper - der Ausgleichbunker
equation of state - die Zustandsgleichung
equiangular - gleichwinklig
equiatomic alloy - die äquiatomare Legierung

equiaxed structure - das äquiaxiale Gefüge
equidistant - gleichweit entfernt
equilateral - gleichseitig
equilibration - das Gleichgewicht
equilibrium chart - das Gleichgewichtsdiagramm
equilibrium constant - die Gleichgewichtskonstante
equilibrium potential - das Gleichgewichtspotential
equilibrium solubility - die Gleichgewichtslöslichkeit
equipment - die Vorrichtung, das Betriebsmittel, die Einrichtung, die Apparate
equipment qualification - die Einrichtungszulassung
equivalent - 1. das Äquivalent, 2. gleichwertig, entsprechend
equivalent clarifier area - die entsprechende Klärfläche
in equilibrium - im Gleichgewicht
erbium - das Erbium, Er
erbium addition - der Erbiumzusatz
erbium alloy - die Erbiumlegierung
erbium complex - der Erbiumkomplex
erbium compound - die Erbiumverbindung
erbium ion - das Erbiumion, Er(+3)
erect - aufstecken, montieren, aufrichten, errichten
erecting shop - die Montagehalle
eremeyevite or jememejevite - das Mineral: Eremeyevit, Jeremejevit, $Al_2O_3 * B_2O_3$
ergonomy - die Arbeitswissenschaft
erosion - die Erosion
erosion corrosion - die Erosionskorrosion
erratic value - der Streuwert
error - die Abweichung
errors in sampling - die Fehler bei der Probenahme
ERS = Enhanced Recovery Systems Ltd. *(Fredericton - Canada)*
ES = Spain - Spanien
ES furnace = electroslag furnace - der Elektroschlackeumschmelzofen, *der ESU Ofen*
ES welding - electroslag welding - das Elektroschlackeschweißen, *ES Schweißen*
ESCA = electron spectroscopy for chemical analysis - die Elektronenspektroskopie zur chemischen Analyse, *ESCA*
escape - entkommen, entweichen
ESK = Elektroschmelzwerk Kempten GmbH *(München)*
ESK process = Elektroschmelzwerk Kempten Verfahren zur SiC-Herstellung, *ESK Verfahren*
ESR process = electroslag remelting *(or refining)* process - das Elektroschlackeumschmelzverfahren, *das ESU Verfahren*
essay - probieren
establish - anlegen, errichten
establishment - die Fabrik, die Fertigungsanlage
ester - der Ester
estimate by - überschläglich
estimation - die Bewertung, die Schätzung
estimation of cost - der Kostenvoranschlag
estimation of process - die Verfahrensbewertung
estuary - der Meeresarm, die weite Flußmündung
ESZ technique = electric sensing zone technique - die Technik zur Messung von Einschlüssen in flüssigen Metallen
ET = Empire of Ethiopia - Königreich Äthiopien
eta phase - die Eta Phase
etch pit - das Ätzgrübchen

etching

etching - das Ätzen
etching reagent - das Ätzmittel
ETH = Eidgenössische Technische Hochschule *(Zürich)*
ethan - das Ethan (veraltet: Äthan), C_2H_6
ethanol - das Ethanol *(veraltet: Äthanol)*, Ethylalkohol, C_2H_5OH
ethyl silicate *(tetraethyl silicate)*, silicic acid tetraethyl ester - das Ethylsilikat, $Si(OC_2H_5)_4$, $C_8H_{20}*O_4Si$
ETSIM = Escuela Técnica Superior de Ingenieros de Minas *(Oviedo - Spanien)*
euro standard - die Euronorm
Europe - das Europa
European Community, EC - die europäische Gemeinschaft, *EG*
European Economic Community, EEC - die europäische Wirtschaftsgemeinschaft, *EWG*
europium - das Europium, Eu
europium addition - der Europiumzusatz
europium alloy - die Europiumlegierung
europium complex - der Europiumkomplex
europium compound - die Europiumverbindung
europium ion - das Europiumion, Eu(+3)
europium nitrate - das Europiumnitrat, $Eu(NO_3)_3$
europium oxide - das Europiumoxid, Eu_2O_3
eutectic - das Eutektikum
eutectic alloy - die eutektische Legierung
eutectic composite - der eutektische Verbundwerkstoff
eutectic structure - das eutektische Gefüge
eutectic transformation - die eutektische Umwandlung
eutectoid - der Eutektoid
Euxenite - das Mineral: der Euxenit $(Y,Er,Ce,La,U)(Nb,Ti,Ta)_2(O,OH)_6$
evacuate - austragen, entleeren

evaluation - die Berechnung, die Auswertung, die Bewertung
evaluation of analytical results - die Auswertung von Analysenergebnissen
evaporation - das Eindampfen, die Verdampfung, die Verdunstung
evaporative cooling - die Verdampfungskühlung
even - eben, flach, gleichmäßig, gerade
even number - die gerade Zahl
evolution - die Entwicklung
evolution of gas - die Gasentwicklung, die Gasabgabe
evolution of heat - die Wärmetönung
evolve - entstehen, entwickeln
examination - die Prüfung, die Kontrolle
examination method - die Untersuchungsmethode
examine - prüfen
excavate - abtragen, ausbaggern, ausschachten, abbaggern
excavation - der Hohlraum, der Grubenraum, die Aushöhlung, die Ausschachtung
excavator - der Bagger, der Eimerbagger
exceeding - die Überschreitung
exceptional - übermäßig, abnorm
in excess - im Überschuß
excess water - das Ballastwasser, das Schwallwasser
excessive - überschüssig
excessive weight - das Übergewicht
exchange - auswechseln, wechseln
exchange interaction - die Wechselwirkung
excitation - die Erregung
excursion study trip - die Exkursion, die Studienreise
execution - die Ausführung
exempli gratia *(for instance)*, e.g. - zum Beispiel, *z.B.*
exerting - das Ausüben, das Hervorrufen

exfoliation corrosion - die Schichtkorrosion
exhaust - erschöpfen, ausstoßen, entleeren, absaugen
exhaust - der Abzug, der Auspuff
air exhaust - Luftabzug, der Abzug
exhaust gas - das Auspuffgas
exhausted - luftleer
exhausted *(books) - vergriffen* (Bücher)
exhaustion - die Erschöpfung
exhibition - die Ausstellung
exit - der Ausgang
exit tube - das Abzugsrohr
exoelectron - das Exoelektron
exogeneous inclusion - der exogene Einschluß
exothermal reaction enthalpy - die exotherme Reaktionsenthalpie
exothermic compound - das exotherme Zusatzmittel
exothermic riser - der exothermische Speiser
expand - sich ausdehnen
expanded rubber - das Schaumgummi
expanded slag - der Hüttenbims
expansion forming - das Ausbauchformen
expansion joint - die Dehnfuge
expenses - die Ausgaben, die Kosten
experienced - erfahren, erprobt
experienced data - die Erfahrungswerte
experiences - die Erfahrungen
experimental operation - der Versuchsbetrieb, der Probebetrieb
experimental stage - das experimentelle Stadium
experimental study - die experimentelle Untersuchung
expert - der Fachmann, der Sachverständige
explanatory - erklärend
explode - explodieren

exploded wire spraying - das Kondensatorentladungsspritzen
exploitation - der Abbau, die Ausbeutung, die Gewinnung
exploration - die Aufschließung, die Erschließung, die Lagerstättenerkundung
explore - erforschen
explosion - die Explosion
explosion prevention - der Explosionsschutz
explosive - der Sprengstoff
explosive cladding - das Explosionsplattieren
explosive compaction - das Explosionspressen
explosive cutting - das Sprengschneiden
explosive forming - das Explosivumformen
explosive welding - das Sprengschweißen
export - die Ausfuhr
expose - belichten, der Luft aussetzen
exposed - zu Tage tretend, bloßgelegt
expulsion - die Austreibung, die Freisetzung
extend - ausdehnen, sich ausdehnen, erweitern, auseinanderziehen
extended arc flash reactor process, EAFR process - das erweiterte Lichtbogen-Schwebeschmelzreaktorverfahren, *das EAFR Verfahren*
extensible belt - das ausziehbare Förderband
extension crack - der Dehnungsriß
extension of plant - die Erweiterung eines Betriebs
extensometer - der Dehnungsmesser
extent of business - der Umfang von Betätigung, das Geschäftsvolumen
exterior lighting - die Außenbeleuchtung
external... - Außen...
extinguish - auslöschen, das Feuer löschen
extra low carbon steel quality, *ELC*

extract

steel quality - die extra kohlenstoffarme Stahlqualität, *ELC Gütestahl*
extract - extrahieren, entziehen
extracting agent - das Extraktionsmittel
extraction - die Abscheidung
extraction *(mining)* - die Förderung
extraction process - das Extraktionsverfahren
extractive metallurgy - die Metallgewinnung aus dem Erz
extrusion - das Pressen
extrusion ingot - der Preßbolzen *(Ausgangsmaterial zum Strangpressen)*
extrusion process - das Strangpressverfahren
extrusion welding - das Extrusionsschweißen
eye - das Auge, die Öse, das Öhr
eye preserver - die Schutzbrille
eye protection - der Augenschutz
EZC = Electrolytic Zinc Co. of Australasia Ltd. *(Hobart/Risdon - Australien)*

F

FAB = Fachvereinigung Auslandsbergbau e.V. *(Bonn)*
fabric *(of belt)* - das Gewebe *(Bandgewebe)*
face - der Streb, der Kohlenstoß, die Ortsbrust
face centered cubic structure, *FCC structure* - die kubisch flächenzentrierte Struktur, *kfz Struktur*
face conveyour - der Strebförderer
facepack - die Bergemauer im Streb *(Bergeversatz)*
facetting - die Fazettierung
facing lathe - die Plandrehbank
factor - der Faktor, der Beiwert
factory qualification - die Betriebszulassung
Faeroe Islands - die Faröer Inseln, *FO*
FAF = flotation air factor - der Flotations-Luft-Faktor, *FLF*
fahlore - das Mineral: Tetraedrit, das Fahlerz *(silberhaltiges Arsenmineral)*, Antimonfahlerz, $(Cu,Fe)(As,Sb)S_4$
fail - mißlingen
failure - der Schaden, das Versagen, der Bruch, die Störung
failure mode and effect analysis, *FMEA* - die Analyse von Fehlerarten u. d. daraus resultierenden Folgen
failure mode analysis, *FMA* - die Fehlerartenanalyse
fair - die Ausstellung, die Messe
Falconbridge process - das Falconbridge Verfahren *(die Laugung von Cu-Ni-Stein mit konz. HCl)*
Falkland Islands *(incl. Malvinas)* - Falkland Inseln *(Malvinas)*, *FK*
false - gefälscht, falsch, unecht
false bottom - der Blindboden

false echo

false echo - das Scheinecho
famatinite - das Mineral: der Famatinit, Cu_3SbS_4
fan - das Gebläse, der Ventilator, der Lüfter
fast breeder reactor, *FBR* - der schnelle Brüter
fasten - befestigen, anbringen
fastener - der Bandverbinder, die Bandklammer
fatigue - die Ermüdung
fatigue crack - der Ermüdungsriß
fatigue fracture - der Dauerbruch
fatigue limit - die Ermüdungsgrenze
fatigue loading - die Dauerbeanspruchung
fatigue strength *(elder: endurance)* - die Dauerfestigkeit *(älter: Dauerschwingfestigkeit)*
fatigue test - der Dauerschwingversuch
fatigue testing machine - die Ermüdungsprüfmaschine
fatty - fettig
fatty acid - die Fettsäure
fault - die Störung, der Fehler
fault tree analysis, *FTA* - die Fehleranalyse in Form eines Baumdiagramms
faulty grain size - das Fehlkorn
fayalite - der Fayalit, Fe_2SiO_4
FBC technology = fluidized bed combustion technique - die Wirbelschichtfeuerungstechnik, *WSF Technik*
FBO = fluidized bed oven - der Wirbelbettofen, *WBO*, der Wirbelschichtofen, *WSO*
FBR = fast breeder reactor - der schnelle Brüter
FCA welding - das Lichtbogenschweißen mit Fülldraht
FCB = Fives-Cail Babcock *(Lille - Frankreich)*
FCC structure = face centered cubic structure - die kubisch flächenzentrierte Struktur, *die kfz Struktur*
FCR process = flame cyclone reactor process - das Flammenzyklonreaktorverfahren. *Entwicklung der NA Hamburg zur pyromet. Verhüttung komplexer sulfidischer Kupfererzkonzentrate, FCR Verfahren*
Fe-C-diagram = iron-carbon-diagram - das Eisen-Kohlenstoff-Diagramm
feasibility study - die Durchführbarkeitsuntersuchung
feasible - durchführbar
Federal Republic of Germany, West Germany, *FRG* - Bundesrepublik Deutschland, *BRD*, Westdeutschland, *ISO-code: DE*
feed - zuführen, speisen, beschicken, aufgeben
feed - der Einlauf, der Vorschub, die Zufuhr, der Zulauf
feed back - rückkoppeln
feed back - die Rückführung *(Regelungstechnik)*
feed chute - die Aufgaberutsche
feed coal - die Rohwaschkohle
feed electrolyt - die Zuflußlauge
feed heater - der Speisewassererhitzer
feed nozzle - die Einlaufdüse
feed preparation - die Beschickungsvorbereitung
feed pump - die Speisepumpe
feed stock - der Rohstoffvorrat
feed water - das Speisewasser
feeder - die Füllapparatur, die Beschickungseinrichtung, die Aufgabevorrichtung
feeder electrode - die Speiseelektrode
feeder head - der Gießaufsatz *(verlorene Gießkopf)*
feederbreaker - der Aufgabebrecher
feeding - beschicken, beaufschlagen, zuführen

feldspar

feldspar - der Feldspat
felt - der Filz
FEMA = Federal Emergency Management Agency
female gauge - die Innengewindelehre
ferberite - das Mineral: der Ferberit, $FeWO_4$
fermentation - die Vergärung, die Gärung
fermenting - das Vergären, das Gären
fermenting vat - der Gärbottich
Fermi Dirac distribution - die Fermi Dirac Verteilung
Fermi surface - die Fermifläche
Fermium - das Fermium, Fm
ferric chloride, *iron-(III)-chloride* - das Ferrichlorid, Eisen-(III)-chlorid, $FeCl_3$
ferric hydroxid *is rust brown and insoluble in water* - das Ferrihydroxid, Fe-(III)-hydroxid, $Fe(OH)_3$
ferric ion *(insoluble in water)* - das Ferriion *(Dies ist das wasserunlösliche Eisenion)*, Fe(+3)
ferric oxide, *iron-(III)-oxide* - das Ferrioxid, Fe_2O_3
ferriferous - eisenhaltig
ferrimagnetism - der Ferrimagnetismus
ferrite - der Ferrit *(der keramische Magnetwerkstoff)*
ferrite - Ferrit *(Eisen-Kohlenstoff-Mischkristall im alpha und delta-Bereich)*
ferrite material - der ferritische Werkstoff
ferritic martensic steel - der ferritisch, martensitische Stahl
ferritic stainless steel - der ferritisch, nichtrostende Stahl
ferritic steel - der ferritische Stahl
ferritungstite - der Ferritungstit, $Ca_2Fe(II)_2*Fe(III)_2*(WO_4)_7*9H_2O$
ferro alloy - die Ferrolegierung
ferroaluminium - das Ferroaluminium
ferrobor - das Ferrobor
ferrocerium - das Ferrocer

ferrochromium - der Ferrochrom
ferrocoke - der Eisenkoks
ferrocolumbite - das Mineral: der Ferrocolumbit, $FeNb_2O_6$
ferromagnetic resonance - die ferromagnetische Resonanz
ferromagnetism - der Ferromagnetismus
ferromanganese - das Ferromangan
ferromolybdenum - das Ferromolybdän
ferronickel - das Ferronickel
ferroniobium - das Ferroniob
ferrophosphorus - das Ferrophosphor
ferrosilico alloy - die Ferrosiliziumlegierung
ferrosilicon - das Ferrosilizium
ferroso ferric oxide = iron-(II/III)-oxide - das Trieisentetroxid, Eisen-(II/III)-oxid, Fe_3O_4
ferrostatic pressure - der ferrostatische Druck
ferrotantalite - das Mineral: der Ferrotantalit, $FeTa_2O_6$
ferrotitanium - das Ferrotitan
ferrotungsten - das Ferrowolfram
ferrous - eisern, eisenführend, eisenhaltig
ferrous chloride, *iron-(II)-chloride* - das Ferrochlorid, $FeCl_2$
ferrous hydroxide *is the water soluble iron-(II)-hydroxide* - das wasserlösliche Ferrohydroxid, $Fe(OH)_2$
ferrous ion *(the water soluble iron-(II)-ion)* - das wasserlösliche Ferroion, Fe(+2)
ferrous metallurgy - die Eisenhüttenkunde
ferrous oxide, *iron-(II)-oxide* - Eisen-(II)-oxid, FeO
ferrous sulfate, *iron-(II)-sulfate* - das Ferrosulfat, $FeSO_4$
ferrovanadium - das Ferrovanadium
ferruginous - eisenhaltig
ferruginous bauxites *(red ores: 3 to over 20% Fe_2O_3)* - eisenoxidhaltige Bauxi

ferruginous lime

te *(3 bis über 20% Eisenoxid)*
ferruginous lime - der eisenschüssige Kalk
fertilizer - der Dünger
fettling - das Nacharbeiten, das Putzen
fettling clay - die Flickmasse
fettling of shaft furnace - das Flicken eines Schachtofens
FIA flow injection analysis - die Strömungsinjektionsanalyse
fibre - die Faser
fibre filter - der Faserfilter
fibre metallurgy - die Fasermetallurgie
fibre optics - die Faseroptik
fibre reinforced metal - das faserverstärkte Metall
fibre reinforced material - der faserverstärkte Werkstoff
fibreglass - die Glasfaser
fibrous - faserig
fictitious - unecht, fiktiv
Fidji Isles - die Fidji Inseln
field emission - die Feldemission
field emission microscopy - die Feldelektronenmikroskopie
field emission microscope - das Feldelektronenmikroskop
field ion microscopy - die Feldionenmikroskopie
field ion microscope - das Feldionenmikroskop
filament - der Faden
file - die Feile
file - die Dateneinheit, die Karteikarte
files - die Karteikarten, die Kartei, die Datei
filiform corrosion - die Fadenkorrosion
fill - füllen
filler - die Füllmasse
filler material - der Zusatzwerkstoff
filler wire - die Drahtelektrode
filler wire feed - die Drahtzufuhr
fillet weld - die Kehlnaht
filling material - der Füllstoff, der Versatz
filling pass - die Zwischenlage
filter - der Filter
filter cake - der Filterkuchen
filter drum - der Trommelfilter
filter plate - die Filterplatte
filter press - die Filterpresse
filter self-rescuer - der Filterselbstretter
filtration - die Filtration
filtration of aqueous solution *(or suspension)* - die Filtration einer wäßrigen Lösung *(oder Trübe)*
fin - die Naht *(oder der Grat)* an Gußstükken
fin - die Kühlrippe
final product - das Endprodukt
final slag - die Fertigschlacke, die Endschlacke
final storage *of radioactivity material* - die Endlagerung von radioaktiven Materialien
financial data - die Finanzdaten
financing - die Finanzierung
fine blanking - das Feinschneiden
fine fraction - das Feinkorn
fine grain steel - der Feinkornstahl
fine grain structure - das Feinkorngefüge
finest grain filtration - die Feinstkornfiltration
fining - die metallurgische Gararbeit, die Frischung, das Läutern, die Feinung
fining agent - das Läuterungsmittel
fining period *(oxidizing period)* - die Feinungsperiode *(Oxidationsperiode)*
finished shape - das Fertigformat
finishing - die Adjustage *(Zurichterei)*
finishing block - der Fertigblock
finishing mill - das Fertigwalzwerk

finishing roll

finishing roll - die Fertigwalze
finishing roll stand - das Fertiggerüst
finishing rolling - das Fertigwalzen
finite element analysis - die Finite Element Methode
Republic of **Finland** - Finnland, *FI*
fire box - die Feuerung
fire brick - der feuerfeste Stein
fire brick lining - die feuerfeste Auskleidung
fire clay mortar - der Schamottemörtel
fire clay refractory - das Schamotteerzeugnis
fire cracker welding - das Unterschienenschweißen
fire gilding - die Feuervergoldung
fire officer *(mining)* - der Brandsteiger, die Brandwache
fire proof - feuersicher, hitzebeständig, unverbrennbar
fire protection - der Feuerschutz, der Brandschutz
fire refining - die Feuerraffination
fire resistent belt - der hitzebeständige Fördergurt
firm *(company)* - die Firma
first cost - die Anlagekosten, der Einkaufspreis, die Anschaffungskosten
first filter belt - das untere Filterband
first step - die Anfangsstufe
FIS5 - das Fachinformationssystem fünf
fish - der Fremdkörper *(im Gußstück, z.B. Holzkohle, Nägel u.ä.)*
fish eye - das Fischauge
fission - die Kernspaltung, die Spaltung
fissure - der Riß
fit - tauglich, ausrüsten, einstellen, passend
fit up - das Passen *(Einpassen)*
fitness for purpose - die Gebrauchseignung
fitter - der Monteur, der Installateur, der Schlosser
fitting - das Paßstück
fix - befestigen
fixed - ortfest, fest, befestigt, gebunden
fixed carbon - der gebundene Kohlenstoff
fixed price - der Festpreis
fixed roller - die Standrolle, die feste Rolle
fixed throughed belt conveyor - der Bandförderer mit festen Muldenrollen
fixed time maintenance, *FTM* - die Instandhaltung nach festen Intervallen
fixing bath - das Fixierbad
fixing salt solution - die Fixiersalzlösung
fixture - die Vorrichtung, die Einrichtung
FIZ - das Fachinformationszentrum
FIZ C - das Fachinformationszentrum Chemie GmbH *(Berlin)*
FIZ E - das Fachinformationszentrum Energie Physik Mathematik GmbH *(Karlsruhe)*
FIZ T - das Fachinformationszentrum Technik e.V. *(Frankfurt am Main)*
FIZ W - das Fachinformationszentrum Werkstoffe e.V. *(Berlin)*
FK = Falkland Islands - die Falklandinseln
FL = Florida *(USA)*
flake - die Flocke, die Schülpe
flame - die Flamme
flame brazing - das Flammhartlöten
flame cutting - das Brennschneiden
flame cyclone reactor process, *FCR process* - das Flammenzyklonreaktorverfahren. Entwicklung der NA Hamburg zur pyromet. Verhüttung komplexer sulfidischer Kupfererzkonzentrate, *Abk.: FCR Verfahren*
flame hardening - das Flammenhärten
flame heating - das Flammenerhitzen
flame soldering - das Flammweichlöten
flame spraying - das Flammspritzen
flame straightening - das Flammrichten
flame temperature - die Flammentempe-

flammability

ratur
flammability - die Entflammbarkeit
flammable dusts - die brennbaren Stäube
flange - der Flansch
flash - der Grat
flash bulb - die Blitzbirne
flash light - das Blitzlicht
flash plating - das Anschlagbeschichten
flash point - der Flammpunkt
flash radiography - die Blitzradiographie
flash smelting process - das Flash Smelting Verfahren
flash smelting furnace - der Schwebeschmelzofen
flash welding - das Abbrennstumpfschweißen
flask - der Formkasten
flask - die Flasche
flaskless moulding - das kastenlose Formen
flat - eben, flach
flat *(mining)* - söhlig
flat file - die Flachfeile
flat grinding - das Flachschleifen
flat pliers - die Quetschzange, die Flachzange
flat rolled product - das Flachwalzerzeugnis
flat rolling - das Flachwalzen
flat sheet - das gerichtete Blech
flat test piece - die Flachprobe
flat-bed pressure filter - der horizontale Schicht-Druckfilter
flatness - die Ebenheit
flexible - nachgiebig, biegsam, elastisch
flexible conveyor - der Bandförderer mit elastischen Muldenrollen
flexible shaft - die biegsame Welle
flight - der Kratzer, der Mitnehmer
flint hardness - die Glashärte
flint stone - der Feuerstein, der Flintstein
float - der Schwimmer
floating - das Schwimmen, das Aufschwimmen
floating slime - der treibende Schlamm
flocculate - ausflocken
flocculating - das Ausflocken
flocculating - das Flocken
flocculation - die Ausflockung
flocculation reagent - das Flockungsmittel
flocculent - flockig
floded mine - die ersoffene Grube
flood light - das Flutlicht, der Scheinwerfer
floor - der Boden, die Bühne, die Sohle, das Liegende
floor bolt - der ins Liegende eingebrachte Ausbauanker
floor height - die Flurhöhe
floor sand - der Altsand *(Gießerei)*
floor tiles - die Bodenbelagplatten, die Fliesen
Florida = FL *(USA)*
flotation - die Schwimmaufbereitung, die Flotation
flotation air factor, *FAF* - der Flotations-Luft-Faktor, *FLF*
flotation behaviour - das Flotationsverhalten
flotation concentrate - das Flotationskonzentrat
flotation plant - die Flotationsanlage
flotation reagent - das Flotationsmittel
flotation tailings pond - der Flotationsbergeteich
flotation tests in Hallimond tube - die Flotationsversuche in der Hallimondröhre
flotation unit - die Flotationsanlage
flow - die Strömung, der Strom, der Fluß
flow injection analysis, *FIA* - die Strömungsinjektionsanalyse

flow meter

flow meter - der Durchflußmesser
flow rate - die Strömungsgeschwindigkeit
flow sheet - das Fließbild, der Stammbaum
flow turning - das Fließdrücken
flow welding - das Gießschweißen
flowability - die Fließfähigkeit
fluctuate - schwanken, fluktuieren
flue - der Rauchfang, der Rauchabzugskanal, der Fuchskanal, der Kanal
flue dust - der Flugstaub, die Staubflocke
flue gas - das Rauchgas, das Abgas
fluid - die Flüssigkeit
fluid - flüssig
fluid coupling - die Flüssigkeitskupplung, die hydraulische Kupplung
fluid flow - die fluide Strömung
fluid mechanics - die Hydromechanik
fluid sand moulding - das Fließsandformen
fluidity - die Vergießbarkeit
fluidization - das Wirbelschichtverfahren
fluidized bed - die Wirbelschicht
fluidized bed combustion technique, FBC technology - die Wirbelschichtfeuerungstechnik, *WSF Technik*
fluidized bed coating - das Beschichten im Wirbelbett
fluidized bed cathode - die Wirbelschichtkathode
fluidized bed electrolysis - die Wirbelschichtelektrolyse
fluidized bed electrodeposition - die Elektroabscheidung im Wirbelbett
fluidized bed electrode - die Wirbelschichtelektrode
fluidized bed oven, *FBO* - der Wirbelbettofen, *WBO*, der Wirbelschichtofen, *WSO*
fluidized bed process - das Wirbelschichtverfahren
fluor emission - die Fluoremission
fluorapatite - das Mineral: der Fluorapatit $Ca_5(PO_4)_3F, 3Ca_3(PO_4)_2 \cdot CaF_2$
fluorescence - die Fluoreszenz
fluorescent penetrant inspection, *FPI* - die Fluoreszenz-Eindring-Prüfung, *FEP*
fluorination - die Fluorierung
fluorine - das Fluor, F
fluorine addition - der Fluorzusatz
fluorine complex - der Fluorkomplex
fluorine compound - die Fluorverbindung
fluorine ion - das Fluorion, $F(-1)$
fluorite - der Flußspat, Fluorit, CaF_2
fluorite flotation - die Flußspatflotation
fluoroacetic acid - die Fluoräthansäure *(giftige organische F-Verbindung)*, $CH_2F\text{-}COOH$, $C_2H_3FO_2$
fluorspar, calcium fluoride - der Flußspat, Calciumfluorid, CaF_2
fluorspar slag - die Flußspatschlacke
flush - bündig machen, ausfugen, glatt abschneidend, glätten, gleich hoch
flush *(mining)* - der Spülversatz
flush weld - die Flachnaht
flute - auskehlen
fluted - geriffelt
fluted ingot - der Riffelblock
fluting - das Nuten
fluting cutter - der Hohlfräser, der Kehlfräser
magnetic **flux line** - die magnetische Flußlinie
flux powder *(casting)* - das Gießpulver
fluxes - die Schmelzflußzusätze
fluxing agent - das Flußmittel
fluxless brazing - das Löten ohne Flußmittel
flywheel - das Schwungrad
FMEA = failure mode and effect analysis - die Analyse von Fehlerarten u. d. daraus resultierenden Folgen

FO

FO = Faeroe Islands - die Faröer Inseln
foal electrolyte - der verunreinigte Elektrolyt
foam - der Schaum
foam extinguisher - der Schaumfeuerlöscher
foamed slag - die Schaumschlacke, der Hüttenbims
foaming - die Schaumbildung, das Schäumen
foaming agent - der Schäumer *(Flotationsmittel)*
fob free on bord - die Versandkosten bis zum Schiff bezahlt der Verkäufer
focal spot - der Brennpunkt
focus - der Brennfleck
focus on something - sich auf etwas konzentrieren
fog - der Nebel
fog quenching - das Nebelhärten
foil *(not thicker than 0.005 inch)* - die Folie *(nicht dicker als 0.127 mm)*
foil rolling mills - das Folienwalzwerk
foil thinning - das Folienabdünnen
fold - falten, falzen
fold crack - der Faltriß
folding machine - die Abkantmaschine
foliate - das Spiegelglas belegen
food industry - die Nahrungsmittelindustrie, die Lebensmittelindustrie
fool proof - narrensicher
fool's gold - das Narrengold, FeS_2
foot rule - der Zollstock
force - die Kraft
forced - zwangsläufig
forced circulation furnace - der Ofen mit Zwangsumlauf
forced convection of electrolyte - der erzwungene Elektrolytumlauf
forced draught fan - der Ventilator
forced ventilation - die Fremdlüftung
fore-blown melt - die vorgeblasene Schmelze
forehearth - die Vorwärmzone, die Vorwärmbrücke, der Vorherd
foreign account on - für fremde Rechnung
foreign atom - das Fremdatom
foreign body - der Fremdkörper
foreign nucleus - der Fremdkeim
foreign shipment - der Auslandsversand
foreman - der Meister
forensic chemistry - die Gerichtschemie
forepoling girder - die Vorfangschiene *(Träger)*
foreword - das Vorwort
forge - die Schmiede
forge welding - die Hammerschweißung, das Feuerschweißen
forgeable - schmiedbar
forgeable alloy - die Knetlegierung
forged as - im geschmiedeten Zustand
forging - das Schmieden
closed forging die - das geschlossene Gesenk
forging equipment - die Schmiedeeinrichtung
forging machine - die Schmiedemaschine
forgings - das Schmiedestück
fork - die Gabel, die Forke
fork piler - der Gabelstapler
fork wrench - der Gabelschlüssel
form coke - der Formkoks
formaldehyde, formaline 33 - das Formaldehyd, das Formalin, HCHO
formamide - das Formamid, $HCONH_2$ oder CH_3NO
formic acid - die Ameisensäure, HCOOH oder CH_2O_2
forming - das Formgeben
forming by bending - das Biegeumformen
forming force - die Formgebungskraft

forming limit curve

forming limit curve - die Verformungsgrenzkurve

forming temperature - die Formgebungstemperatur

forming tool - das Formgebungswerkzeug, das Verformungswerkzeug

Formosa *(Taiwan)* - Formosa *(Taiwan)*, *TW*

formula - die Formel

forsterite - das Mineral: der Forsterit, Mg_2SiO_4

forsterite refractory - das feuerfeste Forsteriterzeugnis

fossil fuel power station - das Brennstoffkraftwerk

foul - verschmutzen, verstopfen

foul slag - die reiche Schlacke *(reich an Wertmetallen)*

fouling - das Verschweißen *(Reibung und Schmierung)*

fouling - die Verkrustung, die Verschmutzung

silica **fouling in ion exchange** - die Siliciumoxidverstopfung beim Ionenaustausch

foundation - das Fundament, der Unterbau

founded 1989 - gegründet im Jahre 1989

founder - der Gießer

founding - das Anlegen, das Gründen

foundry - die Gießerei

foundry core - der Gießkern

foundry floor - die Gießhalle

foundry flux - das Gießereiflußmittel

foundry pattern - das Gießereimodell

foundry pig iron - das Gießereiroheisen

foundry returns - das Gießkreislaufmaterial

foundry sand - der Gießereisand

used **foundry sand** - der gebrauchte Gießereisand

foundry shop - die Gießereianlage

foundry superintendent - der Gießereileiter

four cycle engine - der Viertaktmotor

four engined - viermotorig

four groove drill - der vierschneidige Spiralbohrer

four high stand - das Vierwalzengerüst

four point attachment - die Vierpunktaufhängung

four-high rolling mills - die Quarto-Walzwerke

four-stroke engine, 4-Stroke - der Viertaktmotor, der 4-Takter

Fourier analysis - die Fourieranalyse

FPI = fluorescent penetrant inspection - Fluoreszenz-Eindring-Prüfung, *FEP*

fraction - das Bruchstück, die Fraktion, die Körnung

fractional distillation - die fraktionierte Destillation, die Siedetrennung

fractionating column - der Fraktionierturm

fractionation - die Fraktionierung, die Klassierung

fractography - das Bruchgefüge

fracture - der Bruch

fracture appearance - das Bruchflächenaussehen

fracture life - die Bruchlebensdauer

fracture mechanics - die Bruchmechanik

fracture mechanics test - die bruchmechanische Prüfung

fracture test - die Bruchprüfung

fracture toughness - die Bruchzähigkeit

fractured - gerissen

fragile - spröde, bröckelig

fragile - brüchig, zerbrechlich

fragility - die Sprödigkeit, die Zerbrechlichkeit

fragmentation layer - die angerissene Oberflächenschicht

frame - der Rahmen

frame chock - das Bockgespann

frame filter press - die Rahmenfilterpresse
frame support - der Rahmenausbau, der Ausbaurahmen
frame work - das Rahmenwerk, das Fördergerüst, das Gerüst, das Fachwerk
framed building - der Fachwerksbau
France, *French Republique* - Frankreich, *die französische Republik, FR*
Francium - das Francium, Fm
francium ion - das Frankiumion Fr(+1)
Frank Read source - die Frank Read Quelle
franklinite - das Mineral: der Franklinit, $ZnFe_2O_4$, $[(Zn,Mn,Fe) * (Fe,Mn)_2O_4]$
fray - sich abnutzen, verschleißen
free - ungebunden, frei
free cutting alloy - die Automatenlegierung
free cutting steel - der Automatenstahl
free electron - das freie Elektron
free energy - die Freie Energie
free enthalpy - die Freie Enthalpie
free hand drawing - die Freihandzeichnung
free hand sketch - die Freihandskizze
free of expense - kostenfrei
free on bord, fob - die Versandkosten bis zum Schiff bezahlt der Verkäufer
freeze - einfrieren, erstarren, gefrieren
freeze claims - die eingefrorenen Forderungen
freezing point - der Gefrierpunkt, der Erstarrungspunkt, der Nullpunkt
freezing process - das Gefrierverfahren *(Schachtabteufen)*
freezing range - der Erstarrungsbereich
freezing temperature - der Gefrierpunkt
freight - verfrachten, beladen
Frenkel defect - der Frenkel Defekt
Freon - das Freon *(Kühlmittel u.a. für Kühlschränke)*
Freon 11 - das Freon 11, $CFCl_3$
Freon 12 - das Freon 12, CF_2Cl_2
Freon 13 - das Freon 13, CF_3Cl
frequency - die Häufigkeit, die Frequenz
fretting corrosion - die Reibkorrosion
fretting fatigue - die Kontaktermüdung
FRG = Federal Republik of Germany, West Germany - BRD = die Bundesrepublik Deutschland, Westdeutschland, *ISO-code: DE*
friable - krümelig, mulmig, mahlbar
friable iron ore - das staubende, mulmige Eisenerz
friction - die Reibung
friction brazing - das Reibhartlöten
friction loss - der Reibungsverlust
friction prop - der Reibungsstempel
friction soldering - das Reibweichlöten
friction surfacing - das Reibauftragschweißen
friction welding - das Reibschweißen
frigid - kalt
frigidity - die Kälte
frigorific - kälteerzeugend
frigorific mixture - die Kältemischung
fringe crystals - die Stengelkristalle *(Kristalle nach dem Gießen in Fransenanordnung)*
frit - die rohe Glasmasse
frog - das Herzstück einer Schienenkreuzung
froth - schäumen
froth - der Schaum
froth flotation - die Schaumflotation
froth up - aufschäumen
frother - der Schäumer
frothing agent - der Schaumbildner
frothy - schaumartig
frozen - erstarrt, eingefroren
frozen chip cutting - das rasch unterbrochene Schneiden

frozen mould process

frozen mould process - das Gefrierformen
frozen tap - das eingefrorene Abstichloch
FTA = fault tree analysis - die Fehleranalyse in Form ein Baumdiagramms
FTM = fixed time maintenance - die Instandhaltung nach festen Intervallen
fuel - der Brennstoff, der Treibstoff
fuel cell - die Brennstoffzelle
fuel consumption - der Brennstoffverbrauch
fuel dump - das Treibstofflager
fuel element - der Brennstab, der Kernstab
fuel fired furnace - der brennstoffgeheizte Ofen
fuel gas - das Brenngas, das Heizgas
fuel injection - das Brennstoffeinspritzen, das Treibstoffeinspritzen
fuel oil - das Heizöl
fuel oil consumption - der Heizölverbrauch
fuel oil injection - das Heizöleinspritzen
fuel pin - der Brennstab
fuel stringer - das Brennelementebündel
fuel tank - der Treibstoffbehälter
fugitive - unbeständig, flüchtig, kurzlebig, vergänglich
fugitive emissions - die Luftverunreinigungen *(Gase und Stäube)*
fulcrum - der Drehpunkt, der Stützpunkt
fulcrum pin - der Spitzlagerzapfen
full annealing of sheets - das Durchglühen von Blechen
full blowing of converter smelt - das Fertigblasen einer Konverterschmelze
full scale testing - die Prüfung im Betriebsmaßstab
full size - die Lebensgröße
fulminate - knallen
fulvite - das Mineral: der Fulvit, TiO
fume catcher - der Rauchabscheider
fume collection - das Rauchauffangen
fumes - die Dämpfe, der Rauch, der Schwaden
fumigating - das Räuchern
fuming - das Rauchen, das Qualmen
fuming nitric acid - die rot rauchende Salpetersäure
fuming process - das Schlackeverblaseverfahren *(z.B. für Zn und Sn)*
available **funds** - das verfügbare Kapital
furane - der Furan, C_4H_4O
furanic resin - das Furanharz
furnace - die Feuerung, die Feuerstätte, der Feuerraum
furnace - der Ofen
furnace atmosphere - die Ofenatmosphäre
furnace blowing down - die Ofenstillegung
furnace brazing - das Ofenlöten
furnace building - der Ofenbau
furnace campaign - die Ofenreise, die Ofenkampagne
furnace capacity - der Ofeninhalt
furnace charge - die Ofenbeschickung
furnace cycle - der Raffinationsgang
furnace door - die Ofentür
furnace hearth - der Ofenherd
furnace in actual operation - der Ofen im Betriebszustand
furnace life - die Ofenhaltbarkeit, die Ofenreise
furnace lining - die Ofenausmauerung, die Ofenzustellung
furnace log - das Ofenprotokoll
furnace manufacturer - der Ofenhersteller
furnace operator - die Ofenbedienung, der Ofenbetreiber
furnace output - die Ofenleistung
furnace part - der Ofenteil
furnace practice - der Ofenbetrieb, die Ofenführung

furnace refining - die Raffination auf trockenem Wege
furnace repair - die Ofenreparatur
furnace roof - das Ofengewölbe
furnace shaft - der Ofenschacht
furnace soldering - das Ofenweichlöten
furnace top - die Ofengicht
furnace treatment - die Ofenbehandlung
furnace wall - die Ofenwand
furnace with closed forehearth - der Ofen mit geschlossenem Vorherd
fuse - der Zünder
fuse - die Schmelzsicherung *(elektr.)*
fused salt - die Salzschmelze
fused salt electrolyt - der Schmelzflußelektrolyt
fused salt electrolysis - die Schmelzflußelektrolyse
fusible plug - der Schmelzstift
by **fusion** - im Schmelzfluß
fusion - die Fusion, die Verschmelzung
fusion point - der Erweichungspunkt feuerfester Massen

G

GA = Georgia *(USA)*
GA = Gabonese Republic - Republik Gabun
gabbro - der Gabbro *(das Tiefengestein, z.B. Harzer Gabbro)*
GAC = granular activated carbon - der granulierte aktive Kohlenstoff
gadolinia, *gadolinium oxide* - Gadolinerde, Gd_2O_3
gadolinite - das Mineral: der Gadolinit *(Yttrium-Eisen-Beryllosilikat)* FeO, BeO, Y_2O_3, SiO_2

gadolinium - das Gadolinium, Gd
gadolinium acetate - das Gadoliniumazetat, $Gd(CH_3COO)_3$
gadolinium boride - das Gadoliniumborid, GdB_6
gadolinium bromide - das Gadoliniumbromid, $GdBr_3$
gadolinium chloride - das Gadoliniumchlorid, $GdCl_3$
gadolinium fluoride - das Gadoliniumfluorid, GdF_3
gadolinium ion - das Gadoliniumion, $Gd(+3)$
gadolinium nitrate - das Gadoliniumnitrat, $Gd(NO_3)_3$
gadolinium oxide, gadolinia - das Gadoliniumoxid, Gadolinerde, Gd_2O_3
gadolinium sulphide - das Gadoliniumsulfid, Gd_2S_3
gadolinium sulphate - das Gadoliniumsulfat, $Gd_2(SO_4)_3$
gagate - der Gagat *(eine Varietät von Braunkohle)*
gage *or gauge* - eichen, anzeigen, messen
gage *or gauge* - das Grundmaß, das Meßwerkzeug, das Urmaß, das Stichmaß, das Eichmaß, das Richtmaß, *kurz: das Maß*
gahnite - das Mineral: der Gahnit *(ein Zinkaluminat)*, der Zinkspinell
gain - der Verdienst
gain *(profit or yield)* - die Ausbeute
gain moisture - die Feuchtigkeit aufnehmen
gain weight - an Masse zunehmen
galena - das Mineral: der Galenit, der Bleiglanz, PbS
Galfan alloy - die Galfan Legierung (95% Zn + ca. 5% Al + 0.01 - 0.1% Mischmetall [La+Ce])
gall - sich klemmen, festfressen
gallery - die Strecke
gallic ... - Gallium-(III)-...

galling

galling - der fressende Verschleiß

gallite - das Mineral: der Gallit *(das galliumreichste Mineral)*, $CuGaS_2$

gallium - das Gallium, Ga

gallium addition - der Galliumzusatz

gallium alloy - die Galliumlegierung

gallium boride - das Galliumborid

gallium bromide - das Galliumbromid, $GaBr_3$

gallium carbide - das Galliumcarbid

gallium carbonate - das Galliumcarbonat, $GaCO_3$

gallium chloride - das Galliumchlorid, $GaCl_2$, $GaCl_3$

gallium complex - der Galliumkomplex

gallium compound - die Galliumverbindung

gallium fluoride - das Galliumfluorid, GaF_3

gallium hydride - das Galliumhydrid

gallium hydroxide - das Galliumhydroxid, $Ga(OH)_3$

gallium iodide - das Galliumjodid, GaJ_3

gallium ion - das Galliumion, $Ga(+3)$

gallium nitrate - das Galliumnitrat, $Ga(NO_3)_3$

gallium nitride - das Galliumnitrid, GaN

gallium oxide - das Galliumoxid, Ga_2O_3, GaO, Ga_2O

gallium phosphate - das Galliumphosphat

gallium phosphide - das Galliumphosphid, GaP

gallium production - die Galliumherstellung

gallium selenide - das Galliumselenid, GaSe, Ga_2Se_3, Ga_2Se

gallium silicate - das Galliumsilikat

gallium silicide - das Galliumsilicid

gallium sulfate - das Galliumsulfat, $Ga_2(SO_4)_3$

gallium sulfide - das Galliumsulfid, GaS, Ga_2S, Ga_2S_3

gallium telluride - das Galliumtellurid, Ga_2Te_3

gallon per minute, *gpm* - die Gallonen pro Minute = 0.06308 Liter pro Sekunde, *lps*

gallous - Gallium-(II)-...

galmei or **galmey mineral, zinc spar** - der Galmei, das Zinkcarbonat, der Smithsonit, das Kieselzinkerz, der Zinkspat, $ZnCO_3$

galvanic - die Galvanik

galvanic corrosion - die Kontaktkorrosion

galvanic current - der galvanische Strom

galvanized sheet - das verzinkte Blech

galvanizing - das Feuerverzinken, Verzinken

galvanizing plant - die Verzinkerei

Republic of **Gambia** - Republik Gambia, *GM*

gamma antimony - das metallische, graue Antimon

gamma arsenic - das metallische, graue Arsen

gamma phase - die Gammaphase

gamma ray radiography - die Gammagraphie

gamma rays - die Gammastrahlen

gamma-iron - der Austenit

gang boss - der Vorarbeiter

gang man - der Kolonnenarbeiter

gangue - das taube Gestein, die Gangart, das Nebengestein

gangue ore deposit - die Gangerzlagerstätte

gangway - der Durchgang, der Verbindungsgang

ganister - der kieselsäurereiche Ton

ganister - die Flickmasse, der Ganister *(kalkgebundener Dinasstein mit hohem SiO_2-Gehalt, der 2-3% Ton enthält und plastisch ist)*

ganister brick - der Kalkdinasstein, der

ganomatite

Dinasstein
ganomatite, *goose dung ore* - das Gänsekötigerz, Ganomatit *(silber- und cobalthaltiges Eisenarsenat)*
gap - die Lücke, der Walzenspalt
garnierite - das Mineral: der Garnierit *(silikatisches Nickelmineral)* Nickel-Antigorit, $(Ni,Mg)_6Si_4O_{10}(OH)_8$
gas - das Gas
gas analysis - die Gasanalyse
gas appliance - das Gasgerät
gas blow pipe - das Lötrohr
gas carbon - die Retortenkohle
gas carburizing - das Gasaufkohlen
gas cavitiy - der Hohlraum
gas chromatography, *GC* - die Gaschromatographie
gas circulator - der Gasumwälzer
gas cleaner - der Gasreiniger
gas cleaning - das Gasreinigen
gas coal - die Gaskohle
gas consumption - der Gasverbrauch
gas corrosion - die Gaskorrosion
gas cylinder - der Druckgasbehälter
gas duct *(or flue)* - der Gaskanal
gas engine - der Gasmotor
gas fired furnace - der Ofen mit Gasfeuerung
gas flow - die Gasströmung
gas formation - die Gasentwicklung
gas in solution - das gelöste Gas
gas industry - die Gasindustrie
gas lighter - der Gasanzünder, das Gasfeuerzeug
gas liquid interface - die Grenzschicht gasförmig/flüssig
gas liquid reaction - die Gas-Flüssigreaktion
gas main *(gas appliances)* - die Hauptgasleitung, die Gasvorlage, die Gashauptleitung
gas mixture - das Gasgemisch
gas permeability - die Gasdurchlässigkeit
gas pressure welding - das Gaspreßschweißen
gas purification - die Gasreinigung
gas purifying plant - die Gasreinigungsanlage
gas sampling device - die Gasprobe-Entnahmevorrichtung
gas scrubber - der Gaswaschturm, der Gaswäscher, der Naßgasreiniger
gas seal - die Gasschleuse
gas shielded arc welding - das Schutzgasschweißen
gas solid interface - die Grenzschicht gasförmig/fest
gas solid reaction - die Gas-Festreaktion
gas supply accessory - das Gasversorgungszubehör
gas surfacing - das Gas-Pulver-Schweißen
gas treatment - die *(metallurgische)* Gasbehandlung
gas turbine - die Gasturbine
gas welding - das Gasschweißen
gaseous - gasförmig
gaseous fuel - der gasförmige Brennstoff
gaseous lubricant - das gasförmige Schmiermittel
gaseous phase reaction - die Gasphasenreaktion
gaseous state - der gasförmige Zustand
gasifiable pattern - das vergasbare Gießerei-Modell
gasification - das Vergasen, die Vergasung
gasify - vergasen
gasifying method - die Vergasungstechnik
gasket - der Dichtungsring, Dichtungsmanschette für nicht gegeneinander bewegte Teile
gasket - das nahtlose Töpfchen aus Tantal (das dünnwandige und gasdichte Töpfchen wird zur Synthese polykri-

gasket paste

stalliner Diamanten benötigt)
gasket paste - die Dichtungspaste
gasket ring - die Unterlegscheibe, die Bordscheibe
gaskets for segmental tunnel liners - die Dichtungsprofile im Tunnelbau
gasoline *(americ.)* - das Benzin *(als Treibstoff)*
gasometer - der Gasbehälter
gate - der Schütz
gate belt conveyor - der Streckenbandförderer
gate end box - die Strebverteilung *(elektr.)*
gate of mould ingate - der Anschnitt einer Gußform, der Eingußtrichter
gate road - die Abbaustrecke
gate shear - die Tafelschere
gate valve - der Absperrschieber, der Sperrschieber
gate way - die Durchschaltung *(Durchgriff auf weitere Datenbanken)*
gate way *(mining)* - die Förderstrecke
gating - die Anschnitt-Technik, das Anschneiden
gating and feeding system - das Gießsystem
gauge - messen, eichen, anzeigen
gauge *or* **gage** - das Urmaß, das Stichmaß, das Eichmaß, das Richtmaß, das Grundmaß, das Meßwerkzeug
gauging - die Feinmessung, das Kalibrieren, die Eichung, die Peilung
gauging tool - das Meßwerkzeug
Gaussian distribution - die Gaußsche Verteilung
GB = United Kingdom of Great Britain and Northern Ireland - Vereinigtes Königreich von Großbritannien und Nordirland
GC = gas chromatography - die Gaschromatographie
GCM process = Great Central Mines process - Great Central Mines Verfahren
GDC = die Gesellschaft Deutscher Chemiker *(Frankfurt am Main)*
GDD = die Gesellschaft für Datenschutz und Datensicherung e.V. *(Bonn)*
GDM = der Gesamtverband Deutscher Metallgießereien e.V. *(Düsseldorf)*
GDMB = die Gesellschaft Deutscher Metallhütten- und Bergleute e.V. *(Clausthal-Zellerfeld)*
GDR = German Democratic Republic **gear box** - das Getriebegehäuse
gear cutter - der Zahnradfräser
gear machining - das Zahnradfräsen
gear ratio - das Übersetzungsverhältnis
gehlenite, iron blast furnace slags - der Gehlenit, die Hochofenschlacke
gel permeation chromatography, *GPC* - die Gel-Permeations-Chromatographie
gelatine - die Gelatine
gelatinous - gallertartig
gelkielite - das Mineral: der Gelkielit, $MgTiO_3$
gem stone - der Edelstein
general manager - der Werksdirektor
general plan - der Lageplan
generate electricity - erzeugen von Elektrizität
generator - der Stromerzeuger, die Lichtmaschine
chemical generic name - die chemische Kurzbezeichnung, Trivialname und Phantasienamen, auch für nicht geschützte Warenbezeichnungen
genesis - die Genese, die Entstehung, die Bildung einer Lagerstätte
genuine - echt
geochemistry - die Geochemie
geocronite - das Mineral: der Geocronit *(Blei-Arsen-Antimon-Sulfid)*, $Pb(Sb,As)_2S_8$
geodesy - die Geodäsie
GEOFIZ - das Fachinformationszentrum

geological engineering

Rohstoffgewinnung und Geowissenschaft *(Hannover)*
geological engineering - die Ingenieurgeologie
geological fault - die geologische Störung
geological map - die geologische Karte
geological mapping - die geologische Kartierung
geological textures - die Geotexturen
geology - die Geologie
geology generally - die allgemeine Geologie
geometrical shape - die geometrische Form
geophysics - die Geophysik
Georgia - GA *(USA)*
geostatistic - die Geostatistik
geothermal energy - die geothermische Energie
German Democratic Republic, *GDR* - Deutsche Demokratische Republik, ISO-Code: DD
german foil - die Kupferfolie
German Industrial Standards - Deutsches Institut für Normung, *DIN*
german silver - das Neusilber Argentan Cu-Zn-Ni-Legierung *(45-67% Cu, 12-45% Zn, 10-26% Ni)*
germanite - das Mineral: der Germanit, $GeS_2*CuS*FeS$
germanium - das Germanium, Ge
germanium addition - der Germaniumzusatz
germanium alloy - die Germaniumlegierung
germanium bromide - das Germaniumbromid, $GeBr_2$, $GeBr_4$
germanium chloride - das Germaniumchloride, $GeCl_4$, $GeCl_2$
germanium complex - das Germaniumkomplex
germanium compound - die Germaniumverbindung
germanium fluoride - das Germaniumfluorid, GeF_2, GeF_4
germanium hydride - das Germaniumhydrid, Ge_2H_6, Ge_3H_8, GeH_4
germanium iodide - das Germaniumjodid, GeJ_2, GeJ_4
germanium ion - das Germaniumion, Ge(+2), Ge(+4)
germanium nitride - das Germaniumnitrid, Ge_3N_4, Ge_3N_2
germanium oxide - das Germaniumoxid, GeO_2
germicidal - keimtötend
germicide - das keimtötende Mittel, das Germizid
germination - das Keimen
germinisation - die Keimbildung
gersdoffite - das Mineral: der Gersdorffit (Nickel-Arsen-Sulfid), NiAsS
getter - der Fangstoff *(Vakuummetallurgie)*, das Gettermetall
GEW = die Gewerkschaft Eisenhütte Westfalia *(Lünen)*
GfE = die Gesellschaft für Elektrometallurgie mbh *(Nürnberg - Weiswiler - Düsseldorf)*
GfT = die Gesellschaft für Tribologie e.V. *(Moers)*
Republic of Ghana - Republik Ghana, *GH*
gibbsite - das Mineral: der Gibbsit *(Aluminiumorthohydroxid, Hydrargillit)* alpha-$Al(OH)_3$; $Al_2O_3*3H_2O$
Gibraltar - Gibraltar, *GI*
GID - die Gesellschaft für Information und Dokumentation
gilding - die Vergoldung
gilding method - die Vergoldungsmethode
giratory crusher - der Walzenbrecher
girder - der Unterzug (Träger), der Binder (Stahlträger), der Einstrich, der horizontale Träger (Schacht)
girder rolling mill - das Trägerwalzwerk
git - der Gießtrichter

glance coal

glance coal - die Magerkohle
gland - die Stoffbuchse
glass industry - die Glasindustrie
glass-fiber filter - der Glasfaserfilter
glass-seal - die Glasversiegelung
Glauber salt - das Glaubersalz, $Na_2SO_4 \cdot 10H_2O$
glauberite - das Mineral: der Glauberit, $CaNa_2(SO_4)_2$
glauconite - Mineral: der Glauconit, $(K,Na)(Fe,Al,Mg)_2(Si,Al)_4O_{10}(OH)_2$
glaze - die Glasur
glazing - glasieren
glide - gleiten, rutschen
globe digester - der Kugelkocher
globe mill - die Kugelmühle
globe valve - das Kugelventil
globular - kugelig
globular powder - das kugelige Pulver
globular structure - das Globulargefüge
globular transfer - der Langlichtbogen
glow - die Glut
glow - glühen, glimmen
glow discharge - die Glimmentladung
glue - der Leim
glut - die Arretierung
glycerine - das Glycerin, $C_3H_8O_3$, $CHOH(HOCH)_2$
glycocoll - das Glycin (kristallin), H_2NCH_2COOH
glycol acid - die Glycolsäure, $C_2H_4O_3$
GM = General Motors
GMA welding - das Metall-Schutzgas-Schweißen
GMMA welding - das Mischgasschweißen
GMUC = General Mining Union Corp. Ltd. *(Marshalltown - RSA)*
GN = Revolutionary People's Republic of Guinea - Revolutionäre Volksrepublik Guinea

goaf - der Alte Mann *(der verlassene, abgesprengte, versetzte oder zu Bruch gewordene Grubenbau)*
goafside - die Versatzseite
goat fat - das Ziegenfett
gob - der Alte Mann *(see goaf)*
GOB zinc = good ordinary brand zinc - amerikanische Zinkqualität mit 98-99 % Zn
gobbed up shaft furnace - der verstopfte Schachtofen
godlevskite - das Mineral: der Godlevskit, Ni_7S_6
goethit - das Mineral: der Goethit, das Nadeleisenerz, $FeO \cdot OH$, alpha-$FeOOH$,
goggles - die Schutzbrille
gold - das Gold, Au
gold addition - der Goldzusatz
gold alloy - die Goldlegierung
gold boride - das Goldborid
gold bromide - das Goldbromid, $AuBr$, $AuBr_3$
gold carbide - das Goldcarbid
gold carbonate - das Goldcarbonat
gold chloride - das Goldchlorid, $AuCl$, $AuCl_2$, $AuCl_3$
gold coating - das Vergolden
gold complex - der Goldkomplex
gold compound - die Goldverbindung
gold dust - der Goldstaub
gold fluoride - das Goldfluorid, AuF, AuF_2
gold foil - das Blattgold, die Goldfolie
gold hydride - das Goldhydrid
gold hydroxide - das Goldhydroxid, $Au(OH)_3$
gold iodide - das Goldjodid, AuJ_3
gold ion - das Goldion, $Au(+1)$, $Au(+3)$
gold nitrate - das Goldnitrat
gold nitride - das Goldnitrid
gold nugget - der Goldklumpen
gold ore - das Golderz

gold oxide

gold oxide - das Goldoxid
gold phosphate - das Goldphosphat
gold phosphide - das Goldphosphid, AuP_3
gold placer - die Goldseife *(geol.)*
gold production - die Goldherstellung
gold silicate - das Goldsilikat
gold silicide - das Goldsilicid
gold sulfate - das Goldsulfat
gold sulfide - das Goldsulfid
Goldschmidt process *(titanium production)* - das Goldschmidt Verfahren *(Titanherstellung)*
good ordinary brand zinc, GOB zinc - amerikanische Zinkqualität mit 98-99 % Zn
goose dung ore, ganomatite - das Gänsekötigerz *(silber- und cobalthaltiges Eisenarsenat)*, Ganomatit
goslarit - das Mineral: das Zinkvitriol, Goslarit, $ZnSO_4 \cdot 7H_2O$
GOSS texture - die GOSS Textur *(Rekristallisationstextur)*
gossan, gozzan - der eiserne Hut *(Geologie: an edleren Metallen verarmte Oxidationszone bei Sedimentlagerstätten)*
gouging - das Brennfugen
goulac - der Zellstoffextrakt
govern - steuern, regeln
government aid - die Subvention
governor - der Fliehkraftregler
governor slide valve - der Regelschieber
gozzan, gossan - der eiserne Hut *(Geologie - Bedeutung s.o.)*
GPC = gel permeation chromatography - die Gel-Permeations-Chromatographie, *GP*
gpm = gallon per minute - die Gallonen pro Minute = 0.06308 Liter pro Sekunde, lps
grab bucket - der Kübelgreifer, der Selbstgreifer, der Greifer
grab crane - der Greiferkran
grab iron - die Brechstange
grade control *(mining)* - die Ausbeutekontrolle
grade of copper - die Kupfergüte
grade of purity - der Reinheitsgrad
gradient - die Steigung
grading of ores - die Erzklassierung
grading screen - das Klassiersieb
gradual - schrittweise allmählich
grain - das Korn, der gran, der Kern; one grain = 0.0648g
grain boundary - die Korngrenze
grain boundary migration - die Korngrenzenwanderung
grain coarsing - die Kornvergrößerung
grain growth - die Kornvergröberung, das Kornwachstum
grain orientation - die Kornorientierung
grain refining - das Kornfeinen
grain size - die Korngröße
grain size distribution - die Kornverteilung
grain size measurement - die Korngrößenmessung
grain size range - das Kornband
grain soap - die Kernseife
gram *(1g = 0.0353 ounze)* - das Gramm
granting of patent - die Patenterteilung
granular activated carbon, GAC - der granulierte aktive Kohlenstoff
granularity - die Teilchengrößenverteilung
granulated slag - die granulierte Schlacke
granulated zinc - das gekörnte Zink
granulation - die Körnung, die Granulation
granule - das Granulat, das Körnchen
grape - die Weintraube, die Traube
grape juice - der Traubensaft
graphical display - die graphische Darstellung, das Schaubild
graphit refractory - das feuerfeste Graphiterzeugnis

graphite

graphite - der Graphit
graphite formation - die Graphitbildung
graphite mould - die Graphitform
graphite structure - das Graphitgefüge
graphitic corrosion - die Graphitierung
graphitic steel - der graphitische Stahl
graphitiferous - graphithaltig
graphitizing - das Graphitisierungsglühen
grasping - ergreifen
grate - der Rost *(in der Feuerstelle)*, der Gitterrost
useful grate area - die wirksame Rostfläche
grate bar - der Roststab
graught gauges - der Bandzugmesser
gravel - der Schotter, der Kies
gravel filter - der Kiesfilter
gravel fraction - die Kieskörnung
gravel industry - die Kiesindustrie
gravel mining - Kiesgrubenabbau
gravel pit - die Kiesgrube
gravimetric - gewichtsanalytisch
gravimetric *proportioning rotor scale* - die gravimetrische Verhältnisdrehwaage
gravimetry - die gravimetrische Analyse, die Gewichtsanalyse
gravity - die Schwerkraft
gravity concentration - die Schwerkraftkonzentrierung
gravity conveyor - die Rutschbahn, der Schwerkraftförderer
gravity die casting - das Kokillengießen
gravity dust catcher - der Staubsack *(Staubfänger am Hoch- oder Schachtofen)*
gravity segregation - die Schwerkraftseigerung
gravity separation - die Dichtesortierung, die Schweretrennung
gravity stowing - der Sturzversatz
gravity strain area, predewatering area - die Seihzone, Vorentwässerungszone
gravity tank - der Fallbehälter
gravity welding - der Schwerkraft-Lichtbogenschweißen
grease - das Fett, die Schmiere
grease - schmieren
grease lustre - das Mineral: der Fettglanz
grease nipple - der Schmiernippel
grease packed - in Fett arbeitend
grease proof - fettundurchlässig
grease proof paper - das Butterbrotpapier
grease solvent - das Fettlösungsmittel, der Fettlöser
grease starting blank - das Mutterblech schmieren
grease trap - der Fettabscheider
greaseless cream - die fettfreie *(nichtfettende)* Creme
greasy - fettig, schlüpfrig
Great Britain *(United Kingdom)*, - Großbritannien *(Vereinigtes Königreich)*, GB (UK)
Great Central Mines process, *GCM process* - Great Central Mines Verfahren, *GCM Verfahren*
Hellenic Republic **Greece** - Griechenland, GR
green - neu, ungesintert, unverdichtet *(Preßlinge in der Pulvermetallurgie)*, ungebrannt *(Kohleanoden, Steine)*, roh, frisch,
green charge - die Grüncharge *(nasses, nicht kalziniertes Beschickungsmaterial)*
green coal - die frische Förderkohle
green coffee - der Rohkaffee
green compact - der vorverdichtete Preßling
green concrete - der Frischbeton, der junge Beton
green copperas, mineral melanterit - der Eisenvitriol, Melanterit, $FeSO_4 * 7H_2O$

green core

green core - der unverfestigte Kern *(Gießerei)*
green crucible - der ungebrannte Tiegel
green density - die Preßdichte
green feed - die Grüncharge *(nasses nicht kalziniertes Beschickungsmaterial)*
green lead ore - das Grünbleierz, Pyromorphit
green liquor - die Grünlauge
green pellet - das Grünpellet
green sand - der Neusand, der Frischsand *(Gießerei)*
green sand moulding - das Naßsandformen
green soap - die Schmierseife
green strenght - die Grünfestigkeit, die Standfestigkeit
green strength - die Kantenbeständigkeit (Pulvermetallurgie)
green strength - die Festigkeit im ungebrannten *(ungetrockneten)* Zustand
green tyre - der Reifenrohling
greenalite - das Mineral: der Greenalit (ein kalifreies Eisensilikat, das nichtstöchiometrische Eisensilikat) $Fe_{(2-3)} * Si_2O_5 * (OH)_4$
Greenland - das Grönland, *GL*
grey - grau
grey iron - das Gußeisen mit Lamellengraphit
grey measures - die grauen Schichten des produktiven Karbons, *das Obercarbon*
greywacke - die Grauwacke *(Geologie)*
grid - das Koordinatennetz, das Verteilernetz
grid - das Gitter, der Rost
grid bias - die Gittervorspannung
grid gas - das Ferngas
grid of steelrods - die Stahlmatten
grid supply point - die Netzversorgungsstation
grind - schärfen, glätten, schleifen, schmirgeln
grind *(ground)* - feinmahlen
grind with emery wheels - schmirgeln
grindability *(of ores)* - die Mahlbarkeit (von Erzen)
grinding - das Schleifen
grinding *(comminution)* - das Mahlen *(Zerkleinern)*
grinding aids - das Mahlhilfsmittel
grinding circuits - die Mahlkreisläufe
grinding dust - der Schleifstaub
grinding machine - die Schleifmaschine
grinding plant - die Mahlanlage
grinding wheel - die Schleifscheibe
grinding wheel dressing - die Schleifscheibenabrichtung
grindstone - der Schleifstein
grip - greifen, fassen, schnappen, einspannen
grip - der Fallhaken
grip wedge - der Spannkeil
gripping jaw - die Spannbacke, die Klemmbacke
gripping tongs - die Greifzange
grit - der Scheuersand, das Grobkörnige, der grobe Sand, der Abrieb, der Schleifsand, der scharfkantige Kies, der Strahlsand
grizzly - der Siebrost
groove - die Vertiefung, die Rille, die Nute, das Kaliber, die Gravur
groove life - die Kaliberstandzeit
groove value - der Kerbwert
groove width - die Spaltbreite
grooved - gerifft, riefig *(mit Rillen versehen)*, genutet
grooved roll - die Kaliberwalze
gross efficiency - der Gesamtwirkungsgrad
gross heat - die Gesamtwärme
ground *(earth or soil)* - der Boden (Erdboden)
barren **ground** - die nicht abbauwürdige

ground coat

Gegirgsschicht
ground coat - der Grundieranstrich, die Grundierung
ground floor - das Erdgeschoß
ground water - das Grundwasser
growth inhibitor - der Hemmstoff für das Wachstum
growth of metals - das Wachsen von Metallen
Grueneisen constant - die Grüneisenkonstante
GT = Republic of Guatemala - Guatemala
GTA welding = tungsten-inert-gas welding - Wolfram-Inertgas-Schweissen WIG Schweissen
guano - das Düngemittel aus Vogelkot-Ablagerungen, der Guano
guard - das Schutzblech, die Schutzvorrichtung
guard stone - der Prellstein
guard tube - das Schutzrohr
Republic of **Guatemala** - Guatemala, GT
gudgeon - der eingesetzte Zapfen
gudgeon pin - der Kolbenbolzen
gudmundite - das Mineral: der Gudmundit, FeSbS
guidance - die Bedienungsanleitung, die Anleitung, die Betriebsvorschrift
guidance system - das Führungssystem
guide - führen
guide - die Führung
guide blade - die Leitschaufel
guide track - die Gleitbahn
guide value - der Richtwert Leitzahl
guideless - führungslos *(ohne Führung)*
guidelines for design - die Auslegungsrichtlinien
Guignet green - das Guignetgrün, Smaragdgrün, $Cr_2O_3 * H_2O$
Revolutionary People's Republic of **Guinea** - Revolutionäre Volksrepublik Guinea, *GN*

Republic of **Guinea-Bissau** - Republik Guinea-Bissau, *GW*
Guinier Preston zone - die Guinier Preston Zone
guitermanite *(mineral)* - der unreine Jordanit, Guitermanit
gullet tooth *(saw)* - der Wolfszahn *(Säge)*
gum - das Pflanzengummi, das Gummi
gun - die Farbspritzpistole, die Spritzpistole, die Pistole
gun - die Strahlquelle *(ES-Ofen)*
gun metal - die Geschützbronze *(88% Cu, 10% Sn, 2% Zn oder 85% Cu, 5% Sn, 5% Zn, 5% Pb)*
gun refractories - die feuerfeste Spritzmasse
gunite - der Spritzbeton
gunning material - die feuerfeste Spritzmasse
gunning process - das Spritzverfahren
gunning refractories - das Spritzen feuerfester Massen
gunpowder - das Schwarzpulver, das Sprengpulver
gush out - herausquellen, heraussprudeln
gutter - die Sammelrinne *(Gießerei)*, die Rinne
Gutzeit test - der Arsennachweis nach Gutzeit, die Gutzeitsche Probe
GW = Gewerkschaft Walter AG *(Essen)*
GW = Republic of Guinea-Bissau - Republik Guinea-Bissau
GY = Republic of Guyana - Republik Guyana
gypseous - gipshaltig
gypsiferous - gipshaltig, gipsführend *(Geologie)*
gypsum - der Gips, $CaSO4$
alabaster **gypsum** = special white gypsum - Alabaster *(besonders weiße Form des Gips)*, $CaSO_4 * 2H_2O$
gyration - die Drehbewegung, der Umlauf
gyratory crusher - der Kreiselbrecher, der

Kegelbrecher
gyratory mill - die Kreiselmühle
gyroscope - der Kreisel
gyrotheodolite - der Kreiseltheodolit

H

habit formation - die Suchtbildung
habit forming - suchterzeugend
habit plane - die Habitusebene
hack saw - die Bügelsäge, die Metallsäge
haezlewoodite - der Haezlewoodit, Ni_3S_2
hafnium - das Hafnium, Hf
hafnium addition - der Hafniumzusatz
hafnium alloy - die Hafniumlegierung
hafnium boride - das Hafniumborid, HfB_2
hafnium bromid - das Hafniumbromid
hafnium carbide - das Hafniumcarbid, HfC
hafnium carbonate - das Hafniumcarbonat
hafnium chloride - das Hafniumchlorid, $HfCl_4$
hafnium complex - der Hafniumkomplex
hafnium compound - die Hafniumverbindung
hafnium fluoride - das Hafniumfluorid, HfF_4
hafnium hydride - das Hafniumhydrid
hafnium hydroxide - das Hafniumhydroxid
hafnium iodide - das Hafniumjodid, HfJ_4
hafnium ion - das Hafniumion, Hf(+4)
hafnium nitrate - das Hafniumnitrat
hafnium nitride - das Hafniumnitrid, HfN
hafnium oxide - das Hafniumoxid, HfO_2
hafnium phosphate - das Hafniumphosphat
hafnium phosphide - das Hafniumphosphid
hafnium silicate - das Hafniumsilikat
hafnium silicide - das Hafniumsilicid
hafnium sulfate - das Hafniumsulfat, $Hf(SO_4)_2$
hafnium sulfide - das Hafniumsulfid
Republic of **Haiti** - Republik Haiti, *HT*
HAL = hot acid leaching - die heißsaure Laugung, *HSL*
half change value - die Halbwertszeit
half coupling - der Kupplungsflansch, die Kupplungshälfte
half round file - die Halbrundfeile
half round rasp - die Halbrundraspel
halide - das Halogenid
halite mineral - das Steinsalz, der Halit, NaCl
Hall effect - der Hall-Effekt
Hall generator - der Hall-Generator
Hall Heroult cell - die Hall Heroult Zelle, die Schmelzflußelektrolysezelle zur Aluminiumherstellung
195 kA **Hall Heroult cell** *of Kaiser Aluminum Chemical Corporation, KACC 195 kA cell* - der Aluminiumschmelzflußelektrolyseofen mit 195 kA Strombeaufschlagung
halogen - das Halogen
halogen addition - der Halogenzusatz
halogen complex - der Halogenkomplex
halogen compound - die Halogenverbindung
halogen ion - das Halogenion
halogenide - der Halogenid
hammer - der Hammer
hammer and wedge - Schlägel und Eisen
hammer crusher - der Hammerbrecher
hammer forging - das Freiformschmieden

hammer mill

hammer mill - die Hammermühle
hand balance - die Apothekerwaage, die Handwaage
hand brush - der Handfeger
hand dressing - die Handscheidung
hand gear - die Handsteuerung
hand made - handgefertigt
hand moulding - die Handformerei
hand picking - die Handklaubung *(älteste Aufbereitungsmethode)*, die Handscheidung
hand picking dirt - die Leseberge, die Klaubeberge
hand saw - der Fuchsschwanz
hand scooping - das Ausschaufeln von Hand, die Handausschaufelung
hand shake ladle - die Handpfanne
hand soldering - das Kolbenlöten
hand stoking - das Schüren von Hand
hand tight - handfest angeschraubt
handicraft - 1. das Handwerk, 2. die Handfertigkeit
handicraft production - die handwerkliche Fertigung
handling capacity - die Umschlagleistung
pieces in handy sizes - die handlichen, chargierfähigen Stücke
hard anodizing - das Harteloxieren
hard burnt - scharf gebrannt, hochgebrannt
hard ceramic wear plates - die Hartkeramik, die Verschleißplatten
hard chromium plating - die Hartverchromung
hard coal - die Steinkohle
hard facing alloy - die Aufschweißlegierung
hard facing powders - das Aufschweißpulver
hard plating - das Hartelektroplattieren
hard rock open pit mining - der Festegesteinstagebau
hard spots - die Härtestellen *(Fehler im Gefüge nach dem Weichglühen)*
hardenability - die Härtbarkeit
hardening - das Härten
hardening and heat treating plant - die Härte- und Vergüteanlage
hardening crack - der Härteriß
hardening furnace - der Härteofen
hardfacing - das Panzern
hardness - die Härte
hardness increase - die Aufhärtung, die Härtesteigerung
hardness indentation - der Härteeindruck
hardness of water - die Wasserhärte *(der Kalkgehalt im Wasser)*
hardness test - der Härteversuch
hardness tester - die Härteprüfgerät
harmful impurity - die schädliche Verunreinigung
harmful ingredient - die schädliche Beimengung
harmless impurity - die unschädliche Verunreinigung
harmless ingredient - die unschädliche Beimengung
hart lead - das Hartblei *(antimonhaltiges Blei mit 1% bis 12% Sb)*
haul - fördern *(in Wagen)*, schleppen, ziehen
haulage - die Förderung
haulage chain - die Zugkette
haulage gear - die Haspel
haulage road - die Förderstrecke
hauling cable - das Zugseil
HAW = Hamburger Aluminium Werke
Hawaii *(USA)* = HI
hazard - der Unfall, der Zufall
hazard and operability studies, HAZOP studies - die Gefahren und Durchführbarkeits-Studie
hazardous - unfallgefährlich

hazardous waste

plant for incineration of **hazardous waste** - die Sondermüllverbrennungsanlage
haze dome - die Dunstglocke
HAZOP studies = hazard and operability studies - die Gefahren und Durchführbarkeits-Studie
HBMS = Hudson Bay Mining and Smelting Co. Ltd. *(Flin Flon - Canada)*
HBMS process = Hudson Bay Mining and Smelting process - das Hudson Bay Mining and Smelting Verfahren, *das HBMS Verfahren*
HCOKOF copper = high conductivity Outokumpu oxygen free copper - das hochleitfähige sauerstoff-freie Kupfer von der finnischen Firma Outokumpu Oy mit mindestens 99% Cu
hcp structure = hexagonal close packed structure - hdp Gefüge, die hexagonal dichteste Packung im Gefüge *(Kugelpackung)*
HCST = Hermann C. Starck Berlin *(Düsseldorf - Goslar - Laufenburg - New York - Osaka - Tokyo)*
HDPE = high density polyethylene - das hochdichte Polyethylen (Plane zur Bodenabdichtung bei der Haldenlaugung)
head frame - der Förderturm
heading face - der Streckenort
headquarters, HQ or Hq. - das Hauptquartier, der Firmensitz
health hazards - das Gesundheitsrisiko
health protection - der Gesundheitsschutz
heap - 1. der Meiler, 2. der Haufen, die Halde
heap leaching - die Haufenlaugung
heap sand - der Füllsand
heart - der Kern, das Mittelstück, das Herz
hearth furnace - der Herdofen
hearth furnace with immersion well - der Herdschmelzofen mit Tauchtasche
hearth furnace with forehearth - der Herdschmelzofen mit Vorwärmbrücke
aluminium **hearth furnace with a closed forehearth** - der Aluminium Herdschmelzofen mit geschlossenem Vorherd
hearth jacket - der Gestellpanzer
hearth lining - die Herdauskleidung
hearth load - die Gestellbelastung
hearth refining - das Herdfrischen, die Raffination im Herdofen
heat - die Wärme
heat accumulator - der Wärmespeicher
heat affected zone - die Wärmeeinflußzone
heat balance - die Wärmebilanz
heat capacity - der Wärmeinhalt
heat carrier oil circulation systems - Wärmeträgeröl-Umlaufsysteme
heat conductivity - die Wärmeleitfähigkeit
heat consumption - der Wärmeverbrauch
heat contents - der Wärmeinhalt
heat convection - die Wärmeumwälzung
heat crack - der Wärmeriß
heat current - der Wärmestrom
heat cycle - der Glühzyklus
heat dissipation - die Wärmeabfuhr
heat economy - die Wärmewirtschaft
heat exchanger - der Wärmeaustauscher
heat flow - der Wärmefluß
heat flow measurement - die Wärmeflußmessung
heat flux - der Wärmefluß
heat insulation - die Wärmedämmung
heat liberation - die Wärmeerzeugung
heat loss - der Wärmeverlust
heat of adsorption - die Adsorptionswärme
heat of combustion - die Verbrennungswärme
heat of formation - die Bildungswärme

heat of fusion

heat of fusion - die Schmelzwärme
heat of hydratation - die Hydratationswärme
heat of mixing - die Mischungswärme
heat of reaction - die Reaktionswärme
heat of solution - die Lösungswärme
heat of sublimation - die Sublimationswärme
heat of transformation - die Umwandlungswärme
heat of vaporisation - die Verdampfungswärme
heat pipe - das Wärmerohr
heat protection fabrics - das Hitzeschutzgewebe
heat protection - der Hitzeschutz
heat pump - die Wärmepumpe
heat recovery - die Wärmerückgewinnung Abwärmeverwertung
heat recuperator - der Wärmerekuperator
heat regenerator - der Wärmeregenerator
heat relief - der Wärmeschutz
heat required - der Wärmebedarf
heat resistance - die Hitzebeständigkeit
heat resistant steel - der hitzebeständige Stahl
heat resistant alloy - die hitzebeständige Legierung
heat resisting - wärmebeständig
heat shield - der Hitzeschild
heat supply equipment - die Wärmeversorgungseinrichtung
heat transfer - die Wärmeübertragung
heat transfer coefficient - die Wärmeübergangszahl
heat transition - der Wärmedurchgang
heat transmission - der Wärmeübergang
heat treatable steel - der Vergütungsstahl
heat treating furnace - der Wärmebehandlungsofen
heat treating plant - die Wärmevergütungsanlage

heat treatment - die Wärmebehandlung
heat unit - die Wärmeeinheit
heat up - aufheizen, anwärmen
heat value - der Heizwert
heated tool welding - das Heizelementschweißen
heater - der Heizkörper
heating - das Erhitzen
heating exchange surface - die Wärmeaustauschfläche
heating flue - der Heizzug
heating rate - die Erhitzungsgeschwindigkeit
heating up time - die Aufheizzeit
heavy industries - die Schwerindustrie
heavy media - die Schwertrübe
heavy media separation - das Schwimm-Sink-Scheiden
heavy medium - die Schwertrübe
heavy medium cyclone plant - die Schwertrübe-Zyklonanlage
heavy metal - das Schwermetall
heavy metal cast alloy - der Schwermetallguß
heavy scrap - der Kernschrott, die schweren Schrottstücke, der Blockschrott
heavy spar, *(barium sulfate, baryte mineral)* - der Schwerspat, der Baryt, $BaSO_4$
heavy-duty conveyor - der Hochleistungsförderer
heavy-duty switch - der Hochleistungsschalter
heavy-duty... - Hochleistungs...
height - die Höhe
helical - schraubenförmig
helical extrusion - das schraubenförmige Strangpressen
helical spring - die Schraubenfeder
helical weld - die Spiralnaht
helicon wave - die Helikonwelle, die Spiralwelle
helicopter - der Hubschrauber

helium - das Helium
helix - die Schnecke
helix spring - die Schraubenfeder
hematite - der Hämatit, der Blutstein, *(Eisenerz, wobei: Roteisenstein = nierenförmiger Hämatit)*, Fe_2O_3
hematite pig iron - Hämatitroheisen
hemimorphyte, zinc hydrosilicate mineral - der Kieselgalmei, der Hemimorphyt, $Zn_2SiO_4 \cdot H_2O$
hemp - der Hanf
hepar sulfuris potassium polysulfide - das Kaliumpolysulfide *(technisches Kaliumsulfid)*, Schwefelleber, $K_2S_2 - K_2S_6$
heptagone - das Siebeneck
heterogeneous - andersartig, verschiedenartig, ungleichartig
heterogeneous nucleation - die heterogene Keimbildung
heterogenity - die Ungleichartigkeit
Heusler alloy - die Heusler-Legierung
hewer - der Hauer
hexafluorosilicic acid - die Hexafluorokieselsäure, $H_2[SiF_6]$
hexagonal - sechskantig
hexagonal close packed structure, *hcp structure* - die hexagonal dichteste Packung im Gefüge, die Kugelpackung, *hdp Gefüge*
hexagonal structure - das hexagonale Gefüge
hexavalent form - der sechswertiger Zustand
HF = induction furnace high frequency induction furnace - der Hochfrequenzinduktionsofen, *HF Induktionsofen*
HGMS = high gradient magnetic separation - die Starkfeldmagnetscheidung, *SFMS*
HHD or *hhd* = hogshead - das große Faß mit etwa 240 Litern
HI = Hawaii *(USA)*
hiatus - die Dehnfuge

HIB process, high iron briquette process - das HIB Verfahren
high alloy cast steel - der hochlegierte Stahlguß
high alloy steel - der hochlegierte Stahl
high alumina refractory - das hochtonerdige Erzeugnis
high amperage *end-to-end reduction cells for aluminium production* - die Hall Heroult Zellen, die Kopf-an-Kopf stehen und mit ca. 175 kA Strom beaufschlagt sind
high angle grain boundaries - die Großwinkelkorngrenzen
high capacity... - Hochleistungs...
high carbon steel - der kohlestoffreiche Stahl
high conductivity Outokumpu oxygen free copper, *HCOKOF copper* - das hochleitfähige sauerstoff-freie Kupfer von der finnischen Firma Outokumpu Oy mit mindestens 99% Cu
high current - der Starkstrom
high density polyethylene, *HDPE* - das hochdichte Polyethylen *(Plane zur Bodenabdichtung bei der Haldenlaugung)*
high duty... - Hochleistungs...
high energy rate forming - das Hochgeschwindigkeitsumformen
high fluid - dünnflüssig
high frequency - die Hochfrequenz
high frequency induction furnace, *HF induction furnace* - der Hochfrequenzinduktionsofen, *HF Induktionsofen*
high frequency current - der Hochfrequenzstrom, HF-Strom
high grade ore - das hochwertige Erz, das reichhaltige Erz
high grade steel - der Edelstahl, der Qualitätsstahl
high gradient magnetic separation, *HGMS* - die Starkfeldmagnetscheidung, SFMS
wet **high intensity magnetic separa-**

high intensity

tion, *WHIMS* - die naße Starkfeld-Magnetscheidung, *NSFMS*

high intensity magnetic separation - das Starkfeldmagnetisches Trennen, *SFMT*

high iron briquette process, HIB process - das HIB Verfahren

high level tank - der Hochbehälter

high performance - die Hochleistung

high power liquid chromatography, *HPLC* - Hochleistungs-Flüssig-Chromatographie

high power reactor - der Hochleistungsreaktor

high pressure area - die Hochdruckpreßzone

high pressure cylinder - der Hochdruckzylinder

high pressure jolt squeeze moulding machine - die Hochdruck-Rüttelpreßformmaschine

high pressure rolls *for interparticle crushing* - die Hochdruckrollenpressen für Gutbettzerkleinerung

high purity copper - das Reinstkupfer

high purity metal - das hochreine Metall

high quality - die hochwertige Güte, die erstklassige Güte

high speed milling of copper kneading alloys - das Hochgeschwindigkeitsfräsen von Kupferknetlegierungen

high speed steel, *HSS* - der Schnellarbeitsstahl

high speed tool steel, *HSTS* - der Schnellarbeits-Werkzeugstahl

high strenght alloy - die hochfeste Legierung

high strenght steel - der hochfeste Stahl

high temperature test - der Hochtemperaturversuch

high temperature strenght - die Warmfestigkeit

high temperature service behaviour - das Hochtemperaturverhalten

high temperature reactor, *HTR* - der Hochtemperaturreaktor, *HTR*

high temperature corrosion - die Hochtemperaturkorrosion

high temperature conversion process, *HTC process* - das Hochtemperaturkonvertierungsverfahren, *HTK Verfahren*

high temperature carbonisation - die Hochtemperaturverkokung

high temperature brazing - das Hochtemperaturlöten

high temperature - die Hochtemperatur

high tensile steel, *HTS* - der hochfeste Stahl

high tension separated metallic fraction, *HTS metallic fraction* - die Metallfraktion nach Starkfeldmagnetscheidung

high voltage - die Hochspannung

high voltage cable - das Hochspannungskabel

high voltage electron microscope - das Hochspannungselektronenmikroskop

high-ash coke - der aschereiche Koks

high-power - leistungsstark, energiereich

HINDALCO = Hindustan Aluminium Corp. Ltd. *(Mirzapur - Indien)*

hindered settling - das behinderte Absetzen

hindrance - die Behinderung

hint - der Wink

hint - der Kniff

HIP process = hot isostatic pressing of metal powder - das heißisostatische Pressen von Metallpulver, HIP Verfahren

hire - der Lohn, das Entgeld

hire and fire - anheuern und feuern *(der rustikale Wettbewerb auf dem Arbeitsmarkt in der westlichen Welt)*

hire machine - die Leihmaschine

hire purchase, *HP or hp* - der Abzah-

lungskauf
hire rolling - das Lohnwalzen
hired - gemietet
hired car - der Mietwagen
hired man - der Lohnarbeiter
histogram - das Stufenschaubild
history - die historische Entwicklung, die Entwicklungsgeschichte
HK = Hong Kong
HN = Republic of Honduras - Republik Honduras
HNBPO = LIX 65N liquid ion exchanger - LIX 65N flüssiger Ionenaustauscher *(Henkel Corp.)*
hob nail - der Hufnagel
hoe *(mining)* - die Haue, die Hacke
hogged fuel - das zerkleinerte Holz
hogshead, *HHD or hhd* - das große Faß mit etwa 240 Litern
hoist - die Fördermaschine
hoist *(winch)* - die Winde
hoister - der Gestellmann *(Elektrolysepersonal)*
hoisting - die Schachtförderung
hoisting cage - das Fördergestell
hojalata y lamina process, *HYL process* - die HYL Verfahren
holding capacity - das Fassungsvermögen
holding furnace - der Warmhalteofen
holding time - die Haltedauer, die Wartezeit
hole - das Loch
hole density - die Löcherdichte
hole mobility - die Löcherbeweglichkeit
hollow - die Höhlung, der Hohlkörper
hollow blade - die hohlgeschliffene Klinge
hollow brick - der Hohlziegel
hollow casting - der Hohlguß
hollow drill - der Hohlbohrer
hollow girder - der Hohlträger
hollow shaft - die Hohlwelle

hollow ware - das Küchengerät
holmium - das Holmium, Ho
holmium addition - der Holmiumzusatz
holmium alloy - die Holmiumlegierung
holmium complex - der Holmiumkomplex
holmium compound - die Holmiumverbindung
holmium ion - das Holmiumion, Ho(+3)
holmium oxide - das Holmiumoxid, Ho_2O_3
holography - die Holographie
Hom-Tec-Caster *(Krupp Industrietechnik)* = Horizontal-Oscillating Mould Technology
home port - der Heimathafen
home scrap - der Eigenschrott, der hausgemachte Schrott, der Rücklaufschrott
home trade - der Binnenhandel
homogeneous nucleation - die homogene Keimbildung
homogenization - das Homogenisieren, das Vergleichmäßigen
homogenization unit - die Vergleichmäßigungsanlage
Republic of **Honduras** - Republik Honduras, *HN*
honeycomb - die Honigwabe
honeycomb radiator - der Wabenkühler
Hong Kong - Hong Kong, *HK*
honing - das Honen
hood - die Abzugshaube, die Haube
hook - 1. der Haken, 2. die Angel, 3. der Fäkalienabfluß
hooker - der Gestellmann *(Elektrolysepersonal)*
hopper - der Fülltrichter, die Bunkertasche, der Trichter, der Bodenentleerer
hopper trap - der Siloverschluß
hopper waggon - der Trichterwagen
horizon - der Horizont, die Sohle
horizontal continuous casting - das ho-

horizontal

rizontale Stranggießen
horizontal vertical position - die Querposition
horizontal wheel casting machine - die Drehscheibengießmaschine
horse capstan - der Pferdegöpel
horsehead bracket - der Vorfanghaken
horsehead girder - die Vorfangschiene (Träger)
horsepower, *HP* - die Pferdestärke, *PS*
horseshoe - das Hufeisen
hose - die Schlauchleitung
hoses - die Schläuche
host - 1. die Masse, die Menge, 2. der Wirt, der Gastgeber, der Hausherr
host computer - der Großrechner mit verschiedenen Datenbanken, der Hostrechner
host rock - das Muttergestein
hostess - die Gastgeberin, die Empfangsdame, die Wirtin, die bezahlte Tanzpartnerin,
hot acid leaching, *HAL* - die heißsaure Laugung, *HSL*
hot bending test - die Warmbiegeprobe
hot blast line - die Heißwindleitung
hot blasting cupola - der Heißwindkupolofen
hot box - der heiße Kernkasten
hot box process - das Hot-Box-Verfahren
hot chamber die casting machine - die Warmkammer-Druckgießmaschine
hot crack - der Wärmeriß
hot cracking - die Warmrißbildung
hot deep drawing - das Warmtiefziehen
hot deformation - die Warmverformung
hot dip coating - das Tauchbeschichten
hot dip galvanizing process *(iron)* - das Feuerverzinken von Eisen
hot drawing - das Warmziehen
hot embrittlement - die Warmversprödung

hot forming - das Warmumformen
hot gas brazing - das Warmgashartlöten
hot gas circulation blower - das Heißgas-Umwälzgebläse
hot gas soldering - das Warmgasweichlöten
hot gas welding - das Warmgasschweißen
hot heading - das Warmstauchen
hot isostatic pressing of metal powder, *HIP process* - das heißisostatische Pressen von Metallpulver, *das HIP Verfahren*
hot metal process - das Schmelzen mit flüssigem Einsatz
hot pressure welding - das Warmpreßschweißen
hot process - das Warmverfahren
hot rolled product - das warmgewalzte Erzeugnis
hot rolled sheet - das warmgewalzte Blech
hot rolling - das Warmwalzen
hot rolling mill - das Warmwalzwerk
hot setting binder - das heißhärtende Bindemittel
hot shortness - die Warmsprödigkeit
hot spot in the converter - die Aufblasestelle im Konverter
hot spraying - das Spritzen
hot stage microscope - das Heiztischmikroskop
hot tear - der Wärmeriß
hot tip tinning - das Feuerverzinnen
hot top - der Massekopf
hot worked tool steel - der Warmarbeitsstahl
hot working - die Warmformgebung
hourly output - die Stundenleistung
hourly rates - der Stundenlohn
housing - der Walzenständer
housingless roll stand - das ständerlose

Walzgerüst
HP = horsepower - die Pferdestärke, PS
HP *or* *hp* = hire purchase - der Abzahlungskauf
HPLC = high power liquid chromatography - die Hochleistungs-Flüssig-Chromatographie
HQ *or* *Hq.* = headquarters - das Hauptquartier, der Firmensitz
HRD = Horsehead Resources Development Corp. Inc. *(Palmerton - USA)*
HSS = high speed steel - der Schnellarbeitsstahl
HSTS = high speed tool steel - der Schnellarbeits-Werkzeugstahl
HT = Republic of Haiti - Republik Haiti
HTC process = high temperature conversion process - das Hochtemperaturkonvertierungsverfahren, *HTK Verfahren*
HTR = high temperature reactor - der Hochtemperaturreaktor, *HTR*
HTS = high tensile steel - der hochfeste Stahl
HTS metallic fraction = high tension separated metallic fraction - die Metallfraktion nach Starkfeldmagnetscheidung
HU = People's Republic of Hungary - Volksrepublik Ungarn
Hudson Bay Mining and Smelting process, HBMS process Hudson Bay Mining and Smelting Verfahren HBMS Verfahren
huebnerite - der Hübnerit, $MnWO_4$
human factor - der Mensch
humidity - die Feuchtigkeit, die Nässe
HUNGALU = Hungarian Aluminium Corp. Ungarische Aluminiumwerke *(Budapest)*
People's Republic of **Hungary** - die Volksrepublik Ungarn, *HU*
Hunt process - die Titanherstellung nach Hunt, das Hunt-Verfahren
Hurd process - die Titanherstellung nach Hurd, das Hurd-Verfahren
hurdle scrubber - der Hordenwäscher
HV = Bourkina Fasso *(früher: Obervolta)*
hydracinium dichloride - das Hydraziniumdichlorid, N_2H_4*2HCl
hydracinium hydroxide - das Hydraziniumhydroxid, N_2H_5OH
hydraciniumsulfate - das Hydraziniumsulfat, $N_2H_6SO_4$
hydrargillite - der Hydrargillit, alpha-$Al(OH)_3$, das Aluminiumhydroxid, das Tonerdehydrat, $Al(OH)_3$
hydratation - die Hydrierung
hydraulic conveyor - die hydraulische Förderung
hydraulic drive - die Hydraulik
hydraulic equipment - die hydraulische Vorrichtung
hydraulic press - die hydraulische Presse
hydraulic stowing - der Spülversatz
hydrocarbon - der Kohlenwasserstoff
hydrocarbon compounds - die Kohlenwasserstoffverbindungen
hydrocarbonyl - das Wasserstoff-Kohlenmonoxid
hydrochloric acid - die Salzsäure, HCl
hydrocyclone - der Hydrozyklon
hydrodynamics - die Strömungslehre von bewegten Flüssigkeiten, die Hydrodynamik
hydroelectric power plants - das Wasserkraftwerk
hydrofluoric acid - die Flußsäure, der Fluorwasserstoff, HF
hydrofluoroboric acid - die Tetrafluorborsäure, $H[BF_4]$
hydroforming - das hydraulische Tiefziehen
hydrogen - der Wasserstoff, H
hydrogen embrittlement - die Wasserstoffsprödigkeit
hydrogen overvoltage - die Wasserstoffüberspannung

hydrogen peroxid

hydrogen peroxid - das Wasserstoffperoxid, H_2O_2
hydrogen sulfide - der Schwefelwasserstoff, H_2S
hydrogene iodide - die Jodwasserstoffsäure, HJ
hydrolyse - die Spaltung chemischer Verbindungen durch Wasser, die Hydrolyse
hydromagnesit mineral - der Hydromagnesit, $Mg_5(CO_3)_4(OH)_2 * 4H_2O$
hydrometallurgy - die Hydrometallurgie
hydrostatic - hydrostatisch
hydrostatic extrusion - das hydrostatische Strangpressen
hydrostatic pressure - der hydrostatische Druck
hydrostatics - die Gleichgewichtszustände bei ruhenden Flüssigkeiten, die Hydrostatik
hydroxylsodalithe mineral - der Hydroxylsodalith *(das Hauptmineral im Rotschlamm)*, $Na_8([OH_2,SiAlO_4]_6)$
hygroscopic substances - die wasseranziehenden Substanzen
hygroscopicity - die Wasseraufnahmefähigkeit
HYL process = hojalata y lamina process - das HYL Verfahren
hyperbaric environment - der Überdruck
hyperbaric welding - das Schweißen in einer Überdruckkammer
hypereutectoid steel - der übereutektoide Stahl
hyperfine magnetic field - das hyperfeine, magnetische Feld
hyperfine structure - die Hyperfeinstruktur
hypobromic acid - die hypobromige Säure, *HBrO*
hypochlorous acid - die hypochlorige Säure, Hypochlorit, ClHO, HClO
hysteresis loss - die Hystereseverluste

I

I beam - der I-Träger
IA = Iowa *(USA)*
IACS = international annealed copper standard
IAEA = International Atomic Energy Agency *(Wien)*
IAESTE = international association for the exchange of students for technical experience - die Internationale Studentenaustausch-Organisation
IBA = International Bauxite Association *(Kingston - Jamaica)*
IC = integrated circuit - die integrierte Schaltung
ice - das Eis
Iceland - die Republik Island, *IS*
ICIC = Indian Copper Information Centre (Calcutta - Indien)
ICP source = inductively coupled plasma source - die induktiv gekoppelte Plasmaquelle, *ICP Quelle*
ICP-AES = inductively coupled plasma atomic emission spectrometry - die ICP-Atomadsorptionsspektrometrie, die plasmabeheizte Spektralanalyse
ICST = Imperial Coll. of Science and Technology *(London)*
ID = Republic of Indonesia - Republik Indonesien
ID = Idaho *(USA)*
id (i/d) = inside diameter - der Innendurchmesser, die Lochweite
IDC = Internationale Dokumentationsgesellschaft für Chemie mbh *(Sulzbach)*
IDDRG = international deep drawing research group - die Internationale Tiefzieh-Forschungsorganisation
identify - kennzeichnen
idle corrosion - die Stillstandskorrosion

idle cycles

idle cycles per hour - der stündliche Stillstand
idle machining time - die Maschinenleerlaufzeit
idle period - die Stillstandsperiode
idle roller - die Rolle ohne Antrieb, die Schlepprolle
idle running speed - die Leerlaufdrehzahl
idle stroke - der Leertakt
idler - die Schlepprolle, die Leitrolle, die Führungsrolle
idler *(roller)* - die Laufrolle
idler set - der Rollensatz, die Rollenstation
IE = Ireland, Eire - Irland
IEC = international electrotechnical commission - die internationale elektrotechnische Kommission
IF analysis = isotope fluorescence analysis - die Isotopenfluorescenzanalyse, *IF Analyse*
IF steel = interstitial free steel - der IF Stahl
IFNR technology = in furnace NO_x reduction technology - die Stickoxid-Reduktionstechnologie im Ofen
ignite - anzünden, zünden
igniter - der Zünder
ignition - die Zündung
ignition burner - der Zündbrenner
ignition point - der Zündpunkt
IGP technique = intermittent galvanostatic polarization technique - die IGP Technik
IIR = Istituto Italiano del Rame *(Milano)*
IISI = international iron and steel institute - das internationale Eisen- und Stahlinstitut
IITT = Inst. for Industrial Technology Transfer *(Gourmay-sur-Marne)*
IIW = international institute of welding - das internationale Schweißforschungsinstitut
IL = State of Israel - Staat Israel
IL = Illinois *(USA)*
illuminating - das Beleuchten
illuminating power - die Leuchtkraft
ilmenite - der Ilmenit *(Eisentitanat), das Titaneisen, $TiFeO_3$, TiO_2FeO, $FeTiO_3$*
ILZIC = Indian Lead-Zinc Information Centre
ILZRO = International Lead-Zinc Research Organization Inc. *(Research Triangle Park - USA)*
IM = Inst. of Metals *(London)*
IMA = International Magnesium Association *(Mclean - USA)*
image - das Bild
image analysis - die Bildauswertung
image evaluation - die Bildauswertung
image intensifier - der Bildverstärker
image quality - die Bildgüte
image quality indicator - der Bildgüteprüfkörper
image soldering - das Lichtstrahlweichlöten
image welding - das Lichtstrahlschweißen
imitate - nachahmen, imitieren
IMM = Institution of Mining and Metallurgy *(London)*
immediate delivery - die sofortige Lieferung
immediate roof beds - die Hangendschichten unmittelbar über der Lagerstätte *(Flöz)*
immerse - eintauchen, tauchen
immerse poles in a melt - eintauchen von Polholz in eine Schmelze
immersible pump - die Tauchpumpe
immersion - das Eintauchen
immersion burner - der Tauchbrenner
immission control - der Immissionsschutz
immovable - unbeweglich

IMN

IMN = Instytut Metali Nieżelaznych *(Gliwice - Polen)*
IMO = Instytut Materiałow Ogniotrwałych *(Gliwice - Polen)*
impact - der Stoß, der Schlag
impact cleavers - der Prallspalter
impact crusher - der Prallbrecher, die Prallmühle
impact idler - die Dämpfungsrolle
impact mill - die Prallmühle
impact pressure - der Staudruck
impact strength - die Schlagfestigkeit
impact test - der Schlagversuch
impactive wear - der Schlagverschleiß
impeller - das Schaufelrad, das Flügelrad, das Laufrad
impenetrable - undurchdringlich
imperfect shape - die fehlerhafte Nahtform
imperfection - der Werkstoff-Fehler, der Materialfehler
imperfection number - die Trennschärfe
Imperial smelting process *for combined pyrometallurgical production of lead and zinc, IS process* - das Imperial Smelting Verfahren zur gleichzeitigen pyrometallurgischen Blei- und Zinkherstellung, *Abk.: IS Verfahren*
impermeable - undurchlässig
imponderable - unwägbar
import - die Einfuhr, der Import
impoverishment of the electrolyte - die Verarmung des Elektrolyten
impregnate - tränken, imprägnieren
impregnation - das Tränken
impression - der Eindruck
impression hardness - die Eindruckhärte
improve - verbessern
improved efficiency - der verbesserte Wirkungsgrad
improved quality - die verbesserte Güte
improvements - die Verbesserung

impurities - die Begleitelemente
impurities of electrolyte - die Elektrolytverunreinigungen
impurity - die Verunreinigung, der Fremdkörper, das Begleitelement, das Begleitbestandteil
impurity effect - der Begleitelementeinfluß
impurity elimination *(refining)* - die Begleitelemententfernung
IN = Indiana *(USA)*
IN = Republic of India - Republik Indien
in furnace NOx reduction technology - die Stickoxid-Reduktionstechnologie im Ofen
in place leaching - die Untertagelaugung
in service operation - die Arbeit im Betriebszustand
in situ composite - in situ Verbundwerkstoff
in situ leaching - die Laugung in der Lagerstätte, die Untertagelaugung
inaccurate - ungenau
inboard chain - die Mittenkette
incalculable - unberechenbar
incandescence - die Glut
incandescent - glühend, weißglühend
inch (1" = 25.4 mm) - Zoll
inch rod - der Zollstock
inch stick - der Zollstock
inches penetration per month, *IPM* - Zoll Eindringtiefe pro Monat
incinerate - einäschern, veraschen, in Asche verwandeln
incineration dish - die Veraschungsschale
incinerator for industrial waste - die Verbrennungsanlage für Industrieabfälle *(z.B. Rückstände aus der Chemie)*
incipient crack - der Anriß
incipient fracture - der Anbruch
incision - der Einschnitt
inclination - die Absicht, die Tendenz, das

inclined

Einfallen, die Neigung, das Gefälle
inclined - einfallend, geneigt
inclined angle - der Öffnungswinkel
inclined lance - die Schräglanze
inclined position - die Zwischenposition
inclined stirrer - der geneigt angeordnete Rührer
inclusion - der Einschluß, der Fremdkörper
inclusion deformation - die Einschlußverformung
inclusion floating up - das Aufsteigen von Einschlüssen
inclusion line - die Einschlußlinie
incoherent - nicht zusammenhängend, inkohärent
incombustibility - die Unverbrennbarkeit
incombustible part of coal - der unverbrennbare Teil der Kohle, die Asche
incomplete - unvollständig, nicht vollständig
incompressible - nicht zusammendrückbar
increase - erhöhen, steigern, vermehren, zunehmen
increase of capacity - die Kapazitätserhöhung
increase of surface charge - die Erhöhung der Eigenladung
increasing - die Zunahme, die Steigerung
indebtment - die Verbindlichkeit
indent - die Riefe, der Einschnitt, die Kerbe
indented - gezahnt, verzahnt
indeterminated - unbestimmt, nicht terminiert
index - der Zeiger
index number - die Messzahl
index value - der Kennwert
indexing line - die Kennlinie
India, Republic of - Republik Indien, *IN*
india rubber - der Kautschuk, das Gummi
indicate - anzeigen
indicating range - der Anzeigebereich
indicator - der Anzeiger, das Anzeigegerät
indirect extrusion - das indirekte Strangpressen
indirect heat welding - das indirekte Heizelementschweißen
indirect heating - das indirekte Erhitzen
indium - das Indium, In
indium addition - der Indiumzusatz
indium alloy - die Indiumlegierung
indium boride - das Indiumborid
indium bromide - das Indiumbromid, $InBr$, $InBr_2$, $InBr_3$
indium carbide - das Indiumcarbid
indium carbonate - das Indiumcarbonat
indium chloride - das Indiumchlorid, $InCl_3$
indium coating - das Indiumbeschichten
indium complex - der Indiumkomplex
indium compound - die Indiumverbindung
indium fluoride - das Indiumfluorid
indium hydride - das Indiumhydrid
indium hydroxide - das Indiumhydroxid, $In(OH)_3$
indium iodide - das Indiumjodid, InJ, InJ_2, InJ_3
indium ion - das Indiumion $In(+3)$
indium nitrate - das Indiumnitrat $In(NO_3)_2$, $In(NO_3)_3$
indium nitride - das Indiumnitrid, InN
indium oxide - das Indiumoxid, In_2O_3
indium phsphide - das Indiumphosphid, InP
indium silicate - das Indiumsilikat
indium silicide - das Indiumsilicid
indium sulfate - das Indiumsulfat, $In_2(SO_4)_3$
indium sulfide - das Indiumsulfid, InS, In_2S, In_2S_3

individual support system

individual support system - der Einzelstempelausbau
indivisible - unteilbar
Republic of **Indonesia** - Republik Indonesien, *ID*
induced draught fan - das Saugzuggebläse
induced gas fan - das Saugzuggebläse
inductile - undehnbar
induction brazing - das Induktionshartlöten
induction current - der Induktionsstrom
induction furnace - der Induktionsofen
induction hardening - das Induktionshärten
induction heating - das Induktionserhitzen
induction skull melting process *for titanium production, ISM process* - das Induktion-Schlackenschalen-Schmelzen zur Titanherstellung, *das ISS Schmelzen*
induction soldering - das Induktionsweichlöten
induction spraying - das Induktionsspritzen
induction stirring - das Induktionsbewegen
inductively coupled plasma source, ICP source - die induktiv gekoppelte Plasmaquelle, ICP Quelle
inductively coupled plasma atomic emission spectro, ICP-AES - die ICP-Atomadsorptionsspektrometrie, die ICP-AAS
inductor - die Induktionsspule
INDUGA = Industrieöfen und Gießereianlagen GmbH *(Köln)*
INDUMETAL = Industrias Reunidas Minero Metalurgicas S.A. *(Asua-Bilbao - Spanien)*
industrial accident - der Arbeitsunfall
industrial climate - die Industrieatmosphäre
industrial hygiene - die Industriehygiene
industrial installation - die Betriebsanlage
industrial minerals - die Industrieminerale
industrial plant - das Industriewerk
industrial unit - die Betriebsanlage
industrial waste - der Industrieabfall
industry - die Industrie
industry control office - das Gewerbeaufsichtsamt, *Abk.: GAA*
INE = Idaho National Engineering Lab. *(Idaho Falls - USA)*
inelastic - unelastisch
inelastic scattering - die unelastische Streuung
inert gas atmosphere - die inerte Atmosphäre
inert gas extraction - die Inertgasheißextraktion
inert gas injection - das Inertgaseinblasen
inert gas stirring - das Inertgasbewegen
inert substance - der Ballaststoff
inertia friction welding - das Schwungradreibschweißen
inertness - der Massenwiderstand, die Trägheit
inexploitable *(mining)* - unbauwürdig
infer - folgern, schließen, ableiten
infiltrated air - die Falschluft
infinite - unendlich
infinite variable gear - das stufenlos regelbare Getriebe
inflammability - die Entflammbarkeit
inflammable - entzündlich
inflect - beugen
inflexible - unbiegsam, nicht anpaßbar
influence - die Einwirkung, die Wirkung, der Einfluß
information systems - das Dokumentationswesen

informative

informative - aufschlußreich, lehrreich
infrangible - unzerbrechlich
infrared absorption, IR absorption - die Infrarotabsorption
infrared detector, IR detector - der Infrarotdetektor
infrared radiation, IR radiation - die Infrarotstrahlen
infrared reflexion, IR reflexion - die Infrarotreflexion
infrared spectrometry, IR spectrometry - die Infrarotspektrometrie, Abk.: IR-Spektrometrie
infrastructure - die Infrastruktur
infusible - unschmelzbar
infusorial earth - der Kieselgur
ingate of mould - der Anschnitt einer Gußform, der Eingußtrichter
ingate - der Anschnitt
ingot - der Block
ingot bar - der Kerbbarren *(Lieferformat für Legierungszwecke)*
ingot bottom - der Blockfuß
ingot butt - der Stummelblock
ingot crane - der Blockkran
ingot dogs - die Blockzange
ingot for forging - der Schmiedeblock
ingot gold - das Barrengold
ingot head - der Blockkopf
ingot mould - die Blockkokille
ingot mould casting - der Kokillenguß, der große Einzelguß
ingot mould consumption - der Blockkokillenverbrauch
ingot mould treatment - die Blockkokillenbehandlung
ingot mould wash - die Blockkokillenschlichte
ingot pusher - der Blockdrücker
ingot steel - der Blockstahl
ingot stripping bay - die Kokillenstripphalle *(bzw. Hallenteil)*
ingot tilter - der Blockkipper
ingot tongs - die Blockzange
ingot top - das obere Blockende
ingotism - die grobstengelige Gußstruktur *(mit dendritischer Gefügeausbildung, beginnend an der kalten Oberfläche der Form, mit langen Kristallen von außen nach innen)*
inhibitor - der Hemmstoff *(behindert chem. Vorgänge)*, der Elektrolytzusatz, der Beizzusatz
initial - anfangs, anfänglich
initial base line - die Grundlinie, die als Ausgangslinie einer Vermessung dient
initial cost - die Anlagekosten, die Anfangskosten
initial stress - die Vorspannung
initial tension - die Vorspannung
initial value - der Anfangswert
injection - die Injektion, die Einspritzung
injection pump - die Einspritzpumpe
injection valve - das Einspritzventil
injury - der Unfall
injury prevention - die Unfallverhütung
inkastone - das Mineral: der Inkastein, das Eisensulfid, FeS_2
inlet - der Einlaß
inlet line - die Zuflußleitung
inlet valve - das Einlaßventil
inner tube - das Innenrohr
inoculant - der Impfstoff, das Impfen
inodorous - geruchlos
inorganic binder - das anorganische Bindemittel
inorganic bonded sand - der anorganisch gebundene Sand
inorganic chemistry - die anorganische Chemie
input shaft - die Antriebswelle *(Getriebe)*
inrush of water - der Wassereinbruch
inscription - die Inschrift
insert - einsetzen, einwerfen, einlegen

insert anodes

insert anodes - die Anoden einhängen
insert tip - die Wendeschneidplatte
inserts for welding electrodes - der Elektrodeneinsatz
inset - der Anschlag *(Schachtförderung)*
inside air - die Raumluft
inside diameter, id (i/d) - der Innendurchmesser, die Lochweite
insoluble - unlöslich
insolvency - die Zahlungsunfähigkeit, die Insolvenz
inspection - die Prüfung *(Bewertung und bemusterung)*
inspection department - die Überwachungsabteilung
inspector - der Aufseher, der Kontrolleur
instability - die Unbeständigkeit
install - einbauen, aufstellen
installation - die Einrichtung, die eingebaute Anlage
installed rating - die installierte Antriebsleistung
instant - der laufende Monat
instant response of engine - das sofortige Ansprechen eines Motors
instantaneous - momentan, plötzlich
instantaneous value - der Augenblickswert
institut de recherches de la sidérurgie francaise refing process, IRSID refining process - das Frischverfahren der IRSID, das IRSID Frischverfahren
institution - die Organisation
institution of welding, IOW - das Schweißinstitut
instruction - die Anweisung, die Betriebsvorschrift
instruction paper - die Bedienungsanleitung
instrument board - das Armaturenbrett
instrument for chemical analysis - das Gerät für chemische Analyse
instrument mechanic - der Armaturenschlosser
instrumental error - der Fehler des Meßgerätes
insulate - isolieren
insulator - der Isolator
insurance - die Versicherung
intake air - die Ansaugluft
intake elbow - der Ansaugkrümmer
integer number - die ganze Zahl
integrated circuit, IC - die integrierte Schaltung
integrated off-gas system - der Abgasverbund
intended use - der Verwendungszweck
intensify - verstärken
intensifyer - der Verstärker
intensity - die Heftigkeit, die Intensität, die Stärke
interbedded - zwischengelagert, eingelagert
interchange - auswechseln, tauschen
intercomes for noise zones - die Sprechanlagen für Lärmbereiche
intercommunication set - die Sprechanlage
interdependent - in gegenseitiger Abhängigkeit, abhängig voneinander, gegenseitig abhängig
interface - die Grenzfläche
interface tension - die Grenzflächenspannung
interferometer - der Interferometer
intergranular corrosion - die interkristalline Korrosion
intergranular cracking - die interkristalline Rißbildung
intergranular diffusion - die interkristalline Diffusion
intergrown mineral or ore - das verwachsene Mineral oder Erz
interior ... - inner..., innen...

interior lighting

interior lighting - die Innenbeleuchtung
interlock - verriegeln
intermediate - zwischen
intermediate annealing - das Zwischenglühen
intermediate gearing - das Zwischengetriebe
intermediate graphite shape - die Graphitzwischenform
intermediate paper - das Zwischenergebnis
intermediate pressure cylinder - der Mitteldruckzylinder
intermediate product - das Zwischenprodukt
intermediate shaft - die Verbindungswelle Zwischenwelle
intermediate space - der Zwischenraum
intermediate structure - das Gerüst *(einschließlich des Fördergurtes)*
intermetallic compound - die intermetallische Verbindung
intermittend - nicht zusammenhängend, unterbrochen
intermittend operation - der unterbrochene Betrieb, der Stoßbetrieb
intermittend weld - die unterbrochene Naht
intermittent galvanostatic polarization technic - die IGP Technik
internal - Innen... eingebaut, intern
internal action - die innere Wirkung
internal angle - der Innenwinkel
internal combustion engine - der Verbrennungsmotor
internal crack - der Innenriß
internal cross section - der lichte Querschnitt
internal defect - der Innenfehler
internal energy - die innere Energie
internal exhaust - die Innenabsaugung
internal grinding - das Innenschleifen
internal oxidation - die innere Oxidation
internal porosity - der Innenlunker
internal pressure - der Innendruck
internal stress - die Restspannung, die Innenspannung
international activity - die internationale Aktivität
international association for the exchange of students for technical experience, *IAESTE* - die Internationale Studentenaustausch-Organisation
international deep drawing research group, *IDDRG* - die Internationale Tiefzieh-Forschungsorganisation
international electrotechnical commission, *IEC* - die internationale elektrotechnische Kommission
international institute of welding, *IIW* - das internationale Schweißforschungsinstitut
international iron and steel institute, *IISI* - das internationale Eisen- und Stahlinstitut
international law - das internationale Recht
international negotiation - die zwischenstaatliche Verhandlung
international organization for standardization, - die internationale Standardisierungorganisation, *ISO*
international organisation - die internationale Organisation
interparticle crushing - die Gutbettzerkleinerung
interpolate - interpolieren
interpolate - das Berechnen von Werten, die zwischen bekannten Werten einer Funktion liegen
interprete - deuten
interrupter - der Unterbrecher
interruption - die Unterbrechung
intersect - sich kreuzen, schneiden *(Vermessung)*

interstice

interstice - der Zwischenraum
interstitial - das Zwischengitteratom
interstitial free steel, *IF steel* - der IF Stahl
interstitial solid solution - der interstitielle Mischkristall
intimate mixture - das innige Gemisch
intricate device - die verwickelte Vorrichtung
intrinsic charge - die Oberflächenladung
intrinsic value - der wahre Wert
introduction - die Einführung, die Vorstellung
to apply for an **invention** - die Erfindung anmelden
invention - die Erfindung
inventory - die Bestandsaufnahme, die Inventur, die Bestandsliste
inverse - umgekehrt
inverse segregation - die umgekehrte Blockseigerung, die negative Seigerung
investigate - untersuchen
investigation - die Untersuchung, die Forschungsarbeit
investigator - der Forscher
investment - die Kapitalanlage, die Investitionen, das Anlagekapital, die Einlage, die Beteiligung
investment mould - die Feingießform
investment moulding - das Gießen mit verlorener Gießform
inward - einwärts
IO = British Indian Ocean Territory
iodiferous - jodhaltig
iodine - das Jod, J
iodine acid - die Jodsäure, HJO_3
iodine addition - der Jodzusatz
iodine chloride - die Jodchlorid, JCl, JCl_3
iodine complex - der Jodkomplex
iodine compound - die Jodverbindung
iodine ion - das Jodion, J(+1), J(+5), J(+7), J(-1)

ion - das Ion
ion beam - der Ionenstrahl
ion beam coating - das Ionenstrahlbeschichten
ion beam thinning - das Ionenstrahlabdünnen
ion beam welding - das Ionenstrahlschweißen
ion bombardement etching - das Ionenstrahlätzen
ion chromatography - die Ionenchromatographie
ion exchange - der Ionenaustausch
ion exchange resin - das Ionenaustauscherharz
ion exchanger - der Ionenaustauscher
liquid **ion exchanger,** *Shell Metal Extractant 529* - der flüssige Ionenaustauscher, *SME 529*
ion implantation - die Ionenimplantation
ion microprobe - die Ionenmikrosonde
ion microprobe analysis - die Ionenmikrosondeanalyse
ion nitriding - das Glimmnitrieren
ion source - die Ionenquelle
ionic bond - die Ionenbindung
ionization - die Ionenbildung
ionization potential - das Ionisationspotential
ionizing radiation - die ionisierenden Strahlen
ionizing wet scrubber, IWS - der IWS Wäscher
IOW = institution of welding - das Schweißinstitut
IPM = inches penetration per month - Zoll Eindringtiefe pro Monat
IPMI = International Precious Metals Inst. *(Bethlehem - USA)*
IQ = Republic of Iraq - Republik Irak
IR = Islamic Republic of Iran - Islamische Republik Iran
IR absorption = infrared absorption - die

Infrarotabsorption
IR detector = infrared detector - der Infrarotdetektor, *IR-Detektor*
IR radiation = infrared radiation - die Infrarotstrahlen, *IR-Strahlen*
IR reflexion = infrared reflexion - die Infrarotreflexion
IR spectrometry = infrared spectrometry - die Infrarotspektrometrie, *IR-Spektrometrie*
Islamic Republic of **Iran** - Islamische Republik Iran, *IR*
Republic of **Iraq** - Republik Irak, *IQ*
Ireland - Irland, *IE*
iridium - das Iridium, Ir
iridium addition - der Iridiumzusatz
iridium alloy - die Iridiumlegierung
iridium boride - das Iridiumborid
iridium bromide - das Iridiumbromid, $IrBr_2$, $IrBr_3$
iridium carbide - das Iridiumcarbid
iridium carbonate - das Iridiumcarbonat
iridium chloride - das Iridiumchlorid, $IrCl$, $IrCl_3$
iridium coating - das Iridiumbeschichten
iridium complex - der Iridiumkomplex
iridium compound - die Iridiumverbindung
iridium fluoride - das Iridiumfluorid, IrF_6
iridium hydride - das Iridiumhydrid
iridium hydroxide - das Iridiumhydroxid, $Ir(OH)_4$
iridium iodide - das Iridiumjodid, IrJ_2
iridium ion - das Iridiumion, $Ir(+3)$, $Ir(+4)$
iridium nitrate - das Iridiumnitrat, $IrNO_3$, $Ir(NO_3)_2$, $Ir(NO_3)_3$
iridium nitride - das Iridiumnitrid
iridium oxide - das Iridiumoxid
iridium phosphate - das Iridiumphosphat
iridium phosphide - das Iridiumphosphid

iridium silicate - das Iridiumsilikat
iridium silicide - das Iridiumsilicid
iridium sulfate - das Iridiumsulfat
iridium sulfide - das Iridiumsulfid
iron - das Eisen, Fe
iron addition - der Eisenzusatz
iron alloy - die Eisenlegierung
iron alum - Ammoniumeisen(III)-sulfat, Eisenalaun, $Fe(SO_4)_2(NH_4)_2$
iron and steel industry - die Eisen- und Stahlindustrie
iron and steel plant - das Eisenhüttenwerk
iron blast furnace slags, *iron-gehlenite* - die Hochofenschlacke, das Eisen-Gehlenit, Ca_2FeSiO_7
iron blast furnace slags, *iron-akermanite* - die Hochofenschlacke, *der Eisen-Akermanit*, $Ca_2FeSi_2O_7$
iron boride - das Eisenborid, FeB, Fe_2B
iron bromide - das Eisenbromid, $FeBr_3$
iron carbide - das Eisencarbid, Fe_3C, Fe_2C
iron carbon alloy - die Eisen-Kohlenstoff-Legierung
iron carbonate, *as mineral: siderite* - der Siderit, der Spateisenstein, $FeCO_3$
iron carbonate - das Eisencarbonat, $FeCO_3$
iron carbonyl - das Eisencarbonyl, $Fe(CO)_5$
iron chloride - das Eisenchlorid, $FeCl_2$, $FeCl_3$
iron coating - das Eisenbeschichten
iron complex - der Eisenkomplex
iron compound - die Eisenverbindung
iron fluoride - das Eisenfluorid, FeF_3
iron foundry - die Eisengießerei
iron hydride - das Eisenhydrid
iron hydroxide - das Eisenhydroxid, $Fe(OH)_2$, $Fe(OH)_3$
iron iodide - das Eisenjodid, FeJ_2

iron ion

iron ion - das Eisenion, Fe(+2), Fe(+3)
iron kies - der Eisenkies, der Pyrit, FeS_2
iron melting furnace - der Eisenschmelzofen
iron nitrate - das Eisennitrat, $Fe(NO_3)_3$
iron nitride - das Eisennitrid, Fe_2N, Fe_3N, Fe_4N, Fe_8N
iron ore, magnetite - der Magnetit (Eisenerz), Magneteisenstein, $Fe3O_4$
iron ore - das Eisenerz
iron oxide - das Eisenoxid, Fe_3O_4, FeO, Fe_2O_3
iron phosphate - das Eisenphosphat, $FePO_4$
iron phosphide - das Eisenphosphid, Fe_3P
iron power electrode - die Fe Elektrode
iron power flux - das eisenhaltige Schweißpulver
iron silicate - das Eisensilikat
iron silicide - das Eisensilicid, FeSi, Fe_3Si, Fe_5Si_3
iron steel industry - die Eisen und Stahlindustrie
iron sulfate - das Eisensulfat, $FeSO_4$, $Fe_2(SO_4)_3$
iron sulfide- das Eisensulfid, FeS_2
iron-(II)-chloride, *ferrous chloride* - das Ferrochlorid, *(Eisen-(II)-chlorid)*, $FeCl_2$
iron-(II)-hydroxide, *the water soluble ferrous hydroxide* - das wasserlösliche Ferrohydroxid, $Fe(OH)_2$
iron-(II)-ion, *the water soluble ferrous ion* - das wasserlösliche Ferroion, Fe(+2)
iron-(II)-oxide, *ferrous oxide* - das Ferrooxid, Eisenoxydul, FeO
iron-(II)-sulfate, *ferrous sulfate* - das Ferrosulfat, $FeSO_4$
iron-(II/III)-oxide, *ferroso ferric oxide* - das Trieisentetroxid-Eisen, Fe_3O_4
iron-(III)-chloride, *ferric chloride* - das Ferrichlorid, $FeCl_3$
iron-(III)-ion, *the water insoluble ferri ion* - das wasserunlösliche Ferriion, Fe(+3)
iron-(III)-oxide, *ferric oxide* - das Ferrioxid, Fe_2O_3
iron-(V)-carbonyl - das Eisen-(V)-karbonyl, Eisenpentakarbonyl, $Fe(CO)_5$
iron-akermanite, *iron blast furnace slags* - der Eisen-Akermanit, *die Hochofenschlacke,* $Ca_2FeSi_2O_7$
iron-carbon-diagram, Fe-C-diagram - das Eisen-Kohlenstoff-Diagramm, *das Fe-C-Diagramm*
iron-gehlenite, *iron blast furnace slags* - das Eisen-Gehlenit, *die Hochofenschlacke,* Ca_2FeSiO_7
irradiation - die Bestrahlung
irregular - unregelmäßig
irregular fracture - das ungleichmäßige Bruchgefüge
irregularity - das Ungleichmäßige
irreversible - nichtumkehrbar, irreversibel
irrigate - bewässern
irrigation - die Bewässerung
IRSID refining process = institut de recherches de la sidérurgie francaise refining process - das Frischverfahren der IRSID
IS = Republic of Iceland - die Republik Island
IS process = Imperial smelting process for combined pyrometallurgical production of lead and zinc - das Imperial Smelting Verfahren zur gleichzeitigen pyrometallurgischen Blei- und Zinkherstellung, *das IS Verfahren*
ISA process *(modern copper refining electrolysis)* - die moderne Kupfer-Raffinationselektrolyse, *das ISA Verfahren*
ISIJ = Iron and Steel Inst. of Japan *(Tokyo)*
island structures - das Inselgefüge
ISM process = induction skull melting process - das Induktions-Schlackenschalen-Schmelzen *(Titanherstellung)*

ISO

ISO = international organization for standardization - die internationale Standardisierungorganisation

isocorrosion lines - die Isokorrosionslinien

isoforming - das temperaturgeregelte Warmumformen

isolator - der Trennschalter

isomorphism - die Isomorphie

isostatic compaction - das isostatische Pressen

isothermal annealing - das isotherme Glühen

isothermal section - der isotherme Schnitt

isothermal transformation curve, *IT curve* - die isotherme Umwandlungskurve

isotope dating - die Isotopenaltersbestimmung

isotope effect - der Isotopeneffekt

isotope fluorescence analysis, IF analysis - die Isotopenfluorescenzanalyse, *IF Analyse*

isotopes - das Isotop

isotropy - die Isotropie

ISP = Imperial Smelting Processes Ltd. *(Bristol - London)*

State of **Israel** - der Staat Israel, *IL*

IT = Italy, *Italian Republic Italien* - Italienische Republik

IT curve = isothermal transformation curve - die isotherme Umwandlungskurve

itabirite - Itabirit

Italy, *Italian Republic* - Italien, *Italienische Republik*, *IT*

itemized costs - die Einzelkosten

ITIA = International Tungsten Industry Association *(London)*

IWS = ionizing wet scrubber - der IWS Wäscher

Izod notch - die scharfe Kerbe zur Bestimmung der Schlagbiegefestigkeitnach Izod *(Kerbschlagzähigkeit)*

jack - die Winde, der Hebebock

jack head *(mining)* - der Blindschacht

jacket - die Ofenumhüllung, der Mantel eines Ofens

jackleg(s) - die Bohrhammerstütze

jalpaite - das Mineral: der Jalpait; Ag_3CuS_2

jam - klemmen festfahren

jam nut - die Gegenmutter

jam vice - der Schraubstock

Jamaica - Jamaika, *JM*

jamesonite - das Mineral: der Jamesonit; $Pb_4FeSb_5S_4$, $Pb_4FeSb_6S_{14}$

janitor - der Pförtner

Japan - Japan, *JP*

jaw - die Klemmbacke

jaw clutches - die Zahnkupplungen

jaw crusher - der Backenbrecher

JCDA = Japan Copper Development Association *(Tokyo)*

jememejevite, *eremeyevite* - das Mineral: Eremeyevit, Jeremejevit, $Al_2O_3 * B_2O_3$

jet burner - der Strahlbrenner

jet condenser - der Einspritzkondensator

jet engine - der Düsenmotor

jet galvanizing machine - die Düsenverzinkungsmaschine

jet machine - die Strahlmaschine

jet pump - die Strahlpumpe

jib - der Ausleger, der Abwurfausleger

jib crane - der Auslegerkran

jib end - das Abwurfende

jig - die Setzmaschine, der Setzkasten

small jig - die Feinkorn-Setzmaschine

jig assembly - die Montagevorrichtung

jigging - die Setzarbeit

jigging screen - das Rüttelsieb

JIM = Japan Inst. of Metals *(Sendai)*

JKMRC = Julius Kruttschnitt Mineral Research Centre *(Indooroopilly - Austra-*

lien)
JLZDA = Japan Lead Zinc Development Association *(Tokyo)*
JM = Jamaica - Jamaika
JO = Hashemite Kingdom of Jordan - Haschimitisches Königreich Jordanien
job - die Gelegenheitsarbeit, die Beschäftigung
Johnsom drum - die Johnson Trommel *(gravimetrische Golderzaufbereitung)*
join - verbinden
joiner - der Schreiner
joiner - der Tischler
joiner's bench - die Hobelbank
joint - die Verbindungsstelle, die Naht, die Fuge, das Gelenk
joint face - die Trennfläche
joint grouting mixes - die Fugenvergußmasse
joint purging porous plug - der Fugenspüler, der Gasspülstein
joint resistance - der Verbindungswiderstand
joint stock - das Aktienkapital
joint venture - der Unternehmenszusammenschluß zur Minderung des Risikos bei gewagten Projekten, die Verbundunternehmung
jointing compound - die Dichtungsmasse
jointless - fugenlos
jolt squeeze moulding machine - die Rüttelpreßformmaschine
jolt table - der Rütteltisch
jolting - das Rütteln, das Stoßen
Jominy test - der Stirnabschrecktest
Hashemite Kingdom of **Jordan** - Haschimitisches Königreich Jordanien, *JO*
journal - die Zeitschrift
journey man - der Tagelöhner
journey work - die Tagelohnarbeit, die Gelegenheitsarbeit
Jowago process - Jochen Wanderer Gotha Verfahren
JP = Japan
judicial subjects - die Rechtsfragen
jumped sheet - das bucklig gewalzte Blech
jumping - das Stauchen
jumping drilling - die Stauchbohrung
T-junction - die Streckengabelung *(Streb-Streckenübergang) T-förmiger Abzweig*
junction - der Kreuzungspunkt, die Streckengabelung
junk - die Abfälle, das Alteisen
junks of lead batteries - der Bleiakkuschrott
junky metallurgy - die Schrottverhüttung
juxtaposition - die Nebeneinanderstellung, das Wachstum der Kristalle durch Anlagerung kleinster Teilchen

K

K+S = Kali+Salz AG *(Kassel)*
KACC = Kaiser Aluminium and Chemical Corp.
KACC 195 kA cell = Hall Heroult cell of Kaiser Aluminum Chemical Corporation - der Aluminiumschmelzflußelektrolyseofen von KACC mit 195 kA Strombeaufschlagung
kainite - das Mineral: der Kainit, $KCl * MgSO_4 * 3H_2O$
Kaldo = Kalling-Domnarvet
Kaldo converter - der Kaldokonverter
Kaldo process - das Kaldoverfahren
Kaldofurnace - der Kaldoofen
kalkowskyn - das Mineral: der Kalkowskyn, $Fe_2Ti_3O_9$
kalomel - das Quecksilberchlorid, Kalomel, Hg_2Cl_2
Democratic Kampuchea - Kampuchea, (früher: Kambodscha, Khmer Re-pu-blik), *KH*
Kansas = KS *(USA)*
kaolin - das Mineral: das Kaolin, $Al_2O_3 * 2SiO_2 * 2H_2O$
kaolin, *plastic refractory clay* - der Kaolinklebsand
kaolin sand - der Kaolinsand
kaolinitic clay - der kaolinitische Ton
kaolinsilicate, dickite - das Kaolinsilikat, Dickit
kappa phase - die Kappaphase
karnallite - das Mineral: der Karnallit, $KCl * MgCl_2 * 6H_2O$
Kawasaki process - das Kawasaki Verfahren

KBFI process = Kloeckner blast furnace injection process - das Klöcknerverfahren zum Kohleeinblasen in den Hochofen, *Abk.: KBFI Verfahren*
KCM = Kidd Creek Mines Ltd. *(Timmins - Canada)*
KE = Republic of Kenya - die Republik Kenia
keel girder - der Heckträger
keen edged - scharfkantig
keep away from the light - schützen gegen Lichteinfall (unter Lichtschutz aufbewahren)
keep in darkness - im Dunkeln aufbewahren
keeping from contact with air - Aufbewahren unter Luftabschluß
keeping screw - die Halteschraube
keg - das Faß, die Tonne
Kennecott Cuprion process - das Kennecott Cuprion Verfahren (ammoniakalisch-ammoniumcarbonatisches Laugesystem zur Verhüttung von Manganknollen)
kentledge - das Roheisen als Schiffsballast, das Ballasteisen
Kentucky = KY *(USA)*
Republic of **Kenya** - die Republik Kenia, *KE*
kep - die Aufsatzfalle, der Anschlag *(für den Förderkorb), die Schachtfalle*
kermesite - das Mineral: der Rotspießglanz, der Kermesit, Sb_2S_2O
kernite (less water containing than borax) - das Mineral: der Kernit (weniger wasserhaltig als Borax), $Na_2B_4O_7 * 4H_2O$
kettle - der Seilfahrtkübel, der Kessel
kettleback - die Auswaschung *(im Flöz)*
Keuper - der Keuper
Keuper marl - der Keupermergel
kevel - die Gangart
kevell - der Kalkspat, der Kalzit

kevil

kevil - die Fördermenge einer Hauergruppe pro Zeiteinheit

KEX = potassium ethyl xanthate *(collector for flotation)* - das Kalium-Ethyl-Xanthat *(Sammler in der Flotation)*

key - 1. der Keil; 2. die Drucktaste; 3. der Schlüssel

key and slot - der Federkeil und die Nut, *Abk.: Nut und Feder*

key bed - die Leitschicht, der Leithorizont

key board - die Tastatur

key fossil - das Leitfossil

key hole - das Einbruchsloch

key lever - der Tastenhebel

key rock - die Leitschicht

key room - die Mittelkammer im Kammerpfeilerbruchbau

key seat milling machine - die Keilnutenfräsmaschine

key securing device - die Keilsicherung

key way - die Keilnut

key well - die Einpreßbohrung, die Einpreßsonde

key-hole saw - die Stichsäge

keyed drum - die Festtrommel *(einer Schachtförderanlage)*

keying - die Verkeilung

KfA - die Kernforschungsanlage

KH = Democratic Kampuchea - Kampuchea (früher: Khmer Republik - Kambodscha)

KHD pressure filter - der Druckfilter der Firma: KHD Humboldt Wedag AG [Köln (DE)]

Khmer Republik, *Cambodia* - Khmer Republik *(früher Kambodscha), KH*

kibble - im Kübel fördern

kibble - das Fördergefäß, der Förderkübel, der Abteufkübel

kibble filler - der Schaufelfuzzi auf der Abteufsohle

kick - die geringe Bohrlochabweichung

kick - der Nachweis von Erz *(mit geophysikalischen Mitteln)*

kick starter - der Tretstarter

kick-back dump - der Kopfwipper

kickoff point - der Bohrlochabweichungspunkt

kickup - der Stirnkipper *(Vorrichtung)*

kidney iron ore - das Mineral: 1. der rote Glaskopf; 2. das Niereneisenerz; 3. der nierenförmige Roteisenstein

kidney sulfur - die Pyritlinse *(in Kohlenflözen)*

kieselgur - das Mineral: die Diatomeenerde, das Kieselgur

kieserite - das Mineral: das Kieserit (Magnesiumsulfat), $MgSO_4 \cdot H_2O$

kieve - das Schlämmfaß

kieving - das Schlämmen

kilkenny coal - der Anthrazit

kill - die Schlagwetter

kill a well - eine Bohrung totdrücken

kill foam - den Schaum zerstören *(Aufbereitung)*

kill gas - das Grubengas verdünnen

killas - das schiefrige Nebengestein von Zinnerzgängen

killed steel - der beruhigte Stahl

killow - das Mineral: die Blauerde, die Schwarzerde

kiln - 1. der Röstofen; 2. der Trockenofen; 3. der Brennofen; 4. der Kalzinierofen

kiln-dry - im Ofen trocknen

kilocycle - das Kilohertz, kHz

kilve - der Brandschiefer

Kimberley method - der Firstenstoß- und Magazinbau *(kombiniert)*

kimberlite - das Mineral: der Blaugrund, der Kimberlit

Kimmerian orogeny - die kimmerische Faltung

Kimmeridge coal - der bituminöse Schiefer im Kimmeridge-Ton

Kimmeridge shale

Kimmeridge shale - der Kimmeridge-Schieferton
kind - 1. leicht gewinnbar, einfach abzubauen; 2. die Art
kind of coal - die Kohlenart
kind of sampling - die Bemusterungsart
kind of soil - die Bodenart
Kind's plug - die Rohrziehvorrichtung (nach Kind)
Kind-Chaudron process - das Kind-Chaudron Verfahren *(Schachtbohrverfahren)*
kindebal - das Mineral: der Ozokerit *(weich, schwarz)*
Kinderscout grit - das Mineral: der Sandstein *(grobkörnig)*
kindle - anzünden
kindling point *(temperature)* - der Flammpunkt *(bei flüssigen Brennstoffen)*
kindling point *(temperature)* - die Zündtemperatur *(bei festen Brennstoffen)*
kindly ground - das erzführende Gestein
kindred - blutsverwandt *(Gestein)*
kinematics - die Kinematik
kinetic - kinetisch
kinetic energy - die kinetische Energie
kinetic metamorphism - die mechanische Metamorphose
kinetics - die Kinetik
king bolt - der Achsschenkelbolzen, der Achszapfen, die Königsstange *(beim Förderkorb)*
king detaching hook, *king's hook* - die Königsstange, die Fangvorrichtung *(beim Förderkorb)*
king pile - der Aufstecker in Streckenmitte *(Ausbau)*
king post - die Pochsäule *(Aufbereitung)*
king screen - das Trommelsieb *(mit Innenaustrag des Feingutes)*, die Siebtrommel
king's hook, *king detaching hook* - die Königsstange *(beim Förderkorb)*
kingle - das Mineral: der taube Ölschiefer, der taube Brandschiefer
Kinglor Metor process - das Kinglor Metor Verfahren
kingpin - der Königszapfen, der Hauptbolzen, der Mittelzapfen, der Achszapfen
kink - die Klanke *(in Seilen)*
kink - die Abknickung *(eines Bohrlochs)*
kinking - die Klankenbildung *(in Seilen)*
kip - die Füllortstrecke mit Aufstellgleisen für Vollwagen
kipple - 1. der Turmalinquarzit, der Turmalinhornfels, 2. der Schörlfels, der Schörlschiefer
kir - das verfestigte Erdöl *(an ausgeschwitzten Stellen über Tage)*
Kirkendall effect - der Kirkendalleffekt
Kirkup table - die Luftsetzmaschine *(zur Dreigutscheidung von Steinkohle)*
kirn - von Hand bohren, mit dem Handbohrer bohren
Kiruna method - die Bohrlochneigungsmessung
kirve - unterschrämen, schrämen, schlitzen
kirving - das Schrämen, das Schlitzen, das Kerben
kirvings - das Schrämklein, das Geröll
kish *(pig iron)* - der Garschaum *(Roheisen)*
kishly - das Gangmittel *(im Bleierzbergbau)*
KIVCET process - das KIVCET Verfahren *(Akronym der russischen Wörter Sauerstoff, Schwebeschmelzen, Zyklon, Elektrothermie)*
KIVCET-CS process - das KIVCET-CS Verfahren stellt eine Weiterentwicklung des KIVCET Verfahrens dar: CS sind die russischen Akronyme für Blei und Zink
kiwanite - das Mineral: der Anthrazit *(mit metallischem Glanz)*

Klaprothite

Klaprothite - das Mineral: der Klaprothit, $Cu_6Bi_4S_9$
klaxon - die Hupe
KLM = Key Lake Mining Corp. *(Saskatoon - Canada)*
Kloeckner blast furnace injection process, KBFI process - das Klöcknerverfahren zum Kohleeinblasen in den Hochofen, *das KBFI Verfahren*
KM = Comoro Islands - die Comoro Inseln
knacker - der Abdecker, der Schinder
knead - kneten
kneading - durchkneten
kneading alloy - die Knetlegierung
knee - das Knie, der Krümmer, das Winkeleisen
knife - das Messer, die Schneide
knife blade - die Messerklinge
knife edge corrosion - die Messerlinienkorrosion
knife edged - messerscharf
knife switch - der Kipphebelschalter
Knight shift - die Knight Verschiebung
knife edge - die Schneide
knob - der runde Griff, der Knauf, der Knopf
knob - der Ast *(im Holzstück)*
knobstick (british) - der Streikbrecher
knock off - klopfen *(Motor)*
knockout - das Ausformen
knoll - die Bergkuppe
Knoop hardness - die Knoop Härte
knopite - das Mineral: der Knopit, $(Ca,Ti,Ce_2)O_3$
knot hole - das Astloch
knot of rope - die Seilschlaufe, der Knoten
knotted - verschlungen
Knudson effusion - die Knudsen-Effusion
kobellite - das Mineral: der Kobellit, $Pb_2(Bi,Sb)_2S_5$

Koho process - das Koho Verfahren
Kondo effect - der Kondo-Effekt
KOSTE process - das Kohlenstaubeinblaseverfahren, *das KOSTE Verfahren*
KP = Democratic People's Republic of Korea - Demokratische Volksrepublik Korea
KR = Republic of Korea - Republik Korea
KREC = Karnataka Regional Engineering College *(Surathkal - Indien)*
krennerite - das Mineral: der Krennerit, $(Au,Ag)Te_2$
Kroll process *(titanium production)* - das Kroll-Verfahren zur Titanherstellung
krupp sponge iron process - das Krupp-Eisenschwamm-Verfahren
Krupp-Renn process - das Krupp-Renn-Verfahren
krypton - das Krypton, Kr
KS = Kansas *(USA)*
KTH = Kungliga Tekniska Hoegskolan *(Stockholm)*
KW = State of Kuwait - der Staat von Kuwait
KY = Kentucky *(USA)*
kyanite - der Kyanit, Bauxitmineral, $Al_2O_3 * SiO_2$

L

LA = Louisiana *(USA)*
LA = Kingdom of Laos - Königreich Laos
label - der Adreß-aufkleber, das Etikett
labile - unbeständig, unsicher
laboratory - das Laboratorium, das Labor
laboratory boy - der Spüljunge
laborious - mühsam, anstrengend, arbeitsam, fleißig
labour - 1. der Arbeiter; 2. die Mühe

labour camp

labour camp - das Arbeitslager
labour costs - die Lohnkosten
labour market - der Arbeitsmarkt
labour party - die Arbeiterpartei
labour protection - der Arbeitsschutz
labour saving device - die arbeitsparende Einrichtung
labour statistics - die Arbeitskräftestatistik
labour trouble - die Schwierigkeiten mit der Arbeiterschaft
labour turnover - der Stellenwechsel
labour union - die Gewerkschaft
laboured - schwerfällig, umständlich
labouring classes - die Arbeiterbevölkerung
labours - die Belegschaft
lacing machine - die Bandverbindemaschine
lack of fusion - der Bindefehler
lacquer - der Lack, die Lackfirnis
lacquer crack technique - das Reißlackverfahren
lacquering - die Lackierung
lactic acid - die Milchsäure
ladder - die Sprossenleiter, die Leiter
ladder dredge - der Eimerbagger
ladder of fame - die Leiter des Ruhms, die Erfolgsleiter
ladle - die Pfanne
ladle - die Gießpfanne
ladle car - der Pfannenwagen
ladle carriage - der Gießwagen
ladle furnace - der Pfannenofen
ladle lining - die Pfannenausmauerung
ladle lining - die Gießpfannenauskleidung
ladle lining - das Pfannenfutter
ladle lip - die Pfannenschnauze
ladle metallurgy - die Pfannenmetallurgie
ladle nozzle - der Pfannenausguß
ladle pit - die Schlackengrube *(in der Gießerei)*
ladle sample - die Probe aus der Pfanne
ladle treatment - die Pfannenbehandlung
ladling - das Abgießen
ladling - das Auskellen
laevulinic acid - die Lävulinsäure $C_5H_8O_3$, $CH_3CO(CH_2)_2COOH$
lag - verziehen *(Auskleiden der Zwischenräume zwischen d. Ausbauten e. Strecke)*
lagging - der Verzug
lagging plate - das Verzugsblech
lamb wave - die Lamb-Welle
lamellar - blättrig
lamellar graphite - der Lamellengraphit
lamellar structure - die blättrige Struktur
lamellar structure - das Lamellargefüge
lamellar tearing - die lamellare Rißbildung
lamina - das Plättchen
laminar flow - die wirbelfreie Strömung, die laminare Strömung
laminated - 1. blättrig, 2. geschichtet
laminated deposit - die Schichtlagerstätte
laminated glas - das Verbundglas
laminated material - der Schichtwerkstoff
laminated plastics - der Schichtkunststoff
laminated spring - die Blattfeder
lamp - die Lampe
lamproom - die Lampenstube
lance - die Lanze
land office - das Grundbuchamt
land tax - die Grundsteuer

lane

lane - die Gasse, der Feldweg

lansfordite - das Mineral: der Lansfordit, $MgCO_3 \cdot 5H_2O$

lanthalum - das Lanthan, La

lanthanide rare earth metal - das Seltenerdmetall, das Lanthanid

lanthanide ion - das Lanthanidion

lanthanum addition - der Lanthanzusatz

lanthanum alloy - die Lanthanlegierung

lanthanum boride - das Lanthanborid, LaB_6

lanthanum bromide - das Lanthanbromid, $LaBr_3$

lanthanum carbide - das Lanthancarbid LaC_2

lanthanum carbonate - das Lanthancarbonat, $La_2(CO_3)_3$

lanthanum chloride - das Lanthanchlorid, $LaCl_3$

lanthanum complex - der Lanthankomplex

lanthanum compound - die Lanthanverbindung

lanthanum fluoride - das Lanthanfluorid, LaF_3

lanthanum hydride - das Lanthanhydrid

lanthanum hydroxide - das Lanthanhydroxid, $La(OH)_3$

lanthanum iodate - das Lanthanjodat, $La(JO_3)_3$

lanthanum ion - das Lanthanion $La(+3)$

lanthanum nitrate - das Lanthannitrat, $La(NO_3)_3$

lanthanum nitride - das Lanthannitrid, LaN

lanthanum oxide - das Lanthanoxid, La_2O_3

lanthanum phosphate - das Lanthanphosphat, $LaPO_4$

lanthanum phosphide - das Lanthanphosphid

lanthanum silicate - das Lanthansilikat

lanthanum silicide - das Lanthansilicid

lanthanum sulfate - das Lanthansulfat, $La_2(SO_4)_3$

lanthanum sulfide - das Lanthansulfid

lanyard - die Schlaufe, das Taljereep

Kingdom of **Laos** - Königreich Laos, *LA*

lap - die Überlappung

lap joint - der Überlappstoß

lap seam - die Überlappungsnaht

lapidary - die Steinschleiferei

lapidary - der Edelsteinschneider

lapis lazuli - der Lasurstein *(Schmuckstein für das Kunstgewerbe, Aggregat verschiedener Mineralien)*

lapping - das Läppen

large scale production - die großtechnische Produktion

large works - der Großbetrieb *(ab 1000 Mitarbeiter)*

larry car - der Möllerwagen

Laser = light amplification by stimulated emission of radiation - die Hochenergielichtstrahlen

laser beam - der Laserstrahl

laser beam machining - das Laserstrahlbearbeiten

laser brazing - das Laserstrahlhartlöten

laser cutting - das Laserstrahlschneiden

laser soldering - das Laserstrahlweichlöten

laser welding - das Laserstrahlschweißen

laser-spin-atomization, LSA process - das LSA Verfahren *(Pulvermetallurgie)*

LASL = Los Alamos Scientific Laborato-

ry *(USA)*
lasting - echt, dauerhaft
lasting - das Aushalten
lateral - seitlich, quer
lateral control - die Quersteuerung
lateral deviation - die Seitenabweichung
lateral face - die Randfläche
lateral orifice - die Seitenöffnung
lateral pressure - der Seitenschub
lathe - die Drehbank
lathe center - die Drehbankspitze
lathe chuck - das Drehbankfutter
lathe dog - das Drehbankherz
lattice - das Kristallgitter
lattice defect - der Gitterfehler
lattice distortion - die Gitterverzerrung
lattice dynamics - die Gitterdynamik
lattice parameter - der Gitterparameter
lattice swelling - die Gitterschwellung
lattice work - das Gitterwerk
laughing gas, *nitrous oxide* - das Lachgas, Distickstoffmonoxid, N_2O
launch - vom Stapel laufen
launder - die Rinne
launder set - das Gießrinnensystem
laurite - das Mineral: der Laurit $(Ru,Ir,Os)S_2$
lavatory - der Waschraum
laves phase - die Laves Phase
law of probability - das Wahrscheinlichkeitsgesetz
lawrencite - das Mineral: der Lawrencit, $(Fe,Ni)Cl_2$
layer - die Lage, die Schicht
layer by layer - schichtweise, lagenweise
layout - die Gestaltung, die Auslegung, die Planung

layout of melting plant - der Aufbau einer Schmelzanlage
LB = Lebanon - Lebanese Republic Libanon - Libanesische Republik
LCCT = LaQue Center for Corrosion Technology Inc. *(Wrightsville Beach - USA)*
LCJ process = low-contaminant jarosite process - die Weiterentwicklung des Jarositverfahrens mit niedrigem Schadstoffausstoß zum LCJ Verfahren
LD converter = Linz-Donawitz converter - der Linz-Donawitz-*(Sauerstoffaufblas-)* Konverter, der LD Konverter
LD steel - der LD Stahl
LDAC process = Linz-Donawitz / Arbed *(Aciéres Réunies de Burbach-Eich-Dudelange)* / CRM *(Centre de Recherche Métallurgiques)* process - das LDAC Verfahren
leach - die Lauge
leachability - das Auslaugeverhalten
leaching - das Auslaugen
leaching vat - der Laugebottich
leaching-precipitation-flotation, LPF process - Laugen - Zementieren - Flotieren, *LPF Verfahren*
lead - das Blei, Pb
lead - führen, leiten
lead acetate - das Bleiacetat, $Pb(CH_3COO)_2$
lead addition - der Bleizusatz
lead alloy - die Bleilegierung
lead angle - der Steigungswinkel
lead bath furnace - der Bleibadofen
lead bath patenting - die Bleibadpatentierung
lead bath quenching - das Bleibadabschrecken
lead battery - der Bleiakkumulator
lead bearing - bleiführend

lead boride

lead boride - das Bleiborid
lead bromide - das Bleibromid, PbBr, $PbBr_2$
lead carbide - das Bleicarbid
lead carbonate - das Bleicarbonat, $PbCO_3$
lead case - der Bleimantel
lead cast alloy - die Bleigußlegierung
lead chloride - das Bleichlorid, $PbCl_2$
lead chromate - das Bleichromat, $PbCrO_4$
lead coated - verbleit
lead coating - das Verbleien
lead complex - der Bleikomplex
lead compound - die Bleiverbindung
lead concentrate - das Bleikonzentrat
lead containing - bleihaltig
lead dish - die Bleischale
lead dross - das Bleigekrätz
lead fluoride - das Bleifluorid, PbF_2
lead hydride - das Bleihydrid
lead hydroxide - das Bleihydroxid, $Pb(OH)_2$
lead hydroxide-carbonate - das Bleihydroxidcarbonat, das Bleiweiß, $Pb(OH)_2 * Pb(CO_3)_2$
lead iodide - das Bleijodid (intensives gelbes Farbpigment), PbJ_2
lead ion - das Bleiion, Pb(+2), Pb(+4)
lead nitrate - das Bleinitrat, $Pb(NO_3)_2$
lead nitrite - das Bleinitrit, $Pb(NO_2)_2$
lead ore - das Bleierz
lead ore mine - die Blei-erzgrube
lead oxide - das Bleioxid, PbO, PbO_2
lead patenting - das Bleipatentieren
lead pencil drawing - die Bleistiftzeichnung
lead phosphate - das Bleiphosphat
lead phosphite - das Bleiphosphit, $PbPHO_3$
lead poisoning - die Bleivergiftung
lead print - der Bleiabdruck
lead production - die Bleiherstellung
lead protection against rays - der Bleischutz gegen Stahlen
lead raw materials - die Bleirohstoffe
lead refining - die Bleiraffination
lead screw - die Leitspindel
lead sheet - die Bleitafel
lead silicate - das Bleisilikat
lead silicide - das Bleisilicid
lead smelting - die pyrometallurgische Bleiverhüttung
lead smelting plant - die Blei-Rohhütte
lead sulfate - das Bleisulfat, PbSO4
lead sulfide - das Bleisulfid, PbS
leaded bronze - die Bleibronze
leading - 1. das Voreilen, 2. das Verbleien
leading dimensions - die Hauptabmessungen
leading end - das Vorderende
leaf gild - das Blattgold
leaf gilding - die Blattvergoldung
leaf spring - die Blattfeder
leakage - 1. die elektrische Streuung; 2. die Leckage, die Undichtigkeit, das Leckwerden, das Lecken
leaking pipe - das undichte Rohr
leaking tuyere of shaft furnace - die leckende Schachtofenwindform
leaky - leck
lean - geringhaltig, arm, mager
lean coal - die Magerkohle
lean gas - das Schwachgas
lean ore - das arme Erz, das geringhaltige Erz, das Magererz, das Armerz
least square method - die Methode der kleinsten Quadrate
leather - das Leder
leather lining - der Lederbelag
leathern - aus Leder, ledern
Lebanon, *Lebanese Republic* - der Liba-

non, *die Libanesische Republik, LB*
LED = light emitting diode - die Licht emittierende Diode, *LED*
ledeburit - der Ledeburit
ledeburitic steel - der ledeburitische Stahl
ledge - der Sims
ledge - der vorstehende Rand, die Führungsleiste, die Leiste
ledge of aluminium reduction cells side - die seitliche Kruste in Aluminiumreduktionszellen
LEED = low energy electron diffraction
left hand - 1. die linke Hand; 2. linksdrehend
left hand screw - die linksgängige Schraube
left hand thread - das Linksgewinde
leg - der Schenkel, der Kettenbügelschenkel
leg - der Stempel des Ausbaus
leg mounting - die Stempelbefestigung (auf der Grundplatte des Ausbaus)
legislation - die Gesetzgebung
length - die Länge
length along the strike - die streichende Länge
length tolerances - die Längentoleranzen
lengthen - verlängern, anlängen
lens - die Linse
lepidocrocite - das Mineral: der Lepidocrocit, $FeOOH$
lepidolithe - das Mineral: der Lepidolith, der Lithiumglimmer, (K,OH,F)-Li-Al-Silikat
Kingdom of **Lesotho** - Königreich Lesotho, LS
letter foundry - die Schriftgießerei
leucoxene - das Mineral: der Leucoxene (natürliches Alterungsprodukt von Ilmenit, enthält typischerweise ca 65% Titandioxid), TiO_2, $CaTiSiO_5$
Leunakalk - der Leunakalk *(Düngemittel)*, $CaCO_3$
level - die Sohle, das Niveau, der Spiegel, die Höhe
level monitor - die Füllstandssonde
level off - einebnen
level seam - die flache Lagerung *(0-20 gon)*
levelling - das Blechrichten
levelling - das Planieren, das Ausgleichen, das Nivellieren, das Einebnen
levelling bar - die Planierstange
levelling instrument - das Nivelliergerät
levelling of sheets - das Richten von Blechen
levelling rod - die Meßlatte
lever - der Hebel
lever arm - der Hebelarm
lever press - die Hebelschere
lever shears - die Hebelschere
levitation melting - die Schwebeschmelzen
LF = low frequency - die Niederfrequenz, NF
LF induction furnace = low frequency induction furnace - der Niederfrequenzinduktionsofen, NF Induktionsofen
LHD = load, haulage and dump - laden, fördern und absetzen
LHD technique - die LHD-Technik
LI = Principality of Liechtenstein Fürstentum Liechtenstein
liable to pay duty - zollpflichtig
liberate - freisetzen
liberator tanks - die Entkupferungsbäder mit unlöslichen Anoden, die Bleibäder
Liberia Republic of - Republik Liberien, LR
librarian - der Bibliothekar, die Biblio

library

thekarin
library - die Bibliothek, die Bücherei
Libyan Arab Jamahiriya Socialist Republic - die Sozialistische Republik Libyen Arab Jamahiriya, *LY*
licence - die Lizenz
license arrangement - der Lizenzvertrag
licensee - der Lizenzinhaber
licensing - die Lizenz erteilen
lid - der Verschluß, das Kopfholz, das Quetschholz, die Klappe, der Deckel
Principalty of **Liechtenstein** - das Fürstentum Liechtenstein, *LI*
lift - lüften, fördern, heben
lift bridge - die Hubbrücke
lift control - die Aufzugsteuerung
lift hammer - der Stielhammer
lift off - abheben
lift spray vacuum process *(refining of molten aluminium), LSV process* - die Raffination von flüssigem Aluminium, *LSV Verfahren*
lifter - der Haken, der Heber
lifting - das Lüften
lifting device - die Hebevorrichtung
lifting jack - das Zahnstangengewinde
lifting magnet - der Hebemagnet
lifting rod - die Brechstange
lifting table - der Hebetisch
light - leicht
light - das Licht
light amplification by stimulated emission of radiation - die Hochenergielichtstrahlen, *der Laser*
light beam - der Lichtstrahl
light construction - die Leichtbauweise
light emitting diode, *LED* - die Licht emitierende Diode
light intensity - die Lichtstärke
light metal - das Leichtmetall
light metal cast alloy - der Leichtmetallguß
light oil - das Leichtöl
light proof colour - die lichtechte Farbe
light radiation - die Lichtstrahlung
light weight concrete - der Leichtbeton
lightening - das Erleichtern
lighting engineering - die Lichttechnik
lighting system - die Beleuchtungsanlage
lightning rod - der Blitzableiter
ligneous - holzhaltig, holzig
lignite - die Braunkohle, Lignit
lignite deposit - die Braunkohlenlagerstätte
LiMCA = liquid metal cleanliness analyser - das Flüssigmetall-Reinheitsanalysegerät
lime - das Mineral: der Branntkalk, Kalk, CaO
the ferruginous lime - der eisenschüßige Kalk
lime burning - die Kalkbrennerei
lime burning kiln - der Kalkbrennofen
lime cement - der Kalkzement
lime dosing - die Kalkdosierung
lime hydrate - der Löschkalk, $Ca(OH)_2$
lime hypophosphite - das Calciumhypophosphit, $Ca(H_2PO_2)_2$
lime milk - die Kalkmilch
lime mortar - der Kalkmörtel
lime nitrogen - der Kalkstickstoff, Calciumcyanamid, $CaCN_2$
lime parallel-flow regenerative shaft kiln, *lime PFR-kiln* - der Kalk-Gleichstrom-Regenerativschachtofen, *Kalk GR-Ofen*
lime paste - der Kalkbrei
lime plant - das Kalkwerk

lime refractory

lime refractory - das feuerfeste Calciumoxiderzeugnis
lime slaking - das Kalklöschen
lime spar - der Kalkspat
lime stone - das Mineral: der Kalkstein $CaCO_3$
limit - die Markscheide, die Grenze
limit conditions - die Grenzbedingungen
limit data - der Grenzwert
limit of error - die Fehlergrenze
limit of error of analysis - die Analysenfehlergrenze
limit pressure - der Grenzdruck
limit value - der Grenzwert
limonite - das Mineral: das Brauneisenerz *(Minerale aus wasserhaltigem Hämatit)*, Limonit, $Fe_2O_3*nH_2O$
limpid - wasserklar
line - ausmauern, ausfüttern, ausbauen *(Schacht/Strecke/Ofen)*, zustellen
in a line - schnurgerade
line - die Linie, die Leine, der Streifen, die Schnur
line - die Fertigungsstrecke
line *(mining)* - auszimmern
line bar - die Stromschiene
line of force - die Kraftlinie
line out - abstecken, abfluchten
line pan - die Rinne *(eines Kettenförderers)*
linear accelerator - der Linearbeschleuniger
linear measure - das Längenmaß
linear motor - der Linearmotor
linéeite - das Mineral: der Cobaltnickelkies, Linéeit, $(Co,Ni)_3S_4$
linesman - der Leitungsarbeiter
lining - der Ausbau, die Ausmauerung, der Belag, das Ofenfutter
lining costs of furnace - die Zustellkosten eines Ofens
lining in the burning zone of the rotary kiln - die Ausmauerung in der Sinterzone des Drehrohrofens
lining of furnace - die Ofenzustellung
lining platform - die Ausbaubühne
link - das Kettenglied, das Kettengelenk, das Verbindungsglied, das Glied
link chain - die Gliederkette
linking - das Verbinden, das Verknüpfen
linseed oil - das Leinöl
lintel girder - der Tragkranz
Linz - Donawitz converter - der Linz-Donawitz-*(Sauerstoffaufblas)*-Konverter, *LD Konverter*
Linz - Donawitz / Arbed *(Aciêres Réunies de Burbach-Eich-Dudelange)* / **CRM** (Centre de Recherche Métallurgiques) **process**, LDAC process, *LDAC Verfahren*
lip pouring ladle - die Kipp-Pfanne
liquate - seigern
liquation - die Seigerung
liquation cracking - der Aufschmelzungsriß
liquid - die Flüssigkeit, flüssig
liquid alloy - die flüssige Legierung
liquid aluminium *inclusion sampler* - LAIS Test
liquid carburizing - das flüssige Aufkohlen
liquid crystal - der Flüssigkristall
liquid effluent - der flüssige Abfall
liquid flow - die Flüssigkeitsströmung
liquid gas - das Flüssiggas
liquid liquid reaction - die Flüssig-Flüssigreaktion
liquid metal cleanliness analyser, *LiMCA* - das Flüssigmetall-Reinheitsanalysegerät
liquid natural gas, *LNG* - das verflüssigte Erdgas
liquid natural gas tanker, *LNG tanker* - der Flüssiggastanker

liquid oxygen

liquid oxygen - der flüssige Sauerstoff
liquid penetrant inspection - die Flüssigpenetrationsprüfung
liquid phase - die flüssige Phase
liquid phase sintering - das Sintern mit flüssiger Phase
liquid solid interface - die Grenzschicht flüssig/fest
liquid solid reaction - die flüssig/fest-Reaktion
liquid state - der flüssige Status
liquid state structure - die Struktur im flüssigen Zustand
liquidus - der Liquidus
liquifying - das Verdichten von Gas bis zur Flüssigkeit, das Verflüssigen
liquor - die Flüssigkeit, die Lauge
list of expenses - das Kostenverzeichnis
LIT = Lund Inst of Technology *(Schweden)*
lithiophorite - das Mineral: der Lithiophorit, $(Al,Li)MnO_2(OH)_2$
lithium - das Lithium, Li
lithium addition - der Lithiumzusatz
lithium alloy - die Lithiumlegierung
lithium boride - das Lithiumborid
lithium bromide - das Lithiumbromid, LiBr
lithium carbide - das Lithiumcarbid, Li_2C_2
lithium carbonate - das Lithiumcarbonat, Li_2CO_3
lithium chloride - das Lithiumchlorid, LiCl
lithium complex - der Lithiumkomplex
lithium compound - die Lithiumverbindung
lithium fluoride - das Lithiumfluorid, LiF
lithium hydride - das Lithiumhydrid, LiH
lithium hydroxide - das Lithiumhydroxid, LiOH
lithium iodide - das Lithiumjodid, LiJ
lithium ion - das Lithiumion, Li(1+)
lithium nitrate - das Lithiumnitrat, $LiNO_3$
lithium nitride - das Lithiumnitrid, Li_3N
lithium nitrite - das Lithiumnitrit, $LiNO_2$
lithium ore - das Lithiumerz
lithium oxide - das Lithiumoxid, Li_2O
lithium perchlorate - das Lithiumperchlorat, $LiClO_4$
lithium phosphate - das Lithiumphosphat, Li_3PO_4, $Li_4P_2O_7$
lithium phosphide - das Lithiumphosphid
lithium silicate - das Lithiumsilikat, Li_4SiO_4
lithium silicide - das Lithiumsilicid, Li_6Si_2
lithium sulfate - das Lithiumsulfat, Li_2SO_4
lithium sulfide - das Lithiumsulfid, Li_2S
lithium sulfite - das Lithiumsulfit, Li_2SO_3
lithography - der Steindruck
lithopone white - das Lithoponeweiß, $BaSO_4 + ZnS$
litmus paper - das Lackmuspapier
livelihood - der Lebensunterhalt
livingstonite - das Mineral: der Livingstonit, $HgSb_4S_7$
LIX 63 = liquid ion exchanger 63 *(Henkel Corp.)* - der flüssige Ionenaustauscher, *DEHO,* 5.8.8-Diethyl-7-Hydroxy-6-Dodecanone Oxime
LIX 65N liquid ion exchanger 65N *(Henkel Corp.)* - der flüssige Ionenaustauscher, *HNBPO*
lixiviate - auslaugen
lixiviated vessel - der Auslaugebottich

lixiviated wastes - die ausgelaugten Rückstände
LLW = low level waste *(radioactive waste products)* - gering strahlender radioaktiver Abfall
LNG = liquid natural gas - das verflüssigte Erdgas
load - laden
applied **load** - die angewandte Belastung
load - die Ladung, Last
load anodes - die Anoden aufladen
load balance - der Belastungsausgleich
load bearing capacity - die Tragfähigkeit
load distribution - die Lastverteilung
loader - die Lademaschine
loading - das Laden
loading point *(station)* - die Ladestelle
loading run - die Ladefahrt *(Schrämlader)*
loading wharf - die Laderampe
loam - der Lehm
loan - das Darlehen
local effect - die örtliche Wirkung
local heating - die örtliche Erhitzung
local requirements - der Platzbetrieb
localized corrosion - die örtliche Korrosion
localized magnetic moment - das ortsgebundene magnetische Moment
location pin - der Befestigungsstift
lock - abschließen, verriegeln
lock drill bit - der Schleusenbohrkopf
lock nut - die Gegenmutter
lock out - ausschalten
lock saw - die Stichsäge
locked coil rope - das verschlossene Seil
locking - das Sichern, das Sperren, das Verriegeln
locking plate - die Verschlußplatte

loco pit - der Kauf ab Grube, Abk.: loco Grube
loco smelter - der Kauf ab Anlieferung in der Hütte, Abk.: loco Hütte
locomotive - die Lokomotive, die Lok
lode *(mining)* - die Ader
lodgings - die Wohnung
loellingite - das Mineral: der Arsenikalkies *(Eisenarsenid)*, Löllingit, FeAs$_2$
Loire-Wendel-Sprunck process, *LWS process* - Loire-Wendel-Sprunck Verfahren, *LWS Verfahren*
long distance gas - das Ferngas
long flame coal - die Flammkohle
long path gas cells *(infrared spectrometry)* - die Langweg-Gasküvetten *(IR-Spektrometrie)*
long range order - die Fernordnung
long rolled product - das Langwalzerzeugnis
long term loan - das langfristige Darlehen
long wall face - der Langfrontstreb
long wall working - der Strebbau
longitudinal section of drawing - der Längsschnitt einer Zeichnung
longitudinal - Längs...
longitudinal crack - der Längsriss
longitudinal direction - die Längsrichtung
longitudinal seam - die Längsnaht
longitudinal slitting lines - die Längsteilanlagen
longitudinal weld - die Längsnaht
loop - die Schleife, die Luppe
loop bender - der Ohrenbieger *(Elektrolysepersonal)*
loop cutter - der Ohrenschneider *(Elektrolysepersonal)*
loop method - das Schleifenverfahren *(schneidende Gewinnung)*
loop shears - die Ohrenschere

loop slitter

loop slitter - der Ohrenschneider *(für Mutterbleche der Elektrolyse)*
loop take-up - die Gurtspannstation
looping machine - die Ohrenbiegemaschine *(an Mutterblechen der Elektrolyse)*
looping mill - das Umsteckwalzwerk
loops - die Ohren
loosable - lösbar
lorry *(truck)* - der Lastwagen
loss - der Verlust, der Abbrand
loss in weight - der Gewichtsverlust
loss of time - der Zeitverlust
lost pattern - das Einwegmodell *(Gießereimodell)*
Louisiana = LA *(USA)*
low - niedrig, seicht, flach
low alloy cast steel - der niedrig legierte Stahlguß
low alloy steel - der niedrig legierte Stahl
low alumina fireclay refractory - das saure Schamotteerzeugnis
low boiling - leichtsiedend
low carbon steel - der kohlenstoffarme Stahl
low current - der Schwachstrom
low cycle fatigue - die Ermüdung bei niedrigen Lastspielzahlen
low cycle fatigue test - der Niedriglastwechselversuch
low frequency, *LF* - die Niederfrequenz, *NF*
low frequency current, *LF current* - der Niedrigfrequenzstrom, *NF-Strom*
low frequency induction furnace, *LF induction furnace* - der Niederfrequenzinduktionsofen, *NF Induktionsofen*
low grade - geringhaltig
low grade ore - das Armerz, das Magererz, das arme Erz
low hydrogen steel - der wasserstoffarme Stahl
low intensity magnetic separation - das schwachfeldmagnetische Trennen
low level waste *(radioactive waste products)*, *LLW* - der gering strahlende, radioaktive Abfall
low melting point alloy - die niedrigschmelzende Legierung
low phosphorous pig iron - das phosphorarme Roheisen
low pressure - der Niederdruck
low pressure atmosphere - die Niederdruckatmosphäre
low pressure cylinder - der Niederdruckzylinder
low pressure die casting - das Niederdruckgießen
low pressure die casting machine - die Niederdruckgießmaschine
low shaft furnace - der Niederschachtofen
low smelting alloy - die niedrigschmelzende Legierung
low solubility - die geringe Löslichkeit Schwerlöslichkeit
low temperature - die Tieftemperatur
low temperature service behaviour - das Tieftemperaturverhalten
low temperature steel - der kaltzähe Stahl
low voltage - die Niederspannung
low wear - verschleißarm
low contaminant jarosite process, *LCJ process* - LCJ Verfahren *(die schadstoffarme Jarositverfahrensvariante mit niedrigem Schadstoffausstoß)*
lower - senken
lower die - das Untergesenk
lower edge - die Unterkante
lower part - das Unterteil

lowering

lowering - das Absenken
LPARL = Lockheed Palo Alto Research Labs. *(USA)*
LPF process = leaching-precipitation-flotation - Laugen-Zementieren-Flotieren, *LPF Verfahren*
LR = Republic of Liberia - die Republik Liberien
LS = Kingdom of Lesotho - Königreich Lesotho
LSA process = laser-spin-atomization - das LSA Verfahren *(Pulvermetallurgie)*
LSV process = lift spray vacuum process (refining of molten aluminium) - die Raffination von flüssigem Aluminium, *das LSV Verfahren*
LU = Grand Duchy of Luxembourg, Großherzogtum Luxemburg
lubricant - das Schmiermittel
lubricate - schmieren
lubricating chart - der Schmierplan
lubricating grease - das Schmierfett
lubricating oil - das Schmieröl
lubrication - das Schmieren
Lueders band - das Lüdersband
lug - die Gießnase, der Anguß, die Gußwarze, das Ohr *(Henkel für Kranhaken)*
luggage - das Gepäck
lumber - das Bauholz
lumber yard - das Holzlager
luminescence - die Lumineszenz
luminiferous - leuchtend
luminous effect - die Lichtwirkung
luminous paint - die Leuchtfarbe
lump - das grobe Stück, der Klumpen
lump coal - die Stückkohle
lump coal screen - das Stückkohlensieb
lump ore - das Stückerz
lump screen - das Stücksieb
lump slag - die Stückschlacke
lumpy - stückig, klumpig
lunar caustic, *argentum nitricum,* silver nitrate - der Höllenstein, *das Silbernitrat,* AgNO3
lusterless - glanzlos
lustrous silky texture - die seidig glänzende Textur
lute - abdichten, verschmieren
lute - die Abdichtungsmasse
lutetium - das Lutetium, Lu
lutetium addition - der Lutetiumzusatz
lutetium alloy - die Lutetiumlegierung
lutetium complex - der Lutetiumkomplex
lutetium compound - die Lutetiumverbindung
lutetium ion - das Lutetiumion, Lu(+3)
luting - das Verkitten, das Zusammenkitten, *Abk.: Kitten*
Grand Duchy of **Luxembourg** - das Großherzogtum Luxemburg, *LU*
LWS process = Loire-Wendel-Sprunck process - Loire-Wendel-Sprunck Verfahren, *das LWS Verfahren*
LY = Socialist Republic Libyan Arab Jamahiriya - die Sozialistische Republik Libyen Arab Jamahiriya
lye *(chem.)* - die Lauge

M

M2EHPA = mono-2-ethyl-hexyl phosphoric acid - die organische Phosphorsäure
MA = Kingdom of Morocco - Königreich Marokko
MA = Mitsui Aluminium Co. Ltd. *(Omuta - Japan)*
MA = Massachusetts *(USA)*
Macao - Macao, MO
machine - die Maschine
machine part - das Maschinenteil
machine tool - das Werkzeugteil
machine tool frame - das Werkzeugmaschinenteil
machining - das Zerspanen
machining - die Weiterverarbeitung
machining center - das Bearbeitungszentrum
machining cost - die Bearbeitungskosten
mackinawite - das Mineral: der Mackinawit, $(Fe;Ni)_9S_8$
macroetching - das Makroätzen
macrosegregation - die Blockseigerung
macrostructure - das Makrogefüge, das Grobgefüge
Madagascar = Malagasy Republic - Madagaskar = Malegassische Republik, *MG*
MAG welding = welding metals with active gas - das Metall-Aktivgasschweißen, *MAG Schweißen*
maghemite - das Mineral: der Maghemit, Fe_2O_3
magnesia *(periclase refractory, magnesium oxide, sintered magnesite)* - Magnesia *(Periklaserzeugnis = Magnesiumoxid, Sintermagnesit)*, MgO
magnesite, magnesium carbonate - der Magnesit, $MgCO_3$
magnesite chrome refractory - das feuerfeste Magnesit-Chromerzeugnis
magnesite refractory - das Magnesiterzeugnis
magnesium - das Magnesium, Mg
magnesium addition - der Magnesiumzusatz
magnesium alloy - die Magnesiumlegierung
magnesium boride - das Magnesiumborid, MgB_2; MgB_4
magnesium bromid - das Magnesiumbromid, MgBr; $MgBr_2$
magnesium carbide - das Magnesiumcarbid
magnesium cast alloy - die Magnesiumgußlegierung
magnesium chloride - das Magnesiumchlorid, $MgCl_2$
magnesium complex - der Magnesiumkomplex
magnesium compound - die Magnesiumverbindung
magnesium fluoride - das Magnesiumfluorid, MgF_2
magnesium hydride - das Magnesiumhydrid, MgH_2
magnesium hydrogene phosphate - das Magnesiumhydrogenphosphat, $MgHPO_4$
magnesium hydroxide - das Magnesiumhydroxid, $Mg(OH)_2$
magnesium iodide - das Magnesiumjodid, MgJ_2
magnesium ion - das Magnesiumion, $Mg(+2)$
magnesium nitrate - das Magnesiumnitrat, $Mg(NO_3)_2$
magnesium nitride - das Magnesiumnitrid, Mg_3N_2
magnesium ore - das Magnesiumerz
magnesium oxide - das Magnesium

magnesium phosphate

oxid, MgO
magnesium phosphate - das Magnesiumphosphat, $Mg_3(PO_4)_2$
magnesium phosphide - das Magnesiumphosphid, $MgPHO_3$
magnesium production - die Magnesiumherstellung
magnesium silicate - das Magnesiumsilikat
magnesium silicide - das Magnesiumsilicid, Mg_2Si
magnesium sulfate - das Magnesiumsulfat, das Bittersalz, $MgSO_4$
magnesium sulfide - das Magnesiumsulfid, MgS
magnet - der Magnet
magnetic anisotropy - die magnetische Anisotropie
magnetic attraction - die magnetische Anziehung
magnetic breakdown - der magnetische Zusammenbruch
magnetic domain - die magnetische Domäne
magnetic field - das magnetische Feld
magnetic field casting - das Magnetfeldgießen
magnetic field effect - der magnetische Feldeffekt
magnetic flux - der magnetische Fluß
magnetic hysteresis - die magnetische Hysterese
magnetic impurity - die magnetische Störstelle
magnetic induction - die magnetische Induktion
magnetic iron ore - das Magneteisenerz
magnetic isotropy - die magnetische Isotropie
magnetic loss - der magnetische Verlust
magnetic measurement - das magnetische Messen
magnetic moment - das magnetische Moment
magnetic moulding process - das Magnetformverfahren
magnetic needle - die Magnetnadel
magnetic order - die magnetische Ordnung
magnetic particle testing - die Magnetoskopie
magnetic permeability - die magnetische Permeabilität
magnetic property - die magnetische Eigenschaft
magnetic pulse welding - das Magnetimpulsschweißen
magnetic pyrites - der Magnetkies
magnetic relaxation - die magnetische Entspannung
magnetic resonance - die magnetische Resonanz
magnetic roasting - das magnetisierende Rösten
magnetic roasting of ores - das magnetisierende Rösten von Erzen
magnetic separation - das Magnetscheiden
magnetic structure - die magnetische Struktur
magnetic susceptibility - die magnetische Suszeptibilität
magnetic tape - das Magnetband
magnetic testing - die magnetische Prüfung
magnetic training - die magnetische Nachwirkung
magnetic transition - der magnetische Übergang
magnetically soft alloy - die weichmagnetische Legierung
magnetism - der Magnetismus
magnetite - das Mineral: iron ore - der Magnetit *(Eisenerz)*, der Magnetei-

magnetization

senstein, Fe_3O_4
magnetization - das Magnetisieren
magnetoacoustic effect - der magnetoakustische Effekt
magnetohydrodynamics - die Magnetohydrodynamik
magnetometer - das Magnetometer
magnetooptical effect - der magnetooptische Effekt
magnetoresistance - der magnetische Widerstand
magnetostriction - die Magnetostriktion
magnification - die Vergrößerung
magnon - das Magnon
main - Haupt...
main ascending - die Steigleitung
main air gate *(mining)* - die Hauptwetterstrecke
main bearing - das Hauptlager
main cock - der Haupthahn
main entry *(mining)* - der Querschlag
main haulage level - die Hauptfördersohle
main haulage road - die Hauptförderstrecke
main piston - der Hauptkolben, der Arbeitskolben
main shaft - die Hauptwelle des Antriebs
main water handling installation - die Hauptwasserhaltung
Maine = ME *(USA)*
maintenance - die Instandhaltung
maintenance costs - die Wartungskosten, die Instandhaltungskosten
maintenance information control system, MICS - das Instandhaltungsinformations- und Steuersystem, IISS
major constituent - der Hauptbestandteil
major stress - die Hauptbeanspruchung

MAK = brand name for a zinc diecasting alloy *(Mitsubishi Akita)* - das Markenzeichen für eine Zinkdruckgußlegierung
malachite - das Mineral: der Malachit (ein grüner Schmuckstein), $CuCO_3 * Cu(OH)_2$
Republic of **Malawi** - die Republik Malawi, *MW*
Malaysia - Malaysia, *MY*
Republic of **Maldives** - die Republik Maldives, *MV*
male gauge - die Außengewindelehre
malein acid - die Maleinsäure, $C_4H_4O_4$; $HOOCCH=CHCOOH$
Republic of **Mali** - die Republik Mali
malleability - die Hämmerbarkeit, die Schmiedbarkeit
malleable - hämmerbar, schmiedbar
malleable alloy - der Knetwerkstoff
malleable cast iron, MCI - der Temperguß
malleable iron, MI - das Schmiedeeisen
malleablizing - das Tempern
malon acid - die Malonsäure, $C_3H_4O_4$; $CH_2(COOH)_2$
Republic of **Malta** - die Republik Malta, *MT*
mammoth pump - die Mammutpumpe
MAN = Maschinenfabrik Augsburg Nürnberg
man hour - die Arbeitsstunde, die Lohnstunde
man power - die Menschenkraft
manage - leiten, bewirtschaften, führen, beaufsichtigen, überwachen
management - die Organisation, die Betriebsführung
manager - der Direktor, der Geschäftsführer, der Betriebsleiter
manager of melting plant - der Hüttendirektor
manganese - das Mangan, Mn

manganese addition - der Manganzusatz

manganese alloy - die Manganlegierung

manganese borate - das Manganborat, $MnB_4O_7 \cdot 8H_2O$

manganese boride - das Manganborid, MnB; MnB_2

manganese bromide - das Manganbromid, $MnBr_2$

manganese carbide - das Mangancarbid, Mn_3C; Mn_7C_3; $Mn_{23}C_6$

manganese carbonate - das Mangancarbonat, $MnCO_3$

manganese carbonyl - das Mangancarbonyl, $Mn(CO)_{10}$

manganese chloride - das Manganchlorid, $MnCl_2$

manganese complex - die Manganverbindung

manganese fluoride - das Manganfluorid, MnF_2; MnF_3

manganese hydride - das Manganhydrid

manganese hydroxide manganic hydroxide - das Manganhydroxid, das Mangan(III)hydroxid, $Mn(OH)_3$; $MnO(OH)$; $Mn_2O_3 \cdot H_2O$; $Mn(OH)_2$

manganese hypophosphite - das Manganhypophosphit, das Mangan(II)-hypophosphit, $Mn(H_2PO_2)_2$

manganese iodide - das Manganjodid, MnJ_2

manganese ion - das Manganion, $Mn(+2)$; $Mn(+3)$; $Mn(+4)$; $Mn(+7)$

manganese nitrate - das Mangannitrat, $Mn(NO_3)_2$

manganese nitride - das Mangannitrid, Mn_4N; Mn_5N_2

manganese nodule - die Manganknolle

manganese ore - das Manganerz

manganese oxide - das Manganoxid Braunstein, MnO_2

manganese oxysulfide - das Manganoxysulfid

manganese phosphate, manganese pyrophosphate - das Manganphosphat, Mangan(II)-diphosphat, $Mn_2P_2O_7$

manganese phosphide - das Manganphosphid, MnP; MnP_3;

manganese phosphite - das Manganphosphit, $MnHPO_3$

manganese production - die Manganherstellung

manganese silicate - das Mangansilikat, $MnSiO_3$

manganese silicide - das Mangansilicid, $MnSi_2$; Mn_2Si

manganese sulfate - das Mangansulfat, $MnSO_4$

manganese sulfide - das Mangansulfid, MnS

manganese wad - die Manganknolle (*wobei wad: terrestriale Entsprechung für marine Knollen*)

manganic acid - die Mangansäure, H_2MnO_4

manganilmenite - das Mineral: der Manganilmenit, $(FeMn)TiO_3$

manganin (alloy) - das Manganin (*Widerstandslegierung: elektr. Widerstand fast temperaturunabhängig*), Zusammensetzung: Cu: 82-84%; Mn: 12-15%; Ni: 2-4%

manganite - das Mineral: der Manganit, $MnOOH$; $2MnO \cdot (OH)_2 = Mn_2O_3 \cdot H_2O$

manifold - die Rohrverzweigung, der Mehrfachkrümmer

Maniperm = barium ferrite - das Maniperm, Bariumferrit, $BaO \cdot 6Fe_2O_3$

manipulate - bewegen, handhaben

manipulator - der Manipulator

manometer - das Manometer, der Druckmesser

manriding - die Personenförderung

manriding car - der Personenwagen

manriding shaft - der Seilfahrtschacht

manriding train

manriding train - der Personenzug
Mansfelder copper schist - das Mineral: der Mansfelder Kupferschiefer *(ist kein Erz, sondern ein bituminöser Mergel, in dem viele Erze feinverteilt eingelagert sind)*
manual - das Handbuch
manual labour - die Handarbeit
manual operation - die Handbedienung, der Handbetrieb
manufacture - fabrizieren, herstellen, fertigen
manufacture of welded tubes - die Rohrherstellung
manufacturer - der Fabrikant
manufacturing - die Fertigung
manuscript - das Manuskript
map - die Landkarte
maraging steel - der martensitaushärtbare Stahl
marble quarry - der Marmorbruch
marble white - das Mineral: der weiße Marmor *(reiner fein kristalliner Calcit)*, $CaCO_3$
marcasite - das Mineral: der Speerkies, der Kammkies, der Leberkies, der Markasit, FeS_2
the low **margins** - der geringe Ertrag
marine - Meeres...
marine climate - die Meeresatmosphäre
marine fossils - die Meeresfossilien
marines bronze, *admiralty bronze* - die Marinebronze, *die Admiralitätsbronze*, Cu 70%; Zn 29%; Sn 1%
mark - die Markierung
market - der Markt, das Absatzgebiet
future **market opportunities** - die zukünftigen Marktchancen
marking - das Markieren
marmatite - das Mineral: der Marmatite, ZnS*FeS
marshy ground - der Sumpfboden

martempering - das isothermische Martensitumwandeln
martensit - der Martensit
martensitic cast iron - das martensitische Gußeisen
martensitic stainless steel - der martensitische nichtrostende Stahl
martensitic steel - der martensitische Stahl
martensitic transformation - die martensitische Umwandlung
martensitic transformation - der martensitische Stahl
Martinique - Martinique
martite - der Martit
Maryland = MD *(USA)*
mash - quetschen, stampfen
mash welding - das Quetschnahtschweißen
mashed potatoes - die Quetschkartoffel
masonry - das Mauerwerk
masonry in bond - das Verbandmauerwerk
masonry of boiler - das Kesselmauerwerk
mass density - die Dichte *(Masse/Wichte/spezifisches Gewicht)*
mass production - die Massenproduktion
mass recovery - der Abscheidungsgrad
mass spectrometer - das Massenspektrometer
mass spectrometry - die Massenspektrometrie
mass stream capacity - der Mengenstrom
mass transfer - der Stoffübergang
Massachusetts = MA *(USA)*
massive transformation - die massive Umwandlung
mast - der Mast
master alloy - die Vorlegierung

master die

master die - die Meistermatrize
master gauge - die Kontrollehre
master piece - das Meisterstück
mastic - der Kitt
match - das Streichholz
material - der Werkstoff, das Material
material balance - die Werkstoffbilanz, *Abk.: die Stoffbilanz*
material flow - der Materialfluß
material flow planning - die Materialflußplanung
material selection - die Werkstoffwahl
material testing machine - die Werkstoffprüfmaschine
materials conveying - die Materialförderung
materials handling - die Materialhandhabung
materials transportation - der Materialtransport
materials winding shaft - der Materialförderschacht
mathematical formula - die mathematische Formel
mathematical model - das mathematische Modell
mathematics - die Mathematik
matildite - das Mineral: der Matildit, $AgBiS_2$
matte - der Rohstein
matter - die Materie
maucherite - das Mineral: der Maucherit, das Nickelarsenid, $Ni_{11}As_8$
Mauritania, Islamic Republic of - Islamische Republik Mauretanien, *MR*
Mauritius - Mauritius, *MU*
maximum dry bulk density, *MDBD* - die maximale Schüttdichte im Trockenzustand
maximum emission concentration, MEC value - die maximale Emissionskonzentration, MEK-Wert
MC = Principality of Monaco - das Fürstentum Monaco
MCF = Metallhütte Carl Fahlbusch GmbH *(Rastatt)*
MCI = malleable cast iron - der Temperguß
MCIXAT = multiple-compartment ion exchange absorption technic - MCIX Absorptionstechnik
MCMST = Montana Coll. of Mineral Science and Technology *(Butte - USA)*
MD = Maryland *(USA)*
MDBD = maximum dry bulk density - die maximale Schüttdichte im Trockenzustand
ME = Maine *(USA)*
meadow ore - das Wiesenerz
meager coal - die Magerkohle
mean free path - die mittlere freie Weglänge
mean square placement - die mittlere Versetzung
measure - messen
measurement - die Messung
measures - die Schichtenfolge einer Gebirgsformation
measuring amplifier - der Messverstärker
measuring instrument - das Messgerät
measuring pocket - die Meßtasche *(Skipförderung)*
MEC value = maximum emission concentration - die maximale Emissionskonzentration, *MEK-Wert*
mechanical cleaning - das mechanische Reinigen
mechanical comminution - die maschinelle Zerkleinerungsarbeit
mechanical drive - der mechanische Antrieb
mechanical engineering - der Maschinenbau
mechanical polishing - das mechani-

mechanical press

sche Polieren
mechanical press - die mechanische Presse
mechanical property - die mechanische Eigenschaft
mechanical stirring - das mechanische Bewegen *(Rühren)*
mechanical stress relief - das mechanische Entspannen
mechanical switching system - das mechanische Schaltgetriebe
mechanical test - der mechanische Versuch
mechanical twin - der Verformungszwilling
mechanical wave - die mechanische Welle
applied **mechanics** - die angewandte Mechanik
mechanics - die Mechanik
mechanics of particulate solids - die Schüttgutmechanik
mechanized - mechanisiert
medical application - die medizinische Technik
medical equipment - die medizinische Ausrüstung
medium frequency current - der Mittelfrequenzstrom
medium level waste *(radioactive waste products)*, MLW - der mittelmäßig strahlende radioaktiver Abfall
medium plate - das Mittelblech
meet the requirements - den Anforderungen entsprechen
meeting - die Versammlung
MEFOS = Metallurgisk Forskning Stiftelsen *(Lulea - Schweden)*
melanterit, *green copperas* - das Eisenvitriol, der Melanterit, $FeSO_4 * 7H_2O$
melilite *(blast furnace slag)* - der Melilit *(Schachtofenschlacke)*
melt - die Schmelze
to **melt** - schmelzen
melt spinning - das Schmelzspinnverfahren
melting - das Schmelzen
melting down period - die Einschmelzperiode
melting furnace - *der Schmelzofen*
aluminium **melting furnace** *with dry hearth melting chamber* - der Aluminiumabschmelzofen mit Trockenherd-Abschmelzkammer
melting hearth - der Schmelzherd
melting heat - die Schmelzwärme
melting loss - der Abbrand
melting loss conditions - die Abbrandverhältnisse
melting temperature - die Schmelztemperatur
melting to a float - Schmelzen bis alles dünn ist
melting to flatness - das Herunterheizen bis zum Zusammensacken
cost efficient **melting unit** - die wirtschaftlich arbeitende Schmelzanlage
member - das Mitglied
member of executive board - das Vorstandsmitglied
member of GDMB - das Mitglied in der Gesellschaft Deutscher Metallhütten- und Bergleute e.V. in Clausthal-Zellerfeld
member of TMS of AIME - das Mitglied der metallurgischen Sozietät der AIME
member of VDEh - das Mitglied im Verein Deutscher Eisenhüttenleute e.V. in Düsseldorf
memoirs - die Beschreibungen, die Aufzeichnungen
men on the books - die Belegschaft
mendelevium - das Mendelevium, Md
mental computation - das Kopfrechnen
merchant bar - der Stabstahl

merchant iron - das Handelseisen
merchant marine - die Handelsmarine
merchant mill - das Mittelstahlwalzwerk
mercurial column - die Quecksilbersäule
mercurial thermometer - das Quecksilberthermometer
mercury - das Quecksilber, Hg
mercury addition - der Quecksilberzusatz
mercury alloy - die Quecksilberlegierung
mercury boride - das Quecksilberborid
mercury bromide - das Quecksilberbromid, $HgBr_2$
mercury carbide - das Quecksilbercarbid
mercury carbonate - das Quecksilbercarbonat, Hg_2CO_3
mercury chloride - das Quecksilberchlorid, $HgCl_2$; Hg_2Cl_2
mercury complex - der Quecksilberkomplex
mercury compound - die Quecksilberverbindung
mercury cyanide - das Quecksilbercyanid, $Hg(CN)_2$
mercury fluorid - das Quecksilberfluorid, HgF_2
mercury gilding - die Amalgamvergoldung
mercury hydrid - das Quecksilberhydrid
mercury hydroxide - das Quecksilberhydroxid, $Hg(OH)_2$
mercury iodide - das Quecksilberjodid Zinnoberrot, HgJ_2
mercury ion - das Quecksilberion, $Hg(+1)$; $Hg(+2)$
mercury nitrate - das Quecksilbernitrat, $Hg_2(NO_3)_2$; $Hg(NO_3)_2$
mercury nitrite - das Quecksilbernitrit, $Hg_2(NO_2)_2$
mercury ore - das Quecksilbererz
mercury oxide - das Quecksilberoxid, HgO
mercury pattern - das Quecksilbermodell
mercury phosphate - das Quecksilberphosphat, Hg_3PO_4
mercury phosphide - das Quecksilberphosphid
mercury silicate - das Quecksilbersilikat
mercury silicide - das Quecksilbersilicid
mercury sulfate - das Quecksilbersulfat, $HgSO_4$
mercury sulfide - das Quecksilbersulfid, HgS
mercury thiocyanat - das Quecksilberthiocyanat, $Hg(SCN)_2$
merenskyite - das Mineral: der Merenskyit, $(Pd;Pt;Ni)(Te;Bi)_2$
meridian - der Meridian
meridian indicator - der Kompaß, der Meridianweiser
mesh - das Netzwerk, die Masche
mesh analysis - die Siebanalyse
mesh size - die Siebweite *(Siebgröße: Anzahl der Maschen pro Zoll)* Maschenweite
Mesnager test *(notched bar impact test)* - der Mesnager Versuch *(Kerbschlagversuch)*
Messo heated ladle process, *MHL process* - das Pfannenheizverfahren der Standard Messo, *MHL Verfahren*
metal - das Metall
metal arc cutting - das Metall-Lichtbogenschneiden
metal bath - das Metallbad
metal borings - die Metallspäne
metal coating - die Metallbeschichten
metal coatings - der metallische Über

metal contents

zug
true metal contents - die echte Metallkonzentration
metal contents - der Metallgehalt
metal fibre - die Metallfaser
metal fibre production - die Metallfaserherstellung
metal foil - die Metallfolie, das Blattmetall
metal foundry - die Metallgießerei
metal gauze - das Metallgewebe
metal grain - das Metallkorn
metal heredity - die Metallvererblichkeit
metal in grains - die Metallgranalien
metal inclusion - der metallische Einschluß
metal insert - die Metalleinlage
metal mould reaction - die Metall/Formreaktion
metal needle - die Metallnadel
metal of high purity - das Reinstmetall
metal pattern - das Metallmodell
metal penetration - die Metallpenetration
metal plastic laminate - das Metall-Kunststoff-Verbundblech
metal powder - das Metallpulver
Metal Powder Association, MPA - die Metallpulververeinigung
metal prices - der Metallpreis
metal produktion - die Metallherstellung
metal recovery - die Metallrückgewinnung
metal spinning shop - die Metalldrückerei
metal transfer - der Metallübergang
metallic bound - die metallische Bindung
metallic luster - der Metallglanz
metallic material - der metallische Werkstoff
metallic paint - die Metallfarbe
metallic part - das metallische Bauteil
metallic pigment - das Metallpigment
metallic tissue - das Metallgewebe
metalliferous - metallhaltig
metallographic constitutent - das Gefügebestandteil
metallographic method - das Metallographie Verfahren
metallography - die Metallographie
metallothermy - das metallothermische Verfahren
metallurgical - metallurgisch, hüttenmännisch
metallurgical defect - der metallurgische Fehler
metallurgical fuel - der metallurgische Brennstoff
metallurgical furnace - der metallurgische Ofen
metallurgical plant - das Metallhüttenwerk
metallurgical process - das hüttenmännische Verfahren, das metallurgische Gewinnungsverfahren
metallurgical weldability - die Schweißeignung
metallurgist - der Metallurge, der Hüttenmann *(i.e.S. der Hütteningenieur)*
metallurgist *(ferrous - metals industry)* - der Eisenhüttenmann
metallurgist *(non-ferrous metals industry)* - der Metallhüttenmann
metallurgy - die Metallurgie, die Hüttenkunde
metallurgy of iron - die Eisenhüttenkunde
metallurgy of non-ferous metals - die Metallhüttenkunde
metals in grains - das granulierte Metall

metals science

metals science - die Metallkunde
metamagnetism - der Metamagnetismus
metastable phase - die metastabile Phase
methane - das Methan, das Sumpfgas, das Grubengas, CH_4
methanol - der Methanol, CH_3OH
methylbenzoate - das Methylbenzoat, $C_8H_8O_2$; $C_6H_5COOCH_3$
metrology - die Messtechnik
Mexico, United Mexican States - Mexiko, *MX*
Meyer hardness - die Meyer Härte
MFI furnace = middle frequency induction furnace - der Mittelfrequenzinduktionsofen, MFI Ofen
MFS = Melting Furnace Services Inc. *(Mississauga - Canada)*
MG = Madagascar, Malagasy Republic - Madagaskar, die Malegassische Republik
MG = Metallgesellschaft
MHL process = Messo heated ladle process - das Pfannenheizverfahren der Standard Messo, *MHL Verfahren*
MHO = Metallurgie Hoboken-Overpelt *(Belgien)*
MI = Michigan *(USA)*
MI = malleable iron - das Schmiedeeisen
MICA = Mineral Industry Consultants Association *(Parkville - Australien)*
mica - das Mineral: der Glimmer
mica iron ore - das Mineral: der Eisenglimmer
mica sandstone - das Mineral: der Glimmersandstein
mica schist - der Glimmerschiefer
mica slate - der Glimmerschiefer
micaceous - glimmerhaltig, glimmerig
micaceous iron ore - der Eisenglimmer
Michigan = MI *(USA)*

microalloy - die Mikrolegierung
microalloyed steel - der mikrolegierte Stahl
microanalysis - die Mikroanalyse
microcrack - der Mikroriß
microcreep - das Mikrokriechen
microdeformation - die Mikroverformung
microfractography - das Mikrobruchgefüge
microgalvanic deposition - die mikrogalvanische Abformung
microhardness - die Mikrohärte
microorganism - der Mikroorganismus
microphotography - die Mikrophotographie
microprobe - die Mikrosonde
microprocessor - der Mikroprozessor
microscope - das Mikroskop
microscopy - die Mikroskopie
microsegregation - die Kristallseigerung
microshrinkage - der Mikrolunker
microstructure - das Mikrogefüge, das Feingefüge, die Mikrostruktur
MICS = Mitsubishi Intelligent Computercontrol System - die Qualitätskontrolle bei Mitsubishi mit Computereinsatz
MICS = maintenance information control system - das Instandhaltungsinformations- und Steuersystem, IISS
middle frequency induction furnace, MFI furnace - der Mittelfrequenzinduktionsofen, MFI Ofen
middle part - das Mittelstück
middlings - das Mittelgut
Midrex process - das Midrex Verfahren
MIG welding = welding metals with inert gas - das Metallinertgasschweißen MIG Schweißen
migrate - wandern
migration - die Wanderung, der

migration of ion

Platzwechsel, der Ortswechsel
migration of ion - die Ionenwanderung
mikrojoining - das Mikrofügen
mill - die Mühle, das Werk
mill *(slang)* - 1. das Werk, z.B. die Aufbereitungsanlage, das Walzwerk
mill cinder - der Walzsinter, die Walzschlacke
mill product - das Mahlprodukt
mill scale - der Walzzunder, der Walzsinter
mill scrap - der Hüttenschrott, der Betriebsabfall
mill work - das Mahlwerk
millerite - das Mineral: der Millerit, NiS
milling - 1. das Mahlen; 2. das Fräsen
milling cutter - der Fräser
milling department - die Fräsabteilung; die Fräserei
milling machine - die Fräsmaschine
milling material - das Mahlgut
millions of particles per cubic meter, *mppcm* - die Millionen von Partikeln pro Kubikmeter, *MPPKM*
millions of particles per cubic foot, *mppcf* - die Millionen von Partikeln pro Kubikfuß
MIM = Mount Isa Mines *(Brisbane - Australien)*
mimetite - das Mineral: der Mimetesit, $Pb_5Cl(AsO_4)_3$
mine - die Grube, die Zeche, das Bergwerk, die Schachtanlage
mine air - das Grubenwetter
mine fire - der Grubenbrand
mine manager - der Grubendirektor
Minemet Recherche process, MR process - das Minemet Recherche Verfahren, *MR Verfahren*
miner - der Bergmann
miner's apron - das Arschleder
miner's hammer - der Fäustel
miner's lamp - die Grubenlampe, das Geleucht
mineral - das Mineral *(Gestein)*
mineral dressing - die Erzaufbereitung
mineral oil - das Mineralöl, das Rohöl, das Erdöl
mineral oil spring - die Erdölquelle, die Mineralölquelle
mineral processing - die Aufbereitung
usable **mineral substances** - die verwertbaren Mineralstoffe
mineral treatment - die Erzaufbereitung
mineral wool - die Schlackenwolle, die Mineralwolle
mineralogist - der Mineraloge
mineralogy - die Mineralogie
accessory **minerals** - die beigemengten Mineralien
minette mineral - die Minette *(limonitisches Eisenerz aus Lothringen, Oolith)* Rogenstein
mini steel plant - das Kleinstahlwerk, das Miniaturstahlwerk
minimum weight - das Mindestgewicht
mining - der Bergbau
mining damage - der Bergschaden
mining industry - die Montanindustrie, die Bergbauindustrie
mining method - das Abbauverfahren
mining safety - die Grubensicherheit
mining system - das Abbausystem
mining tools - das Gezähe des Bergmanns
mining undertaking - das Bergbauunternehmen
mining works - der Bergwerksbetrieb
Minnesota = MN *(USA)*
minnesotaite - das Mineral: Minnesotait, $(Fe;Mg)_3Si_4O_{10}(OH)_2$
minor constituent - das Nebenbestandteil

minor metals

minor metals - die seltenen Metalle

minor metals traders association (~60 member companies), *MMTA* - Vereinigung der Händler für seltene Metalle (~60 Mitgliedsfirmen)

MINPRO-PAMCO process = the nickel segregation process of Swedish Mineral Processes *(Stora)* and Pacific Metals Co. Ltd. *(Tokyo)* - das Nickelseigerungsverfahren von schwedischer und japanischer Firma

MINTEK = Council for Mineral Technology *(Randburg - RSA)*

mirror arc furnace - der Lichtbogenreflexionsofen

mirror glas - das Spiegelglas

misalignment - der Richtungsfehler, die schlechte Ausrichtung

misch metal - das Mischmetall, Ce+La-haltige Legierung

miscibility gap - die Mischungslücke

miscible - mischbar

misfire - die Fehlzündung

misfit dislocation - die Fehlversetzung

mission simulation and availability analysis - die Einsatzsimulations- und Verfügbarkeitsanalyse

Mississippi = MS *(USA)*

Missouri = MO *(USA)*

MIT = Massachusetts Inst. of Technology

mixed product - das Mischgut

mixed tolyl arsonic acid, *MTAA* - die Mischungen von OTAA und PTAA *(Sammler in der Zinnflotation)*

mixing - das Mischen

mixing bunker - der Mischbunker

mixing heap - die Mischhalde

mixture - das Mischen

MLMI = Mitsubishi Light Metals Industries Ltd. *(Japan)*

MLW = medium level waste *(radioactive waste products)* - mittelmäßig strahlender radioaktiver Abfall

MMA surfacing - das Lichtbogen-Handauftragschweißen

MMA welding - das Lichtbogenhandschweißen

MMC = Mitsubishi Metal Corp. *(Tokyo)*

MMI = Mikron Metals Inc. *(Salt Lake City - USA)*

MMIJ = Mining and Metallurgical Inst. of Japan *(Tokyo)*

MMR = Micronesian Mineral Resource Co. Ltd. *(Larkspur Landing - USA)*

MMRC = Mining and Metallurgy Research Center *(Santiago - Chile)*

MMS = Mitsui Mining and Smelting Co. Ltd. *(Japan)*

MMS machine = multi mesh screening machine - die Mehrdecksiebmaschine

MMTA = minor metals traders association - Vereinigung der Händler für seltene Metalle *(ca. 60 Firmen)*

MN = Mongolian People's Republik - die Mongolische Volksrepublik

MN = Minnesota *(USA)*

MO = Missouri *(USA)*

MO = Macao

mobile - fahrbar, beweglich

model - das Modell, das Muster

model study - der Modellversuch

moderately inclined seam - die mäßig geneigte Lagerung *(20-40 gon)*

moderator - das Bremsmittel

moderator - die Reaktionsbremse *(Bremssubstanz/Moderator)*

moderator - der Verzögerer in Kernreaktoren *(Moderator)*

modernisation - die Modernisierung

modification - der Umbau

modular construction - das Baukastensystem

module - die Baueinheit, der Baustein

moessbauer effect - der Mössbauer Ef-

Moessbauer spectrometry

fekt
Moessbauer spectrometry - die Mössbauer Spektrometrie
Mohr salt - das Mohrsche Salz, $FeSO_4*(NH_4)_2SO_4*6H_2O$
mohr's clip - der Quetschhahn
moire pattern technique - die Moire Methode
moist - feucht
moisten - benetzen, anfeuchten
moistening - das Befeuchten, das Anfeuchten
moisture - die Nässe, die Feuchtigkeit
moisture content - der Feuchtigkeitsgehalt
moisture deposit - der Feuchtigkeitsniederschlag
moisture determination - das Feuchtigkeitsgradmessen
moisture in samples - die Feuchtigkeit in Proben
moisture meter - der Feuchtigkeitsgradmesser
moisture resistent - feuchtigkeitsbeständig
molasses - die Melasse
molecular dynamics - die Molekulardynamik
molecular mass - die Molekularmasse
molecular structure - die Molekularstruktur
molecules - die Moleküle; coily-ball type m. - die knäueligen Moleküle; threadlike-coily m. - die fadenförmig knäueligen Moleküle; threadlike stretched m. - die fadenförmig gestreckten Moleküle;
mollusca - die Weichtiere
molten - geschmolzen, schmelzflüssig
molten bath spraying - das Schmelzbadspritzen
molten cast iron - das flüssige Gußeisen
molten metal - das flüssige Metall
molten metal attack - die Lötbrüchigkeit
molten metal corrosion - die Flüssigmetallkorrosion
molten metal transport - der Flüssigmetalltransport
molten metal treatment - die Schmelzbehandlung
molten silicates (CaO - MgO - Al_2O_3 - SiO_2) - die flüssige Schlacke
molten slag - die flüssige Schlacke
molten steel - der flüssige Stahl
molybdene carbonyl - das Molybdäncarbonyl, $Mo(CO)_6$
molybdenite - das Mineral: der Molybdänit, der Molybdänglanz, MoS_2
molybdenum - das Molybdän, Mo
molybdenum acid - die Molybdänsäure, MoO_3*xH_2O
molybdenum addition - der Molybdänzusatz
molybdenum alloy - die Molybdänlegierung
molybdenum boride - das Molybdänborid, MoB_2
molybdenum bromide - das Molybdänbromid, $MoBr_2$; $MoBr_4$
molybdenum carbide - das Molybdäncarbid, MoC; Mo_2C
molybdenum carbonate - das Molybdäncarbonat
molybdenum chloride - das Molybdänchlorid, $MoCl_2$; $MoCl_3$; $MoCl_4$; $MoCl_5$; $MoCl_6$
molybdenum complex - der Molybdänkomplex
molybdenum compound - die Molybdänverbindung
molybdenum fluoride - das Molybdänfluorid, MoF_6
molybdenum hydride - das Molybdänhydrid

molybdenum hydroxide

molybdenum hydroxide - das Molybdänhydroxid
molybdenum iodide - das Molybdänjodid, MoJ_2
molybdenum ion - das Molybdänion, $Mo(+3); Mo(+4); Mo(+5); Mo(+6)$
molybdenum nitrate - das Molybdännitrat, $Mo(NO_3)_2; Mo(NO_3)_3$
molybdenum nitride - das Molybdännitrid, Mo_2N
molybdenum ore - das Molybdänerz
molybdenum oxide - das Molybdän(VI)-oxid, Molybdänoxid, MoO_3
molybdenum phosphate - das Molybdänphosphat
molybdenum phosphide - das Molybdänphosphid
molybdenum production - die Molybdänherstellung
molybdenum silicate - das Molybdänsilikat
molybdenum silicide - das Molybdänsilicid, $Mo_3Si; MoSi_2; Mo_5Si_3$
molybdenum sulfate - das Molybdänsulfat
molybdenum sulfide - das Molybdän(IV)-sulfid, Molybdänsulfid, MoS_2
molysite - das Mineral: der Molysit, $FeCl_3$
moment of force - das Kraftmoment
moment of inertia - das Trägheitsmoment
moment of resistance - das Widerstandsmoment
moment of torsion - das Torsionsmoment, das Verdrehungsmoment
momentum - die Bewegungsgröße, das Moment, der Impuls
Momoda process - das Momoda Verfahren (Verfahren von jap. Nickelhütte mit Schachtofen zum Schmelzen von Nickelkonzentraten und nikkelhaltigen Rückständen)
Principalty of **Monaco** - das Fürstentum Monaco, *MC*
monazite - das Mineral: der Monazit $(Ce;La;Nd;Th)PO_4$
Mongolian People's Republic - die Mongolische Volksrepublik, *MN*
to **monitor** - messen, überwachen
monitor - 1. der Aufseher; 2. der Kontrollbildschirm, der Monitor, der Bildschirm, das Kontrollgerät; 3. der Wasserwerfer oder das Druckwasserspülgerät zur Gewinnung von lockerem Gestein
monitoring system - das Überwachungssystem
monkey - der Hammerbär
monkey for lifting slag cakes - der Schlackenhaken
monkey spanner *(or wrench)* - der Universalschraubenschlüssel, Engländer
mono-2-ethyl-hexyl phosphoric acid, M2EHPA - die organische Phosphorsäure
monoclinic structure - die monokline Struktur
monocrystal - der Einkristall
monography - die Monographie
monohalide process - das Monohalogenid Verfahren
basic **monolithic lining** - das basische Stampffutter
monolithic silica lining - das saure Stampffutter
mononuclear - einkernig
monophase - einphasig
monorail - die Einschienenhängebahn
monorail conveyor - der Einschienenförderer
monovalent - einwertig
Montana = MT *(USA)*
mordant - das Beizmittel, das Ätzmittel
morning shift - die Frühschicht

Morocco

Kingdom of **Morocco** - Königreich Marokko, *MA*
morphology - die Morphologie
mortar - 1. der Mörtel; 2. der Mörser
mosaic structure - das Mosaikgefüge
mother liquor - die Mutterlauge
mother lye - die Mutterlauge
motion - die Bewegung
motor car - der Kraftwagen
motor car body - die Karosserie
motor cycle - das Motorrad
motor lorry - der Lastkraftwagen, der LKW
motor vehicle - das Motorfahrzeug
mottled cast iron - das melierte Gußeisen
mottramite - das Mineral: der Mottramit, $PbCu(VO_4)(OH)$
mould - die Form, die Gießform
mould *(chem.)* - der Schimmel
mould filling - das Gießformfüllen
mould reinforcement - die Formarmierung
mould stripping - das Kokillenabstreifen
mould treatment - die Gießformbehandlung
mould wash - die Formeneignung
moulding - die Formherstellung
moulding *(chem.)* - das Schimmeln
moulding accessories - das Formhilfsmittel
moulding additive - das Formstoffzusatzmittel
moulding box - der Formkasten
moulding clay - der Decklehm für Formen
moulding facilities - die Formanlage
moulding material - der Formstoff
moulding material compaction - die Formstoffverdichtung
moulding material preparation - die Formstoffaufbereitung
moulding sand - der Formsand
moulding shop - die Formerei
mouldy - schimmelig, stockig
mouldy stain - der Stockfleck
mount - anbringen, montieren, befestigen
Mount-Isa-process see ISA process
mounting - die Befestigung, die Grundplatte
mouth - die Mündung
mouth bear of converter - der Mündungsbär am Konverter
movable - beweglich
movable crane - der Rollkran
movement - die Bewegung
movie - das Kino
moving bed reactor - der Wirbelbettreaktor
moving blade - die Laufschaufel
People's Republic of **Mozambique** - Mozambique, *MZ*
MPA = Metal Powder Association - die Metallpulververeinigung
MPA = das Materialprüfungsamt
MPI = das Max-Planck-Institut
mppcf = millions of particles per cubic foot - die Millionen von Partikeln pro Kubikfuß
mppcm = millions of particles per cubic meter - die Millionen von Partikeln pro Kubikmeter, *MPPKM*
MR = Islamic Republic of Mauritania - Islamische Republik Mauretanien
MR process = Minemet Recherche process - die Minemet Recherche Verfahren
MS = Mississippi *(USA)*
MSR-technic - die Mess/Steuer- und Regeltechnik
MT = Montana *(USA)*
MT = Republic of Malta - die Republik

Malta

MTAA = mixed tolyl arsonic acid - die Mischungen von OTAA und PTAA *(Sammler in der Zinnflotation)*

MTI = Metal Treating Institute

MU = Mauritius Mauritius

mu phase - die Mu-Phase

mud - der Schlamm

mud dredger - der Schlammbagger

mud guard - der Kotflügel

mud man - der Schlamm-Mann *(Elektrolysepersonal zur Anodenschlammentfernung)*

mud pumpman - der Schlammpumpenwärter

mud stone - der Schieferton, der Schlammton, das feine und tonhaltige Gestein

mud thickener - der Schlammeindicker

where is **mud**, *there is money* - Wo Dreck ist, ist auch Geld (alte Redensart aus den Schwerindustrierevieren von Sheffield, gilt jetzt für den Anlagenbau im Umweltschutz)

muddy - schlammig, trübe

muddy water - das Schlammwasser, die Kloake

muffle - die Muffel

muffle furnace - der Muffelofen

MUL = die Montanuniversität Leoben

multi mesh screening machine, *MMS machine* - die Mehrdecksiebmaschine

multi-chamber shaft kiln *(lime product.)* - der Mehrkammerschachtofen *(Kalkproduktion)*

multi-horizont system - der Mehrsohlenbau

multi-stage - mehrstufig

multi-step - mehrstufig

multiaxial stress - die mehrachsige Spannung

multicomponent system - das Mehrstoffsystem

multiconstituent system - das Mehrstoffsystem

multihearth furnace - der Etagenofen, der Vielherdofen

multihole lance - die Mehrlochlanze

multilayer construction - die Mehrlagenkonstruktion

multiphase welding - das Mehrphasenschweißen

multiple - das Mehrfache

multiple disk hooks - der Lamellenhaken

multiple electrode welding - das Mehrelektrodenschweißen

multiple head operation - das Mehrkopfverfahren

multiple hearth furnace - der Vielherdofen, der Etagenofen

multiple spot welding - das Mehrpunktschweißen

multiple stand rolling mill - das mehrgerüstige Walzwerk

multiple-compartment ion exchange absorption technic - MCIX Absorptionstechnik

multiple-stage gas cleaning - die mehrstufige Gasreinigung

multiplying - das Vervielfältigen

multipower welding - der Schweißstromquellenverbund

multirun welding - das Mehrlagenschweißen

multistage centrifugal classification process - das mehrstufige Zentrifugalklassierverfahren

multistage plant - die Mehrstufenanlage

muriate *(old name)* - das Metallchlorid

muriatic acid (chem.: old name) - die Salzsäure technischer Reinheit *(veraltete Bezeichnung)*, HCl

muscovite - das Mineral: der Muscovit,

museum

$K_2Al_4Si_6Al_2O_{20}(OH;F)_4$
museum - das Museum
museum jar - das Schauglas, das Ausstellungs-glas, das Präparatenglas
mutual - gegenseitig
mutual dissolution - die gegenseitige Auflösung
mutual solubility - die gegenseitige Löslichkeit
MV = Republic of Maldives - Republik Maldives
MW = Republic of Malawi - Republik Malawi
MX = Mexico - United Mexican States - Mexiko
MY = Malaysia
MZ = People's Republic of Mozambique

N

N-acylamino carboxylic acids - die N-Acylaminocarbonsäuren
NA = Namibia - Namibien *(früher: Deutsch-Südwest-Afrika)*
NA = die Norddeutsche Affinerie *(Hamburg)*
NAA = neutron activation analysis - die Neutronenaktivierungsanalyse
NACE = National Association of Corrosion Engineers *(Houston)*
nacre - das Perlmutt
nacreous - aus Perlmutt bestehend, perlmuttartig
nacreous sulphur - der perlmuttartige Schwefel *(eine Schwefelmodifikation)*
nail - der Nagel
nailing - das Nageln, das Ankern
naked wire - der blanke Draht

NAM = Nederlandse Aluminium Maatschappij *(Utrecht)*
name plate - das Firmenschild
NAMF = National Association of Metal Finishers *(Chicago)*
Namibia - Namibien *(früher: Deutsch-Südwest-Afrika)*, NA
NAPCA = National Air Pollution Control Administration - die nationale Aufsichtsbehörde gegen Luftverunreinigungen
NARI = National Association of Recycling Industries *(New York)*
narrow - schmal, eng
narrow flame - die Stichflamme
narrow gap welding - das Engspaltschweißen
narrow orebody - der geringmächtige Erzkörper
narrowing - Verengen
NASA = National Aeronautics and Space Administration
NASICON solid electrolyte EMF probe - die Festelektrolyt EMK Sonde NASICON, $Na_3Zr_2Si_2PO_{12}$
National Grid - die Landeskoordinaten
national organization - die nationale Organisation
national technical information service *in Springfield (Virginia 22161)*, NTIS - der nationale technische Informationsdienst in Springfield
native - gediegen, natürlich
native arsenic - das Mineral: das gediegene Arsen, der Scherbencobalt, der Fliegenstein, As
natroalunite - das Mineral: der Natriumalunit, $NaAl_3(OH)_6(SO_4)_2$
natural - natürlich
natural ageing - das natürliche Altern
natural circulation furnace - der Ofen mit natürlichem Zug

natural frequency - die Eigenschwingung
natural gas - das Erdgas *(Brennstoff)*
natural sand - der Natursand
naumannite - der Naumannit, Ag_2Se
naval architect - der Schiffsbauer
navy yard - die Schiffswerft, das Marinearsenal
NBRPC = New Brunswick Research and Productivity Council *(Fredericton - Canada)*
NBS = National Bureau of Standards *(Gaitherburg - USA)*
NC = North Carolina *(USA)*
NC = New Caledonia - Neukaledonien
ND = North Dakota *(USA)*
NE = Nebraska *(USA)*
NE = Republic of the Niger - die Republik Niger
Neapel yellow - das Bleiantimonat, Neapelgelb, $Pb_3(SbO_4)_2$
Nebraska = NE (USA)
necessary and sufficient - notwendig und ausreichend
needle - die Nadel, der Zeiger
needle bearing - das Nadellager
needle file - die dünne Flachfeile
Neel temperature - die Neel Temperatur
Neel wall - die Neel Wand
neighbouring - benachbart
neodymium - das Neodym, Nd
neodymium addition - der Neodymzusatz
neodymium alloy - die Neodymlegierung
neodymium complex - der Neodymkomplex
neodymium compound - die Neodymverbindung
neodymium ion - das Neodymion, Nd(+3)

neon - das Neon, Ne
Kingdom of **Nepal** - das Königreich Nepal, *NP*
nepheline - das Mineral: der Nephelin, $(Na,K)AlSiO_4$
neptunium - das Neptunium, Np
nesquehonite - das Mineral: der Nesquehonit, $MgCO_3*3H_2O$
net caolific value - der untere Heizwert
net income - die Reineinnahmen
net profits - der Reingewinn
net receipts - die Nettoeinnahme
net weight - das Reingewicht
Kingdom of the **Netherlands** - die Niederlande *(Holland)*
netting - benetzen
network - das Netzwerk, das Stromnetz
network of computers - die Vernetzung von Computern
neutral atmosphere - die neutrale Atmosphäre
neutral conductor - der Nullleiter
neutral medium - das neutrale Medium
neutralisation - die Neutralisation
neutron - das Neutron
neutron activation analysis, NAA - die Neutronenaktivierungsanalyse, NAA
neutron beam - der Neutronenstrahl
neutron diffraction - die Neutronenbeugung
neutron flux - der Neutronenfluß
neutron radiography - die Neutronenradiographie
neutron scattering - die Neutronenstreuung
neutron source - die Neutronenquelle
Nevada = NV *(USA)*
New Caledonia - Neukaledonien, *NC*
New Hampshire = NH *(USA)*
New Jersey = NJ *(USA)*

New Mexico

New Mexico = NM *(USA)*
new plant - die Neuanlage
New York = NY *(USA)*
New Zealand - Neuseeland, *NZ*
Newfoundland - Neufundland
NF alloy = non ferrous alloy - die Nichteisenmetall-Legierung, *die NE Metall-Legierung*
NF metal = non ferrous metal - das Nichteisenmetall, *das NE Metall*
NG = Federal Republic of Nigeria - Bundesrepublik Nigerien
NH = New Hampshire *(USA)*
Ni-Mg master alloy - die Ni-Mg Vorlegierung
nib - die Spitze
Republic of Nicaragua - die Republik Nicaragua, *NI*
Nicaro process *or: Caron process* - das Nicaro Verfahren *(oder: Caron Verfahren, d.h. die ammoniakalische Laugung von oxidischen Nickelerzen [Laterit])*
niccolite - das Mineral: der Rotnickelkies, der Nickelin, NiAs
nick - einkerben, kerben
nick of screw head - der Schlitz eines Schraubenkopfes
nickel - das Nickel, Ni
nickel addition - der Nickelzusatz
nickel alloy - die Nickellegierung
nickel arsenide - Nickelarsenid, als Mineral: der Maucherit, $Ni_{11}As_8$; als Mineral: Rammelsbergit, $NiAs_2$
nickel boride - das Nickelborid, NiB, Ni_4B_3
nickel bromide - das Nickelbromid, $NiBr_2$
nickel carbide - das Nickelcarbid, Ni_3C
nickel carbonate - das Nickelcarbonat, $NiCO_3$
nickel carbonyle - das Nickelcarbonyl, $Ni(CO)_4$
nickel chloride - das Nickelchlorid, $NiCl_2$
nickel coating - das Vernickeln
nickel complex - der Nickelkomplex
nickel compound - die Nickelverbindung
nickel cyanide - das Nickelcyanid, $Ni(CN)_2$
nickel fluorid - das Nickelfluorid, NiF_2
nickel hydride - das Nickelhydrid
nickel hydroxid - das Nickelhydroxid, $Ni(OH)_2$, $Ni(OH)_3$
nickel iodide - das Nickeljodid, NiJ_2
nickel ion - das Nickelion, Ni(+2), Ni(+3)
nickel nitrate - das Nickelnitrat, $Ni(NO_3)_2$
nickel nitride - das Nickelnitrid
nickel ore - das Nickelerz
nickel oxide - das Nickeloxid, NiO
nickel phosphate - das Nickelphosphat, $Ni_3(PO_4)_2$
nickel phosphide - das Nickelphosphid, NiP_2, NiP_3, Ni_2P, Ni_3P, Ni_5P_2, Ni_6P_5
nickel plating - Vernickeln
nickel production - die Nickelherstellung
nickel segregation process of Swedish Mineral Processes *(Stora)* and Pacific Metals Co. Ltd. *(Tokyo)* MINPRO-PAMCO process - das Nickelseigerungsverfahren von schwedischer und japanischer Firma
nickel silicate - das Nickelsilikat
nickel silicide - das Nickelsilicid, NiSi, $NiSi_2$, Ni_7Si_{13}
nickel sulfate - das Nickelsulfat, $NiSO_4$
nickel sulfide - das Nickelsulfid, NiS
nickelin alloy - der Nickelin (die Widerstandslegierung, der elektrische Widerstand ist fast temperaturunabhängig), Cu: 56%, Ni: 31%,

nicking tool

Zn: 13%
nicking tool - der Einstechstahl
Republic of the **Niger** - **die Republik Niger,** *NE*
Federal Republic of **Nigeria** - Bundesrepublik Nigerien, *NG*
night shift - die Nachtschicht
nil - praktisch nichts *(chem. Analyseangabe)*
NIMCIX contactors - die NIMCIX Extraktionsapparaturen
NIMCIX process for uran oxide concentration - das NIMCIX Verfahren zur Uranoxidanreicherung
niobium - das Niob, Nb
niobium addition - der Niobzusatz
niobium alloy - die Nioblegierung
niobium boride - das Niobborid, NbB_2
niobium bromide - das Niobbromid, $NbBr_5$
niobium carbide - das Niobcarbid, NbC, Nb_2C
niobium carbonate - das Niobcarbonat
niobium carbonitride - das Niobkarbonitrid
niobium chloride - das Niobchlorid, $NbCl_5$
niobium complex - der Niobkomplex
niobium compound - die Niobverbindung
niobium fluoride - das Niobfluorid, NbF_5
niobium hydride - das Niobhydrid, NbH
niobium hydroxide - das Niobhydroxid, $Nb(OH)_5$
niobium iodide - das Niobjodid
niobium ion - das Niobion, $Nb(+3)$, $Nb(+5)$
niobium nitrate - das Niobnitrat
niobium nitride - das Niobnitrid, NbN, Nb_2N
niobium ore - das Nioberz
niobium oxide - das Nioboxid, Nb_2O_5
niobium phosphate - das Niobphosphat
niobium phosphide - das Niobphosphid
niobium production - die Niobherstellung
niobium silicate - das Niobsilikat
niobium silicide - das Niobsilicid, $NbSi_2$, Nb_5Si_3
niobium stabilized steel - der niobstabilisierte Stahl
niobium sulfate - das Niobsulfat
niobium sulfide - das Niobsulfid
nip off - abkneifen
nippers - die Beißzange, die Kneifzange
nipping of single particle - die Einzelkornzerkleinerung
nipple - der Nippel
NIT = Nagoya Inst. of Technology *(Japan)*
NIT = Northeast Inst of Technology *(Shenyang - China)*
NIT = Nevada Inst. of Technology *(Reno - USA)*
niton *(old name for the element radon)* - das Niton *(veraltete Bezeichnung für das Element Radon)*, Nt = Rn
nitrate of lime - der Kalksalpeter, Calciumnitrat, $Ca(NO_3)_2$
nitrate of potash - der Kalisalpeter, Kaliumnitrat, KNO_3
nitrate of soda - der Natronsalpeter, $NaNO_3$
nitrates - das Nitrat, die NO_3-Gruppe
nitration - die Verstickung, die Nitrierung
nitric acid aqua fortis - die Salpetersäure, das Aqua forte, HNO_3
nitride hardening - das Nitrierhärten, das Stickstoffhärten
nitrided layer - die nitrierte Schicht
nitrides - das Nitrid

nitriding

nitriding - das Nitrieren, durch Nitrierung härten, das Aufsticken
nitriding furnace - der Nitrierofen
nitriding steel - der Nitrierstahl
nitridize - mit Stickstoff vereinen, die Oxidationsstufe durch Einwirkung von Stickstoff verändern
nitrite - das Nitrit, NO_2
nitrizing agent - das Nitriermittel
nitrobenzene - das Nitrobenzol, $C_6H_5NO_2$
nitrogen - der Stickstoff, N
nitrogen addition - der Stickstoffzusatz
nitrogen complex - der Stickstoffkomplex
nitrogen compound - die Stickstoffverbindung
nitrogen ion - das Stickstoffion, N(+1), N(+2), N(+3), N(+4), N(+5), N(-1), N(-2), N(-3)
nitrogen oxide - das Stickstoffoxid, das Stickoxid, NO_x
nitrogen oxyfluoride nitrosyl fluoride - das Nitrosylfluorid, FNO
nitrogenous - stickstoffhaltig
nitrosyl chloride - das Nitrosylchlorid, NOCl, ClNO
nitrosyl fluoride nitrogen oxyfluoride - das Nitrosylfluorid, FNO
nitrous acid - die salpetrige Säure
nitrous oxide laughing gas - das Lachgas, Distickstoffmonoxid, N_2O
NJ = New Jersey *(USA)*
NLM = Nippon Light Metals Co. Ltd. *(Japan)*
NM = New Mexico New Mexico *(USA)*
NMAB = National Materials Advisory Bord
NMC = Nippon Mining Co. Ltd. *(Japan)*
NMC process = Nippon Mining Co. process for nickel-cobalt separation - die Nickel-Cobalt-Trennung der Nippon Mining Co., *das NMC Verfahren*
NMI = Nuclear Metals Inc. *(Concord - USA)*
NMIT = New Mexiko Inst. of Technology *(Socorro)*
NML = Noranda Mines Ltd. *(Pointe Claire - Canada)*
NMR = nuclear magnetic resonance - die kernmagnetische Resonanz, *KMR*
NMR spectrometer - das KMR Spektrometer
NO = Kingdom of Norway - das Königreich Norwegen
noble gases - das Edelgas
nodal point - der Knotenpunkt
nodes - der Knotenpunkt
nodular - knotenförmig
nodular graphite - die Temperkohle
nodular ore - das Nierenerz
nodular ore - die Erzknolle *(z.B. Manganknolle)*
nodules - die Knospen *(Abscheidungsknospen bei der Elektrolyse)*
noise - das Geräusch, der Lärm
noise suppression - die Lärmbekämpfung
nomenclature - die Nomenklatur
nominal value - der Nennwert
nomogram - das Nomogramm, das Fluchtliniendiagramm
non bauxitic resource - der nichtbauxitische Rohstoff
non coking coal - die nichtverkokbare Kohle
non consumable electrode - die nichtabschmelzende Elektrode
non destructive testing - die zerstörungsfreie Prüfung
non destructive testing equipment - die zerstörungsfreie Prüfeinrichtung
non ferrous alloy, NF alloy - die Nichteisenmetall-Legierung,

non ferrous metal

NE Metall-Legierung
non ferrous metal, NF metal - das Nichteisenmetall, das NE Metall
non ferrous metallurgy - die Metallhüttenkunde
non ferrous metals industry - die Nichteisenmetallindustrie, die NE Metallindustrie
non ferrous scrap - der Nichteisenmetallschrott
non magnetic alloy - die nichtmagnetische Legierung
non magnetic steel - der unmagnetische Stahl
non metal - das Nichtmetall
non metal coating - das nichtmetallische Beschichten, der nichtmetallische Überzug
non metallic inclusion - der nichtmetallische Einschluß
non metallic material - der nichtmetallische Werkstoff
non return valve - das Sperrventil, das Rückschlagventil
non stoichiometric compound - die nichtstöchiometrische Verbindung
non stoichiometric composition - die nichtstöchiometrische Zusammensetzung
non vacuum electron beam welding - das ELS Schweißen ohne Vakuum
non welded joint - die nichtgeschweißte Verbindung
nonshielded welding - das Schweißen ohne Schutzgas
Noranda furnace - der Norandaofen
Norgesalpetre - der Norgesalpeter *(Düngemittel)*, $Ca(NO_3)_2 \cdot 2CaO$
normal temperature and pressure, *NTP* - Normaltemperatur und -druck
normalizing - das Normalglühen
Norsk Hydro process (Mg production) - das Norsk Hydro Verfahren *(Magnesiumherstellung)*

North Africa - Nordafrika
North America - Nordamerika
North Carolina = NC *(USA)*
North Dakota = ND *(USA)*
Kingdom of **Norway** - Königreich Norwegen, *NO*
nose - die Nase, der Vorsprung
nose wedge - der Gegenkeil
not cleaned - ungereinigt
not extensible - undehnbar
not purified - ungereinigt
not stratified - ungeschichtet
notch - einschneiden, einkerben
notch - das Abstichloch, der Abstich
notch - die Kerbe, die Einkerbung
notch ground - der Kerbgrund
notch gun - die Stopfenmaschine *(zum Schließen des Ofenabstichs)*
notch hook - der Einklinkhaken
notch sensitivity - die Kerbempfindlichkeit
notch toughness - die Kerbschlagzähigkeit
notched bar impact test - der Kerbschlagversuch
notched pig - die eingekerbte Massel
notched pin - der Kerbstift
notched test piece - der Kerbprüfkörper
notching - das Kerben
notching susceptibility - die Kerbempfindlichkeit
notice board - das schwarze Brett (für Nachrichten und Kurzmitteilungen)
Novalfer process - das Novalfer Verfahren
noxious - schädlich
noxious gases - die schädlichen Gase
noxious vapours - die giftigen Dämpfe
nozzle - das Mundstück, die Düse
nozzle box - der Auslaßstutzen

nozzle section

nozzle section - der Düsenquerschnitt
nozzle separation process *(enrichment of uranium)* - das Trenndüsenverfahren *(Urananreicherung)*
nozzle workpiece distance - der Düsenabstand
NP = Kingdom of Nepal - das Königreich Nepal
NPC = Niobium Products Co. Ltd. *(Pittsburg - USA; Düsseldorf - BRD)*
NPDCI = numerical primary dust content index - der mumerische primäre Staub-Gehalt-Index
NPL = National Physical Lab. *(Teddington - GB)*
NPP = nuclear power plant - das Atomkraftwerk, *AKW*
NRC = Noranda Research Centre *(Pointe Claire - Canada)*
NRC = National Research Council - der nationale Forschungsrat
NRCC = National Research Council for Canada *(Ottawa)*
NRIM = National Research Inst. for Metals *(Tokyo)*
NRIPR = National Research Inst. for Pollution and Resources *(Kawaguchi - Japan)*
NSC process = Nippon Steel Corporation process - Nippon Steel Corporation Verfahren, *NSC Verfahren*
NTH = Norges Tekniske Hoegskolan *(Trondheim)*
NTIS = national technical information service in Springfield *(Virginia 22161)* - der nationale technische Informationsdienst in den USA
NTP = normal temperature and pressure Normaltemperatur und -druck
nu phase - die Nu Phase
nuclear - der Kern
nuclear energy - die Kernenergie
nuclear engineering - die Kerntechnik
nuclear fission - die Kernspaltung
nuclear fuel - der Kernbrennstoff, der Kernbrennstoff
nuclear fusion - die Kernfusion, die Kernverschmelzung
nuclear magnetic resonance, NMR - die kernmagnetische Resonanz, KMR
nuclear power plant, NPP - das Atomkraftwerk, AKW
nuclear power plants - das Kernkraftwerk
nuclear reaction - die Kernreaktion
nuclear research center - das Kernforschungszentrum
nuclear scientist - der Kernforscher
nucleation - die Kernbildung
nucleus - der Kristallisationskern *(während der Abscheidung bzw. Erstarrung eines Metalles*
nucleus (pl.: nuclei) - der Atomkern
nucleus extension - die Keimausbreitung
nucleus fuel pellet - das Kernbrennstoffpellet
nugget - der natürliche Klumpen mit gediegenem Metall, der Goldklumpen, das rundgescheuerte Korn
number of cuts - die Schnittzahl
number of rotations - die Drehzahl
numbering - durchnummerieren, mit Zahlen versehen, das Nummerieren
numerical control - die numerische Steuerung
numerical primary dust content index, NPDCI - der numerische primäre Staub-Gehalt-Index
nut - die Schraubenmutter
nut coal - die Nußkohle
nut sizing screen - das Nußklassiersieb
nutrient - der Nährstoff *(bei der Bak-*

terienlaugung)
nutrition - die Ernährung
nutrition value - der Nährwert
nutsch filter - die Filternutsche
NV = Nevada *(USA)*
NY = New York *(USA)*
NZ = New Zealand - Neuseeland
NZAS = New Zealand Aluminium Smelters Ltd. *(Tiwi Point)*
NZC = National Zinc Co. *(Bartlesville - USA)*

O

oak - die Eiche
oaken - aus Eichenholz
ÖAM = Österreichisch-Amerikanische Magnesit AG *(Radenthein)*
objective - das Ziel, die Absicht
objet d'art - der Kunstgegenstand
objet of invention - der Erfindungsgegenstand
oblique - schräg, schief
oblong - länglich, rechteckig
OBM process = Oxygen Bottom Maxhütte converter process - das Sauerstoffdurchblaskonverterverfahren der Maxhütte, das OBM Konverterverfahren
observation - die Beobachtung
observed value - der Beobachtungswert
obtain - erhalten, erlangen
obtuse angle - der stumpfe Winkel
obtuse edge - die stumpfe Kante
occluded slag - der Schlackeneinschluß
occlusion - die Verstopfung, der Einschluß
occupational accident - der Arbeitsunfall

occupational disease - die Berufskrankheit
occupational medicine - die Arbeitsmedizin
occurence in beds - das lagerförmige Vorkommen, das Vorkommen in Lagern,
occurence in floors - das stockförmige Vorkommen, das Vorkommen in Stockwerken
occurence in veins - das gangförmige Vorkommen, das Vorkommen in Gängen
occuring in nature - in der Natur vorkommend
OCDE = Organisation de coopération et de dévelopment économique *(Paris)*
ocean - der Ozean
ocean geology - die Meeresgeologie
oceanography - die Meereskunde
ochre - das Ocker
octagon - das Achteck
octagonal - achteckig
octahedral - achtseitig
octane number - die Oktanzahl
OD or o/d or o.d. = outside diameter - der Außendurchmesser
odd number - die ungerade Zahl
OECD = Organisation for economic cooperation and development *(Bonn)*
off gauge - nicht maßhaltig
off size - nicht formhaltig
off-gas temperature - die Rauchgastemperatur
off-set power unit - der vom Strebförderer abgesetzte Antrieb
offer - das Angebot
office - das Büro
office equipment - die Büroausrüstung
official - die Aufsichtsperson, der Beamte, der Angestellte
offshore structure - das Meereskonstruktion

ÖGI

ÖGI = Österreichisches Gießerei-Institut *(Leoben)*
OH = Ohio *(USA)*
OH slag chambers = open hearth slag chambers - die Schlackenkammern des Siemens-Martin Ofen, *SMO Schlackenkammer*
OH top furnaces = open hearth top furnaces - die Siemens-Martin Oberöfen, *SM Oberöfen*
oil - das Öl
oil bath - das Ölbad
oil burner - der Ölbrenner
oil can - die Ölkanne
oil car - der Öltankwagen
oil catcher - der Ölfänger
oil channel - der Schmierkanal
oil circulation - der Ölumlauf
oil cleaner - der Ölreiniger
oil cooling - die Ölkühlung
oil cup - die Öltropfschale
oil derrick - der Ölbohrturm
oil distillation - die Öldestillation
oil drain cock - der Ölablaßhahn
oil drip cup - der Ölfänger
oil extraction - die Ölgewinnung
oil feed - der Ölzufluß
oil felt - der Schmierfilz
oil film - der Schmierfilm
oil fired furnace - der Ofen mit Ölfeuerung
oil firing - die Ölfeuerung, die Ölheizung
oil gauge - der Ölstandsanzeiger
oil gauge cock - der Ölstandshahn
oil groove - die Schmiernut
oil hardened - ölgehärtet
oil hardening - die Ölbadhärtung, das Härten im Ölbad
oil hole - das Schmierloch
oil industry - die Erdölindustrie
oil joint - die Ölabdichtung
oil level - der Ölstand
oil lines - die Ölleitung
oil painted - mit Ölfarbe gestrichen
oil pipe - die Ölfernleitung
oil priming - die Grundierung mit Öl
oil quench - in Öl härten
oil quenching - das Ölabschrecken
oil refinery - die Ölraffinerie
oil residues - die Ölrückstände
oil retainer - der Öldichtungsring
oil screen - die Ölseihe
oil seal - die Ölabdichtung
oil shale - der Ölschiefer
oil slinger - der Ölschleuderring
oil spring - die Erdölquelle, die Ölquelle
oil stone - der Ölstein, der Abziehstein
oil strata - die ölführenden Schichten, die Ölschichten
oil sump - der Ölsammelnapf
oil tank - der Öltank, der Öllagerbehälter
oil tanker - der Öltanker, das Ölversorgungsschiff
oil tight - öldicht
oil trap - der Ölabscheider
oil treating - die Ölvergütung
oil varnish - die Ölfirnis
oil well - die Ölbohrung
oiler - der Schmierapparat
oiliness - die Schmierfähigkeit
oiling system - die Schmieranlage
oily - ölig
oily looking - von öligem Aussehen
OK = Oklahoma *(USA)*
old plant - die Altanlage
older burdens - die Altlasten
oleum - das Oleum, die rauchende Schwefelsäure, H_2SO_4 konz.
olivine - das Mineral: der Olivin *(Roh-*

OLP coatings

stoff für feuerfeste Steine), $(Mg,Fe)_2SiO_4$

OLP coatings = oxygen low potential coatings - die Anodenbeschichtung mit niedrigem Sauerstoffpotential (z.B. die Beschichtung von Titanelektroden mit ausgewählten nichtstöchiometrischen Verbindungen einiger Platinmetalle)

OLP converter = oxygen lance powder converter - der OLP Konverter

OLP process = oxygen low potential process - das OLP Verfahren

Olsen test - der Olsen Versuch

Sultanate of **Oman** - das Sultanat Oman

omega phase - die Omega Phase

OMS or opms = output per man shift - die Schichtleistung

one and a half times - anderthalbfach

one floored - einstöckig

one sided welding - das einseitige Schweißen

oolithic iron ore - das oolithische Eisenerz

ooze - der Schlamm

opacity - die Lichtundurchlässigkeit, die Undurchsichtigkeit

opaque - undurchsichtig

opaque mineral - das undurchsichtige Mineral

open *(chem.)* - aufschließen

open cast mining - der Tagebau

open coil - der Offenbund

open cut mining - der Tagebau

open hearth furnace - der Siemens Martin Ofen

open hearth furnace for melting aluminium - der Aluminiumherdschmelzofen

acid **open hearth furncae** - der saure Siemens Martin Ofen

open hearth process - das Siemens-Martin Verfahren

open hearth slag - die Siemens-Martin Schlacke

open hearth slag chambers, *OH slag chambers* - die Schlackenkammer Siemens-Martin Ofen, *die SMO Schlackenkammer*

open hearth steel - der Siemens-Martin Stahl

open hearth steel plant - das Siemens-Martin Stahlwerk, das SM Werk

open hearth top furnaces, OH top furnaces - die Siemens-Martin Oberöfen, die SM Oberöfen

open riser - der offene Speiser

open structure belt - der Bandförderer mit offenem Traggerüst

open vessel - das offene Gefäß

open well furnace *for Al-cans-recycling* - der Vorherdofen zum Umschmelzen von Aluminiumdosen

opening - der Ausschnitt

operate - arbeiten, betreiben

operating conditions - die Abbaubedingungen, die Arbeitsbedingungen

operating cost - die Betriebskosten

operating equipment - die Betriebseinrichtung

operating experience - die Betriebserfahrung

operating instructions - die Bedienungsanleitung

operating pressure drop - der Arbeitsdruck

operating prinziple - das Arbeitsprinzip

operating report - der Betriebsbericht

operating results - die Betriebsergebnisse

operating trials - der Versuchsbetrieb

operation - der Arbeitsvorgang, der Arbeitsablauf, der Betrieb

operation manual - die Bedienungsanleitung, das Betriebshandbuch

operation method

operation method - die Bedienungsweise, das Betriebsverfahren, die Arbeitsweise
operation report - der Arbeitsbericht, der Betriebsbericht
operation sheet - das Durchlaufschema im Betrieb, der Bearbeitungsplan, das Fließbild des Arbeitsablaufes
operations research - die Planungsforschung
operations scheduling - die Arbeitsvorbereitung
operativie weldability - die Schweißmöglichkeit
operator - der Maschinenwärter, die Bedienungsperson
operator *(computer and data techni- que)*
optical absorption - die optische Absorption
optical density - die optische Dichte
optical diffraction - die optische Beugung
optical measurement - das optische Messen
optical microscope - das optische Mikroskop
optical microscopy - die optische Mikroskopie
optical property - die optische Eigenschaft
optical reflection - die optische Reflexion
optical square - der Winkelspiegel
optical transition - der optische Übergang
optician - der Optiker
optimization - die Optimierung
optimum design - optimale Auslegung
OR = Oregon *(USA)*
orbital friction welding - das orbitale Reibschweißen
orbital welding - das Rundnahtschweißen
order - die Reihenfolge, die Ordnung
order book - das Bestellbuch
order disorder transformation - die Ordnungsumwandlung
order parameter - der Ordnungsparameter
ordered alloy - die geordnete Legierung
ordinary goods - die gewöhnliche Ware
ordinate - die vertikale Achse, die Ordinate
Ordnance Survey - die Landvermessung
ore - das Erz
ore addition - der Erzzusatz
ore analysis - die Erzanalyse
ore assaying - die Probierkunde auf der Hütte, die Hüttenprobierkunde, die Erzanalyse
ore bearing - erzführend
ore bins - die Erztaschen
ore blending - das Erzmischen
ore bridge - die Erzverladebrücke
ore briquette - das Erzbrikett
ore briquetting - die Erzbrikettierung
ore burden - die Erzgicht, der Erzmöller
ore calcining - das Erzrösten
ore classification - das Erzklassieren
ore concentrate - das Erzkonzentrat
ore concentration - das Erzanreichern
ore crusher - das Erzbrechen
ore crushing - das Erzbrechen
ore deposit - das Erzvorkommen, die Erzlagerstätte
ore dressing - die Erzaufbereitung
ore freighter - der Erzfrachter
ore grinding - das Erzmahlen
ore loader - der Erzlader
ore mining - das Erzbergbau

ore pile - die Erzhalde
ore pilings - das Erzhaufwerk
ore processing - die Erzaufbereitung
ore prospecting - die Erzprospektion
ore roasting - das Erzrösten
ore sample - die Erzprobe
ore sampling - die Erzprobenahme
ore sinter - der Erzsinter
ore sintering - das Erzsintern
ore sintering mixture - die Sintermischung
ore sintering plant - die Erzsinteranlage
ore specimen - die Erzprobe
ore storage bin - die Erztasche, der Erzbunker
ore washing plant - die Erzwaschanlage, die Erzwäsche
Oregon = OR *(USA)*
organic acid - die organische Säure
organic binder - das organische Bindemittel
organic bonded sand - der organisch gebundene Sand
organic compound corrosion - die Korrosion durch organische Verbindungen
organic solvent - das organische Lösungsmittel
organisation of employers - der Arbeitgeberverband
organophosphorus compound - die organische Phosphorverbindung
orifice - die Meßdüse, der Staurand, die Ausströmungsöffnung, die Mündung, die Öffnung, das Mundloch
original material - das Ausgangsmaterial
original state - der Ausgangszustand
ORNL = Oak Ridge National Lab. *(USA)*
orpiment, auripigmente *(yellow pigmente)* - Auripigment *(gelbes Arsensulfid)*, das Rauschgelb, As_2S_3

ortho-tolyl arsonic acid *(collector in the flotation of tin)*, OTAA - die Ortho-Tolyl-Arsonische Säure *(Sammler in der Zinnflotation)*
orthodox design - die konservative Bauweise, die herkömmliche Bauweise
orthogonal cutting - das rechtwinklige Schneiden
orthorhombic structure - die orthorombische Struktur
orthotropy - die Orthotropie *(versch. Werkstoffeigenschaften in zwei zueinander senkrecht verlaufenden Richtungen)*
oscillate - schwingen
oscillating contact - der Wackelkontakt
oscillating current - der Schwingungskreis
oscillating sieve - das Schwingsieb
oscillation - die Schwingungsachse
oscillation cup method - das Schwingtiegelverfahren *(zur Messung der Viskosität an flüssigen Metallen bzw. Legierungen)*
oscillator - der Oszillator
oscillograph - der Oszillograph
oscillometry - die oszillometrische Titration
osmium - das Osmium, Os
osmium addition - der Osmiumzusatz
osmium alloy - die Osmiumlegierung
osmium boride - das Osmiumborid
osmium bromide - das Osmiumbromid
osmium carbide - das Osmiumcarbid
osmium carbonate - das Osmiumcarbonat
osmium chloride - das Osmiumchlorid, $OsCl_2$, $OsCl_3$, $OsCl_4$
osmium complex - der Osmiumkomplex
osmium compound - die Osmiumverbindung

osmium fluoride

osmium fluoride - das Osmiumfluorid, OsF_4, OsF_6, OsF_8
osmium hydride - das Osmiumhydrid
osmium hydroxide - das Osmiumhydroxid
osmium iodide - das Osmiumjodid
osmium ion - das Osmiumion, Os(+3), Os(+4)
osmium nitrate - das Osmiumnitrat
osmium nitride - das Osmiumnitrid
osmium oxide - das Osmiumoxid, OsO, OsO_2, Os_2O_3, OsO_4
osmium phosphate - das Osmiumphosphat
osmium phosphide - das Osmiumphosphid, OsP_2
osmium silicate - das Osmiumsilikat
osmium silicide - das Osmiumsilicid
osmium sulfate - das Osmiumsulfat
osmium sulfide - das Osmiumsulfid, OsS_2
osmium sulfite - das Osmiumsulfit, $OsSO_3$
ÖSTU = Österreichische Schacht- und Tunnelbau GmbH *(Fohnsdorf - Kamp-Lintfort)*
OTAA = ortho-tolyl arsonic acid *(collektor in the flotation of tin)* - die Ortho-Tolyl- Arsonische Säure *(Sammler in der Zinnflotation)*
other conditions being equal - unter sonst gleichen Bedingungen
ounce, 1 ounce = 28,349 grams oz. - die Unze, 1g = 0,0353 Unze. *(Dies ist das gesetzliche Maß. Das gesetzliche Handelsmaß gilt aber nicht für die Edelsteine und die Edelmetalle, sondern hier gilt nur die Feinunze!)*
ounce, *1 troy ounce = 31,1 g troy oz. (tr)* - die Feinunze *(Apothekergewicht), 1g = 0,03215 ounce per ton (metr.)*
out of action - außer Betrieb
out of balance - aus dem Gleichgewicht
out of date - unzeitgemäß
book is out of print - das Buch ist vergriffen
outboard - außenliegend
outboard chain - die seitlich angeordnete Kette
outer casing of shaft furnace - die Außenschale des Schachtofens
outfit - die Ausrüstung
outlay - die Ausgaben, die Auslagen
outlet line - die Abflußleitung
outlet pipe - das Abflußrohr
outlet valve - das Auslaßventil
outline - der Umriß
output - die Förderung, die Leistungsfähigkeit, die Leistung, die Abgabeleistung
output per man shift *(OMS or opms)* - die Schichtleistung
outrigger - die ausfahrbare Hilfsstütze, der Ausleger
outside - außen
outside air - die Außenluft
outside diameter, (OD or o/d or o.d.) - der Außendurchmesser
outstanding depts - die Außenstände
oven - der Ofen, der Brennofen, der Koksofen
oven cell - die Ofenkammer
oven charge - die Ofenfüllung
oven dry - ofentrocken
over night - über Nacht
over pressure - der Überdruck
over production - die Überproduktion
over size - das Übermaß
overaging - das Überaltern
overall efficiency - der Gesamtwirkungsgrad
overall length - die Gesamtlänge
overblown = super-oxidized - übergar, überoxidiert
overburden - das Deckgebirge, der Abraum, die überlagernden Schichten

overburning

overburning - das Totbrennen
overcharge - die Überlastung
overcurrent relay - der Überlastschutzschalter für elektrischen Strom, das Höchststromrelais
overdrive of car - der Schnellgang eines PKW
overflow - der Überlauf
overflow cup - die Überlauftasche *(Elektrolyse)*
overflow nozzle - die Überlaufdüse
overflow pipe - das Überlaufrohr
overflowing valve - das Überströmventil
overground - totgemahlen
overhang - die Ausladung
overhauling - das Instandsetzen, das Überholen
overhead bin - der Hochbunker, der Hochsilo
overhead conveyor - die Hängebahn
overhead cost - die Gemeinkosten
overhead line - die Freileitung
overhead position - die Überkopfposition
overheated structure - das Überhitzungsgefüge
overheating - das Überhitzen
overhung - fliegend angeordnet
overhung face - die überhängende Abbaufront
overlap seam - die Überlappungsnaht
overlapping subjects - die überlappenden Fachgebiete
overload - die Überlastung
overload - überladen
overman - der Reviersteiger
oversize - das Überkorn
oversize elimination - die Überkornabscheidung
oversize particles - das Spritzkorn
oversize reduction - die Überkornabtrennung, die Entgriesung
overspeed - die Überdrehzahl
overspeed safety governor - der Überdrehzahlregler
overstrain - die Überbeanspruchung
overstress - die Überbelastung
overstretch - das Überdehnen
overtaking method - das Überholverfahren *(Förderhobel)*
overweight - das Übergewicht
overwinding gear of shaft hoisting - die Sicherheitseinrichtung einer Schachtförderung
overwinding of shaft hoisting - das Übertreiben der Schachtförderung
overwork hour - die Überstunde
on **own account** - auf eigene Rechnung
Owyheeite - das Mineral: das Owyheeit, $Pb_5Ag_2Sb_6S_{15}$
oxalating - das Oxalatieren
oxalic acid - die Oxalsäure, $C_2H_2O_4$
oxidants - das Oxidationsmittel
oxidation - die Oxidation
oxidation protection - der Oxidationsschutz
oxidation rate - das Oxidationsgeschwindigkeit
oxide - das Oxid
oxide ceramics - die Oxidkeramik
oxide inclusion - der Oxideinschluß
oxide layer - die Rostschicht, die Zunderschicht
oxide ore - das Oxiderz
oxide ore concentrate - das oxidische Erzkonzentrat
oxide scale - die Oxidschicht, der Zunder
oxide skin - die Rostschicht, die Oxidhaut
oxidizing agent - das Oxidationsmittel
oxidizing atmosphere - die oxidieren-

oxidizing flame

oxidizing flame - die oxidierende Flamme
oxidizing period *(fining period)* - die Oxidationsperiode *(Feinungsperiode)*
oxidizing roasting - das oxidierende Rösten
oxyacetylene cutting - das Brennschneiden
oxygen - der Sauerstoff
oxygen addition - der Sauerstoffzusatz
oxygen blowing - das Sauerstoffaufblasen
oxygen blown steel - der Sauerstoffaufblasstahl
Oxygen Bottom Maxhütte converter process, *OBM process* - das Sauerstoffdurchblaskonverterverfahren der Maxhütte, *das OBM Konverterverfahren*
oxygen complex - der Sauerstoffkomplex
oxygen compound - die Sauerstoffverbindung
oxygen converter - der Sauerstoffkonverter
oxygen embrittlement - die Sauerstoffsprödigkeit
oxygen enriched blast - der sauerstoffangereicherte Wind
oxygen enriched blowing - das sauerstoffangereicherte Aufblasen
oxygen ion - das Sauerstoffion, O(-2)
oxygen lance - die Sauerstofflanze
oxygen lance powder converter - der OLP Konverter
oxygen lancing - das Brennbohren
oxygen low potential process - das OLP Verfahren
oxygen low potential coatings, *OLP coatings* - die Anodenbeschichtung mit niedrigem Sauerstoffpotential *(z.B. die Beschichtung von Titanelektroden mit ausgewählten nichtstöchiometrischen Verbindungen einiger Platinmetalle)*
oxygen steam process - das Sauerstoff/Wasserdampf Verfahren
oxygen steel plant - das Sauerstoffblasstahlwerk
oxygen steelmaking process - die Stahlherstellung nach dem Sauerstoffblasverfahren
oxyhydrogen gas - das Knallgas
oxysulfide - das Oxisulfid
oz. = ounce, 1 ounce = 28,349 grams - die Unze, 1g = 0,0353 Unze *(dies ist das gesetzliche Maß, es gilt aber nicht für die Edelsteine und die Edelmetalle)*
oz. (tr) = troy ounce, 1 troy ounce = 31,1 g - die Feinunze *(Apothekergewicht)*, 1g = 0,03215 ounce per ton *(metr.)*
ozone - das Ozon
ozone hole - das Ozonloch (in der Gashülle der Erde)

P

P+S = Stahlwerke Peine-Salzgitter AG
PA = Pennsylvania *(USA)*
PA = Republic of Panama - Panama
Pacific ocean - der Pazifische Ozean
pack - 1. der Packen; 2. der Füllkörper im Staubabscheider; 3. die Bergemauer; der Bergeversatz
pack carburizing - das Pulveraufkohlen
pack rolling - das Sturzenwalzen
package - das Paket
package melting method *(plasma electron beam melting technique for recycled scraps of titanium alloys)*

packaging

PMM process - das Umschmelzen von Titanlegierungen im Plasma-Elektronenstrahlofen, *das PMM Verfahren*
packaging - die Verpackung
packed - gegliedert, gepackt
packed bed - die Füllkörperschicht
packed bed electrode - die Füllbettelektrode
packed bed electrolysis - die Füllbettelektrolyse
packhole - die Öffnung in der Bergemauer
pad - der Bausch; das Polster; das Kissen
pad saw - der Fuchsschwanz
padded cell - die Gummizelle *(im Landeskrankenhaus)*
paddle - der Rührflügel
padlock - das Vorhängeschloß
padlock chain connector - das Schraubkettenschloß
PAH = polycyclic aromatic hydrocarbons - die polycyclischen aromatischen Kohlenwasserstoffe, *PAK*
pail - der Eimer, der Kübel
paint - der Anstrich; der Farbüberzug
painted steel - der farbüberzogene Stahl
painter - der Maler; der Anstreicher
painting - das Anstreichen
pair - das Paar
Islamic Republic of **Pakistan** - *Pakistan, PK*
pale - blaß, hell, licht
pale blue - hellblau
palladium - das Palladium, Pd
palladium addition - der Palladiumzusatz
palladium alloy - die Palladiumlegierung
palladium boride - das Palladiumborid
palladium bromide - das Palladiumbromid, $PdBr_2$

palladium carbide - das Palladiumcarbid
palladium carbonate - das Palladiumcarbonat
palladium chloride - das Palladiumchlorid, $PdCl_2$
palladium coating - die Palladiumbeschichtung
palladium complex - der Palladiumkomplex
palladium compound - die Palladiumverbindung
palladium fluoride - das Palladiumfluorid, PdF_2, PdF_3
palladium hydride - das Palladiumhydrid, Pd_2H
palladium hydroxide - das Palladiumhydroxid, $Pd(OH)_2$, $Pd(OH)_4$
palladium iodide - das Palladiumjodid, PdJ_2
palladium ion - das Palladiumion, $Pd(+2)$, $Pd(+4)$
palladium nitrate - das Palladiumnitrat, $Pd(NO_3)_2$
palladium nitride - das Palladiumnitrid
palladium oxide - das Palladiumoxid, PdO
palladium phosphate - das Palladiumphosphat
palladium phosphide - das Palladiumphosphid
palladium silicate - das Palladiumsilikat
palladium silicide - das Palladiumsilicid
palladium sulfate - das Palladiumsulfat
palladium sulfide - das Palladiumsulfid, PdS, Pd_2S, PdS_2
PAN = pyridylazonaphtol - das Pyridylazonaphtol
pan - die Pfanne, das Becken, die Wanne
Republic of **Panama** - **Panama**, *PA*

panel

panel - das Abbaufeld, die Bauabteilung
paper - das Papier
paper chromatography - die Papierchromatographie
paper feed - die Papierzuführung
paper industry - die Papierindustrie
paper pulp - der Papierbrei
Papua New Guinea - Papua-Neuguinea, PG
parabolic creep - das parabolische Kriechen
parabolic mirror - der parabolische Spiegel
parachute silk - die Fallschirmseide
Republic of **Paraguay** - Republik Paraguay, *PY*
parallel bench vice - der Parallelschraubstock
parallel connection - die Parallelschaltung
parallel flow regenerative shaft kiln, *lime-PFR-kiln* - Gleichstrom Regenerativschachtofen, *der Kalk-GR-Ofen*
parallel gap welding - das Spaltschweißen
parallel welding - das Doppellichtbogenschweißen
paramagnetism - der Paramagnetismus
parameter - der Parameter
parasite drag - der schädliche Luftwiderstand
parcel - das Paket
parchment paper - das Pergamentpapier
parents liquid - die Mutterlauge
part - das Stück, das Teil
partial - teilweise, partial
partial combustion - die unvollständige Verbrennung, die Teilverbrennung
partial discharge - die Teilabscheidung
partial dislocation - die Teilversetzung
partial liquid slag - die teilflüssige Schlacke
partial load - die Teillast
partial pressure - der Partialdruck
partial recovery - die partielle Gewinnung
partial reduction - die partielle Reduktion, die Teilreduktion
particle - das Teilchen
particle accelerator - der Teilchenbeschleuniger
particle beam - der Teilchenstrahl
particle bulk - das Schüttgut
particle optics - die Strahlenoptik
particle scattering - die Teilchenstreuung
particle size - die Teilchengröße
particle size analysis - die Teilchengrößenbestimmung, die Granulometrie
particle size distribution - die Teilchengrößenverteilung
particle strenght - die Teilchenstärke, die Korngröße
particulates - das Teilchen
parting - die Trennung, die Scheidung
parting furnace - der Scheideofen
parting sand - der trockene Formsand *(Gießerei)*, der Trennsand
parting silver - das Scheidesilber
parting workshop - die Scheideanstalt
partition *(wall)* - die Trennwand, die Scheidemauer
PASAR = Philippine Associated Smelting and Refining Corp. *(Isabel)*
passivation - die Passivierung
passivation potential - das Passivierungspotential
passive anode - die unlösliche Anode
passivity - die Passivität
paste - der Brei, der Kleister, der Teig
paste carburizing - das Pastenaufkohlen

paste on - ankleben
pasty - teigig, breiig
apply for a **patent** - das Patent anmelden
patent agent - der Patentanwalt
patent infingement - die Patentverletzung
patent interference - der Patenteinspruch
patent is expired - das Patent ist erloschen
patent office - das Patentbüro
patent specification - die Patentbeschreibung
patentable - patentfähig
patenting - das Patentieren
path of current - der Stromweg
patronite - das Mineral: der Patronit, V_2S_3
pattern - das Modell, das Bild, das Muster
pattern lumber - das Modellholz
pattern maker - der Modellmacher
pattern pin - der Modelldübel
pattern plate - die Modellplatte
pattern shop - die Modellwerkstatt
pavement - das Pflaster
paving bricks - die Pflastersteine
pay day - der Zahltag, der Tag der Lohnauszahlung
pay day party on friday - der Lohntütenball am Freitag
pay load - die Nutzlast, die bezahlte Zuladung
pay-off reel - die Ablaufhaspel
pay-off unit - die Entrollvorrichtung
paying ground - das (ab)bauwürdige Gebirge
paying on account - die Abschlagszahlung
PBW / pbw = percent by weight *(weight-%)* - das Gewichtsprozent *(Gew.-%)*

PCC = per capita consumption *(home market) in kg* - der Pro-Kopf-Verbrauch in kg
PCR = periodic current reverse - der periodische Umkehrstrom *(in der Elektrolyse)*
pd / p.d. = pulp density - die Trübedichte
PDC = Phosphate Development Corp. Ltd. *(Phalaborwa - RSA)*
PDC = Phelps Dodge Corp. *(USA)*
PE = Republic of Peru - die Republik Peru
pea sized - erbsengroß
peacock coal - das Mineral: die Glanzkohle
peak - die Spitze
peak factor - der Spitzenwert, der Extremwert
peak load - die Spitzenbelastung
peak of load - die Belastungsspitze
peak speed - die Höchstgeschwindigkeit, die Spitzendrehzahl
peak value - der Höchstwert, der Spitzenwert
pearl coke - der Feinkoks, der Perlkoks
pearlite - der Perlit
pearlite reduced steel - der perlitarme Stahl
pearlitic malleable cast iron - der perlitische Temperguß
peat - der Torf
peat coke - der Torfkoks
peat cutting - der Torfstich
peat digging machine - die Torfgewinnungsmaschine
peat soil - der Torfboden, der Moorboden
pebble mill - die Kugelmühle *(mit Porzellankugeln oder Flintsteinfüllung)*
peel - schälen
peel - die Hülse, die Schale
peel strength - die Schälfestigkeit

peel test

peel test - der Schälversuch
peeling with diamond - das Diamantschälen
peening - 1.das Abstrahlen, 2. das Hämmern
peep hole - das Schauloch, das Guckloch
peep show - die Betrachtung der Darbietung durch ein Guckloch
pellet - die Kugel, das Kügelchen, das Pellet
pelletization - das Pelletieren
Peltier effect - der Peltier Effekt
penalize - das Strafabziehen *(Bewertung und Bemusterung)*
penalty - der Strafabzug *(z.B. für unerwünschte Begleitelemente bei der Bewertung und Bemusterung)*
pendulum impact testing machine - das Pendelschlagwerk
pendulum mill - das Pendelwalzwerk
liquid **penetrant** - das Eindringprüfmittel
liquid **penetrant inspection** - die Eindringprüfung
penetrate - durchstoßen, durchdringen, eindringen
penetration defect - der Einbrandfehler
Pennsylvania = PA *(USA)*
pentagon - das Fünfeck
pentagonal - fünfeckig
pentahedrous - fünfseitig
pentavalent - fünfwertig
pentlandite - das Mineral: der Pentlandit, $(Fe,Ni)_9S_8$
pepper blister - die Pfefferblase *(sehr feine Bläschen im Gußstück)*
per capita consumption. PCC *(home market)* - der Pro-Kopf-Verbrauch in kg
per-iodate acid - die Per-Jodsäure, H_5JO_6

perborax - der Perborax, das Natriumperborat, $NaBO_2*H_2O_2*3H_2O$
percent by volume - das Volumprozent
percent by weight *(weight-%), PBW or pbw* - das Gewichtsprozent *(Gew.-%)*
percentage - der Prozentsatz
perceptible - wahrnehmbar
perchlorat - die Perchlorat *(Salz der Perchlorsäure)*, Cl_2O_7
perchloric acid - die Perchlorsäure, die Überchlorsäure *(veralteter Begriff)*, $HClO_4$
percolate - durchseihen, seihen
percolation leaching - die Sickerlaugung
percussion mortar - der Diamantmörser, der Stahlmörser
percussion welding - das Perkussionsschweißen
percussive - schlagend
percussive drill - der Schlagbohrer, der Bohrhammer
perforate - perforieren, lochen
perforated - löcherig, gelocht
perforated brick - der Lochstein
perforated sheet - das Lochblech, das gelochte Blech
perforating die - das Perforierwerkzeug, das Lochwerkzeug
perform - leisten
performance bonds *(raw material trading)* - die Gewährleistungsgarantie *(Rohstoffhandel)*
performance characteristics - die Leistungszahlen
perhydrole - das Perhydrol, H_2O_2
periclase refractory = *sintered magnesite or magnesia* - das feuerfeste Periklaserzeugnis = *Sintermagnesit*, der Magnesia, MgO
period - die Periode
periodic current reverse, PCR - der periodische Umkehrstrom *(in der Elek-*

trolyse)
periodical - die Zeitschrift
periphery - der Umfang
perishable - leicht verderblich
peritectic transformation - die peritektische Umwandlung
permanent core - der Dauerkern
permanent deformation - die bleibende Verformung
permanent dye - die lichtechte Farbe
permanent joint - die unlösbare Verbindung, die dauerhafte Verbindung
permanent magnet - der Dauermagnet
permanent magnet alloy - die hartmagnetische Legierung
permanent magnet material - der dauermagnetische Werkstoff
permanent mold - die Dauerform
permanent mould castings - der Dauerformguß, das Dauerformgießen
permanent pattern - das Dauermodell
permant magnet - der Dauermagnet
permeability - die Durchlässigkeit
permeable - durchlässig
permeable formation - die durchlässige Schicht
permeable plug - der Gasspülstein
permeable to gas - gasdurchlässig
permessible explosve - der Sicherheitssprengstoff
permian formations *(geol.)* - die Zechsteinformation
permissible - erlaubt, zulässig
permission - die Genehmigung, die Zulassung, die Erlaubnis
permit - 1. die Lizenz, der Ausweis, der Passierschein, der Genehmigungsschein; 2. die Ausfuhrgenehmigung, die Ausreisegenehmigung; 3. die Einreisegenehmigung, die Einfuhrerlaubnis
Permo-Triassic rocks - die Perm-Trias Schichten
permutation - die Vertauschung, die Versetzung
perovskite - das Mineral: der Perowskit, TiO_2CaO, $(Ca,Na,Fe-II,Ce)(Ti,Nb)O_3$
Perrin process - das Perrin Verfahren
perseverance - die Beharrlichkeit
persistance - die Beharrlichkeit
personal remarks - Persönliches
personnel - die Arbeitskraft
personnel management - die Personalverwaltung
Republic of **Peru** - Republik Peru, PE
petrol - das Benzin *(Treibstoff)*
petrol engine - der Benzinmotor
petrol vapour - der Benzindampf
petroleum - das Erdöl, das Rohöl
petroleum coke - der Petrolkoks
petzite - das Mineral: der Petzite, Ag_3AuTe_2
pewter - das Hartzinn, das verarbeitete Zinn, das Schüsselzinn
pewter *(tin ware)* - das Zinngeschirr
pewtery - die Zinngießerei
PG = Papua New Guinea - Papua-Neuguinea
phantom view - die Phantomzeichnung, die Transparentansicht
pharmaceutical balance - die Tarierwaage
phase abundance - der Phasenreichtum
phase advancer - der Phasenschieber
phase analysis - die Phasenanalyse
phase changing - die Phasenverschiebung
phase diagram - das Zustandsdiagramm, das Phasendiagramm
phase transformation - die Phasenumwandlung
phase velocity - die Phasengeschwindigkeit

phenol

phenol - das Phenol, C_6H_5OH
phenolic resin - das Phenolharz
phenolphthaleine - das Phenolphthalein, $C_{20}H_{14}O_4$
phenomenon *(plur.: phenomena)* - die Naturerscheinung, die Erscheinung
phi phase - die Phi Phase
Republic of the **Philippines** - die Republik Philippinen
philosopher - der Naturforscher, der Philosoph
phonon - das Phonon
phonon dispersion - die Phononverteilung
phosphate - das Phosphat
phosphating - das Phosphatieren
phosphorescent - phosphoreszierend
phosphoric - phosphorhaltig
phosphoric acid - die Phosphorsäure, die Orthophosphorsäure, H_3PO_4
phosphorous eutectic - das Phosphideutektikum
phosphorous rich ore - das phosphorreiche Erz
phosphorus - das Phosphor, P
phosphorus acid - die phosphorige Säure, H_3PO_3
phosphorus addition - der Phosphorzusatz
phosphorus chloride - das Phosphorchlorid, PCl_3, PCl_5
phosphorus complex - der Phosphorkomplex
phosphorus compound - die Phosphorverbindung
phosphorus iodide - das Phosphorjodid, PJ_3
phosphorus ion - das Phosphorion, $P(+3)$, $P(+5)$, $P(-3)$
phosphorus pig iron - das phosphorhaltige Roheisen
phosphoryl bromide - das Phosphorylbromid, $POBr_3$

phosphoryl chloride - das Phosphorylchlorid, $POCl_3$
photochemistry - die Photochemie
photoconductivity - die Photoleitfähigkeit
photoconductor cell - die Photoleiterzelle
photoelastic testing - die spannungsoptische Prüfung
photoelasticity - die Spannungsoptik, die Photoelastizität
photoelectric cell - die photoelektrische Zelle
photoelectron - das Photoelektron
photoelectron emission - die Photoelektronenemission
photography - die Photographie
photometer - das Photometer
photomultiplier - der Photovervielfacher
photon - das Photon
photon beam welding - das Photonenstrahlschweißen
phthal acid - die Phthalsäure, $C_8H_6O_4$
physical condition - die physikalische Beschaffenheit, der Aggregatzustand
physical force - die Naturkraft, die physikalische Stärke
physical metallurgy - die Metallphysik, die Werkstoffkunde
physical property - die physikalische Eigenschaft
physical reaction - der physikalische Vorgang
physical testing - die Untersuchung der physikalischen Eigenschaften
physics - die Physik
pi phase - die Pi Phase
pick - der Schrämmeißel
pick - die Hacke
pick up tongs - die Hebezange
pickle - abbeizen, beizen

pickle - die Beize *(Beizflüssigkeit, die Beizlösung)*
pickle brittleness - die Beizsprödigkeit
pickling - das Abbeizen, das Beizen
pickling acid waste - die Abfallbeizlauge, die Beizablauge
pickling acid waste recovery - die Aufarbeitung der Abfallbeize
pickling bath - das Beizbad
pickling vat - der Beizbehälter
picric acid - die Pikrinsäure, $C_6H_3N_3O_7$
picroilmenite - das Mineral: das Picroilmenit, $(Mg,Ge)TiO_3$
pidgeon process - das Pidgeon Verfahren
piece - das Teil, das Stück
piece goods - die Stückgüter
piece holder - der Objektträger
piece of work - das Stück Arbeit
piece rate wages - der Stücklohn, der Akkordlohn
piece worker - der Akkordarbeiter *(Arbeit in Stücklohn)*
piercer - der Dorn, der Durchschlag
piercing - das Lochen
piercing mandrel - der Lochstempel
piercing mill - das Lochwalzwerk
piercing punch - der Vorlocher
piezoelectric crystal - der piezoelektrische Kristall
piezoelectricity - die Piezoelektrizität
pig - das Rohgußblöckchen *(zum Umschmelzen)*, die Massel *(der Metallblock zum Umschmelzen)*
pig bed - das Masselbett
pig breaker - der Masselbrecher
pig casting machine - die Masselgießmaschine
pig copper - die Kupfermassel
pig iron - das Roheisen
cold blown **pig iron** - das kalt erblasene Roheisen
pig iron ladle - die Roheisenpfanne
pig iron manufacture - die Roheisenherstellung
pig iron mixer - der Roheisenmischer
pig lead - das Ofenblei
pig mould - die Masselform
pigment - das Pigment, der Farbstoff
pile - 1. der Haufen, der Stapel, 2. der Pfahl, 3. der Meiler
pile driver - die Ramme *(um Pfeiler in den Boden zu rammen)*
pile up - aufhäufen, aufschichten
piled scrap - der paketierte Schrott
pilger mill - das Pilgerschrittwalzwerk
piling - 1. das Lagern in Haufen, 2. das Einschlagen von Pfählen, 3. einen Meiler anlegen
piling device - die Stapelvorrichtung
piling furnace - der Paketwärmofen
pillar - der Ständer, die Säule, der Pfeiler
pillar drilling machine - die Säulenbohrmaschine
pilot burner - der Versuchsbrenner
pilot operation - die Versuchsdurchführung
pilot plant - die halbindustrielle Anlage, die Pilotanlage, die größere Versuchsanlage
pilot tap - der Gewindevorbohrer
pilot test - die Vorprobe
pimary - primär
pin - der Zapfen, der Stift, der Dorn
pin bolt - der Federbolzen
pin drill - der Zapfenbohrer
pin heads - die Nadelköpfe *(sehr feine Blasen und Bläschen im Gußstück)*
pin hole - 1. das feine Loch, 2. die Gasblase, die Randblase, 3. das Nagelloch
pin jointed - gelenkig gelagert
pin wrench - der Stiftschlüssel

pincers

pincers - die Kneifzange
pinch - abkneifen
pinch bar - die Brechstange
pinch effect - der Pincheffekt
pinch roll - die Greifwalze, die Klemmrolle, die Führungsrolle
pinch roll unit - die Treibvorrichtung
pinch rolls - der Treibapparat
pinching - das Lochen
pine oil - das Kienöl
pine wood - das Nadelholz
pinhole - die Randblase
pinion - das Ritzel
pink salt - das Pinksalz *(wird in der Färberei verwendet)*, $(NH_4)_2SnCl_6$
pinlock chain connector - das Stiftbandschloß
pipe - 1. das nahtlose Rohr *(mit genormten Abmessungen)*, 2. der Trichterlunker *(entsteht während der Erstarrung des letzten teils des flüssigen Metalls)*
pipe bend - der Rohrkrümmer
pipe cavity - der Lunkerhohlraum
pipe clay - der bildsame Ton
pipe conduit - die Rohrleitung
pipe connector - der Rohrstutzen
pipe line - die Fernrohrleitung
pipette - das Tropfenglas, die Pipette
piping - die Rohrleitung
piston - der Kolben
piston principle - das Kolbenprinzip
piston ring - der Kolbenring
piston rod - die Kolbenstange
pit - der Pütt, die Schachtanlage, die Zeche, die Grube
pit bank - die Hängebank
pit bottom - der Füllort
pit casting - der Grubenguß
pit clothing - die Grubenkleidung
pit coal - die Steinkohle
pit entrance - die Grubeneinfahrt
pit fire *(underground fire)* - der Grubenbrand
pit furnace - der Tiefofen
pit heating furnace - die Wärmgrube, der Tiefofen
pit man - der Bergmann
pit pouring - das Grubengießen
pit prop - der Grubenstempel
pit scrap - das übergelaufene Eisen in der Schlackengrube
pitch - das Pech
pitch - die Teilung
pitch diameter - der Teilkreisdurchmesser
pitch line - die Teilungslinie, die Mittellinie
pitch of furnace roof - die Stichhöhe des Ofengewölbes
pitch of thread - die Gewindehöhe, die Gewindesteigung
pitch ratio - das Steigungsverhältnis
pitchblende *(uraninite)* - die Pechblende, der Uraninit, UO_2
pitting - die Grübchenbildung
pitting corrosion - die Lochkorrosion
pitting of iron - das Zerfressen von Eisen
pitting potential - das Lochkorrosionspotential
pivot - die Türangel, der Zapfen
pivot bearing - das Pendellager
PIX process = pressurized ion exchange process - das Druckionenaustauschverfahren
PIXE = proton-induced X-ray emission spectrometry - die protoneninduzierte Röntgenemissionsspektrometrie
PK = Islamic Republic of Pakistan - Pakistan
PL = Poland - Polish People's Republic - Polen
placer deposit - die Seifenlagerstätte
plain - 1. flach, eben, 2. gewöhnlich, ein-

fach
plain jolt moulding machine - die Tischrüttelformmaschine
plain roll - die glatte Walze
plan of design - die Grundrißzeichnung
plan of site - der Lageplan
plane - einebnen, hobeln, planieren, glätten
plane - die Ebene, die Fläche
plane strain - die zweiachsige Verformung
planer - die Hobelmaschine
planer tool - der Hobelstahl
planetary mill - das Planetenwalzwerk
planing - das Hobeln
planing chips - die Hobelspäne
planing machine - die Hobelmaschine
planish knife - das Schlichtmesser
plank - das dicke Brett, die Bohle
planning - die Planung
plant - die Betriebsanlage, die Werksanlage
plant layout - die Anlagenplanung
plant railway - die Werksbahn
plasma - das Plasma
plasma arc - der Plasmalichtbogen
plasma arc furnace - der Plasmalichtbogenofen, der Plasmaofen
plasma arc machining - das Plasmabearbeiten
plasma arc melting - das Plasmastrahlschmelzen
plasma arc remelting - das Plasmastrahlumschmelzen
plasma cutting - das Plasmaschneiden
plasma gas - das Plasmagas
plasma ladle reheating process - das PLR Verfahren
plasma MIG welding - das Plasma MIG Schweißen
plasma reduction process - das Plasmareduktionsverfahren *(Titanherstellung)*
plasma rotating electrode process *(Titan powder production)*, *PREP* - das PREP Verfahren *(Titanpulverherstellung mit Plasmakanonen)*
plasma spraying - das Plasmaspritzen
plasma surfacing - das Plasmaauftragschweißen
plasma torch - der Plasmabrenner
plasma welding - das Plasmaschweißen
plasmazinc process, *PZ process* - das Plasmazink Verfahren, *PZ Verfahren*
plasmon - das Plasmon
plaster - der Gips, der Putz
plaster cast - der Gipsabdruck
plaster mill - die Gipsmühle
plaster moulding - die Gipsformen
plastering - das Verputzen
plastic - plastisch, knetbar, bildsam
plastic anisotropie - die plastische Anisotropie
plastic coated steel - der plastiküberzogene Stahl
plastic coating - das Kunststoffbeschichten
plastic deformation - die plastische Verformung
plasticity - die Bildsamkeit, die Geschmeidigkeit, die Plastizität *(die Eigenschaft eines Metalles sich ohne Zerreißen weitgehend bleibend verformen zu lassen)*
plastics - der Kunststoff
plastics industry - die Kunststoffindustrie
plastics metal coatings - die Kunststoffüberzug auf Metall
plate - galvanisieren, elektroplattieren
plate *(material thickness over 3/8 inch)* - das Grobblech *(Materialstärke über 9.525 mm)*
plate electrode - die Plattenelektrode

plate glass

plate glass - das Tafelglas
plate mill - das Grobblechwalzwerk, die schwere Blechstraße
plate shears - die Blechschere
platinum - das Platin, Pt
platinum addition - der Platinzusatz
platinum alloy - die Platinlegierung
platinum boride - das Platinborid
platinum bromide - das Platinbromid $PtBr$, $PtBr_2$, $PtBr_3$, $PtBr_4$
platinum carbide - das Platincarbid
platinum carbonate - das Platincarbonat
platinum chloride - das Platinchlorid, $PtCl_2$, $PtCl_4$
platinum coating - das Platinbeschichten
platinum complex - der Platinkomplex
platinum cpompound - die Platinverbindung
platinum fluoride - das Platinfluorid
platinum group metals - die Platinmetalle
platinum group production - die Platinoidherstellung
platinum hydride - das Platinhydrid
platinum hydroxide - das Platinhydroxid
platinum ion - das Platinion, $Pt(+2)$, $Pt(+4)$
platinum nitrate - das Platinnitrat, $Pt(NO_3)_2$
platinum nitride - das Platinnitrid
platinum ore - das Platinerz
platinum oxide - das Platinoxid, PtO_2
platinum phosphat - das Platinphosphat, PtP_2O_7
platinum phosphide - das Platinphosphid
platinum potassium iodide - das Kaliumhexajodoplatinat, $K_2[PtJ_6]$
platinum production - die Platinherstellung
platinum resistance thermometer - das Platinwiderstandsthermometer
platinum retort - die Platinretorte
platinum silicate - das Platinsilikat
platinum silicide - das Platinsilicid
platinum spoon - der Platinlöffel
platinum sulfate - das Platinsulfat
platinum sulfide - das Platinsulfid, PtS, Pt_2S_3
pliant - schmiegsam
pliers - die Zange
plot - aufzeichnen *(graphisch darstellen)*
plough - der Abstreifer, der Hobel *(Förderer)*
plough blade - der Hobelmeißel
plough body - der Hobelkörper
plough stable - der Hobelstall
plt process leading technic - die Prozeßleittechnik, *PLT*
plug - der Stecker, der Propfen, der Stopfen
plug box - die Steckdose
plug cock - der Absperrhahn
plug gauge - das Lochkaliber
plug ramming machine - die Bodenstampfmaschine
plug rolling mill - das Stopfenwalzwerk
plug the tapping hole - das Abstichloch verschließen
plug up - verstopfen *(zustopfen)*
plug weld - die Lochschweißung
plugged line - die verstopfte Rohrleitung
plugging - die Materialverstopfung, die Verstopfung
plumb - abloten
plumb bob - das Senkblei, das Senklot
plumbing device - die Loteinrichtung
plummer block - das Ölschmierlager, das Blocklager, das Stehlager

plummet

plummet - das Richtblei
plunge - eintauchen
plunger pump - die Tauchpumpe
plunging siphon - der Stechheber
plus mesh - der Siebrückstand
plutonium - das Plutonium, Pu
plutonium alloy - die Plutoniumlegierung
plutonium hydride - das Plutoniumhydrid, PuH_2, PuH_3
plutonium nitride - das Plutoniumnitrid, PuN
ply - die Lage (eines Fördergurtes)
ply wood - das Sperrholz
PM process = pulsated mixing process - das pulsierende Mischungsverfahren *(Stahlherstellung mit periodischer Druckvariation unter Vakuum oder Schutzgas), das PM Verfahren*
PMM process = Package Melting Method *(plasma electron beam melting technique for recycled scraps of titanium alloys)* - das Umschmelzen von Titanlegierungen, *das PMM Verfahren*
pneumatic - die Pneumatik
pneumatic conveyor - der pneumatische Förderer, die pneumatische Förderung
pneumatic deduster - der Windsichter
pneumatic drive - der pneumatische Antrieb
pneumatic equipment - die Druckluftanlage
pneumatic pick - der Druckluftabbauhammer
pneumatic stowing - der Blasversatz
pneumatic tyre - der Luftreifen
pocket - die Tasche
pocket dictionary - das Taschenwörterbuch
pocket knife - das Taschenmesser
POEC = polyoxyethylene compound *(for fluorit flotation)* - der Flotationszusatz bei der Fluoritflotation
point - die Spitze
point defect - der Punktfehler
point feeder - der Chargierpunkt
point feeder system in aluminium electrolysis - das punktgenaue *(zentrale)* Chargiersystem in der Aluminiumschmelzflußelektrolyse
point of support - der Stützpunkt
pointed - angespitzt, zugespitzt
pointer - der Zeiger
poison - das Gift
poisonous - giftig
poisson distribution - die Poisson-Verteilung
Poisson ration - die Poissonsche Zahl
poke - schüren
poker - der Schürhaken, das Schüreisen
poking pit - die Stochgrube *(vor der Feuerung)*
Poland, *Polish People's Republic* - Polen, PL
polarity - die Polarität
polarization - die Polarisation
polarization diagram - das Polarisationsdiagramm
polarized light - das polarisierte Licht
polarography - die Polarographie
pole figures - die Polfigur
pole-reversibler motor - der polumschaltbare Motor
poles - das Polholz
poling *(treatment of a melt)* - das Polen (Behandlung einer Metallschmelze)
polished section - der polierte Anschliff
polishing - das Polieren
politics - die Politik
pollute - verschmutzen
pollution - die Verschmutzung, die Was-

pollution prevention

serverunreinigung
pollution prevention - die Schmutzverhinderung
polonium - das Polonium Po
poly ply - mehrlagig
poly laminated glass - das Mehrschichtglas
polybasite - das Mineral: der Polybasit, $9Ag_2S*Sb_2S_3$
polycristal - der Vielkristall, der Polykristall
polycyclic aromatic hydrocarbons, *PAH* - die polycyclischen aromatischen Kohlenwasserstoffe, *PAK*
polyelectrolytes - die Polyelektrolyten *(Mischung verschiedener Salze und Säuren)*
polygon - das Vieleck
polygonal - vieleckig, polygonal
polygonization - die Polygonisation
polyhedral - vielflächig
polymer - das Polymer
polymetallic ore - das Mehrmetallerz
polymorphic transformation - die polymorphe Umwandlung
polyoxyethylene compound *(for fluorit flotation)*, *POEC* - der Flotationszusatz bei der Fluoritflotation
polyvalent - mehrwertig
polyvalent cations - die mehrwertigen Kationen
pond - der Teich
pontoon mounted - die Kufenmontage (auf Schlitten montiert)
pool - 1. der Teich 2. der Pfuhl, 3. das Schwimmbecken
poor - arm, geringhaltig, schwach
poor gas - das Armgas, das Schwachgas
poor lime - der Magerkalk
poor ore - das Armerz, das beschissene Erz, das geringhaltige Erz
porcelain - das Porzellan
porcelain crucible - der Porzellantiegel
porcelain tube - das Porzellanrohr
pore diffusion coefficient - der Porendiffusionskoeffizient
porosity - die Porosität
porous - porig, blasig, löcherig
porous material - der poröse Werkstoff
porous metal - das poröse Metall
porous plug - der poröse Stöpsel
porous plugs - die Schwammkeramik *(zum Einbringen von Gasen in eine Schmelze)*
port - 1. der Hafen, 2. die Ventilöffnung, die Öffnung, 3. der Ofenkopf
port installations - die Hafenanlagen
portability - die Transportfähigkeit
portable - tragbar, fahrbar
portable lamp - die Handlampe
portable receiver - der Batterieempfänger
portal crane - der Portalkran
portland cement - der Portlandzement
Portugal, *Portuguese Republic* - Portugal, *PT*
position of equilibrium - die Gleichgewichtslage
positioner - die Drehvorrichtung
positioning - das Positionieren
positive guide - die Zwangsführung
positron - das Positron
positron annihilation - die Positron Zerstrahlung
possessor - der Besitzer
post and stall system (mining) - der Pfeilerbau
post connection - die Nachschaltung
post crane - der Säulenkran
post free - portofrei
post paid - portofrei
post treatment - die Nachbehandlung
postheating - das Nachwärmen

potable water treatment

potable water treatment - die Trinkwasseraufbereitung
potash - die Pottasche Kaliumcarbonat, K_2CO_3
potash mill - die Kalifabrik
potash mine - das Kalibergwerk
potash processing - die Kaliaufbereitung
potassium - das Kalium, K
potassium addition - der Kaliumzusatz
potassium alloy - die Kaliumlegierung
potassium aluminate - das Kaliumaluminat, $K(AlO_2)_2$
potassium antimony-tartrate - das Kaliumantimon(III)oxidtartrat, *der Brechweinstein*
potassium bleach, *potassium hypochlorite* - das Kaliumhypochlorit, die Kalibleichlauge, $KOCl + H_2O$
potassium borate - das Kaliumborat, KBO_2
potassium bromate - das Kaliumbromat, $KBrO_3$
potassium bromide - das Kaliumbromid, KBr
potassium carbide - das Kaliumcarbid
potassium carbonate - das Kaliumcarbonat, K_2CO_3
potassium chlorate - das Kaliumchlorat *(für Zündhölzer und Feuerwerkskörper)*, $KClO_3$
potassium chloride - das Kaliumchlorid, *KCl*
potassium chromate - das Kaliumchromat, K_2CrO_4
potassium chromium sulfate - das Kaliumchromsulfat *(violette Kristalle)* Chromalaun, $KCr(SO_4)_2*12H_2O$
potassium complex - der Kaliumkomplex
potassium compound - die Kaliumverbindung
potassium di-chromat - das Kaliumdichromat, $K_2Cr_2O_7$
potassium dihydrogen phosphate - das Kaliumdihydrogenphosphat, KH_2PO_4
potassium ethyl xanthate, *KEX* - das Kalium-Ethyl-Xanthate *(Sammler in der Flotation)*
potassium ferrocyanide (III) red - das rote Blutlaugensalz *(Rotkali)*, das Kaliumhexacyanoferrat (III), $K_3[Fe(CN)_6]$
potassium ferrocyanide (II) yellow - das gelbe Blutlaugensalz *(Gelbkali)*, das Kaliumhexacyanoferrat (II), $K_4[Fe(CN)_6]*3H_2O$
potassium fluoride - das Kaliumfluorid, KF
potassium hydride - das Kaliumhydrid, KH
potassium hydrogene carbonate - das Kaliumhydrogencarbonat, $KHCO_3$
potassium hydroxide - das Kaliumhydroxid, *die Kalilauge*, KOH
potassium hypo-chloride - das Kaliumhypochlorid, KOCl
potassium hypochlorite, *potassium bleach* - das Kaliumhypochlorit, *die Kalibleichlauge,* $KOCl + H_2O$
potassium iodate - das Kaliumjodat, KJO_3
potassium iodide - das Kaliumjodid, KJ
potassium ion - das Kaliumion, K(+1)
potassium nitrate - das Kaliumnitrat, KNO_3
potassium nitrite - das Kaliumnitrit, KNO_2
potassium oxide - das Kaliumoxid, K_2O
potassium perchlorate - das Kaliumperchlorat, $KClO_4$
potassium permanganate - das Kaliumpermanganat, $KMnO_4$
potassium phosphate - das Kaliumphosphat, K_3PO_4

potassium phosphide

potassium phosphide - das Kaliumphosphid
potassium polysulfide hepar sulfuris - die Kaliumpolysulfide *(technisches Kaliumsulfid)*, die Schwefelleber, K_2S_2 - K_2S_6
potassium silicate - das Kaliumsilikat, K_2SiO_3
potassium silicide - das Kaliumsilicid
potassium sulfate - das Kaliumsulfat, K_2SO_4
potassium sulfide - das Kaliumsulfid, K_2S
potassium thiocyanat - das Kaliumthiocyanat, KSCN
potential barrier - der Potentialwall
potential curve - die Potentialkurve
potential difference - die Potentialdifferenz
potential drop - der Potentialsprung
potential energy - die potentielle Energie
potential function - die Potentialfunktion
potential gradient - das Potentialgefälle
potential interference - die möglichen Störeinflüsse
potential pH diagram - das Potential-pH-Diagramm
potential vortex - der Potentialwirbel
potentiometric titration - die potentiometrische Titration
potentiostat - das Potentiostat
potter's clay - der Töpferton
potter's trade - die Töpferei
potter's wheel - die Töpferscheibe
potter's workshop - die Töpferei
pottery - das Tongeschirr
pounding - das Stampfen
pounding rack - der Richtbock, die Richtplatte
pounds force per square inch on the relative guage scale = psig
pounds force per square inch on the absolute guage scale = psia
pounds force per square inch = psi
pour - gießen
pour in - eingießen
pouring - das Vergießen *(Gießen allgemein)*
pouring basin - der Gießtümpel
pouring bay - die Gießhalle
pouring channel - die Gießrinne
pouring crane - der Gießkran
pouring crew - die Gießkolonne
pouring drum - die Gießtrommel
pouring equipment - das Gießhilfsmittel
pouring floor - die Gießhalle
pouring from the top - der fallende Guß
pouring gate - der Anschnitt
pouring gate - der Gießtrichter
pouring head - der verlorene Kopf beim Gießen
pouring head - der Gießaufsatz
pouring jet - der Gießstrahl
pouring ladle - die Gießpfanne
pouring pit - die Gießgrube
pouring platform - die Gießbühne
pouring rate - die Gießgeschwindigkeit
pouring speed - die Gießgeschwindigkeit
pouring spont - die Gießschnauze
pouring temperature - die Gießtemperatur
powder - das Pulver, das Mehl, das Puder, der Staub
powder compact - der Pulverpreßling
powder compaction - das Pulverpressen
powder cutting - das Pulverbrennschneiden

powder grinding - das Pulvermahlen
powder injection - das Pulvereinblasen
powder metallurgy - die Pulvermetallurgie
powder production - die Pulverherstellung
powder sinter - der Pulversinter
powder sintering - das Pulversintern
powdered brown coal - der Braunkohlenstaub
powdered chalk - das Kreidepulver
powdered coal - die Staubkohle, der Kohlenstaub
powdered coal firing - die Staubkohlenfeuerung
powdered emery - der Schmirgelstaub
power - die Kraft, die Energie, die Leistung, die Potenz, die Gewalt
power consumption - der Leistungsbedarf, der Energieverbrauch, der Leistungsverbrauch, der Kraftverbrauch
power costs - die Energiekosten
power factor - der Leistungsfaktor
power gas - das Treibgas
power generator - der elektrische Generator
power loader - die Gewinnungs- und Lademaschine
power loss - der Leistungsverlust, der Kraftverlust
power output - die Leistungsabgabe
power plant - das Kraftwerk
power requirements - der Energiebedarf, der Kraftbedarf
power resource - die Kraftquelle
power shovel - der Löffelbagger, der Schaufelbagger
power station - das Kraftwerk
power station coal - die Kraftwerkskohle
power unit - die Krafteinheit, der Antrieb

powered support - der hydraulische Schreitausbau
PR = Puerto Rico
practicable - ausführbar
prall *(beater)* **mill** - die Prallmühle
praseodymium - das Praseodym, Pr
praseodymium addition - der Praseodymzusatz
praseodymium alloy - die Praseodymlegierung
praseodymium complex - der Praseodymkomplex
praseodymium compound - die Praseodymverbindung
praseodymium ion - das Praseodymion, Pr(+3)
pre-bake potline *(aluminium production)* - die Ofenlinie, die mit vorgebrannten Anoden arbeitet
prealloyed powder - das vorlegierte Pulver
prechamber - die Vorkammer
precious metal - das Edelmetall
precious metal alloy - Edelmetallegierung
precipitability *(chem.)* - die Ausfällbarkeit, die Fällbarkeit
precipitable - ausfällbar, fällbar
precipitant - das Ausscheidungsmittel, das Fällungsmittel
precipitate - abscheiden, fällen, ausscheiden
precipitate - das Ausscheidungsprodukt
precipitating - das Ausfällen, das Niederschlagen, das Abscheiden, das Fällen, die Ausscheidung
precipitation hardening - die Ausscheidungshärten
precipitation hardening alloy - die aushärtbare Legierung
precipitation hardening steel - der aushärtbare Stahl
precipitation section - die Fällungssek-

precipitation titration

tion
precipitation titration - die Fällungstitration
precipitator - der Abscheider
electrostatic **precipitator** - der Elektrofilter
precipitator trains - die Fällungsbehälterreihen
continuous **precipitator trains** - die kontinuierlich arbeitenden Fällungsbehälterreihen
precise - genau, präzise, exakt
precision - die Genauigkeit
precision casting - das Feingießen
precision characteristics - das Genauigkeitsmerkmal Präzision
precision cuts - die Präzisionsschnitte
precision engineering - die Feinmechanik
precision instrument - das Feinmeßgerät
precision leveller - die Feinrichtmaschine
precision of analytical results - die Präzision von Analysenergebnissen
precleaning plant - die 2. Voraufbereitung
precoat layer - Anschwemmschicht *(Aufbereitung)*
preconnection - die Vorschaltung
precooler - der Vorkühler
precracked specimen - die angerissene Probe
precrushing - die Vorzerkleinerung
predeterminable - vorausbestimmbar
predetermination - die Vorausbestimmung
predewatering area, gravity strain area - die Vorentwässerungszone, die Seihzone
predrying - die Vortrocknung
preferred orientation - die bevorzugte Orientierung

preform - das Lötformteil
preheat - vorwärmen, vorerhitzen
preheater - der Luftvorwärmer, der Vorwärmer
preheating - das Vorwärmen
preheating chamber self-heated - die eigenbeheizte Vorwärmkammer
preheating zone - die Vorwärmzone
preliminary purification - die Vorreinigung
preliminary slag - die Vorschlacke
preliminary stress - die Vorspannung
premium - die Leistungsprämie, die Arbeitsprämie, die Prämie
premium job - die Akkordarbeit
PREP = plasma rotating electrode process *(Titan powder production)* - das PREP Verfahren *(Titanpulverherstellung mit Plasmakanonen)*
preparation - die Aufbereitung, die Vorbereitung, die Zubereitung, die Zurichtung, die Herstellung
preparation *(chem.)* - die Darstellung
preparation of chemicals - die Darstellung chemischer Stoffe
preparation of coal - die Kohleaufbereitung
preparation plant - die Aufbereitungsanlage
preparatory workings - die Ausrichtungsbetriebe
prepared sand - der Fertigsand
preparing - die Vorbereitung, die Zubereitung, die Fertigung
preparing of drawings - die Herstellung von Zeichnungen
prereduced ore - das vorreduzierte Erz
prereduced pellet - das vorreduzierte Pellet
prescription of debt - die Verjährung einer Schuld
in the **presence of** - im Beisein von, in Gegenwart von

present papers reports on investigations - nachfolgende Ausführungen beinhalten Untersuchungen
presintered compact - die Sintervorform
presintering - das Vorsintern
press - die Presse
press bending - das Druckbiegen
press fit - der Preßsitz
press forging - das Schmiedepressen
press forming - das Formpressen
pressed coal - die Preßkohle
pressed wood - das Preßholz
pressure - der Druck
pressure baffle - das Druckleitblech
pressure control - die Druckregelung
pressure cooler - der Staukühler
pressure die casting - das Druckgießen
pressure die casting machine - die Druckgießmaschine
pressure drop - der Druckabfall
pressure effet - der Druckeinfluß
pressure feed - die Druckspeisung
pressure filtration - die Druckfiltration
pressure gauge - der Druckmesser
pressure horizontal belt filters - der horizontales Druck-Bandfilter
pressure ladle - die Druckpfanne
pressure leaching - das Auslaugen unter Druck, die Drucklaugung
pressure measurement - die Druckmessung
pressure measuring instrument - das Druckmeßgerät
pressure pipe - die Druckleitung
pressure regulation - die Druckregelung
pressure release - die Druckentlastung
pressure syphon - der Drucksiphon
pressure test - der Gasdruckversuch

pressure welding - das Preßschweißen
pressurize - belüften
pressurized ion exchange process, PIX process - das Druckionenaustauschverfahren, der Ionenaustausch unter Druck
pressurized riser - der Druckspeiser
pressurized water reactor - der Druckwasserreaktor
prestress - die mechanische Vorspannung
prestressed concrete - der Spannbeton
prestressed roll stand - das Vorspanngerüst
pretreatment - die Vorbehandlung
prevailing regulation - die bestehende Vorschrift
prevent - verhindern, verhüten
prevention of accidents - die Unfallverhütung
price development - die Preisentwicklung
prices - der Preis
primary aluminium capacity - die Kapazitäten für Hüttenaluminium
primary coil - die Primärspule
primary creep - das primäre Kriechen
primary form - die Grundform
primary gas cleaning - die Grobgasreinigung, die Vorgasreinigung
primary pressing area - die Vorpreßzone
primary recrystallisation - die primäre Rekristallisation
primary rock *(geol.)* - das Urgestein, das Urgebirge
primary screen - das Vorklassiersieb
primary slip system - das Hauptgleitsystem
primary structure - das primäre Gefüge
prime cost - die Selbstkosten
prime mover - die Antriebsmaschine,

prime number

die Kraftmaschine
prime number - die Primzahl
prime sheet - das Blech erster Wahl
prime western zinc, *PW zinc* - das Prime Western Zink *(Hüttenzink);* das PW Zink hat einen Zn Gehalt von 98.5%
primer - der Grundieranstrich
primers *(mining)* - die Initialsprengstoffe
priming - das Schäumen
priming coat - der Grundanstrich
priming explosives - die Initialsprengstoffe
priming of a pump - das Ansaugen einer Pumpe
principal and interest - das Kapital und die Zinsen
principal arch *(or roof)* - das Hauptgewölbe
principal plane - die Hauptebene
principal product - das Haupterzeugnis
principal streß - die Hauptspannung
principal stress - die Hauptbeanspruchung
principal tension - die Hauptspannung
principal truss - der Binder eines Daches
principle of design - das Konstruktionsprinzip
principle of least work - das Prinzip der geringsten Arbeit
principle of working - die Verfahrenstechnik, die Arbeitsweise
print - die Lichtpause, die Fotokopie, der Abzug, der Abdruck
printed circuit - die gedruckte Schaltung
printer - der Buchdrucker
printing shop - die Druckerei
prisoner - der Paßstift
private power generating plant - die Eigenstromanlage

pro rata - anteilig
probability calculation - die Wahrscheinlichkeitsrechnung
probability curve - die Häufigkeitskurve
problem - die Aufgabe
procedure - die Arbeitsweise, die Methode
proceedings - die Fortschrittsberichte *(im Tagungsband)*
proceeds *(profits)* - der Erlös
process - das Arbeitsverfahren, das Verfahren
process annealing - das Zwischenglühen
process annealing of sheets - das Zwischenglühen von Blechen
process chemistry - die chemische Verfahrenstechnik
process computer - der Prozeßrechner
process conditions - die Verfahrensbedingungen
process control - die Prozeßsteuerung
process development - die Verfahrensentwicklung
process leading technic, *plt* - die Prozeßleittechnik, *PLT*
process mineralogy - die Prozeßmineralogie, die mineralogische Verfahrenstechnik
process qualification - die Verfahrenszulassung
process scheme - das Ablaufschema
process scrap - der Betriebsabfall
process selection - die Verfahrenswahl
process variant - die Verfahrensvariante
process wire - der vorgezogene Draht
processing - die Weiterverarbeitung
producer - der Erzeuger, der Fabrikant
producer gas - das Schwachgas, das Generatorgas
production - die Produktion

production control - die Fertigungskontrolle, die Betriebsüberwachung
production cost - die Gestehungskosten
production heap - die Förderhalde
production of metals - die Metallherstellung, die Herstellung von Metallen
production of *secondary aluminium* - die Produktion von Sekundäraluminium
production planning - die Produktionsplanung
production schedule - die Arbeitsplanung
production sequence - der Produktionsablauf
production stage - die Fertigungsreife
production statistics - die Produktionsstatistik
productive - 1. produktiv, ertragsfähig *(allgemein)*, 2. kohleführend *(Kohlebergbau)*
productivity - die Betriebsleistung, die Produktivität, die Ertragsfähigkeit
profession - der Beruf, das Handwerk
professional classification - die berufliche Einstufung
professional questions after education - die Berufsfragen nach der Ausbildung
professional training - die Berufsausbildung
profile cutter - der Kopierfräser
profile wire rolling mills - die Profildraht-Walzwerke
profilometer - das Profilmesser
profit - der Ertrag, der Nutzen
profit-and-loss account *(Am.: statement)* - die Gewinn- und Verlustrechnung
programmed charging - die programmierte Beschickung
programmed load - die programmierte Belastung
programming - die Programmierung
prohibitive cost - die übermäßigen Kosten
project - das Projekt, der Entwurf, das Vorhaben
projection - die Nase Vorkragung
projection welding - das Buckelschweißen
projections - der Buckel
prolongated term of payment - der verlängerte Zahlungstermin
promethium - das Promethium, Pm
promethium addition - der Promethiumzusatz
promethium complex - der Promethiumkomplex
promethium compound - die Promethiumverbindung
promethium ion - das Promethiumion, Pm(+3)
prong - die Klaue
proof - widerstandsfähig
proof print - der Probeabzug
proof stress (permanent limit of elongation) - die Dehngrenze
prop - der Stempel
to **prop** - verstreben, absteifen
propagate - sich ausbreiten
propane - das Propan *(Heiz- und Leuchtgas, wird als Flüssiggas in Stahlflaschen gehandelt)*, C_3H_8
property - die Eigenschaft
property line - die Markscheide
proportion - das Verhältnis
proportion of weight - das Gewichtsverhältnis
propping - die Verstrebung (Bergbau)
propping of shaft - den Schacht versteifen
prospect for - das Schürfen

prospecting

prospecting - das Schürfen, die Prospektion
chemical **prospecting** - die geochemische Prospektion
prosthesis - die Prothese
protactinium - das Protactinium, Pa
protactinium ion - das Protactiniumion, Pa(+4), Pa(+5)
protect - schützen
protecting hood - die Schutzhaube
protection - der Schutz
protection against accidents - der Unfallschutz
protective atmosphere - die Schutzgasatmosphäre
protective clothing - die Schutzkleidung
protective coatings - der Schutzüberzug *(Schutzanstrich)*
proton - das Proton
proton beam - der Protonenstrahl
proton-induced X-ray emission spectrometry, PIXE - die protoneninduzierte Röntgenemissionsspektrometrie
prototype - das Urbild
prototype - der Prototyp Musterstück
proustite - das Mineral: der Proustit, Ag_3AsS_3
proved - geologisch nachgewiesen, erschlossen
prussic acid - die Blausäure, die Cyanwasserstoffsäure, HCN
pseudoalloy - die Pseudolegierung
pseudobinary system - das quasibinäre System
pseudobrookite - das Mineral: der Pseudobrookit, Fe_2TiO_5, $Fe_2O_3*TiO_2$
pseudoelasticity - die Pseudoelastizität
pseudorutile - das Mineral: der Pseudorutil, $Fe_2Ti_3O_9$
psi = pounds force per square inch
psi phase - die Psi Phase
psia = pounds force per square inch on the absolute guage scale
psig = pounds force per square inch on the relative guage scale
psilomelan *(manganese oxide)* - der Psilomelan Wad *(wasserhaltige weiche Masse)*, MnO_2*H_2O
PSS technology - die Partikelstrahl-Schmelz-System Technik, PSS Technik
PSV process = titan powder made by spraying under vacuum process - die Titanpulverherstellung durch Versprühen im Vakuum, das PSV Verfahren
PT = Portugal - Portuguese - die Republik Portugal
PTB = Physikalisch-Technische Bundesanstalt
public health - die öffentliche Gesundheitspflege
public relations - die Öffentlichkeitsarbeit
publish - herausgeben, veröffentlichen
publisher - der Herausgeber, der Verleger
publishing of books - das Verlegen von Büchern
puddling - das Puddelverfahren
Puerto Rico - Puerto Rico, PR
pugging of clay - das Kneten von Ton
pull over - überheben
pull wire - die Zugleine
pulley - die Scheibe. die Seilscheibe
pulley block - der Flaschenzug
pulling over - das Überstreifen
pulp - die Trübe, der Schlamm, der Brei, der Feinschlamm
pulp density, pd / p.d. - die Trübedichte
pulsate - pulsieren, schwingen, schlagen
pulsated mixing process, PM process - das pulsierende Mischungsver

pulsating fatigue test

fahren *(Stahlherstellung mit periodischer Druckvariation unter Vakuum oder Schutzgas),* das PM Verfahren
pulsating fatigue test - der Zugschwellendauerversuch
pulse heating - das Impulserhitzen
pulse-jet - die Druckluft
pulsed arc - der pulsierende Bogen
pulverize - kleinmahlen, pulverisieren
pulverized coal - der Kohlenstaub
pulverized fuel - der staubförmige Brennstoff
pulverizing mill *(coal)* - die Kohlenstaubmühle
pumice - der Bims
pumice construction material - der Bimsbaustoff
pumice slag - der Hüttenbims
pumice slag brick - der Hüttenschwemmstein
pumice stone - der Bimsstein
pumice stone slag - die Schaumschlacke
pump - das Verpumpen, die Pumpe
pump shaft - die Pumpenwelle
pump sump - der Pumpensumpf
punch - stanzen, lochen
punch - der Körner, der Preßstempel, der Stempel
punched card - die Lochkarte
punched tape - das Lochband
puncher - der Krustenbrecher *(Stoßstange)*
punching - das Lochen
punctual delivery - die pünktliche Lieferung
punctured - undicht geworden
punctures - die Löcher in Luftreifen
purchase - einkaufen, kaufen
purchase and sale - der Ein- und Verkauf
purchase department - die Einkaufabteilung
purchaser - der Abnehmer, der Einkäufer, der Käufer
pure - rein
purge cone in the furnace - der Spülkegel im Ofen
purge gas for bath movement - das Spülgas zur Badbewegung
purge plug - der Gasspülstein *(Keramik mit erhöhter Porosität, um Gase in eine Schmelze einzubringen)*
joint **purging porous plug** - der Fugenspüler
purge set - der Spül-Set
purification - die Reinigung, die Läuterung
purification of the electrolyte - die Laugenreinigung
purification process - das Raffinationsverfahren
purify - klären, läutern, frischen, reinigen, die Reinheit
purofer process - das Purofer Verfahren
purple ore - das Purpurerz *(Laugerückstände mit ca. 60% Fe und Restgehalten von 0,1% Cu. Mulmiger Hämatit, bzw. rotes Eisenoxid, das durch Rösten von Pyrit entsteht)*
push - der Schub
push rod - der Ventilstößel, die Schubstange
pusher - die Abschiebevorrichtung
continuous **pusher type furnace** - der Durchstoßofen
pusher type furnace - der Stoßofen
putty - das Kitt
PW zinc = prime western zinc Prime Western Zink *(Hüttenzink),* PW Zink mit Zn Gehalt von 98.5%
PWE = Planungsgesellschaft für Wärme- und Energietechnik mbH [Osterode (DE)]
PY = Republic of Paraguay - Republik

pylon

Paraguay
pylon - der Hochspannungsmast, der *(selbsttragende)* Stahlmast
pyne green tanks - die Trennbäder in der Laugenaufbereitung
pyracine - das Pyrazin, $C_4H_4N_2$
pyrargyrite - das Mineral: der Pyrargyrit, $3Ag_2S*2Sb_2S_3$
pyrene - das Pyren, $C_{16}H_{10}$
pyridin - das Pyridin, C_5H_5N
pyridylazonaphtol,- das Pyridylazonaphtol, *PAN*
pyrite - das Mineral: iron sulfide - der Pyrit, das Eisensulfid, FeS_2
pyroforic - luftentzündlich
pyrographite - der Pyrographit
pyrohydrolysis - die Pyrohydrolyse *(Verbrennung bei gleichzeitiger Reaktion mit Wasserdampf)*
pyrohydrolysis of wastes *from electrolytic aluminium reduction* - die Pyrohydrolyse von Rückständen der Aluminiumelektrolyse
pyrolusite - das Mineral: der Pyrolusite, MnO_2
pyrolysis - die Pyrolyse
pyrometallurgical refining - die pyrometallurgische Raffination
pyrometallurgy - die Pyrometallurgie
pyrophanite - das Mineral: der Pyrophanit, $MnTiO_3$
pyrostilpnite - das Mineral: der Pyrostilpnit, Ag_3SbS_3
pyrosulfolysis - die Pyrosulfolyse *(Verbrennung mit Injektion von Schwefel oder Schwefelverbindungen)*
pyrrhotite - das Mineral: der Pyrrhotin (Magnetkies mit nichtstöchiometrischem Eisensulfid), FeS mit $Fe_{(1-x)}S$
pyrrol - das Pyrrol, C_4H_5N
PZ process = plasmazinc process - das Plasmazink Verfahren, *PZ Verfahren*

Q

QA = State of Quatar - Katar
QAL = Queensland Alumina Ltd. *(Gladstone)*
QBOP = quiet basic oxygen process - das bodenblasende Sauerstoffkonverterverfahren
QSL process = Queneau-Schumann-Lurgi process *for primary lead winning* - das Queneau-Schumann-Lurgi Verfahren *zur pyrometallurgischen, primären Bleiherstellung, das QSL Verfahren*
quadrangle - das Viereck
quadrant - der Viertelkreis
quadrupolar interaction - die Quadrupolwechselwirkung
quadrupole moment - das Quadrupolmoment
qualified - tauglich
qualitative analysis - die qualitative Analyse
quality - die Güte, die Sorte, die Qualität
quality factor - der Gütegrad, der Gütebeiwert
quality insurance - die Gütesicherung
quantitative analysis - die quantitative Analyse
quantitative determination of inclusions - die quantitative Einschlußbestimmung
quantitative metallography - die quantitative Metallographie
quantitative surface analysis - die quantitative Oberflächenanalyse
quantity - die Menge, die Größe
quantity by volume - die Raummenge

quantity

quantity by volume - die Raummenge
quantity production - die Massenerzeugung, die Reihenfertigung, die Serienfertigung
quantum mechanics - die Quantenmechanik
quantum mechanics exchange - der quantenmechanische Austausch
quarry - der Steinbruch
quarry stone - der Bruchstein
quarry-stone paving - das Kopfsteinpflaster
quartz silica - das Siliciumoxid, der Quarz, SiO_2
quartz sand - der Quarzsand
quasiflake graphite - der quasiflake Graphit *(Graphitzwischenform - Graphitgefüge)*
State of **Quatar** - Katar, *QA*
quaternary alloy - die Vierstofflegierung
quaternary formation *(geol.)* - die Quartärformation
quaternary system - das quaternäre System, das Vierstoffsystem
quench - 1. besprengen, 2. abschrecken, 3. das Feuer löschen
quench aging - die Abschreckalterung
quench crack - der Härteriss
quench cracking sensibility - die Härterissempfindlichkeit
quench defect - der Abschreckfehler
quench distortion - der Härteverzug
quench hardening - das Abschreckhärten
quench sensitivity - die Abschreckempfindlichkeit
quenched in vacancy - die Abschreckleerstelle
quenching - das Abschrecken
quenching and tempering - das Vergüten
quenching car *(coking plant)* - der Löschwagen
quenching depth - die Härtetiefe
quenching from the liquid state - das Abschrecken aus dem Flüssigen
quenching medium - das Abschreckmittel
quenching of coke - den Koks löschen, das Ablöschen von Koks
quenching oil - das Abschrecköl
quenching tank - der Abschreckbottich
quenching wharf - die Löschrampe
Queneau-Schumann-Lurgi process *for primary lead winning, QSL process* - das Queneau-Schumann-Lurgi Verfahren zur pyrometallurgischen, primären Bleiherstellung, *das QSL Verfahren*
quercetine - das Quercetin, $C_{15}H_{10}O_7 * 2H_2O$
questionnaire - der Fragebogen
quick - schnell
quick lime - der Ätzkalk, der Branntkalk
quick silver - das Quecksilber
quick tapping - der Schnellabstich
quick water - das Quickwasser *(Herstellung: 10 Teile Quecksilber, 11 Teile Salpetersäure und 500 Teile Wasser. Verwendung für die Feuervergoldung bzw. -versilberung)*
quiet basic oxygen process, QBOP - das bodenblasende Sauerstoffkonverterverfahren
quinary system - das quinäre System, das Fünfstoffsystem
quinone - das Chinon, $C_6H_4O_2$

R & D Dept.

R

R & D Dept. = Research and Development Department - die Forschungs- und Entwicklungsabteilung, *die F+E Abteilung*
rabble - durchrühren, rühren, abschöpfen
rabble - die Kratze, der Rührhaken, die Puddelkrücke, die Schlackenkratze
race - 1. die Laufbahn, 2. der Trum *(einer Kette)*
rack - das Gestell, das Gerüst, der Rahmen
rack-and-pinion drive - das Zahnstangentrieb
radial engine - der Sternmotor
radial forging - das Radialschmieden
radial friction welding - das radiale Reibschweißen
radiant energy - die Strahlungsenergie
radiant heat - die Strahlungswärme
radiant tube - das Strahlheizrohr
radiant tube furnace - der Strahlrohrofen
radiate - ausstrahlen, strahlen
radiating rib - die Kühllamelle
radiation absorption - die Strahlenabsorption
radiation damage - die Strahlenschädigung
radiation effect - der Straheneffekt
radiation emission - die Strahlungsemission
radiation measuring instrument - die Strahlungsmeßgerät
radiation pollution - die radioaktive Verseuchung
radiation protection - der Strahlenschutz
radiation pyrometer - das Strahlungspyrometer
radiation scattering - die Strahlungsstreuung
radiation welding - das Strahlschweißen
radiator - 1. der Kühler 2. der Wärmestrahler
radical *(chem.)* - der Grundstoff
radical sign *(math.)* - das Wurzelzeichen
radioactivation - die Radioaktivierung
radioactive source - die radioaktive Quelle
radioactive tracers - der Radioindikator, die Isotopen-Indikatoren
radioactivity - die Radioaktivität
radioactivity counter - der Radioaktivitätszähler
radioactivity material - das radioaktive Material
radioactivity measurement - das Radioaktivitätsmessen
radiochemical analysis - die radiometrische Analyse
radiochemistry - die Radiochemie
radiography - die Radiographie
radiolysis - die Radiolyse
radium - das Radium *(Erdalkali-Element)*, Ra
radium ion - das Radiumion, Ra(+2)
radius (pl. radii) - der Radius *(pl. Radien)*, der Halbmesser
radix (math.) - die Wurzel
radon - das Radon *(Edelgas)*, Rn
RAG = die Ruhrkohle Aktiengesellschaft
rag paper - das Lumpenpapier, das Haderpapier
rags - die Lumpen, das Hadern, der Lappen
rail - die Schiene, die Eisenbahnschiene
rail base - der Schienenfuß
rail head - 1. der Schienenkopf, 2. der Ausladebahnhof
rail mill - das Schienenwalzwerk
rail steel - der Schienenstahl

rail tanker

rail tanker - der Eisenbahntanker
rail track - das Gleis
rail transportation - der Bahntransport, der Eisenbahntransport
railing - das Geländer
railway axle - die Eisenbahnachse
railway car - der Eisenbahnwagen
railway carriage - der Waggon
railway compartment - das Eisenbahnabteil
railway equipment - der Eisenbahnbedarf
railway line - die Eisenbahnlinie, die Bahnlinie
railway tire - der Eisenbahnradreifen
railway track material - das Gleismaterial
rain water - das Regenwasser
rainy copper, the copper rain - das Sprühkupfer
raise - anheben, heben, aufrichten, erhöhen, ansteigen, steigen, steigern
raise mining - der Weitungsbau von Aufbrüchen
raise to the second power *(math.)* - zur zweiten Potenz erheben, quadrieren
raising the producing efficiency - den Betriebswirkungsgrad verbessern
rake - der Schürhaken
rake off - abrücken
ram - stampfen, rammen
Raman scattering - die Ramanstreuung
rammelsbergite - der Rammelsbergit, das Nickelarsenid, $NiAs_2$
ramming depth - die Rammtiefe
ramp plate - das Räumblech
rancid - ranzig
random at - willkürlich, beliebig, wahllos
random deviations - die zufällige Abweichungen
random errors - der zufällige Fehler
random load - die zufällige Belastung
random test - die Stichprobe

range - der Bereich
rape oil - das Rapsöl
rapid annealing - das rasche Glühen
rapid chemical analysis - die Schnellanalyse
rapid cooling - die schnelle Kühlung
rapid method for checking - die Schnellmethode zur Kontrolle
rapid sale - der reißende Absatz
rare earth metal lanthanide - das Seltenerdmetall, Lanthanid
rare earth metal alloy - die Seltenerdmetall-Legierung, die Lanthanidlegierung
rare earth metal complex, REM complex - der Seltenerdmetallkomplex
rare earth metal compound - die Seltenerdmetallverbindung
rare earth metals production - die Lanthanidherstellung
rare earth oxide content of ore, REO content of ore - der Seltenerdoxidgehalt von Erzen
rare gas - das Edelgas
rare metal - das Edelmetall
raspite mineral - der Raspit, PbWO
rat-tail file - die Rundfeile
rate - das Verhältnis, die Geschwindigkeit, der Betrag, der Wert
rate fixing - die Akkordberechnung
rate of acceleration - der Beschleunigungsgrad
rate of advance - die Abbaugeschwindigkeit, die Arbeitsgeschwindigkeit
rate of circulation (leach circulation) - die Umlaufgeschwindigkeit (Laugenumlauf)
rate of fall - die Fallgeschwindigkeit
to adjust the **rate of feed** - die Chargiergeschwindigkeit regeln
rate of flow - die Durchflußgeschwindigkeit
rate of power input - die Leistungsaufnahme

rated

rated... - Nenn...
rated capacity - die Nennleistung
rated power - die Nennleistung
rating - die Bewertung, die Nennleistung, die Belastungsziffer
ratio - der Verhältnis, der Quotient
ratio of combustion - das Verbrennungsverhältnis
rationalization - die Rationalisierung
raw - unbearbeitet, roh
raw coal - die Rohkohle
raw feed coal - die Rohwaschkohle
raw large coal - die Rohstückkohle
raw lead - das Werkblei
raw material - 1. der Ausgangswerkstoff, 2. der Rohstoff
raw oil - das Rohöl
raw silk - die Rohseide
raw smalls - die Rohfeinkohle
raybestos *(chem.)* - das Asbestdrahtnetz
rayon - die Kunstseide
rays - die Strahlen
razor blade - die Rasierklinge
RC residual concrete - der Restbeton
reaction - die Reaktion
reaction coefficient - der Reaktionskoeffizient
reaction rate - die Reaktionsgeschwindigkeit
chemical reaction rate - die chemische Reaktionsgeschwindigkeit
reactive power - die Blindleistung
reactivity - die Reaktionsfähigkeit
reactor - der Reaktor
ready for work - betriebsbereit
real power - die Wirkleistung
real price - der Nettopreis
real time processing - die Echtzeitverarbeitung, die Realzeitverarbeitung
realgar *(red mineral)* - das Realgar, das Rauschrot, As$_4$S$_4$
ream - ausräumen
reamer - die Reibahle

reaming - das Ausbohren
reaming machine - die Ausbohrmaschine
rear axle - die Hinterachse
rear drive - der Heckantrieb
rear drive engine - der Heckmotor
rear view - die Rückansicht
rearrangement - die Umlagerung, die Neuordnung
reassay - die Wiederholungsprobe
rebate - der Rabatt
rebuilding - das Umbauen
recarburization - die Wiederaufkohlung
recarburizers - das Aufkohlungsmittel
receipt - 1. die Empfangsbestätigung, die Quittung, 2. die Abnahme
receipts and expenditures - die Einnahmen und Ausgaben
received as - im Anlieferzustand
receiver - 1. der Sammler, der Rezipient, 2. das Radiogerät, der Empfänger, das Empfangsgerät
receiving vessel - die Vorlage
recent developments in - die gegenwärtigen Entwicklungen bei
recent operation - der gegenwärtige Betrieb
recess - der Rücksprung, die Aussparung, die Nische, die Hohlkehle
recharging - das Nachsetzen, das Nachchargieren
recipe - das Rezept
recipient - die Vorlage, der Aufnahmebehälter, der Bunker
reciprocal - gegenseitig, reziprok
reciprocate - hin- und hergehen
reciprocating parts - sich hin- und her bewegende Teile
recirculation - die Rezirkulation
reclaim - 1. wiedergewinnen, aufarbeiten 2. von der Halde aufnehmen
reclaim foundry sand - regenieren von Formsand
reclaimed rubber - das Altgummi

reclaimer

reclaimer - der Aufnehmer von der Halde
reclaiming - die Abhaldung, das Rückgewinnen
reclamation - die Rückgewinnung
reclamation of ores - die Erzrückverladung
recleaner - die Sortierstufe 3 (Aufbereitung)
recoil - der Rücklauf
recoil spring - die Rückstoßfeder
recombination process - der Rekombinationsprozeß (in Halbleitern)
reconditioning - die Instandsetzung
reconstruction - der Umbau
reconversion - die Rückumwandlung
record - registrieren, aufzeichnen, aufschreiben
recorder - das Aufzeichnungsgerät, das Mitschreibegerät
automatic **recorder** - die automatische Schreibvorrichtung
recording - das Registrieren, das Aufzeichnen
recording altimeter - der Höhenschreiber
recovery - 1. die Ausbeute, das Ausbringen, die Bergung, die Gewinnung (auch: Rückgewinnung)
recovery - 2. die Ausheilung *(die Erholung von Defekten)*
recovery annealing - das Erholungsglühen
recovery metal - das rückgewonnene Metall
recovery plant - die Rückgewinnungsanlage, die Gewinnungsanlage
recovery rate - die Erholungsgeschwindigkeit
recrystallization - die Rekristallisation
recrystallization texture - die Rekristallisationstextur
rectangle - das Rechteck
rectangular - rechteckig, rechtwinklig
rectangular support system - der rechteckige Ausbau, der Türstockausbau
rectification - die Rektifikation
rectifier - der Gleichrichter
rectify - berichtigen
rectifying - das Läutern, das Rektifizieren
recultivation - die Rekultivierung
recumelt kipper = hydraulisch kippbarer, gasbeheizter Tiegelschmelzofen mit Rekuperator für Chargengewichte bis 800 kg Aluminium
recycle - zurückzuführen, im Kreislauf umpumpen *(Hydrometallurgie)*
recycling - die Materialrückführung, das Recycling
recycling of building rubble - die Bauschuttaufbereitung
red brass - der Rotguß *(eine Cu-Sn-Zn-Pb-Legierung)*
red gold - das Rotgold *(eine Au-Cu-Legierung)*
red iron ore - der nierenförmige Roteisenstein, der Blutstein, Fe_2O_3
red lead - die Bleimennige, das rote Bleioxid
red lead ore, mineral crocoite - das Rotbleierz, der Krokoit, $PbCrO_4$
red measures - die roten Schichten *(Perm/Trias)*
red mud - der Rotschlamm
red short - rotbrüchig, warmbrüchig
red shortness - der Rotbruch
red zinc ore mineral - das Rotzinkerz, der Zinkit, ZnO
redeployment of staff - die Umschulung
Redonda *(Antigua)* = AG
redox potential - das Redoxpotential
redox titration - die Redoxtitration
reduce - herabsetzen, reduzieren, mindern
reduced scale - der verkleinerte Maßstab
reducibility - die Reduktionsfähigkeit
reducible - reduzierbar

museum

reducing - das Mindern, das Reduzieren, das Verringern, das Senken
reducing agent - das Reduktionsmittel
reducing atmosphere - die reduzierende Atmosphäre
reducing gas - das Reduktionsgas
reducing valve - das Überdruckventil
reduction - die Reduktion, die Herabsetzung, die Verkleinerung, die Minderung, die Senkung
reduction coal - die Reduktionskohle
reduction degree - der Reduktionsgrad
reduction equilibrium - das Reduktionsgleichgewicht
reduction gear - das Untersetzungsgetriebe
reduction in area - die Einschnürung *(Zug- und mechanische Eigenschaft)*
reduction of carbon - die Kohlenstoffreduktion
reduction of density - die Dichteabnahme
reduction of gangue materials *(ore treatment)* - die Verringerung der Gangart (Erzaufbereitung)
reduction of prices - das Fallen der Preise
reduction period - die Reduktionsperiode
reduction rate - die Reduktionsgeschwindigkeit (Chemische Reaktion)
reduction roasting - das reduzierende Rösten
reduction temperature - die Reduktionstemperatur
redundant work - die überflüssige Arbeit, die Verlustarbeit
redying - das Umfärben
reel - die Rolle, die Winde, die Haspel
reeling device - die Aufwickelvorrichtung
reeling plant - die Haspelanlage
reesult - das Resultat
REFA - der Reichsausschuß für Arbeitsstudien e.V.

refacing of valves - das Nachschleifen der Ventile
reference - die Bezugnahme, der Nachweis, die Referenz
reference base line - die Grundlinie, die als Bezugs- oder Anschlußlinie dient
certified reference material, CRM das beglaubigte Referenzmaterial
reference point - der Bezugspunkt
refine - raffinieren, feinen, läutern, veredeln, frischen
refined aluminium - das Reinstaluminium
refined copper - das Feinkupfer
refined gold - das Brandgold
refined lead - das Weichblei
refined petroleum - das Lampenpetroleum
refined silver - das Brandsilber
refinement - die Nachreinigung
refinery - die Raffinerie, das Umschmelzwerk
refinery gas - das Raffineriegas
refinery practice - die Raffiniertechnik
refinery shapes - die Gußformate der Raffinerie
refining - die Veredlung, die Gararbeit, das Frischen, das Raffinieren, die Verfeinerung
refining *(ore beneficiation)* - die Schlämmung *(Erzaufbereitung)*
refining air - der Frischwind
refining assay - die Garprobe
refining furnace - der Läuterofen, der Raffinierofen, der Treibofen, der Frischofen
refining of precious metals by electrolytic parting - die Raffination der Edelmetalle durch elektrolytische Scheidung
refining of silver - das Treiben von Silber
refining period - die Raffinationsperiode
refining slag - die Raffinierschlacke

refit

refit - ausbessern, instandsetzen
refitting - das Wiederherstellen
reflectance - das Reflexionsvermögen
reflection - die Reflexion
reflectivity - das Reflexionsvermögen
reflectometer - das Reflektometer
reflow soldering - das Aufschmelzlöten
reforge - umschmieden
refract - brechen
refractarity - die Feuerfestigkeit
refraction - die Refraktion, die Brechung
refractive index - der Brechungsindex
refractometer - das Refraktometer *(Optik: Instrument zum Messen des Brechungsindexes eines Stoffes)*
refractory - das feuerfeste Erzeugnis
refractory brick - der feuerfeste Stein
refractory castable - der Feuerbeton
refractory cement = der hydraulische Feuermörtel
refractory coating - die feuerfeste Anstrichmasse
refractory concrete - der Feuerbeton
refractory consumption - der Feuerfestverbrauch
refractory felts - die Feuerfilze
refractory grade bauxit quality, *RGB quality - der Bauxit von Feuerfestqualität*
refractory gunning material - die feuerfeste Spritzmasse
refractory inclusion - der Feuerfeststoffeinschluß
refractory lining - die feuerfeste Auskleidung
refractory maintenance mixes - die feuerfeste Pflegemasse
refractory material - das Feuerfestmaterial
refractory mouldable material - die feuerfeste plastische Masse
refractory ramming material - die feuerfeste Rammasse
refractory ramming mixture - die feuerfeste Stampfmasse
refrect - beugen
refrigerate - die Kälteerzeugung
refrigerate - das Kühlen
refrigerating - das Tiefkühlen, die Eisherstellung
refrigeration industry - die Kältetechnik
refrigerator - das Kühlaggregat, der Kühlschrank
refuelling machine - die Lademaschine
refuse - der Abfall, der Ausschuß, der Rückstand
refuse coal - die Abfallkohle
refuse goods - die Ausschußware
refuse slate - die Waschberge
regain - wiedergewinnen
regenerate - regenerieren, auffrischen
regeneration - die Regenerierung
regenerative compound oven - der Regenerativ-Verbund-Ofen
regenerator - der Wärmespeicher, die Heizkammer
register - registrieren, aufschreiben, aufzeichnen
registered design - das Gebrauchsmuster
registered tonnage of ship - der festgesetzte Rauminhalt eines Schiffes Registertonne
registration of rejections - die Ausschußerfassung
REGM = Randfontein Estates Gold Mining Co. Ltd. *(RSA)*
regrind mill - die Nachmahlungsanlage
regrind mill sizing - die Dimensionierung von Anlagen für die Nachmahlung
regular equipment - die serienmäßige Ausrüstung
regularity - die Regelmäßigkeit
regulate - stellen, regeln, einstellen
regulating - das Regeln
regulation - die Vorschrift, die Steuerung, die Regelung

reheat cracking

reheat cracking - der Wiedererwärmungsriß
reheater - der Wiedererhitzer, der Nachwärmer *(Wärmetauscher)*
reheating - das Nachwärmen, das Wiederwärmen
reheating furnace - der Wärmofen
reimbursement - die Vergütung in Geld
reinforce - verstärken, versteifen, bewehren
reinforced concrete - der Stahlbeton
reinforced plastics - der verstärkte Kunststoff
reinforcement - die Bewehrung
reject - der Grobaustrag
rejection - das Wrackstück
rejections - der Ausschuß
rekristallization annealing - das Rekristallisationsglühen
relate to - sich beziehen auf
relationship - die Beziehung, die Lage zueinander
relay - die Relais
release - auslösen, abgehen lassen, freilassen, freigeben, entlassen
release valve - das Abstufungsventil, das Löseventil
reliability - die Zuverlässigkeit
reliability of service - die Betriebssicherheit
relief valve - das Sicherheitsventil, das Entlastungsventil, das Überdruckventil
relining *(refractory lining)* - die Neuzustellung *(feuerfeste Auskleidung)*
REM complex = rare earth metal complex - der Seltenerdmetallkomplex
remainder - der Rest *(bei Analyseangaben)*
remains - der Rückstand, der Rest
remelting - das Umschmelzen
remelting furnace - der Umschmelzofen
remittance - die Überweisung einer Summe
remote control - die Fernsteuerung
removal - die Beseitigung, die Entfernung
remove - entfernen
remove of impurity - die Begleitelemententfernung
renewal - die Erneuerung, die Auswechselung, der Austausch
rentability - die Wirtschaftlichkeit, die Rentabilität
REO content of ore = rare earth oxide content of ore - der Seltenerdoxidgehalt von Erzen
reopening - die Wiedereröffnung
reoxidation - die Reoxidation
repair - die Instandsetzung, die Reparatur, die Ausbesserung
out of **repair** - baufällig
repair cost - die Reparaturkosten, die Ausbesserungskosten
replace - ersetzen
replacement - die Erneuerung, die Auswechselung, der Austausch, der Ersatz
replacement material - der Austauschwerkstoff
replacement part - das Ersatzteil
replenish - auffüllen
replica technique - die Abdrucktechnik
report - der Report
repress - das Nachpressen, das Nachdrücken
repricipitating - das Wiederabscheiden
reprocess - wiederaufbereiten nochmals verarbeiten
reprocessing of graphit electrodes - die Aufarbeitung von Graphitelektroden
reproducibility - die Reproduzierbarkeit
reproducing - das Vervielfältigen, das Reproduzieren, das Wiedergeben
reproduction - die Reproduktion, die Wiedergabe, die Nachbildung
repulsion - die Abstoßung
repulsive power - die Abstoßkraft

request - die Forderung, die Nachfrage
required properties - die erforderlichen Eigenschaften
requirement - die Bedingung, die Anforderung, die Forderung
research - die Forschung
Research and Development Department - die Forschungs- und Entwicklungsabteilung, die F+E Abteilung
Research and Productivity Council Sulphation Roast-Leach process for zinc ore concentrates - die sulfatierende Röstung und Laugung der New Brunswick Forschungsabteilung *(Kanada), das RPC-SRL Verfahren*
research department - die Forschungsabteilung, die Versuchsabteilung, die Entwicklungsabteilung
research institute - das Forschungsinstitut
research work - die wissenschaftliche Untersuchung, die Forschungsarbeit
researcher - der Forscher
reserves - die Reserven, die Vorräte, das unausgerichtete Grubenfeld
reservoir - der Kessel, der Behälter, der Sammelbehälter
resident engineer - der Oberingenieur
residual - restlich, zurückbleibend
residual concrete, RC - der Restbeton
residual gas - das Abgas
residual induction - die magnetische Remanenz
residual moisture - die Restfeuchte
residual moisture content - der Restfeuchtegehalt
residual resistivity ratio, RRR value - das spezifische Restwiderstandsverhältnis *(ist abhängig von Temperatur, Gefüge und Verunreinigung)*, der RRR Wert
residual stress - die Eigenspannung
residue - der Siebrückstand, der Rückstand

residue of pyrite - die Schwefelkiesabbrände
residues - die Abfälle
residues *(mining)* - das Aftererz
resin - das Harz
resin impragnated - harzgetränkt
resin-in-pulpe process *(gold and uran extraction with ion exchange resin))* RIP process - das Harz-in-Trübe Verfahren *(Gold oder Urangewinnung mit Ionenaustauscherharz), das RIP Verfahren*
resinous - harzartig
resintering - das Nachsintern
resistance - der Widerstand, die Beständigkeit
resistance brazing - das Widerstandshartlöten
resistance butt welding - das Preßstumpfschweißen
resistance furnace - der Widerstandsofen
resistance heating - der Widerstandserhitzen
resistance soldering - das Widerstandsweichlöten
resistance spot welding - das Punktschweißen
resistance strain gauge - der Dehnungsmeßstreifen, DMS
resistance thermometer - das Widerstandsthermometer
resistance welding - das Widerstandspreßschweißen
resistance welding electrode - die Widerstandsschweißelektrode
resistant - widerstandsfähig
resolution of equation - die Auflösung einer Gleichung
resolution of forces - die Zerlegung von Kräften
resolving *(chem.)* - das Zerlegen
resolving power - das Auflösungsvermögen (Optik), das Lösungsvermögen (Hydrometallurgie)

resonance

resonance - die Resonanz
resorcine - das Resorzin, $C_6H_6O_2$
resource of ore *(geol.)* - das Erzvorkommen
responsible for - zuständig für, verantwortlich
rest period - die Ruhezeit
rest potential - die Ruhepotential
restauration creep - die Erholungskriechen
restore the equilibrium - das Gleichgewicht herstellen
restoring - der Ersatz, die Wiederherstellung
restraint - die Einspannung
resulfurization - die Rückschwefelung
result - das Ergebnis
resultant force - die resultierende Kraft
retained austenite - der Restaustenit
retaining of water - das Stauen von Wasser
retaining wall - die Stützmauer
retardation - die Nacheilung, die Verzögerung
retarded ignition - die Spätzündung
retarded motion - die verzögerte Bewegung
retarder - die Bremse
retarding - das Verzögern, das Verlangsamen
rethread - das Gewinde nachschneiden
reticule - das Fadenkreuz
retort - die Retorte
retort furnace - der Retortenofen
retreating working - der Rückbau
retrofitting - die nachträgliche Anpassung, der nachträgliche Umbau
retrograde - rückläufig
retrospective - der Rückblick
return - wenden, umkehren
return drum - die Umkehrtrommel
return lines - die Rücklaufleitung
return material - das Rückgut
return motion - die rückgängige Bewegung
return movement - die rückläufige Bewegung
return oil - das Rücklauföl
return race - der Rücklauftrum
return solution - die Rücklauflauge
return valve - das Entlastungsventil, das Rückflußventil
arched roof of reverberatory furnace - die gewölbte Flammofendecke
reverberatory furnace - der Flammofen
reversal - die Hin- und Herbiegung
reverse - rückwärts
reverse bend test - die Hin- und Herbiegeprobe
reverse chill - der umgekehrte Hartguß
reverse current - der Umkehrstrom
reverse fatigue strength - die Wechselfestigkeit
reverse jet bag filter - der Schlauchfilter mit Druckstoßabreinigung
reverse leaching - die umgekehrte Laugung
reverse lever - der Umsteuerhebel
reverse torsion test - der Hin- und Herdrehversuch
reversed motion - die umgekehrte Bewegung
reversed segregation - die umgekehrte Seigerung
reversible - umkehrbar, reversibel
reversing mill - das Umkehrwalzwerk
revetment - das Futter, die Ausmauerung, die Ausfütterung
review - die Literaturzusammenstellung, die Literaturübersicht, die Übersicht
revolution - die Umdrehung
revolution per minute, rpm - die Umdrehungen pro Minute, UpM
revolve - drehen sich um einen Punkt oder eine Achse drehen
RGB quality = refractory grade bauxit

RH

quality - der Bauxit von Feuerfestqualität

RH = Rhodesia - Rhodesien

RH process = Ruhrstahl Henrichshuette process *(steel vacuum metallurgy)* - das Ruhrstahl Henrichshütte Verfahren *(Stahl-Vakuummetallurgie)*, das RH Verfahren

RH-OB process = Ruhrstahl Henrichshuette oxygen blowing process *(Decarburization of steel by oxygen blowing)* - das Ruhrstahl Henrichshütte Oxygen Blasverfahren *(Entkohlung von Stahl durch Sauerstoffblasen im Vakuum)*, das RH-OB Verfahren

rhenium - das Rhenium, Re

rhenium addition - der Rheniumzusatz

rhenium alloy - die Rheniumlegierung

rhenium boride - das Rheniumborid

rhenium bromide - das Rheniumbromid, $ReBr_3$

rhenium carbide - das Rheniumcarbid

rhenium carbonate - das Rheniumcarbonat

rhenium carbonyl - das Rheniumcarbonyl, $Re_2(CO)_{10}$

rhenium chloride - das Rheniumchlorid, $ReCl_5$, $ReCl_6$

rhenium complex - der Rheniumkomplex

rhenium compound - die Rheniumverbindung

rhenium fluoride - das Rheniumfluorid, ReF_4, ReF_6

rhenium hydride - das Rheniumhydrid

rhenium hydroxide - das Rheniumhydroxid

rhenium iodide - das Rheniumjodid

rhenium ion - das Rheniumion, Re(+4), Re(+6), Re(+7)

rhenium nitrate - das Rheniumnitrat

rhenium nitride - das Rheniumnitrid

rhenium oxide - das Rheniumoxid, Re_2O_7

rhenium phosphate - das Rheniumphosphat

rhenium phosphide - das Rheniumphosphid

rhenium production - die Rheniumherstellung

rhenium silicate - das Rheniumsilikat

rhenium silicid - das Rheniumsilicid, $ReSi$, $ReSi_2$, Re_5Si_3

rhenium sulfate - das Rheniumsulfat

rhenium sulfide - das Rheniumsulfid

rheocasting - das Rheocast Verfahren

rheology - die Strömungslehre

rho phase - die Rho Phase

Rhode Island = RI *(USA)*

Rhodesia = Rhodesien, RH

rhodium - das Rhodium, Rh

rhodium addition - der Rhodiumzusatz

rhodium alloy - die Rhodiumlegierung

rhodium boride - das Rhodiumborid

rhodium bromide - das Rhodiumbromid, $RhBr_3$

rhodium carbide - das Rhodiumcarbid

rhodium carbonate - das Rhodiumcarbonat

rhodium chloride - das Rhodiumchlorid

rhodium coating - das Rhodiumbeschichten

rhodium complex - der Rhodiumkomplex

rhodium compound - die Rhodiumverbindung

rhodium fluoride - das Rhodiumfluorid, RhF_3

rhodium hydride - das Rhodiumhydrid

rhodium hydroxide - das Rhodiumhydroxid, $Rh(OH)_3$, $Rh(OH)_4$

rhodium iodide - das Rhodiumjodid

rhodium ion - das Rhodiumion, Rh(+3)

rhodium nitrate - das Rhodiumnitrat, $Rh(NO_3)_3$

rhodium nitride - das Rhodiumnitrit

rhodium oxide - das Rhodiumoxid, Rh_2O_3

rhodium phosphate

rhodium phosphate - das Rhodiumphosphat
rhodium phosphide - das Rhodiumphosphid
rhodium silicate - das Rhodiumsilikat
rhodium sulfate - das Rhodiumsulfat, $Rh_2(SO_4)_3$
rhodium sulfide - das Rhodiumsulfid, RhS, Rh_2S_3
rhodochrosite - das Rhodochrosit, das Mangancarbonat, $MnCO_3$
rhodonite - der Rhodonit, das Mangansilikat, $Mn(SiO_3)$
rhomb - die Raute, der Rhombus
rhombic - rhombisch, rautenförmig
rhombohedral structure - die rhomboedrische Struktur
RI = Rhode Island *(USA)*
rib - die Rippe
ribbon - das Band
rich - reich, fett, satt
rich concrete - der fette Beton
rich gas - das Starkgas, das Reichgas
rich in - reich an
rich mixture - das reiche Gemisch, das fette Gemisch
rich ore - das hochhaltige Erz, das Reicherz, das Edelerz
rich slag - die Garschlacke
riddle - grob sieben
riddle - das Rüttelsieb
riddled sand - der gesiebte Sand
riddler - der grobe Rüttler, das Grobsieb
riddlings - das Siebgut
rider - der Fahrschlitten
riffle divider - die Riffelteiler
rifle pipe or barrel - der gezogene Lauf *(Rohr mit Innenzügen)*
right angle - der rechte Winkel
right hand - rechtsläufig
right handed screw - die rechtsgängige Schraube
right handed thread - das Rechtsgewinde
right of mining - die Bergfreiheit
rigid - starr, steif, unnachgiebig
rigid blank technology in copper or zinc electrolysis - die Kupfer- oder Zinkelektrolyse mit permanenten Kathoden aus Edelstahl
rigid support - der starre Ausbau
rigidity - die Starrheit
rigidly mounted - starr eingebaut
become **rigorous** - lebhaft werden
rim - der Rand, die Zarge, die Felge
rimmed steel - der unberuhigte Stahl
rimming steel - der Randstahl
ring - der Ring
ring duct - die Ringleitung
ring furnace *(anode baking furnace)* - der Ringkammerofen *(Anodenbrennofen)*
ring rolling mill - das Ringwalzwerk
ring shaped - ringförmig
ringer - die Brechstange
ringing apparatus - das Läutwerk
Rinmanns green - das Rinmanns Grün, das Cobaltzinkoxid, $CoO*(ZnO)_n$
rinse - ausspülen, spülen, abspülen
rinsing - die Rückspülung
rinsing bath - das Spülbad
rinsing tank - das Spülbecken
rinsing tub - das Spülfass
Rintoul furnace for regeneration of activated carbon - der Rintoul-Ofen zur Regeneration von aktivem Kohlenstoff
RIP process = resin-in-pulpe process *(gold and uran extraction with ion exchange resin)* - das Harz-in-Trübe Verfahren *(Gold oder Urangewinnung mit Ionenaustauscherharz)*, RIF Verfahren
ripping - das Nachreißen
ripping chisel - das Stemmeisen, der Stechbeitel
ripping machine - die Trennmaschine
rise - ansteigen, steigen, zunehmen

rise

rise - das Aufhauen
rise face - der schwebende Streb
rise in pressure - der Druckanstieg
rise in temperature - der Temperaturanstieg
rise pie - das Steigrohr
riser - der Speiser
riser diameter - der Speiserdurchmesser
riser neck - die Speiserhöhe
riser of mould - der Steiger einer Gießform
risering - die Speisertechnologie
rising casting - der steigende Guß, der Bodenguß
rising flow - die Aufwärtsströmung
risks - die Gefahren
rivet - der Niet
riveted joint - der Nietstoß
riveted structure - die Nietkonstruktion
riveting - das Nieten
riveting hammer - der Niethammer
RM3 = Rand Mines Milling & Mining Co. *(Jo'burg - RSA)*
RMC = Royal Military College of Canada *(Kingston)*
RMC = Reynolds Metals Co. *(Baton Rouge - USA)*
RO = Socialist Republic of Romania - Sozialistische Republik Rumänien
road - die Strecke
road construction - der Straßenbau
road junction - der Streckenabzweig
road tanker - der Tankwagen
road transport - der Straßentransport
roadside pack - der Strecken*(begleit)*damm
roadway arch - der Streckenbogen
roadway driving operations - die Streckenauffahrungsarbeiten, der Streckenvortrieb
roadway floor - die Streckensohle
roadway packhole - die Öffnung im Streckendamm am Übergang: Streb - Strecke

roadway support - der Streckenausbau
roadway wall - der Streckenstoß
roast - rösten
roasting - die Röstung, das Rösten
roasting charge - die Röstcharge
roasting dish - die Glühschale
roasting furnace - der Kalzinierofen
roasting furnace - der Röstofen
roasting kiln - der Drehrohrofen
roasting process - das Röstverfahren
rob *(mining)* - der Raubbau
robot - der Roboter
rock - das Gestein, das Gebirge, der Fels, der Stein
rock drilling - das Gesteinsbohren
rock dust - der Gesteinsstaub
rock injections - die Injektionen im Gebirge
rock lining - das Natursteinfutter
rock oil - das Erdöl
rock pressure - der Gebirgsdruck
rock salt *(sodium chloride)* - das Steinsalz, das Natriumchlorid, NaCl
rock wool - die Schlackenwolle
rocket - die Rakete
rocket drive - der Raketenantrieb
rocket production - der Raketenbau
rocking lever - der Schwinghebel
Rockwell test - die Härteprüfung nach Rockwell
rod - die Stange *(Halbzeug: Querschnitt größer 5mm)*
rod copper - das Stangenkupfer
rod extrusion - das Strangpressen
rod mill - 1. die Stabmühle *(Aufbereitung)*, 2. die Feineisenstraße, das Drahtwalzwerk
rod shiner - der Stangenputzer *(Elektrolysepersonal)*
roll - die Walze
roll adjustement - die Walzenanstellung
roll bending - das Rollenbiegen
roll calibration - das Walzenkalibrieren

roll casing

roll casing - die Walzenummantelung
roll cladding - das Walzplattieren
roll compaction - das Walzpressen
roll contact fatique - die Dauerwälzermüdung
roll crown - die Walzenballigkeit
roll crusher - der Walzenbrecher
roll down - auswalzen, herunterwalzen
roll force - die Walzkraft
roll forging - das Walzschmieden
roll gap - der Walzspalt
roll housing - der Walzenständer
roll lathe - die Walzendrehbank
roll life - die Walzenhaltbarkeit
roll mark - die Walzennarbe
roll neck - der Walzenzapfen
roll pass - das Walzenkaliber
hydraulic **roll screw down** - die hydraulische Walzanstellung
roll slag - der Walzsinter, die Walzschlacke
roll stand - das Walzgerüst
rollability - die Walzbarkeit
rolled edge - die Walzkante
rolled lead - das Walzblei
rolled product - das Walz(zwischen)erzeugnis
rolled section brass - das Profilmessing
rolled wire - der Walzdraht
roller - die Walze, die Laufrolle
roller bearing - das Rollenlager
roller clutch - die Freilaufkupplung
roller conveyor - der Rollenförderer
roller hearth furnace - der Rollenherdofen
roller press - die Rollenpresse
roller soldering - das Rollenlöten
roller spot welding - das Rollenpunktschweißen
roller table - der Rollgang
roller tables drive - der Rollgangsantrieb
rolling crack - der Walzfehler
rolling crusher - der Walzenbrecher
rolling defect - der Walzfehler
rolling direction - die Walzrichtung
rolling heat quenching - das Abschrecken aus der Warmumformhitze
rolling lap - die Überwalzung
continuous **rolling** - das kontinuierliche Walzen
continuous **rolling mill** - das kontinuierlich arbeitende Walzwerk
rolling mill casting - der Walzenguß
rolling mill drive - der Walzwerksantrieb
rolling mill equipment - die Walzwerkseinrichtung
rolling mill roll - die Walze
rolling motion - die Rollbewegung
rolling practice - die Walzpraxis
rolling schedule - das Walzprogramm
rolling skin - die Walzhaut
rolling slide - der Walzenschlupf
rolling speed - die Walzgeschwindigkeit
rolling stock - 1. das Walzgut, 2. der Wagenpark
rolling temperature - die Walztemperatur
rolling texture - die Walztextur
rolling train - die Walzenstraße
rom , R.O.M. ores = run-of-mine ores - das Grubenhaufwerk, das Roherz
roman marble column - die römische Marmorsäule
Socialist Republic of **Romania** - Sozialistische Republik Rumänien, *RO*
roof - die Decke, das Dach, die Firste, das Hangende
roof beam - der Hangendträger
roof beds - die Hangendschichten
roof bolt - der ins Hangende eingebrachte Ausbauanker
roof brick - der Wölbstein
roof construction - die Gewölbekonstruktion
roof control - die Beherrschung des Han

roof core

genden, die Gebirgsdruckkontrolle
roof core - das Deckelherz
roof fall - der Gebirgsfall, der Bruch
roof pressure *(geol.)* - der Gebirgsdruck
roofing felt - die Dachpappe, die Teerpappe
room and pillar mining - der Kammer-Pfeilerbau *(Bergbau)*
room temperature - die Raumtemperatur
room temperature test - der Raumtemperaturversuch
root run - die Wurzellage
rope - das Kabel, das Seil, der Strang, der Strick
rope discharge - der Strangaustrag, der Wurstaustrag
rope ladder - die Strickleiter
rope making - die Seilherstellung
ropeway - die Seilbahn
rotary cement kiln - der Zementdrehofen
rotary cement kiln bricks - die Zementdrehofensteine
rotary converter - der Drehkonverter
rotary feeder - die Zellenradschleuse
rotary field magnet - das Drehfeldmagnet
rotary hearth furnace - der Drehherdofen
rotary kiln - der Drehrohrofen
rotary kiln bypasses - die Teilgasabzüge aus Zementdrehrohröfen
rotary mill - die Drehmühle
rotary piercing mill - das Hohlwalzwerk
rotary plate divider - der Drehtellerteiler
rotary pressure filter - der Rotationsdruckfilter
rotary pump - die Umlaufpumpe
rotary rolling mill - die Schrägwalzwerk
rotary table - der Drehtisch
rotary tippler - der Kreiselkipper

rotary valve - der Drehschieber
rotate - rotieren, sich drehen, umlaufen
rotating - das Rotieren, das Umlaufen
rotating arc - der rotierende Lichtbogen
rotating beam fatigue test - der Umlaufbiegedauerversuch
rotating hearth - der Drehherd
rotating ladle - die Drehpfanne
rotation - die Rotation
rotation sense - der Drehsinn
rotational speed - die Umlaufgeschwindigkeit, die Drehzahl
rotor - der Motoranker, der Läufer *(in einer Pumpe)*
rotor process - das Rotorverfahren
rough - herbe, rauh, unbearbeitet, roh
rough calculation - die Überschlagsrechnung
rough size - das Rohmaß
rougher - die Flotationszelle zur Grobtrennung, die Sortierstufe 1 (Aufbereitung)
roughing filter - der Vorfilter, der Grobfilter
roughing mill - das Vorwalzwerk
roughness - die Rauhigkeit
roughness measurement - die Rauhigkeitsmessung
roughness profile - das Rauhigkeitsprofil
round cake - die Rundplatte *(Gußformat zum Weiterverarbeiten)*
round file - die Rundfeile
round ingot - der Rundblock
round set hammer - der Rundhammer
round sum - die abgerundete Summe
round test piece - die runde Probe
round-robin tests - der Ringversuch
routine analysis - die Reihenanalyse, die Serienuntersuchung
routine analysis for production - die Schnellanalyse für die Produktion
RPC-SRL process = Research and Productivity Council Sulphation Roast-

rpm

Leach process for zinc ore concentrates Sulfatierende Röstung und Laugung der New Brunswick Forschungsabteilung *(Kanada)*, das RPC-SRL Verfahren

rpm = revolution per minute - die Umdrehungen pro Minute, *UpM*

RRR value = residual resistivity ratio - das spezifische Restwiderstandsverhältnis *(ist abhängig von Temperatur, Gefüge und Verunreinigung)*, der RRR Wert

rubber - der Gummi
rubber boots - die Gummischuhe
rubber gloves - die Gummihandschuhe
rubber hose - der Gummischlauch
rubber industry - die Gummiindustrie
rubber pad forming - das Gummikissenziehverfahren
rubber part - das Gummiteil
rubber pattern - das Gummimodell
rubber tubes - die Gummischläuche, die Schläuche aus Gummi
rubbish - der Schutt, der Hausmüll, die Abfälle
rubbish *(mining)* - die Berge, die Gangart
rubbish tub - der Müllkasten
components of rubble - die Bestandteile des Bauschutt
rubble *(mining)* - die Deckschicht, der Abraum
rubble chippings - der Bauschuttsplitt
rubidium - das Rubidium, Rb
rubidium addition - der Rubidiumzusatz
rubidium alloy - die Rubidiumlegierung
rubidium boride - das Rubidiumborid
rubidium bromide - das Rubidiumbromid, RbBr
rubidium carbide - das Rubidiumcarbid
rubidium carbonate - das Rubidiumcarbonat, Rb_2CO_3
rubidium chloride - das Rubidiumchlorid, RbCl
rubidium complex - der Rubidiumkomplex
rubidium compound - die Rubidiumverbindung
rubidium fluoride - das Rubidiumfluorid, RbF
rubidium hydride - das Rubidiumhydrid, RbH
rubidium hydroxide - das Rubidiumhydroxid, RbOH
rubidium iodide - das Rubidiumjodid, RbJ
rubidium ion - das Rubidiumion, Rb(+1)
rubidium nitrate - das Rubidiumnitrat, $RbNO_3$
rubidium nitride - das Rubidiumnitrid
rubidium oxide - das Rubidiumoxid
rubidium phosphate - das Rubidiumphosphat
rubidium phosphide - das Rubidiumphosphid
rubidium silicate - das Rubidiumsilikat
rubidium silicid - das Rubidiumsilicid
rubidium sulfate - das Rubidiumsulfat, Rb_2SO_4
rubidium sulfide - das Rubidiumsulfid
Ruhrstahl Henrichshuette process *(steel vacuum metallurgy)*, *RH process* - das Ruhrstahl Henrichshütte Verfahren *(Stahl-Vakuummetallurgie)*, das RH Verfahren
Ruhrstahl Henrichshuette oxygen blowing process *(Decarburization of steel by oxygen blowing)*, *RH-OB process* - das Ruhrstahl Henrichshütte Oxygen Blasverfahren *(Entkohlung von Stahl durch Sauerstoffblasen im Vakuum)*, das RH-OB Verfahren
ruinous - baufällig
ruinous state - die Baufälligkeit
rule - der Richtscheit, der Maßstab, das Lineal
rule *(law)* - die Regel *(die Vorschrift, das Gesetz)*

rule of thumb

rule of thumb - die Faustregel
ruled paper - das linierte Papier
rumble - die Putztrommel
run - die Fahrt *(einer Gewinnungsmaschine)*
run-of-mine mill - die Roherzmahlanlage
run-of-mine ores rom, R.O.M. ores - das Grubenhaufwerk, das Roherz
run-of-mine output - die Gesamtfördermenge, die Bruttoförderung, die Rohkohlenfördermenge
runner - die Rinne, der Einguß, der Anschnitt
runner of edge mill - der Läufer *(Kollergang)*
running expenses - die Betriebskosten
running fit - die Lagerpassung
running idle of machine - der Leerlauf einer Maschine
running of liquids - das Ablassen von Flüssigkeiten
running water - das fließende Wasser
running-out - das Ausböschen
rupture - der Bruch
rural climate - die ländliche Atmosphäre
rushing - das Strömen
russelite - der Russelit, Bi_2WO_6
rust - der Rost
rust layer - der Rostbelag
rusted or rusty - verrostet
ruthenium - das Ruthenium, Ru
ruthenium addition - der Rutheniumzusatz
ruthenium alloy - die Rutheniumlegierung
ruthenium boride - das Rutheniumborid
ruthenium bromide - das Rutheniumbromid
ruthenium carbide - das Rutheniumcarbid
ruthenium carbonate - das Rutheniumcarbonat
ruthenium chloride - das Rutheniumchlorid, $RuCl_3$
ruthenium complex - das Rutheniumkomplex
ruthenium compound - die Rutheniumverbindung
ruthenium fluoride - das Rutheniumfluorid, RuF_5
ruthenium hydride - das Rutheniumhydrid
ruthenium hydroxide - das Rutheniumhydroxid, $RuO_2 * 2H_2O$
ruthenium iodide - das Rutheniumjodid
ruthenium ion - Rutheniumion, Ru(+3), Ru(+4)
ruthenium nitrate - das Rutheniumnitrat, $Ru(NO_3)_3$
ruthenium nitride - das Rutheniumnitrid
ruthenium oxid - das Rutheniumoxid, RuO_2
ruthenium phosphate - das Rutheniumphosphat
ruthenium phosphide - das Rutheniumphosphid
ruthenium silicate - das Rutheniumsilikat
ruthenium silicide - das Rutheniumsilicid
ruthenium sulfate - das Rutheniumsulfat
ruthenium sulfide - das Rutheniumsulfid
rutil electrode - die Ti Elektrode
rutile - der Rutil, das Titanoxid, TiO_2
rutine - der Rutin, *(krist.)* Rutosid, $C_{27}H_{30}O_{16} * 3H_2O$
RWTH = Rheinisch-Westfälische Technische Hochschule *(Aachen)*

SA
S

SA = Kingdom of Saudi Arabia - das Königreich Saudi-Arabien
SACDA = South African Copper Development Association Pty. Ltd. *(Marshalltown)*
sack - der Sack
sacrificial anode - die Opferanode
saddle-shaped - sattelförmig
saddler - der Sattler
SAE = Society of Automotive Engineers
safe - unversehrt, zulässig,-sicher
safe load - die zulässige Belastung
safety - die Sicherheit
safety belt - der Anschnallgurt
safety device - die Sicherheitsvorrichtung
safety engineer - der Sicherheitsingenieur
safety factor - der Sicherheitsfaktor
safety lamp *(mining)* - *die Grubensicherheitslampe*
safety officer - der Sicherheitssteiger *(Steinkohlenbergbau)*
safety screen - das Schutzsieb
safflorit - das Mineral: der Safflorit, $(Co,Ni,Fe)As_2$
sag down - senken durchbiegen
sagging - Absacken
sagging point - der Erweichungspunkt
SAIMM = South African Institute of Mining and Metallurgy *(Jo'burg and Marshalltown)*
SAL = strong acid leaching - die stark saure Laugung *(hydromet. Zinkgewinnung)*, SSL
salamander *(USA)* - der Pfannenbär, der Ofenbär, die Ofensau
salary earner - der Gehaltsempfänger
sale - der Verkauf
sales agent - der Verkaufsvertreter
sales department - die Verkaufsabteilung, die Vertriebsabteilung
sales expense - die Vertriebskosten
sales prices - der Verkaufspreis
salicylic acid - die Salicylsäure, $C_7H_6O_3$
saliferous - salzhaltig
saliferous rock - das Salzgebirge
salifiable - salzbildend
salification - die Salzbildung
saline - salzartig, salzig
salmiac - der Salmiak, NH_4Cl
salmon pink - lachsrot
salpetre, Chile salpetre - der Chilesalpeter Salpeter, $NaNO_3$
salpetre on bricks - der Mauersalpeter, $Ca(NO_3)_2 * 4H_2O$
salt - das Salz
salt bath - das Salzbad
salt bath brazing - das Salzbadhartlöten
salt bath furnace - der Salzbadofen
salt bath patenting - das Salzpatentieren, das Salzbadabschrecken
salt bath soldering - das Salzbadweichlöten
salt bed *(mining)* - das Salzlager
salt dome - der Salzstock
salt gauge - die Salzwaage
salt water - die Sole
salt well - der Salzbrunnen
salt-type mineral - das Salzmineral
samarium - das Samarium, Sm
samarium addition - der Samariumzusatz
samarium alloy - die Samariumlegierung
samarium boride - das Samariumborid, SmB_4
samarium complex - der Samariumkomplex
samarium compound - die Samariumverbindung

samarium ion - das Samariumion, Sm(+2), Sm(+3)
Sambia - Sambia *(Zambia)*
SAMIM = Società Azionaria Minero Metallurgica S.p.A. *(Rom)*
Independent State of Western **Samoa** - Unabhängiger Staat West Samoa, *WS*
American **Samoa** - American Samoa, AS
sample - bemustern
sample - die Probe, das Muster
sample preparation - die Probenvorbereitung
sampler - der Probenehmer
sampling - die Bemusterung, die Probenahme
sampling of molten metal - die Probenahme von Flüssigmetall
sampling of tantalum bearing tin slags - die Bemusterung Ta-haltiger Zinnschlacken
sampling pipe - die Entnahmepipette
sampling templet - die Probenahmeschablone
sand binder - das Sandbindemittel
sand box - der Sandfang *(Aufbereitung)*
sand casting - der Sandguß, das Sandumhüllen
sand core - der Sandkern
sand inclusion - der Sandeinschluß
sand mould - die Sandform
sand moulding - das Sandformen
sand pit - die Sandgrube
sand preparing plant - die Sandaufbereitungsanlage
sand reclamation - die Formstoffregenerierung
sand reconditioning plant - die Sandaufbereitungsanlage
sand riddle - das Sandrüttelsieb
sand skin - die Sandkruste
sand slinger - die Schleuderformmaschine

sand spiral - die Sandschnecke
sand-dredging machine - der Sandbagger
sandblasting - das Sandstrahlen
sandstone - der Sandstein
sandwich structure - die Sandwichbauweise
sandy alumina *(USA quality)* - die sandige Tonerde *(typische USA-Qualität)*
sandy shale - der Sandschiefer
sanmartinit - der Sanmartinit, $ZnWO_4$
Sansibar - Sansibar
saponifiable - verseifbar
saponifying - das Verseifen
SAS = Sumitomo Aluminium Smelting Co. Ltd. *(Niihama-shi - Japan)*
SASI = South African Standards Institution
satellite mine - das Anschlußbergwerk
saturated - gesättigt
saturated point - der Sättigungspunkt
saturated solution - die gesättigte Lösung
Kingdom of **Saudi Arabia** - Königreich Saudi-Arabien, *SA*
saving - die Ersparnis
saw - die Säge
saw blade - das Sägeblatt
saw dust - das Sägemehl, die Sägespäne
saw file - die Sägenfeile
saw toothed bit - der Sägezahnmeißel
sawing - das Sägen
SB = British Solomon Islands - die britischen Solomoninseln
SC = South Carolina *(USA)*
scab - die Schülpe *(Gußfehler)*
scab on casting surface - der Schorf *(die unebene Stelle)* auf einem Gußstück
scaffold - das Baugerüst
scaffold of shaft furnace - die Ansätze im Schachtofen
scale - der Maßstab

scales

scales - der Kesselstein
scaling - die Oberflächenoxidation
scaling - die Verzunderung
scalping - die Gußhaut beseitigen *(durch Fräsen, Hobeln oder Abdrehen)*
scalping hydrocyclone - der Vorschaltzyklon
scandium - das Scandium, Sc
scandium addition - der Scandiumzusatz
scandium alloy - die Scandiumlegierung
scandium boride - das Scandiumborid
scandium bromide - das Scandiumbromid, $ScBr_3$
scandium carbide - das Scandiumcarbid
scandium carbonate - das Scandiumcarbonat, $Sc_2(CO_3)_3$
scandium chloride - das Scandiumchlorid, $ScCl_3$
scandium complex - der Scandiumkomplex
scandium compound - die Scandiumverbindung
scandium fluorid - das Scandiumfluorid, ScF_3
scandium hydrid - das Scandiumhydrid
scandium hydroxide - das Scandiumhydroxid, $Sc(OH)_3$
scandium iodide - das Scandiumjodid, ScJ_3
scandium ion - das Scandiumion, $Sc(+3)$
scandium nitrate - das Scandiumnitrat, $Sc(NO_3)_3$
scandium nitride - das Scandiumnitrid, ScN
scandium oxide - das Scandiumoxid, Sc_2O_3
scandium phosphate - das Scandiumphosphat
scandium phosphide - das Scandiumphosphid
scandium silicate - das Scandiumsilikat
scandium silicide - das Scandiumsilicid
scandium sulfate - das Scandiumsulfat, $Sc_2(SO_4)_3$
scandium sulfide - das Scandiumsulfid, Sc_2S_3
scanning electron microscopy, *SEM* - das Rasterelektronenmikroskop, *REM*
scarfing - das Abflammen
scatter - zerstreuen, streuen
scavenger - die Berge-Nachscheidung *(Aufbereitung)*
scavenging - das Spülen
scavenging duct - die Spülleitung
scavening - reinigen, entfernen
SCDA = Scandinavian Copper Development Association *(Pori - Finnland)*
schedule - das Verzeichnis, die Zusammenstellung
scheelite *(calcium tungstate, tungsteene)* - das Mineral: der Scheelit *(Calciumwolframat, Tungstein)*, $CaWO_4$
schist - der Schiefer
schistous - schiefrig
Schottky defect - der Schottky Defekt
science - die Lehre
scientist - der Gelehrte, der Wissenschaftler
scirification - die Schlackenbildung
scissors - die Handblechschere
scoop - das Schöpfgefäß
scoop sample - die Schöpfprobe, die Löffelprobe
scooper - der Schöpflöffel, die Kelle
scooping - das Schöpfen
scoria - die Schlacke
scoriaceous - schlackenartig
scorification - die Verschlackung
scorify - verschlacken
scorifying - das Verschlacken
scoring - die Riefenbildung, die Einkerbung
scorodite - das Mineral: der Scorodit, $FeAsO_4 * 2H_2O$

scotching of melt - das Abfangen der Schmelze
scotland - Schottland
scour - angreifen
scouring - das Scheuern
scouring cinder *(or slag)* - die aggressive Schlacke, die das Mauerwerk angreift
scouring of bearing - das Festfressen eines Lagers
scouring of furnace walls by slags - die Zerstörung von Ofenmauerwerk durch eine aggressive Schlacke
scouring sand - der Scheuersand
SCP = Sheffield City Polytechnic *(GB)*
SCR process = selective catalytic reduction process - das selektive katalytisches Reduktions-Verfahren, *SKR Verfahren*
scrap - das Altmetall, der Schrott, der Ausschuß in der Produktion
scrap addition - der Schrotteinsatz
scrap copper - das Altkupfer
scrap copper quality: candy *(heavy copper)* - der Kupferschwerschrott 1. Qualität *(mindestens 1/16 inch = 1.588 mm dick, unverzinnt, sauber, Leitungsdraht, Ankerdraht, Stanzstücke, Cu-Blechabfälle)*
scrap copper quality: cliff *(mixed heavy copper)* - der Kupferschwerschrott 2. Qualität *(gemischt aus verzinntem und unverzinntem Kupfer, sauberes Kupferrohr, Kupferdraht - kein Haardraht, keine vernickelten Materialien)*
scrap copper quality: dream *(light copper)* - der Kupferleichtschrott *(besteht aus Pfannen, Kesselböden, Haardraht, Bedachungskupfer)*, Leichtkupfer
scrap copper wire quality: berry - der Kupferdrahtschrott 1. Qualität *(unverzinnter Draht stärker als 0.051 inch = 1,291 mm, ohne fremde Bestandteile)*
scrap copper wire quality: birch - der Kupferdrahtschrott 2. Qualität *(sauberer Draht, verzinnter Draht, gelötete*

Enden, frei von Haardraht und verbranntem, brüchigem Draht)
scrap iron - das Alteisen
scrap lead - der Bleibruch, das Bruchblei
scrap yard - der Schrottlagerplatz
scraper - der Kratzer, der Mitnehmer, der Schaber, das Kratzeisen, der Abstreifer
scraper conveyor - der Kratzförderer
scraping - der Abschaum, das Kratzen, das Abschäumen
scratch brush - die Kratzbürste
scratch hardness test - der Ritzhärteversuch
scratching - das Ritzen
screen - 1. der Bildschirm, 2. das Sieb, das Gitter
screen analysis - die Siebanalyse
screen aperture - die Maschenweite, die Sieböffnung
screen effect - die Abschirmwirkung
screen indication of data - die Datenanzeige über Bildschirm
screen opening - die Maschenweite
screened - abgeschirmt
screening - das Sieben
screening device - der Klassierapparat
screening plant - die Sieberei
screw - die Schraube
screw blower - das Spiralgebläse
screw conveyor - der Schneckenförderer
screw cutting lathe - die Gewindedrehbank
screw dislocation - die Schraubenversetzung
screw drum - die Schraubenwalze
screw gauge - die Schraublehre, die Gewindelehre
screw stock - die Gewindeschneidkluppe
screws and bolts - die Schrauben und Bolzen
scrubber - der Naßwäscher, der Schrubber, der Gaswäscher *(nasse Gasreini-*

scrubber stage

gungsanlage), der Berieselungsturm
scrubber stage - die Waschstufe
scrubber with cell-packing - der naßarbeitende Staubabscheider mit Füllkörperpackung
scrubbing technology for sulfur dioxide - die Abgasreinigungstechnologie zur Schwefeldioxidabtrennung
scull - die Bodensau, der Bodensatz, der Ofenwolf, die Ofensau, der Ofenbär
scum - die Krätze, die Schlacke, der Schaum
scum off - abschöpfen, abschlacken, abkrücken
scurf - die Abblätterung
SD = South Dakota *(USA)*
SDR process = Sumitomo dust reduction process - das Sumitomo Staubreduktionsverfahren, das SDR Verfahren
SDSMT = South Dakota School of Mines and Technology *(Rapid City)*
SE = Kingdom of Sweden - das Königreich Schweden
sea spray corrosion - die Meerwasser-Nebelkorrosion
sea transport - der Seetransport
sea water - das Seewasser
sea water corrosion - die Meerwasserkorrosion
sea water environment - die Meerwelt
seal - der Schutzanstrich, die Dichtung
seal - versiegeln, dicht verschließen
sealing - das Dichtschließen *(Abdichten)*
seam - 1. die Naht, die Doppelung; 2. die rißartige Unterbrechung, 3. die Schicht, die Lagerung, das Flöz
seam bearing - flözführend
seam formation *(geol.)* - die Flözbildung
seam welding - das Rollennahtschweißen
seamless tube - das nahtlose Rohr
seaplane - das Wasserflugzeug
search - die Ermittlung

season - trocknen lassen *(z.B. Holz)*, verwittern, altern
season crack - der Alterungsriß
seat - der Sitz, der Paßsitz
seat-earth - der Unterton (im Liegenden), der Liegendstein
seaworthy - seetüchtig
secant - die Sekante
second of arc - die Bogensekunde
secondary blast - der Sekundärwind
secondary creep - das sekundäre Kriechen
secondary deoxidation - die sekundäre Desoxidation
secondary electron microscopy - die Sekundärelektronenmikroskopie
secondary emission - die Sekundäremission
secondary hardening - das Sekundärhärten
secondary ion mass spectrometry, SIMS - die Sekundärelektronenmikroskopie, SEM
secondary martensit - der Sekundärmartensit
secondary metal - das Umschmelzmetall (in der Regel Schrott)
secondary metallurgy - die Sekundärmetallurgie: 1. die NE-Metallschrottverhüttung, 2. die Nachbehandlung von flüssigem Stahl
secondary recrystallization - die Sekundärrekristallisation
secondary slip system - das Sekundärgleitsystem
secondary structure - die Sekundärstruktur
section - der Schnitt
section man - der Kurzschlußsucher *(in der Elektrolyse)*
section man's rod - der Störhaken
section plant - die Profilanlage
section wire - der Profildraht

secure

secure - befestigen, sichern
securing - das Befestigen, das Sichern
security - die Sicherheit
sediment - der Niederschlag, die Abscheidung, der Rückstand, das Sediment, die Ablagerung, der Bodensatz, der Bodenkörper
sedimentary cycle - der Sedimentationszyklus
sedimentation - das Absetzen *(Aufbereitung)*, die Sedimentation
sedimentation rate - die Sinkgeschwindigkeit *(Absetzen von Schwebstoffen)*, Klärgeschwindigkeit
segregate - seigern
segregated solution - die Trennlauge (Nickelabtrennung aus dem Kupferelektrolyten)
segregation - die Seigerung
segregation flow line - der Faserverlauf
segregation process - das Seigerungsverfahren
segregation roasting - das Segregationsrösten
selected non catalytic reduction *(NH3), SNCR technology* - die selektive, nicht katalytische Reduktion *(NH3)*, die *SNKR Technik*
selective catalytic reduction process, *SCR process* - das selektive, katalytische Reduktions-Verfahren, *das SKR Verfahren*
selective corrosion - die selektive Korrosion
selective dispersion technology - die selektive Dispergierung
selective etching - das selektive Ätzen
selective flotation of ores - die selektive Flotation von Erzen
selective hardening - die Teilhärtung
selective leaching - das selektive Auslaugen
selective mining - der selektive Bergbau
selectivity - die Trennschärfe
selector switch - der Schalter
selenic acid - die selenige Säure, H_2SeO_3
selenides - das Selenid
seleninyle chloride - das Seleninylchlorid, $SeOCl_2$
selenium - das Selen, Se
selenium acid - die Selensäure, H_2SeO_4
selenium addition - der Selenzusatz
selenium chloride - das Selenchlorid, $SeCl_4$
selenium coating - das Selenbeschichten
selenium complex - der Selenkomplex
selenium compound - die Selenverbindung
selenium ion - das Selenion, Se(+4), Se(+6), Se(-2)
selenium oxid - das Selenoxid, SeO_2
self acting - selbsttätig
self adjustment - die Selbsteinstellung
self advancing powered support - der hydraulische Schreitausbau
self centering - selbstzentrierend
self cleaning - selbstreinigend
self cleaning drum - die Trommel mit Selbstreinigung
self diffusion - die Selbstdiffusion
self fluxing ore sinter - der selbstschmelzende Erzsinter
self fluxing pellet - das selbstschmelzende Pellet
self fluxing sinter - der selbstgängige Sinter
self heated preheated - das eigenbeheizte Vorwärmen
self supporting - selbsttragend
self-oiling - selbstschmierend
SEM = scanning electron microscopy - das Rasterelektronenmikroskop, REM
semi - halb
semi coke - der Schwelkoks
semi continuous rolling mill - das halbkontinuierliche Walzwerk

semi fabricated

semi fabricated - das Halbzeug
semi finished product - das Halbzeug
semi industrial pilot plant - die halbindustrielle Pilotanlage
semi killed steel - der halbberuhigte Stahl
semi metal - das Übergangsmetall, das Halbmetall
semi mobile plant - die teilmobile Anlage
semi steep - halbsteil
semi-automatic - halbautomatisch
semi-bituminous coal - die Magerkohle
semi-solid - halbfest
semi-steel - das Gußeisen mit Stahlzusatz
semi-steel - der Halbstahl
semiconductor junction - der Halbleiterübergang
semiconductor n-type - der Halbleiter N-Typ
semiconductor p-type - der Halbleiter P-Typ
semicontinuous casting - das halbkontinuierliche Gießen
senarmontite - das Mineral: der Senarmontite, Sb_2O_3
Senegal, Republic of - die Republik Senegal, SN
senior overman - der Fahrsteiger *(die schichtführende Aufsichtsperson)*
sensitive control - die feinstufige Regelung
sensitive layer - die lichtempfindliche Schicht
sensitive to heat - wärmeempfindlich
sensitivity - die Empfindlichkeit
sensitizing heat treatment - das Sensibilisierungsglühen
sensor - der Sensor, der Meßfühler, der Meßwertaufnehmer
sensor class *to principle of measurement* - der Aufnehmer nach Meßprinzip

sensor for mechanical quantities - der Aufnehmer mechanischer Größen
separate - abscheiden, ausscheiden, scheiden, freisetzen, trennen, sichten, austreiben
separate the dross - abschlacken, abkrücken, abstreichen der Krätze
separating funnel - der Scheidetrichter
separation - die Scheidung, die Trennung
separation *(chem.)* - die Austreibung, die Freisetzung
separation by gravity - die Schwerkraftsortierung, das Schweretrennen
separation cut - der Trennschnitt
separation mesh - die Kornscheide, die Trennkorngröße
separation method *(others)* - das Trennverfahren *(sonstige)*
separation plant - die Aufbereitung Erzwäsche
separation process - das Trennverfahren
separation sharpness - die Trennschärfe
separator - der Sichter, der Abscheider
sequence - die Folge, die Abfolge
sequence of operations - die Arbeitsfolge
sequester - absondern
series connection - die Reihenschaltung
series welding - das Serienlichtbogenschweißen
serpentine - das Mineral: der Serpentin $Mg_3Si_2O_5(OH)_4$
SERS = Société des Electrodes et Réfractaires Savoie *(Vénissieux - Frankreich)*
service - die Wartung, die Dienstleistung
service bulletin - die Betriebsanleitung
service conditions - die Betriebsbedingungen, die Anlagedaten
service life - die Nutzdauer, die Betriebsdauer, die Lebensdauer
servomotor - der Kraftverstärker, der Servomotor, der Hilfsmotor
sessile dislocation - die nichtgleitfähige

set free

Versetzung
set free - freisetzen, austreiben
set in motion - in Gang setzen, in Bewegung setzen
set of idlers - die Rollenstation
set of retorts - die Retortenbatterie
set of tools - der Satz Werkzeuge
set screw - die Stellschraube
set square - der Zimmermannswinkel
set surface - die Erstarrungsoberfläche
set to the roof - gegen das Hangende verspannen
set up - aufrichten, aufstellen, errichten
setting lagoon - der Setzteich
setting pressure - der Setzdruck *(Ausbau)*
setting stones - das Steinsetzen
settle - ausgleichen, erledigen, klären
settle *(geol.)*- sich ablagern
settle *(chem.)* - sich absetzen
settle an affair - ein Geschäft abwickeln
settlement - das Absetzen
settler - das Absetzbecken, der Abscheider
settling box - der Laugenzwischenbehälter (zum Absetzen von Schwebeteilchen)
settling of account - das Bezahlen einer Rechnung
settling pond - das Klärbecken, das Absetzbecken, der Klärteich
settling tank - der Absetzbehälter
settling vat - der Klärbottich
settlings - die Ablagerung, der Niederschlag
severely stressed - stark beansprucht
sewer - der Abflußkanal
sewer pipe - das Entwässerungsrohr, die Abflußleitung
sewing machine - die Nähmaschine
republic of **Seychelles** - die Republik der Seychellen, *SC*
SFCA = silico-ferrite of calcium and aluminium - das Siliciumferrit mit Calcium und Aluminium
SFM = Société Francaise de Métallurgie *(Paris)*
SFSA = Steel Founder's Society of America - die Stahlgießervereinigung in Amerika
SG = Republic of Singapore - Republik Singapur
SGM = Société Générale des Minerais *(Brussels)*
SGM = Sherritt Gordon Mines Ltd. *(Fort Saskatchewan - Canada)*
shackle type connector - der Kettenbügel, das Kettenschloß
shaft - 1. die Welle, 2. der Schacht
shaft bottom - die Schachtsohle
shaft conveyor - die Schachtförderung
shaft drilling bit - der Schachtbohrmeißel
shaft freezing process - das Schachtgefrierverfahren
shaft furnace - der Schachtofen
shaft installation - der Schachteinbau
shaft kiln of lime plant - die Schachtofenanlage von Kalkwerken
shaft lining - der Schachtausbau, die Schachtauskleidung, das Schachtfutter
shaft power - die Wellenleistung
shaft sinking - das Schachtabteufen
shaft support - der Schachtausbau
shaft tubbing - der Schachtausbau
shake proof - erschütterungsfest
shaker conveyor - die Schüttelrutsche
shaker hearth furnace - der Schüttelherdofen
shaking - das Umschütteln, das Rütteln, das Schütteln
shaking conveyor - die Schüttelrutsche
shaking ladle - die Schüttelpfanne
shaking tables - die Stoßherde *(gravimetrische Aufbereitung von Golderz)*

shale

shale - der Schiefer
shale oil - das Schieferöl
shallow - seicht, niedrig, flach
shallow water - das flache Wasser, die Untiefe
shank - der Stiel, der Schaft
shank ladle - die Scherenpfanne, die Handgießpfanne
shape - die Form
shape - formen
shape memory effect - der Formgedächtniseffekt
shape of dissolved molecules *(model)* - der Lösungszustand *(Modell)*
shape roll - die Profilwalze
shaped brick - der Formstein
shaped cans of aluminium - die Formdose aus Aluminium
shaped wire - der Profildraht
shapes - 1. die Profile (die durch Ziehen oder Strangpressen hergestellt wurden), 2. die Formsteine
shapes for processing - die Gußformate zum Weiterverarbeiten
shapes for remelting - die Gußformate zum Umschmelzen
shaping - die Gestaltung, die Formung
share holder - der Aktionär
share in the profits - die Gewinnbeteiligung
shares - die Aktien
sharp condition - die scharfe Bedingung
sharp edge - die scharfe Kante
sharp edged - scharfkantig
sharp sand - der Quarzsand
sharp thread - das Spitzgewinde
sharpened - zugeschärft
sharpening - das Schärfen
sharpening of tools - das Schleifen oder das Schärfen von Werkzeugen
shatter - zertrümmern, zerbrechen, zerschlagen
shatter crack *(forging)* - der Innenriß (Schmiedestück)
shave off - abschaben
shavings - die Hobelspäne
shear - die Scherung
shear blade - das Scherenmesser
shear modulus - das Schubmodul
shear strength - die Scherfestigkeit
shear stress - die Scherspannung
shear test - die Scherprüfung
shearer - der Schrämlader
shearing - das Beschneiden
shearing load - die Scherbelastung
shears - die Schere
sheathing - das Einhülsen
sheet - die Tafel
sheet *(semi finished material less than 3/8 inch)* - das Blech *(Halbzeug unter 9.525 mm Stärke)*
sheet cutter - die Blechschere
sheet electrode - die Blechelektrode
sheet flopper - der Unterlagenpresser *(Elektrolysepersonal)*
sheet hanger - der Mutterblechaufhänger (Elektrolysepersonal)
sheet levelling machine - die Blechrichtmaschine
sheet metal - das Blech
sheet mill - das Feinblechwalzwerk
sheet pack - das Blechpaket
sheet pilling - die Spundwand
sheet puncher - der Unterlagenpresser, der Mutterblechrichter *(Elektrolysepersonal)*
sheet shears - die Blechschere
sheet steel - das Stahlblech
shell - die Schale, die Hülle, die Hülse
shell *(casting)* - die Strangschale *(Gießen)*
shell core - der Maskenkern
Shell metal extractant 529, SME 529 - das Shell Metallextrationsmittel *(Orga-*

shell moulding

nisches Lösungsmittel. Hydroxyoxime zur selektiven Extraktion von Kupfer und Nickel)
shell moulding - das Maskenformen
shellac - der Schellack
shelly - schalig
sherardizing - das Verzinken durch Aufdiffundieren *(Oberflächenschutz)*, Sherarisieren, das Diffusionsverzinken
Sherritt Cominco process *(copper winning process)* - das Sherritt Cominco Verfahren *(Kupfergewinnungsverfahren: Aktivierende Röstung im Etagenofen und schwefelsaure Laugung bei Normal- und gehobenem Druck)*
Sherritt Gordon process - das Sherritt Gordon Verfahren *(Drucklaugung von nickelhaltigen Konzentraten und Steinen mit Ammoniak)*
SHG Zn = special high grade zinc - Reinstzink *(SHG Zn hat 4 Neuner Qualität, Zn Gehalt 99.99%)*
shield - das Schild, der Schirm
shield support - der Schildausbau
shielded inert gas metal arc, SIGMA - die Schutzgasschweißung
shielding gas - das Schutzgas
shielding method - die Schutztechnik
shift - umstellen, ausrücken, verschieben, schalten
shift - 1. die Schicht, 2. die Umschaltetaste am Computer *(z.B. für Groß/Kleinschreibung)*
shift foreman - der Schichtmeister
shift operation - der Schichtbetrieb
shift pounding rack - den Richtbock versetzen
shifting of gears - das Schalten von Getrieben
ship - das Schiff
ship building - der Schiffbau
ship plate - das Schiffsblech
ship propeller - die Schiffsschraube

ship yard - die Schiffswerft
shiploader - der Schifflader
shock - der Stoß, der Zusammenstoß
shock absorber - der Stoßdämpfer
shock wave - die Stoßwelle
shock wave test - der Stoßwellenversuch
shockless - stoßfrei
shockless jolt moulding machine - die stoßfreie Rüttelpreßformmaschine
shoe - der Gleitschuh am Förderkorb
shoot - die Schurre, die Rutsche, die Rinne
shop - das Werk, die Betriebsanlage, der Laden, die Werkstatt
shop floor - der Hüttenflur
shore *(mining)* - der Unterzug
short - brüchig, kurz, spröde
short circuit - der Kurzschluß
short distance exploration - die Naherkundung
short range order - die Nahordnung
short run - die nichtausgefüllte Form *(Gießerei)*
short term loan - das kurzfristige Darlehen
short-brittle - faulbrüchig
short-time - kurzzeitig
shot hole - das Sprengloch
shot peening - das Kugelstrahlen
shotfire - sprengen
shotfirer - der Schießmeister
shotfiring - das Sprengen
shotting process - das Granulierverfahren *(Abtropfen eines flüssigen Metalls in ein Wasserbad)*
shovel - die Schaufel, der Baggerlöffel
shovel loader - der Schaufellader
shower bath - das Duschbad
shred - zerschnitzeln, zerfetzen, zerfasern, das Shreddern, in Fetzen reißen
shredder - die Schrottmühle
shredder scrap - der Shredderschrott

shrink fitting

shrink fitting - das Aufschrumpfen
shrink head - der Gießaufsatz *(verlorene Kopf)*
shrinkage - die Schrumpfung
shrinkage cavity - der Lunker
shrinkage crack - der Schrumpfriß
shrinkage strain - die Schrumpfspannung
shrinking head - der verlorene Kopf, der Schrumpfkopf
shrouding - der Staubschutzvorhang, der Staubfänger
shrouding tube - das Schattenrohr
SHS = sodium hexadecyl sulfate *(collector for lead sulfate)* - das Natrium-Hexadecyl-Sulfat *(Sammler für Bleisulfat)*
shunt - das Nebengleis, die Weiche
shut down - die Stillegung
shute - die Rinne, die Schurre, die Rutsche
shuttering - die Schalung
SI process = submerged injection process
SI-technic = slurry-injection technic *(ICP-AES analysis)* - die Schlammeinspritztechnik *(ICP-AES Analyse)*
side blowing - das seitliche Blasen
side blown converter *(copper metallurgy)* - der seitlich blasende Konverter *(Kupfermetallurgie)*
side face - die Seitenfläche
side track - das Nebengleis
side tumbler - der Seitenkipper
side wall - die Seitenwand
side-tipping-loader - der Seitenkipplader
siderite - das Mineral: der Siderit, der Spateisenstein, das Eisencarbonat, $FeCO_3$
Republic of **Sierra Leone** - Republik Sierra Leone, *SL*
siev belt press - die Siebbandpresse
sieve - das Sieb
sieve cover - die Siebbespannung
sieve grate - der Siebrost
sift - aussieben, sieben, sichten

sifter - der Sichter, das Sieb
SIG = Schweizerische Industriegesellschaft
sight hole - das Guckloch, das Schauloch
SIGMA = shielded inert gas metal arc - die Schutzgasschweißung
sigma phase - die Sigmaphase
sign - das Zeichen
sign - bezeichnen, markieren
sign of integration - das Integralzeichen
signal bell - die Signalglocke
signature - die Unterschrift
silencer - der Auspufftopf, der Schalldämpfer
silica quartz - der Quarz, das Siliciumoxid, SiO_2
silica cement - der Silicazement
silica fouling in ion exchange etc. - die Siliciumoxidverstopfung beim Ionenaustausch etc.
silica refractory - das Silikaerzeugnis *(Feuerfestmaterial)*
silicate - das Silikat
siliceous refractory - das saure feuerfeste Material, das Tondinaserzeugnis
silicic acid tetraethyl ester, ethyl silicate or tetraethyl silicate - das Ethylsilikat, $Si(OC_2H_5)_4$, $C_8H_20*O_4Si$,
silicifying - das Verkieseln
silicious - kieselig
silicious clay - der kieselhaltige Ton
silicious ore - das Kieselerz
silicium chloride - das Siliciumchlorid, $SiCl_4$
silicium phosphide - das Siliciumphosphid, SiP
silico alloy - die Silicolegierung
silico aluminate - das Tonerdesilikat
silico-ferrite of calcium and aluminium - das Siliciumferrit mit Calcium und Aluminium, *SFCA*
silicoaluminium - das Silicoaluminium
silicocalcium - das Silicocalcium

silicochrom

silicochrom - das Silicochrom
silicomanganese - das Silicomangan
silicon - das Silicium, Si
silicon addition - der Siliciumzusatz
silicon alloy - die Siciumlegierung
silicon carbide - das Siliciumcarbid, SiC
silicon carbide brick - der Siliciumcarbidstein, der Carborundstein, SiC
silicon carbide refractory - das Siliciumcarbiderzeugnis *(Feuerfestmaterial)*
silicon cilled steel - der siliciumberuhigte Stahl
silicon coating - das Siliciumbeschichten
silicon complex - der Siliciumkomplex
silicon compound - die Siliciumverbindung
silicon ion - das Siliciumion, Si(+2), Si(+4), Si(-4)
silicon nitride - das Siliciumnitrid, Si_3N_4
silicon production - die Siliciumherstellung
silicon rectifier - der Siliciumgleichrichter
siliconizing - das Silizieren
silicosis - die Silikose
silicothermie - die Silicothermie
silification - die Verkieselung
silk - die Seide
silk bolting cloth - die Seidengaze
silky - seidig, feinkörnig
sill of ore - der Erzpfeiler
sill of reverberatory furnace - die Arbeitsplatte *(Türschwelle)* eines Flammofens
sillimanite - das Mineral: der Sillimanit *(feuerfester Baustoff aus Tonerdesilikat)*
silver - das Silber, Ag
silver acetylide, silver carbide - das Silbercarbid, das Azetylensilber, Ag_2C_2, C_2Ag_2
silver addition - der Silberzusatz
silver alloy - die Silberlegierung
silver boride - das Silberborid
silver bromide - das Silberbromid, AgBr
silver carbide, silver acetylide - das Silbercarbid, das Azetylensilber, Ag_2C_2, C_2Ag_2
silver carbonate - das Silbercarbonat, Ag_2CO_3
silver chloride - das Silberchlorid, AgCl
silver chromate - das Silberchromat, Ag_2CrO_4
silver coating - der Silberbelag
silver coating - das Versilbern
silver complex - der Silberkomplex
silver compound - die Silberverbindung
silver cyanide - das Silbercyanid, AgCN
silver fluoride - das Silberfluorid, AgF
silver fluoroborate - das Silberfluoroborat, $AgBF_4$
silver hydride - das Silberhydrid, AgH
silver hydrogen phosphate - das Silberhydrogenphosphat, Ag_2HPO_4
silver hydroxide - das Silberhydroxid
silver iodide - das Silberjodid (hellgelb), AgJ
silver ion - das Silberion, Ag(+1)
silver nitrate, lunar caustic, argentum nitricum - das Silbernitrat, der Höllenstein, $AgNO_3$
silver nitrite - das Silbernitrit, $AgNO_2$
silver ore - das Silbererz
silver oxide - das Silberoxid, Ag_2O
silver phosphate - das Silberphosphat, Ag_3PO_4
silver phosphide - das Silberphosphid, AgP_2, AgP_3
silver plate - die Versilberung
silver production - die Silberherstellung
silver silicate - das Silbersilikat
silver silicide - das Silbersilicid
silver smith - der Silberschmied
silver solder - das Silberlot
silver standard - die Silberwährung

silver sulfate

silver sulfate - das Silbersulfat, Ag_2SO_4
silver sulfide - das Silbersulfid, Ag_2S
silver thiocyanate - das Silberthiocyanat, AgSCN
silvery - silberglänzend
simple beam Charpy test *(new: U notch impact test)* - der Charpy Rundkerbschlagversuch
SIMR = Swedish Inst. for Metals Research (Stockholm)
SIMS = secondary ion mass spectrometry - die Sekundärelektronenmikroskopie, *SEM*
simulating model - das Simulationsmodell
simulation - die Simulation
simulation computation - die Simulationsrechnung mit dem Computer
simulation findings - die Simulationsergebnisse
simultaneous - gleichzeitig
sine curve - die Sinuskurve
Republic of **Singapore** - die Republik Singapur, *SG*
single crystal - der Einkristall
single-chain conveyor - der Einkettenförderer
single-chain scraper conveyor - der Einkettenkratzförderer
sink - ausschachten
sink a shaft - das Abteufen eines Schachtes
sink-and-float analysis - die Schwimm- und Sinkanalyse
sinkhead - der Gießaufsatz verlorene Kopf
sinking of shaft - das Niederbringen eines Schachtes
sinking pit - der Senkschacht
sinter roasting - die Sinterröstung
sintered alloy - die Sinterlegierung
sintered magnesite, *(magnesia or periclase refractory = magnesium oxide)* - das Magnesia *(Periklaserzeugnis = Magnesiumoxid, Sintermagnesit)*, MgO
sintered metal - das Sintermetall
sintering - das Sintern
sintering forging - das Sinterschmieden
SIP process = solvent in pulp process - das Verfahren mit Lösungsmittel in der Trübe *(Anreicherung von Uransalzen mit Tributylphosphat, D2EHPA)*
siphon - der Heber
siphon effect - die Heberwirkung
siphon launder - die Abheberrinne
siphon leg - der Heberschenkel
siphon see also syphon
site - die Gegend, die Stelle, die Lage
site operation - die Baustellenarbeit
six-leg support - der hydraulische Ausbau mit sechs Stempeln je Einheit
sizing - das Klassieren
SK = Democratic Socialist Republic of Sri Lanka *(Ceylon)* - Sri Lanka
sketch - die Handzeichnung, die Handskizze, die Freihandzeichnung
skew - geneigt, schief, schräg
skew - der zugespitzte Wölbstein, der Keilstein
skew back of furnace - das Gewölbeauflager eines Ofens
skew bridge - die Schrägbrücke
skewbacks - die Keilsteine
SKF - die Schweinfurter Kugellager Fabrik
skid - die Fördervorrichtung, die Gleitwalze, die Walze für Lastenverschiebung
skid rail of furnace - die Gleitschiene am Stoßofen
skilled worker - der Facharbeiter, der gelernte Arbeiter, der Handwerker
skim - abschäumen
skimmer - der Abstreichlöffel zum Entfernen der Schlacke, der Krampstock, der Abstreicher, die Krücke, das Abstreicheisen
skimming - die Abzugsschlacke

skimming door

skimming door - die Arbeitstür zum Schlackeabziehen

skimmings - die Schlacken, das Gekrätz, die Krätze

skin - die Außenhaut, die Randschicht, die Haut

skin decarburization - die Randentkohlung

skin effect - der Skineffekt, der Oberflächeneffekt

skin hardness - die Oberflächenhärte

skin of casting - die Gußhaut

skin pass rolling - das Kaltnachwalzen

skin pass rolling mill - das Dressierwalzwerk

skip - das Fördergefäß, der Skip

skip hoist - der Kippkübel

skip loading - die Skip-Fülleinrichtung, die Beschickungsanlage

skull - der Mündungsbär, die Schlackenschale, der Pfannenrest, der Pfannenbär, die Schlackendecke, der Ansatz, die Schlackenkruste

skull at the converter mouth - der Konvertermündungsbär

Skull-Melt-process *(tungsten melting carbide production)* - das Skull-Melt-Verfahren (Wolframschmelzkarbidherstellung)

skutterudite - das Mineral: der Skutterudit *(Arsenverbindung von Cobalt, Nikkel und Eisen)*, $(Co,Ni,Fe)As_3$

sky light - das Oberlicht

SL = Republic of Sierra Leone - die Republik Sierra Leone

slab - der Rohblock, die Bramme

slab gas cutting - die Brammen-Brennschneidanlage

slab heating furnace - der Brammenwärmofen

slab ingot - der Brammenblock

slabbing - das Flachwalzen

slabbing mill - das Brammenwalzwerk, das Grobblechwalzwerk

slack - spannungslos, locker

slag - die Schlacke

foul slag - die reiche Schlacke *(reich an Wertmetallen)*

slag - entschlacken, abschlacken, ausschlacken

slag accretion - der Schlackenansatz

slag accumulation - die Schlackenansammlung

slag amount - die Schlackenmenge

slag analysis - die Schlackenanalyse

slag attack - der Schlackenangriff *(an den Ofenwänden)*

slag bay - die Schlackenhalle

slag brick - der Schlackenstein

slag cement - der Schlackenzement, der Hüttenzement

slag cleaning furnace - der Schlackenverarmungsofen

slag condition - der Schlackenzustand

slag control - die Schlackenführung

slag coverage - die Abdeckschlacke

slag dam - der Schlackendamm

slag edge *(lace)* - *der Schlackenrand*

slag entrapment - der Schlackeneinschluß

slag eye - die Abschlagöffnung, das Schlackenabstichloch

slag foaming - die Schlackenschäumung

slag former - der Schlackenbildner

slag fuming - das Schlackeverblasen

slag fusion zone - der Schlackenschmelzbereich

slag gravel - der Schlackensplitt

slag grinding plant - die Schlackenmühle

slag hole gun - die Schlackenlochstopfmaschine

slag hook - der Schlackenhaken

slag inclusion - der Schlackeneinschluß

slag infiltration - die Schlackeninfiltra-

slag ladle

tion *(Tränken von ff. Auskleidung)*
slag ladle - der Schlackenkübel, die Schlackenpfanne
slag ladle car - der Schlacken*(pfannen)*wagen
slag launder - die Schlackenrinne
slag level - der Schlackenstand *(Höhe der Schlacke im Ofen)*
slag lime - der Hüttenkalk
slag making flux addition - die schlakkenbildende Flußmittelzugabe
slag metal reaction - die Metall-Schlakkenreaktion *(die Reaktion zwischen Schlacke und Metall)*
slag mill - die Schlackenmühle
slag notch - das Schlackenabstichloch
slag notch - die Schlackenform
slag occlusion - der Schlackeneinschluß
slag off - abkrücken, abschlacken
slag out - das Beseitigen von Ofenbären
slag pit - das Schlackenloch, die Schlakkengrube
slag regulation - die Schlackenführung
slag runner - die Schlackenrinne
slag sand - der Schlackensand
slag skimmer - der Schlackenfuchs Fuchs
slag smelting - das Schlackenschmelzen
slag specimen - die Schlackenprobe
slag wool - die Mineralwolle, die Schlakkenwolle
slagging - das Verschlacken, die Schlakkenbildung
slagging off - das Abschlacken, das Abkrücken
acid **slagging practice** - die saure Schlakkenführung
slaggy - schlackig
slaked lime - der Löschkalk
slaking of lime - das Ablöschen von Kalk
slaking slag - die Zerfallschlacke
slate - der Schiefer

slate clay - der Schieferton
slate for roofing - der Dachschiefer
slate fracture - der schiefrige Bruch
slate mining - der Schieferbergbau
slate roof - das Schieferdach
sledge - der Vorschlaghammer
sledge hammer *(mining)* - der Schlägel
sleeper - die Schienenschwelle
sleeper *(build.)* - der Unterzug
sleeping partner - der stille Teilhaber
sleeve - die Büchse, die Muffe, die Hülse
sleeve - ausbuchsen
sleeve rod - die Stopfenstange
sleeve welding - das Muffenschweißen
slice - 1. die Scheibe, 2. die Schicht, 3. die Rutsche, der Schlitten
slide - gleiten
slide bar - die Gleitschiene
slide gauge - die Schieblehre, die Schublehre
slide rule - der Rechenschieber
slide valve - der Absperrschieber, der Gleitschieber
slide way - die Gleitbahn, die Rutschbahn
slider - das Gleitstück
sliding - das Rutschen, das Gleiten
sliding carriage - der Schlitten
sliding surface - die Gleitfläche
slime - die Trübe, der Schlamm, der Feinschlamm
floating **slime** - die treibenden Schlämme
slime *(mining)* - die Erzschlämme
slime separator - die Schlammsetzmaschine
slime water - das Schlammwasser
slimes launder - die Schlammrinne
slimes plant - die Schlammaufbereitungsanlage
slimes pump pit - die Schlammpumpengrube
slimes treatment - die Schlammaufberei-

slip

tung
slip - der Schlupf
slip - gleiten
slip band - das Gleitband
slip casting - das Schlickergießen
slip gauge - das Parallelendmaß
slip line - die Gleitlinie
slip plane - die Gleitebene
slip system - das Gleitsystem
slip velocity - die Gleitgeschwindigkeit
slipper clutch - die Rutschkupplung
slipping brake - die rutschende Bremse
slipping clutch - die Gleitkupplung, die Rutschkupplung
slipping plane - die Gleitebene
slit - der Schlitz
slitting - das Spalten, das Schlitzen
slitting shears - die Längsteilschere
SLN = Société Le Nickel
SLN process = Societe Metallurgique Le Nickel process - Societe Metallurgique Le Nickel Verfahren *(Laugung von Nickelstein mit einer Eisenchloridlösung unter Einleitung von Chlorgas), das SLN Verfahren*
slop ingot - der nachgegossene Lunkerblock
slope - geneigt sein, schräg abfallen
slope - die Böschung, die Schräge
sloping - ansteigend, fallend, abschüssig, schief, schräg, geneigt
sloping gate *(mining)* - die einfallende Strecke
sloping of converter - der Konverterauswurf
slot - der Schlitz, der Nut
slot cutter - der Nutenfräser
slot drill - die Langlochbohrmaschine
slot milling - der Schlitzfräser
slot shaped - schlitzförmig
slotting - die Nuten

slow combustion - die langsame Verbrennung
slow cooling - die langsame Kühlung
slow motion - der langsame Gang
slow reaction - die langsame Reaktion
slow running - der Langsamlauf
slowly soluble - schwerlöslich
sludge - der Schlamm, der Dickschlamm
troublefree sludge disposal - die problemlose Schlammentsorgung
slug - der Rohling, das ausgestanzte Stück
slug test - der Ausreißversuch
sluice gate - das Schleusentor
sluices - die Waschrinne *(gravimetrische Aufbereitung von Golderz)*
slurries with a high fines content - die Filtrationstrübe mit hohem Feinstkornanteil
slurry *(slurries)* - die Trübe, der Schlamm, die Aufschlämmung
slurry tank - der Pumpensumpf
slurry-injection technic *(ICP-AES analysis), SI-technic* - die Schlammeinspritztechnik *(ICP-AES Analyse)*
slush casting - das Sturzgießen
slushing oil - das Rostschutzöl
SMAG = Salzgitter Maschinen und Anlagen AG
by small amounts - portionenweise
small angle grain boundary - die Kleinwinkelkorngrenze
small angle scattering - die Kleinwinkelstreuung
small coal - die Knörpelkohle
small coke - der Feinkoks, der Koksgrus, der kleinstückige Koks
small jig - die Feinkornsetzmaschine
small press - die Handpresse
small series production - die Kleinserienproduktion
smalls *(coal)* - die Feinanteile *(Kohle)*
smalte *(blue pigment)* - Smalte, das Co-

smaltine

baltglas *(blaues Farbpigment)*, Co(II)-Kaliumsilikat

smaltine - das Mineral: der Speisscobalt, Smaltit, $CoAs_2$

SME 529 = Shell metal extractant 529 *(liquid ion exchanger)* - das Shell Metallextrationsmittel 529, *ein organisches Lösungsmittel mit Hydroxyoximen zur selektiven Extraktion von Kupfer und Nickel*

smell concentration in exhaust gas - die Geruchskonzentration im Abgas

smelter - die Rohhütte

smelter acid - die Hütten-Rohsäure

smelting - das Schmelzen, das pyrometallurgische Verhütten

smelting flux - das Schmelzflußmittel

smelting works - das Schmelzwerk, die Schmelzhütte, das Hüttenwerk, das Umschmelzwerk

smith - der Schmied

smithsonite, zincspat *(Galmei)* - der Zinkspat, der Smithsonit, $ZnCO_3$

smithy - die Schmiede

smithy coal - die Schmiedekohle

SMM = Sumitomo Metal Mining Co. Ltd. *(Japan)*

SMM process = Sumitomo Metal Mining process *(ammonia leaching of laterites)* - die ammoniakalische Laugung von Lateriten, *das SMM Verfahren*

SMMC process = Sumitomo Metal Mining Co. process - das Sumitomo Metal Mining Co. Verfahren, *das SMMC Verfahren*

SMOC process = solid matte oxygen converting process - die Rohstein-Konvertierung der Kennecott Corp., *das SMOC Verfahren*

smoke - der Qualm, der Rauch

smoke box - die Rauchkammer

smoke condenser - die Rußkammer

smoke free - rauchfrei

smoky - rußend, rauchig

smoldering off chamber - die Abschwelkammer

smooth - eben, glatt

to **smooth** - glätten, schlichten, ebnen

smooth file - die Schlichtfeile

smooth flame - die weiche Flamme

smooth flow - die sanfte Strömung

smooth fracture - der feinkörnige Bruch

smooth roll - die Glättwalze

smooth test piece - der glatte Prüfkörper

smoothing - das Glätten, das Schlichten

smoothing file - die Abziehfeile

smother - ersticken

smuggling - der Schleichhandel, der Schmuggel

smythite - das Mineral: der Smythit, $(Fe,Ni)_9S_{11}$

SN diagram = stress number diagram - die Wöhlerkurve

snake - die gewellte Naht

snaked wire - der zusammengezwirbelte Draht

snap flask - der aufklappbare Formkasten, der Abschlagkasten *(Formerei)*

snap gauge - die Rachenlehre, der Taster

snap-flask moulding - das kastenlose Formen

snapshot - die Momentaufnahme

SNCR technology = selected non catalytic reduction (NH3) - die selektive nicht katalytische Reduktion (NH3), *die SNKR Technik*

snips - die Handschere

snug pulley - die Druckrolle *(zur Vergrößerung des Umschlingungswinkels)*

SO = Democratic Republic Somali

soaking pit - der Tiefofen

soap - die Seife

soap bubbles - die Seifenblasen

soap foam - der Seifenschaum

soap powder - das Seifenpulver

soap solution

soap solution - die Seifenlösung
soap stone - der Speckstein
social charges - die Sozialabgaben
social rooms - die sozialen Einrichtungen
social subjects - die sozialen Fragen
socket - der Rohrstutzen
socket pipe - das Muffenrohr
socket wrench - der Ringschlüssel, der Steckschlüssel
soda *(waterfree calcined sodium carbonate)* - das Soda *(wasserfreies kalziniertes Natriumcarbonat)*, Na_2CO_3
soda ash solution or **soda solution** - die Sodaaschelösung, kurz: die Sodalösung, Na_2CO_3 (aq)
soda-melilite *(blast furnace slag)* - der Soda-Melilit *(Schachtofenschlacke)*, $NaCaAlSi_2O_7$
sodium - das Natrium, Na
sodium acetylide, sodium carbide - das Natriumcarbid, Natriumazetylid, Na_2C_2
sodium addition - der Natriumzusatz
sodium alloy - die Natriumlegierung
sodium antimonate - das Natriumantimonat, $Na[Sb(OH)_6]$
sodium borohydride - das Natriumborhydrid, Natriumboranat, $Na[BH_4]$
sodium bromide - das Natriumbromid, NaBr
sodium bromite - das Natriumbromit, $NaBrO_2$
sodium carbide, sodium acetylide - das Natriumcarbid Natriumazetylid, Na_2C_2
sodium carbonate - das Natriumcarbonat, Na_2CO_3
sodium chlorate - das Natriumchlorat *(Unkrautbekämpfung)*, $NaClO_3$
sodium chloride, *rock salt* - das Natriumchlorid *(als Mineral: das Steinsalz)*, NaCl
sodium chromate - das Natriumchromat, Na_2CrO_4
sodium complex - das Natriumkomplex
sodium compound - die Natriumverbindung
sodium cyanate - das Natriumcyanat, NaOCN
sodium cyanide - das Natriumcyanid, NaCN
sodium di-chromat - das Natriumdichromat, $Na_2Cr_2O_7$
sodium dihydrogene phosphate - das Natriumdihydrogenphosphat, NaH_2PO_4
sodium disulfite - das Natriumdisulfit, $Na_2S_2O_5$
sodium dithionit - das Natriumdithionit *(starkes Reduktionsmittel, fälschlich Natriumhyposulfit genannt)*, $Na_2S_2O_4$
sodium fluoride - das Natriumfluorid, NaF
sodium hexadecyl sulfate *(collector for lead sulfate)*, SHS - das Natrium-Hexadecyl-Sulfat *(Sammler für Bleisulfat)*
sodium hydride - das Natriumhydrid *(Suspension)*, NaH
sodium hydrogen carbonate - das doppeltkohlensaure Natron *(historischer und Trivialname: Natron)*, das Natriumhydrogencarbonat, $NaHCO_3$
sodium hydrogen sulfite - das Natriumhydrogensulfit, $NaHSO_3$
sodium hydrogene arsenate - das Natriumhydrogenarsenat, Na_2HAsO_4
sodium hydrogene phosphate - das Natriumhydrogenphosphat, Na_2HPO_4
sodium hydrogene sulfate - das Natriumhydrogensulfat, $NaHSO_4$
sodium hydroxide, *caustic soda* - das Natriumhydroxid, die Natronlauge, kaustifiziertes Soda, Ätznatron, NaOH
sodium hypochloride - das Natriumhypochlorit, Natronbleichlauge, NaOCl
sodium iodate - das Natriumjodat, $NaJO_3$
sodium iodide - das Natriumjodid, NaJ
sodium ion - das Natriumion, Na(+1)

sodium nitrate

sodium nitrate - das Natriumnitrat, $NaNO_3$

sodium nitrate, *Chile salpetre* - das Natriumnitrat, *(der Salpeter, Natronsalpeter oder der Chilesalpeter),* $NaNO_3$

sodium nitride - das Natriumnitrid, $NaNO_2$

sodium oxalate - das Natriumoxalat, $C_2Na_2O_4$

sodium oxide - das Natriumoxid, Na_2O

sodium perborate - das Natriumperborat, $NaBO_2$

sodium perchlorate - das Natriumperchlorat, $NaClO_4$

sodium peroxide - das Natriumperoxid, Na_2O_2

sodium phosphate - das Natriumphosphat, Na_3PO_4

sodium phosphide - das Natriumphosphid, Na_3P

sodium phosphinate - das Natriumphosphinat, NaH_2PO_2

sodium production - die Natriumherstellung

sodium selenite - das Natriumselenit, Na_2SeO_3

sodium silicate - das Natriumsilikat, Natronwasserglas

sodium silicide - das Natriumsilicid

sodium sulfate - das Natriumsulfat, Na_2SO_4

sodium sulfate - das Natriumsulfat, *als Mineral: das Glaubersalz,* $Na_2SO_4 * 10H_2O$

sodium sulfide - das Natriumsulfid, Na_2S

sodium sulfite - das Natriumsulfit, Na_2SO_3

sodium tetraborate - das Natriumtetraborat, $Na_2B_4O_7$

sodium thioantimonat - das Natriumthioantimonat, *(Verwendung: Braunfärben von Messing = Schlippen, daher: Schlippesches Salz),* $Na_3SbS_4 * 9H_2O$

sodium thiocyanate - das Natriumthiocyanat, $NaSCN$

sodium thiosulfate - das Natriumthiosulfat, $Na_2S_2O_3$

sodium tungstate - das Natriumwolframat, Na_2WO_4

Soederberg electrode - die Söderberg Elektrode

Soederberg pot *with vertical-stud* - der Söderbergofen *(Al Reduktionselektrolyse)* mit vertikalem Strombolzen

SOFC = solid-oxide fuel cells *(ceramic oxides)* - die Brennstoffzellen aus festen Keramikoxiden

soft annealing - das Weichglühen

soft blast - der geringe Winddruck

soft coke - der Heizungskoks, der weiche Koks

soft ice for the metallurgists delay-time - das Softeis für das Metallurgenpäuschen

soft ore - das weiche Erz

soft rock open pit mining - der Lockergesteinstagebau

soft solder - das Weichlot, das Bleilot

soft water - das weiche Wasser

soft wood - das Weichholz

soften - enthärten, erweichen

softener - der Weichmacher

softening - das Erweichen

softening point - der Erweichungspunkt

softness - die Weichheit

software - die Software, das Computerprogramm

soil - der Boden

soil contamination and older burdens - die Bodenkontaminationen und Altlasten

soil corrosion - die Bodenkorrosion

soil losses - die Sickerverluste

soil testing - die Bodenuntersuchung

solar energy - die Sonnenenergie

solar furnace - der Sonnenstrahlungsofen

solar radiation - die Sonnenstrahlung
solder - das Weichlot
solder metal - das Weichlötgut
solder tin - das Lötzinn
solder upon - auflöten
solderability - die Weichlöteignung
soldered joint - die Lötverbindung
soldering - das Weichlöten
soldering copper - der Lötkolben
soldering fluid - das Lötwasser
soldering flux - das Lötflußmittel
soldering furnace - der Lötofen
soldering iron - der Lötkolben
soldering seam - die Lötnaht
solid - aus einem Stück, fest, massiv, einteilig, hohlraumfrei, vollwandig
solid casting - der vollwandige Abguß
solid electrolyt - der feste Elektrolyt
solid electrolyte EMF probe - die Festelektrolyt EMK Sonde, *NASICON*, $Na_3Zr_2Si_2PO_{12}$
solid filler rod - die nackte Stabelektrode
solid filler wire - die Nacktdrahtelektrode
solid fuel - der fester Brennstoff
solid fuel fired furnace - der festbrennstoffbeheizte Ofen
solid lubricant - das feste Schmiermittel
solid matte *oxygen converting process, SMOC process* - die Rohstein-Konvertierung der Kennecott Corp., *das SMOC Verfahren*
solid phase welding - das Schweißen in fester Phase
solid shaft - die Vollwelle
solid solid interface - die Grenzschicht fest-fest
solid solution - der Mischkristall
solid solution softening - die Mischkristallentfestigung
solid solution strengthening - die Mischkristallverfestigung
solid state - der feste Zustand

solid state physics - die Festkörperphysik
solid state reaction - die Festkörperreaktion
solid tire - der Vollgummireifen
solid-oxide fuel cells *(ceramic oxides), SOFC* - die Brennstoffzellen aus festen Keramikoxiden
solidification - die Verfestigung, die Erstarrung, die Verdichtung
solidification cracking - der Erstarrungsriß
solidification front - die Erstarrungsfront
solidification rate - die Erstarrungsgeschwindigkeit
solidification temperature - die Erstarrungstemperatur
solidification time - die Erstarrungsdauer
solidify - erstarren
solidifying - das Erstarren, das Verdichten, das Verfestigen
solids - die Feststoffe
solids content - der Feststoffgehalt
solidus - der Solidus
British Solomon Islands - die britischen Solomoninseln, *SB*
solubility - die Löslichkeit
solubility product - das Löslichkeitsprodukt
solubility raising effect - die löslichkeitssteigernde Wirkung
soluble - löslich
soluble anode - die lösliche Anode
soluble core - der lösliche Kern
soluble oil - das Bohröl, das Schneidöl
soluble pattern - das auflösbare Modell *(ein Einwegmodell in der Gießerei)*
solute - der gelöste Stoff
solution - der Elektrolyt, das Bad, die Lösung, die Lauge
solution circuit - der Laugenumlauf, der Elektrolytumlauf

solution heat treatment

solution heat treatment - das Lösungsglühen
solution level - der Laugenstand
solution line - der Badspiegel
solution purification - die Laugenreinigung
solvent - das Lösungsmittel
solvent cleaning - das Entfetten
solvent extraction, *SX* - die Lösungsmittelextraktion
solvent extraction systems, *SX-systems* - die Lösungsmittelextraktionssysteme
solvent in pulp process, *SIP process* - das Verfahren mit Lösungsmittel in der Trübe *(z.B. Anreicherung von Uransalzen mit Tributylphosphat, D2EHPA)*
solvent resistant - lösungsmittelfest
solvent welding - das Lösemittelkleben
aprotic solvents - das aprotische Lösungsmittel
solving of equation - die Auflösung einer Gleichung
Democratic Republic **Somali** - Somali, *SO*
soot - der Ruß
soot black - die Rußschwärze
sooty - rußend
sophisticated - raffiniert *(ausgeklügelt)*
sorbite - der Sorbit *(feinlamellarer Perlit im Stahlgefüge)*
sort of fuel - die Brennstoffart
sorting - das Sortieren
sorting appliance - die Sortiereinrichtung
sorting belt - das Klaubeband
sorting screen - das Klassiersieb
sound - der Schall
sound insulating material - der Schallisolierstoff
sound intensity - die Lautstärke
sound wave - die Schallwelle
sounding speed - die Schallgeschwindigkeit
source - die Quelle
source of break downs - die Quelle von Betriebsstörungen
source of energy - die Kraftquelle
source of error - die Fehlerquelle
South America - das Südamerika
South Carolina = SC *(USA)*
South Dakota = SD *(USA)*
south east asia - das Südostasien
South Korea - das Südkorea
sow - die Ofensau, die Pfannensau
sow of blast furnace - die Hochofensau
space - der Zwischenraum, der Weltraum, der Raum
space distribution - die Raumverteilung
space industry - die Raumfahrtindustrie
space model - die räumliche Darstellung
space saving - raumsparend, platzsparend
space vehicle - das Raumschiff
spaced pack - der verstellbare Füllkörper in Staubabscheidern
spacer - das Distanzstück
spacing - der Abstand
spacing stick - der Richtstab, die Richtlatte
spacing wedge - der Abstandskeil
Spain, the Spanish State - das Spanien, ES
spall - abblättern
spalling - 1. das Abplatzen *(von feuerfesten Steinen)*, 2. das Abblättern *(Gußhaut)*
span - die Spannweite
adjustable **spanner** - der verstellbare Schraubenschlüssel
spanner clearance - die Schlüsselmaulweite
spare fuse - die Ersatzsicherung
spare part - das Ersatzteil
spare stand - das Wechselgerüst
spare tire - der Ersatzreifen

sparger - durchgasen
sparing - das Sparen
spark - der Funke, der Zündfunke
spark gap - der Elektrodenabstand, die Funkenstrecke
spark hardening - das Funkenhärten
spark plug - die Zündkerze
spark shower - der Funkenregen
spathic iron ore - der Spateisenstein
spatter - der Spritzer
special design - die Sonderkonstruktion
special high grade zinc, SHG Zn - das Reinstzink mit 4 Neuner Qualität *(das SHG Zink hat einen Zinkgehalt von 99.99%)*
special losses - die Sonderverluste
special steel - der Edelstahl
special subject - das Fachgebiet
special term - der besondere Ausdruck
specialist - der Fachmann
specific area - die spezifische Oberfläche
specific fuel consumption - der spezifische Treibstoffverbrauch
specific gravity - das spezifische Gewicht, Wichte
specific heat - die Eigenwärme, die spezifische Wärme
specific power output - die spezifische Leistung
specification - die Stückliste, die Liefervorschrift, die Norm, die Bauvorschrift, die Spezifikation
specification as to quality - die Gütevorschrift
specification test - die Abnahmeprüfung
specimen - das Probestück, die Probe
specimen holder - der Probenhalter
spectacle frame - das Brillengestell
spectacle valve - der Brillenschieber
spectral analysis - die Spektralanalyse
spectrometer - das Spektrometer
spectrometry - die Spektrometrie

spectrophotography *use spectrometry* - die Spektrometrie
on **speed** - auf Touren
speed - die Drehzahl, die Geschwindigkeit
metallurgical speiss - die metallurgische Speise
spelter - das Rohzink
spent - abgenutzt, verbraucht
spent pickling solution - die Beizablauge
spent potlining - der Ofenausbruch
spent sulfuric acid - die Abfallschwefelsäure, H_2SO_4
sphalerite - das Mineral: der Sphalerit, ZnS
sphene - das Mineral: der Sphen, $CaTiSiO_5$
sphere - die Sphäre, die Kugel
spherical - kugelförmig
spherical shell - die Kugelschale
spheroidal cementite - der kugelförmige Zementit
spheroidal graphite - der Kugelgraphit
spheroidizing - das Kugeligglühen
spider - das Drehkreuz, das Handrad, das Handkreuz, die Spinne *(Verteiler in der Aufbereitung)*, der Ringverteiler, das Armkreuz, der Speichenstern
spiegeleisen - das Spiegeleisen
spigot *(underflow)* - die Apexdüse, die Unterlaufdüse
spike - der lange Nagel
spike driver - der Nagelhammer
spill - verspritzen
spill plate - das Aufsatzblech, die Bracke
spill sand - der Abstreifsand, der Altsand
spillage - die Schlabberkohle *(verschüttete Kohle)*
spin - 1. ausschleudern, 2. der Spin
spin lattice relaxation - die Spin Gitter Relaxation
spin orbit interaction - die Spin Bahn Wechselwirkung
spin wave - die Spinwelle

spindle

spindle - die Spindel, die Türangel
spindle feed - der Spindelvorschub
spinning *(flow forming)* - das Drücken *(Kaltformgeben)*
spiral - die Spirale, die Wendel
spiral - schraubenförmig
spiral condenser - der Schlangenkühler
spiral conveyor - der Schneckenförderer
spiral drill - der Schneckenbohrer
spiral drum - die Schneckenwalze
spiral seam - die Spiralnaht
spiral spring - die Uhrfeder, die Schraubenfeder
splash - die schaumige, poröse Stelle im Metall *(verursacht durch planschendes Gießen)*
splash lubrication - die Tauchschmierung
splash proof - spritzwassersicher
splash ring - der Spritzring
splashed weld - der herausgepreßte Spritzer
splat quenching - das Abschrecken aus dem Flüssigen
spline - der Splint
splined - keilgenutet
splining - das Verkeilen
splinter - der Splitter
split burner - der Schlitzbrenner
split off - abspalten, abschiefern
split pattern - das geteilte Modell
splitting - das Spalten, das Schlitzen, das Reißen
splitting limits - die Teilungsgrenze bei Paralleluntersuchungen
SPM process = Sumitomo prereduction method process - das Sumitomo Vorreduktionsverfahren, *das SPM Verfahren*
spocket chain - die Gelenkkette
spodumen - das Mineral: der Spodumen, $LiAlSi_2O_6$
spoil - beschädigen
spoil dump - die Abraumhalde, die Abgängedeponie
spoiled - schadhaft, verdorben
spoiled casting - der Fehlguß
spoiled plate - das Wrackblech
spoils - die Überreste
spoke - die Speiche
spoked wheel - das Speichenrad
sponge iron - der Eisenschwamm
sponge titanium - der Titanschwamm
spongy - schwammig
spontaneous combustion - die Selbstentzündung
spontaneous decomposition - die Selbstzersetzung
spontaneous ignition - die Selbstzündung
spool - die Spule
spooling - das Aufspulen, das Wickeln
spoon - der Löffel
sport equipment - die Sportausrüstung
spot weld - die Punktnaht
spot welding - die Punktschweißung
spotted - fleckig
spotting test - die Tüpfelprobe
spout - die Rinne, der Ausguß, die Tülle, die Abstichrinne, die Schnauze, die Pfannenschnauze, das Abstichloch, die Mündung
spout the tapping hole - das Abstichloch öffnen
spray - der Sprühregen
spray - sprühen, bedüsen
spray coating - das Spritzbeschichten
spray column - die berieselte Kolonne *(im naßarbeitenden Staubabscheider)*
spray device - die Brauseeinrichtung
spray drying - das Zerstäubungstrocknen
spray gun - die Spritzpistole
spray intensity - die Berieselungsdichte
spray moulding process - das Formspritzverfahren
spray nozzle - die Sprühdüse

spray painting

spray painting - die Spritzlackiererei
spray quenching - das Sprühhärten
spray transfert - der Sprühlichtbogen
sprayed coatings - die Spritzschicht
sprayer valve - das Einspritzventil
spraying - das Spritzen, das Sprühen, das Zerstäuben
spraying system - die Bedüsung
spread - ausbreiten
spreading - sperrig
spreading intensity - die Streuintensität
spreading range of curves - der Streubereich von Kurven
spring - 1. das Rissigwerden, das Springen, die Sprungfeder, die Feder
spring balance - die Federwaage
spring coupling - die Federkupplung
spring lid - der Sprungdeckel, der Federdeckel
spring rate - die Federkonstante
spring steel - der Federstahl
springiness - die Federkraft
springing - die Abfederung, die Federung, das Schnellen, das Springen, das Federn
springy - federnd
sprinkle - besprengen, bespritzen, sprühen
sprinkler - die Feuerlöschdüse, der Sprinkler
sprinkling tub - die Sprengtonne
sprocket - das Kettenrad *(Kettenstern)*
sprocket barrel - die Kettensterntrommel
sprocket wheel - das Kettenrad
sprue - der Eingußtrichter, der Eingußkanal
sprue of mould - der Einlauftrichter einer Form
sprung - gerissen, rissig
sprung arch - die Dehnfuge im Ofengewölbe
SPS - die speicherprogrammierte Steuerung
spur gear - das Stirnradgetriebe
spurting - das Umherspritzen
sqeezing - das Quetschen
square *(geol.)* - bankrecht *(senkrecht zu den Schichten)*
square - das Quadrat, quadratisch
square bar iron - das Vierkanteisen
square bar steel - der Vierkantstahl
square cake - die Quadratplatte *(Gußformat)*
square file - die Vierkantfeile
square foot: 1 sq. ft. = 0,0929 qm Quadratfuß: Umrechnung: 1qm = 10.7642 Quadratfuß
square head - der Vierkantkopf
square ingot - der Vierkantblock
square level - die Setzwaage
square mile: 1 sq. mi. = 2,5899 qkm - die Quadratmeile - Umrechnung: 1 qkm = 0.3876 Quadratmeile
square root - die Quadratwurzel
square shaft - die Vierkantwelle
square thread - das Flachgewinde
square with - rechtwinklig zu
squared paper - das Millimeterpapier
squared timber - das Kantholz
squaring - das Quadrieren
squaring shears - die Kopfschere, die Parallelblechschere
squashing - das Zerquetschen
squeeze casting - das Verdrängungsgießen
squeeze out - auspressen, ausquetschen, quetschen, auswässern
squeezer - das Quetschwalzwerk
squeezing - das Pressen
SR = Republic of Surinam - die Republik Surinam
srew driver - der Schraubenzieher
Democratic Socialist Republic of **Sri Lanka** - Sri Lanka *(früher: Ceylon),*

SSP process

SK

SSP process = sustained shockwave plasma process - das ungedämpfte Schockwellen-Plasma-Verfahren, *SSP Verfahren*

stability - die Beständigkeit, die Standfestigkeit, die Stetigkeit, die Standsicherheit, die Stabilität

stabilize - beständig machen, stabilisieren

stabilized steel - der stabilisierte Stahl

stabilizing - das Haltbarmachen

stabilizing annealing - das Stabilisationsglühen

stable - standfest, beständig

stable dislocation - die stabile Versetzung

stable equilibrium - das beständige Gleichgewicht, das stabile Gleichgewicht

stable in air - luftbeständig

stack - 1. der Schlot, die Esse, der Schornstein, 2. der Meiler

stack - stapeln, aufschichten

stack cutting - das Paketschneiden

stack furnace - der Schachtofen

stack lining - das Schachtmauerwerk

stack loss - der Schornsteinverlust

stack operation - der Stapelbetrieb

stack temperature - die Abgastemperatur im Schornstein

stacking fault - der Stapelfehler

staff - das Personal

staff transport - die Personenförderung, der Personentransport

stage - das Gestell, das Gerüst, die Stufe, die Bühne

stage loader - der Übergabeförderer, der Ladepanzer

staggered - gestaffelt, versetzt

staggered weld - die Zickzacknahtschweiße

staggering - die Staffelung

stagnation of sale - das Stocken des Absatzes

stained - 1. rostig, 2. bunt gefleckt, fleckig

stainless - rostfrei

stainless steel - der nichtrostende Stahl, der rostfreie Stahl

stalactite - der Tropfstein, der von der Höhlendecke nach unten wächst, der Stalaktit

stalagmite - der Tropfstein, der vom Boden der Höhle nach oben wächst, der Stalagmit

stall - die Abbaustrecke

stamping - das Stampfen, das Pressen

stamping mill - das Pochwerk

stamping of ores - das Pochen von Erz

stamping press - die Stempelpresse

stand - der Stand, das Gestell, der Ständer

stand by unit - das Notaggregat

stand pipe - das Standrohr, das Steigrohr

stand still - stilliegen

standard - 1. die Valuta, die Währung, 2. der Eichkörper, das Grundmaß, das Einheitsmaß, die Norm

standard - normal

standard bore - die Einheitsbohrung

standard cell - das Normalelement

standard charge - die Normalgattierung, die übliche Ofenbeschickung

standard conditions (room temperature and ambient pressure) - die Normalbedingungen (Raumtemperatur und Umgebungsdruck)

standard deviation - die Standardabweichung

standard drawing - die Normzeichnung

standard gauge - die Normalspur, die Regelspurweite

standard measure - das Normalmaß, das Urmaß

standard of money - der Feingehalt von Münzen mit Edelmetallinhalt

standard production - die Soll-Leistung

standard section

standard section - das Normalprofil
standard solution - die Vergleichslösung, die Titrierlösung
standard specification - die Normvorschrift
standard thread - das Normalgewinde
standard weight - das Eichgewicht
standard wire gauge, swg or S.W.G. - die Normaldrahtlehre
standardization - die Eichung, die Normung, die Standardisierung
standardized position - die Normalstellung
standards - die Norm
standby pump - die Reservepumpe
standby unit - die Reserveeinheit
stannic oxide - das Zinn(IV)-Oxid, Zinnoxid, SnO_2
stanniferous - zinnhaltig (enthält vierwertiges Sn)
stannite - das Mineral: der Zinnkies (eisenhaltiges Kupfer-Zinnsulfid), Stannin Cu_2FeSnS_4
stannous oxide - das Zinn(II)-Oxid, Zinnoxid, SnO
stannum - das Zinn, Sn
staple - stapeln, aufschichten
staple pit - der Blindschacht
stapling machine - die Heftmaschine
star connected - mit Sternschaltung
star connection - die Sternschaltung
starboard - das Steuerbord
starch - die Stärke
starch manufacture - die Stärkeherstellung
starch paste - der Stärkekleister
starch sugar - der Stärkezucker
start - in Betrieb setzen, anlassen, anstellen
start the engine - den Motor anwerfen
starter - der Anlasser
starting current - der Einschaltstrom
starting of a new plant - die Inbetriebnahme einer neuen Anlage
starting point - der Ausgangspunkt, der Fixpunkt (Bergbau)
starting sheet - das Mutterblech, die Unterlage
starting sheet flopper's bench - der Unterlagenrichtbock
starting state - der Anfangszustand
starting torque - das Anlaufmoment
starting valve - das Anlaufventil
state - 1. der Zustand, der Stand, 2. der Staat
state of equilibrium - der Gleichgewichtszustand
state of surface - die Oberflächenbeschaffenheit
state of the art - der Stand der Technik
state of the art melting furnace - der Schmelzofen neuester Bauart
statement of account - der Rechnungsauszug
static balance - das statische Gleichgewicht
static characteristics - die statische Charakteristik
static electricity - die statische Elektrizität
static friction - die ruhende Reibung
static load - die ruhende Belastung, die statische Belastung
static stress - die ruhende Beanspruchung
static test - die Belastungsprobe, die statische Prüfung
statically determined - statisch bestimmt
statics of rigid bodies - die Statik der festen Körper
station of destination - der Bestimmungsbahnhof
stationary - ortsfest, stationär, fest
stationary blade - die Leitschaufel
stationary furnace - der feste Ofen
statistics - die Statistik

statistical analysis

statitistical analysis - die statistische Analyse
stator - das Polgehäuse, der Ständer, der Stator
stator winding - die Ständerwicklung
statutory - gesetzlich
staurolite - das Mineral: die Staurolit, $(Fe,Mg)_2Al_9(Si,Al)_4O_{22}(OH)_2$
stay - der Unterzug (Bergbau), die Stütze, die Strebe
stay bolt - der Stehbolzen
stay time - die Aufenthaltsdauer
staying time - die Liegezeit, die Standzeit
staying time in furnace - die Aufenthaltszeit im Ofen
steady - beständig
steady head tank - der Hochbehälter
steam - der Wasserdampf, der Dampf
steam - ausdampfen
steam boiler - der Dampfkessel
steam chest - der Schieberkasten
steam coil - die Dampfschlange
steam corrosion - die Wasserdampfkorrosion Dampfkorrosion
steam driven - mit Dampf angetrieben
steam drum - die Dampftrommel, der Oberkessel
steam ejector - die Dampfstrahlpumpe
steam engine - die Dampfmaschine
steam extraction concept - das Dampfentnahmekonzept
steam generation - die Dampferzeugung, der Dampfentwickler
steam generator - der Dampferzeuger
steam jet apparatus - der Dampfstrahlapparat
steam jet atomizer - der Dampfstrahlzerstäuber
steam jet condenser - der Strahlkondensator
steam jet pump - die Dampfstrahlpumpe
steam kettle - der Dampfwärmkessel
steam pressure - der Dampfdruck, die Dampfspannung
steam proof - dampfdicht
steam raising - die Dampferzeugung
steam receiver - der Dampfsammler, der Dampfaufnehmer
steam roller - die Dampfwalze
steam ship - das Dampfschiff
steam to the works network - der Dampf zum Werksnetz
steam traps - die Kondenstöpfe
steam turbine - die Dampfturbine
stearing device - die Steuervorrichtung
steatit - das Mineral: der Speckstein, der Steatit, $MgSiO_3*H_2O$
steckel mill - das Steckel Walzwerk
steel - der Stahl
alloyed steel - der legierte Stahl
corrosion resistant steel - der korrosionsfeste Stahl
steel analysis - die Stahlanalyse
steel bar - die Stahlkappe
steel billet - der Stahlknüppel
steel bridge - die Stahlbrücke
steel casting - der Stahlguß
steel converter - der Stahlkonverter
steel cord - der Stahlcord
steel decarburization - die Stahlentkohlung
steel deoxidation - die Stahldesoxidation
steel dephosphorization - die Stahlentphosphorung
steel desulfurization - die Stahlentschwefelung
steel enthalpy - die Stahlenthalpie
Steel Founder's Society of America, SFSA - die Stahlgießervereinigung in Amerika
steel foundry - die Stahlgießerei
steel framework - **der Stahlrahmen**
steel grit - der Stahlsand

steel hardening

steel hardening - die Stahlhärtung
steel heat treating - die Stahlvergütung
steel ingot - der Stahlblock
steel jacket of blast furnace - die Hochofenpanzerung
steel jacket of shaft furnace - die Schachtofenpanzerung
steel ladle - die Stahlgießpfanne
steel manufacturing - die Stahlherstellung
steel mast - der Stahlmast
steel mill - das Stahlwerk
steel plate support - der Stahlblechausbau
steel prop - der Stahlstempel (Untertage)
steel rails - die Stahlschienen
continuous steel refining - das kontinuierliche Frischen
steel refining process - das Stahlfrischverfahren
steel roll - der Stahlwalze
steel scrap - der Stahlschrott
steel shot cleaning - das Stahlsandputzen
steel spring - die Stahlfeder
steel structure - der Stahlbau
steel support - der Stahlausbau
steel tubbing of shaft - der Stahlausbau eines Schachtes (Bergbau)
steelmaker - der Stahlkocher, der Stahlwerker
steelmaking - die Stahlherstellung
steelmaking furnace - der Stahlschmelzofen
steelmaking induction furnace - der Induktionsstahlschmelzofen
steelmaking plant - das Stahlwerk
steelmaking practice - der Stahlschmelzbetrieb
steep - die Böschung
steep - steil
steep curve - die steile Kurve
steep seam - die steile Lagerung (über 60-100 Gon)

steep slopes - das steile Gelände
steep spiral drill - der steilgängige Spiralbohrer
steep thread pitch - die steile Gewindesteigung
steering - die Steuerung, das Lenken, das Steuern
steering axle - die Lenkachse
steering wheel - das Lenkrad, das Steuerrad
stel disc - die Stahlscheibe
Stelmor process - das Stelmor Verfahren
stench - der Gestank
step - die Strosse, die Stufe (Bergbau)
step bearing - das Stützlager
step by step - stufenweise
step by step welding - das Schrittschweißen
step down - herunterschalten niederspannen
step up - heraufschalten, hochspannen
stephanite - das Mineral: der Stephanit, Ag_5SbS_4
stepped - abgestuft
stepped grate - das Treppenrost
by steps - stufenweise
sternbergite - das Mineral: der Sternbergit, $AgFe_2S_3$
stibium = antimony - das Antimon, Sb
stibnite - das Mineral: der Grauspießglanz, das Antimonsulfid, der Stibnit, Sb_2S_3
stick - festhaften, haften, kleben
sticky - klebrig
sticky sand - der Klebsand
stiff - steif, starr
stiff spring - die straffe Feder
stiffener - die Aussteifung
stiffening - das Versteifen
stilt - die Stelze (Verlängerungsstück unter dem Stempelfuß)
stir - 1. schüren, 2. durchwirbeln, umrüh-

stir

ren, durchrühren, rühren
stir a melting bath - eine Schmelzbad umrühren
stirrer - das Rührwerk, der Rührer
stirring - das Bewegen
stirring autoclave - der Rührwerksautoklav
stirring hole - das Schürloch
stirring rate - die Rührgeschwindigkeit
stitch welding - das Steppnahtschweißen
stock - 1. der Werkstoff, 2. die Aktie, 3. das Ersatzteillager
stock bin - der Vorratsbunker
stock coke - der Lagerkoks
stock company - die Aktiengesellschaft
stock feed - der Materialvorschub
stock holder - der Aktionär
stock hole - das Schürloch
stock house - das Lagergebäude
stock level indicator - die Gichtsonde
stock pile - das Erzlager
stock solution - die Stammlauge
stock yard - der Lagerplatz
stoichiometry - die Stöchiometrie
stoker - das Feuerungsrost, der Heizer
stoking of grate - das Beschicken eines Rostes
stolzite - das Mineral: der Stolzit, $PbWO_4$
stone - der Stein, das Gestein
stone borer - der Steinbohrer
stone breaker - der Steinbrecher
stone chips - der Steinsplitter
stone crusher - der Steinbrecher
stone crushing plant - das Schotterwerk
stone dust - der Gesteinstaub
stone industry - die Natursteinindustrie
stone layer - die Steinschicht
stone quarry - der Steinbruch
stone ware - das Steinzeug
stones & earth - Steine & Erden

stoneware suction filter - der Steinfilter
stony - steinig
stool - der Pfosten, der Tiegeluntersatz, der Bodenstein, die Unterlegplatte
stool for bottom casting - die Gespannplatte (Gießerei)
stool for steel blooms - das Gießgespann für Stahlblöcke
stop - außer Betrieb setzen, abstellen, ausschalten, stillsetzen
stop cock - der Abstellhahn, der Absperrhahn
stop start defect - der Ansatzfehler
stop valve - das Absperrventil, das Anschlagventil
stop watch - die Stoppuhr
stope - die Strosse (Bergbau)
stope filling - der Bergeversatz
stoping - der Strossenbau (Bergbau)
stopper - der Stöpsel, der Flaschenverschluß
stopper plug - der Stopfen
stopper rod - die Stopfenstange
stoppering - das Stöpseln
stopping - die Hemmung, das Stillsetzen
stopping device - die Arretiervorrichtung
stopping of payments - das Einstellen der Zahlungen
stopping of tap hole - das Stopfen des Stichlochs
stopping power - das Bremsvermögen
storage - die Lagerung, der Vorrat
storage bin - das Lagersilo, der Lagerbehälter
storage capacity - die Speicherfähigkeit
storage container - der Vorratsbehälter
storage stability - die Lagerbeständigkeit
storage tank - der Lagerbehälter
storage water heater - der Warmwasserspeicher
in **store** - vorrätig
store - speichern, einlagern, lagern, stapeln

store cellar

store cellar - der Lagerkeller
store house - der Speicher
store keeper - der Lagerverwalter
store room - das Lager, das Magazin
store room keeper - der Magazinverwalter
storeman - der Magazinverwalter
stove - der Zimmerofen
stove coal - die Hausbrandkohle
stove foundry - die Ofengießerei
stowing - der Versatz
stowing of goods - das Stauen von Gütern, das Stapeln von Waren
straight - einfach, gewöhnlich, gerade, straff
straight coke-oven gas - das ungemischte Koksofengas
straight edge - das Richtlineal
straight line - die gerade Linie
straight line casting machine - die Bandgießmaschine
straight line production - die Bandarbeit, die Fertigung am Fließband, die Arbeit am laufenden Band
straight line relation - die geradlinige Beziehung
straight petrol - das reine Benzin
straight pin - der Zylinderstift
straighten - gerade biegen, richten
straighten anodes - die Anoden richten
straightening - das Richten von Platten, das Stabrichten
straightening hammer - der Richthammer
straightening plate - die Richtplatte
straightening press - die Richtpresse
straightening roll - die Richtwalze
strain - durchseihen, seihen
uniaxial **strain** - die einachsige Verformung
strain - die Beanspruchung, die Verformung, die Belastung
strain ageing - das Reckaltern
strain distribution - die Anstrengungsverteilung
strain hardening - die Verfestigung, die Kalthärtung, die Umformverfestigung, die Beanspruchungshärtung, die Kaltverfestigung
strain hardening coeffizient - der Verfestigungsexponent
strain measurement - die Dehnungsmessung
strain rate - die Verformungsgeschwindigkeit
strain rate sensitivity - die Dehngeschwindigkeitsempfindlichkeit
strain ration - der R-Wert
strain reflief annealing - das Spannungsfreiglühen
strain relief by heat treating - der Spannungsausgleich durch Wärmebehandlung
strain softening - die mechanische Entfestigung
strained section - der gefährdete Querschnitt, der beanspruchte Querschnitt
strainer - der Saugkorb
strainfree - spannungsfrei
straining - das Spannen, das Beanspruchen
straining cloth - das Filtertuch
strand - 1. der Trum (einer Kette), 2. die Faser, die Litze (eines Seils)
stranded copper wire - die Kupferlitze
stranded wire - die Drahtlitze, der verseilte Draht
direct **strang casting process**, *DS casting process* - das direkte Stranggießverfahren, *das DS Gießverfahren*
strap - die Bandbremse, das Band, das Spannband, der Bügel, die Kappe
strap - umbinden, verlaschen
strapping machine - die Umreifungsanlage

straps

straps - der Strumpfhalter, die Strapse
by **strata** - lagenweise
strata control - die Gebirgsbeherrschung
stratification - die lagenweise Schichtung von Gestein
stratified - geschichtet
stratified rocks - das Sedimentgestein, das geschichtete Gebirge
stratify - lagenweise schichten, die Schichtenfolge einordnen, stratifizieren
stratigraphy - die Stratigraphie (ein Teilgebiet der Geologie; es behandelt die senkrechte und damit die zeitliche Aufeinanderfolge der Lagerstättenschichtung)
stratum *(pl.: strata)* - 1. die Luftschicht, 2. die Schicht im Gebirge, die Gebirgslage
straw - das Stroh
straw rope - das Strohseil
stray current - der vagabundierende Strom Fremdstrom
streak - der Streifen
streaked - aderig
streaks in glass - die Schlieren im Glas
streaky - streifig
stream - der Strang, der Strom
streamline - die Stromlinie
street - die Straße
street railway - die Straßenbahn
strength - die Festigkeit, die Stärke, der Widerstand
strength limit - die Bruchgrenze, die Festigkeitsgrenze
stress - die Belastung, die Beanspruchung, die mechanische Spannung
uniaxial stress - die einachsige Spannung
stress analysis - die Spannungsanalyse
stress and strain - Drang und Zwang; die Druck- und Zugbeanspruchung
stress concentration - die Spannungskonzentration
stress corrosion cracking - die Spannungsrißkorrosion
stress crack - der Spannungsriß
stress cycle - die Lastwechselfolge
stress diagram - der Kräfteplan
stress fluctuations of materials - die Spannungsschwankungen von Werkstoffen
stress free annealing - das Spannungsfreiglühen
stress intensity factor - der Spannungsintensitätsfaktor
stress number diagram, SN diagram - die Wöhlerkurve
stress relaxation - die Spannungsrelaxation
stress relaxation test - der Entspannungsversuch
stress relieving - das Entspannen, der Spannungsabbau
stress relieving annealing - das Spannungsfreiglühen, das Spannungsarmglühen
stress reversal - der Lastwechsel
stress strain - die Reckspannung
stress strain diagram - das Spannungs-Dehnungsdiagramm
stressability - die Beanspruchbarkeit
stressed - spannungsbehaftet
stretch - strecken, anspannen, spannen, sich ziehen, ausschmieden
stretch - die Streckung
stretch forming - das Streckformgeben
stretch reducing mill - das Streckreduzierwalzwerk
stretched - gereckt, straff, gezerrt
stretched wire - der Streckdraht
stretching device - die Spanneinrichtung
stretching of spring - das Spannen einer Feder
striated ore - das strahlige Erz
striation - die Streifenbildung

strickle

strickle - die Schablone, das Abstreichwerkzeug (Gießerei)
strickle board - die Kernschablone, das Schablonierbrett
strickling - das Schablonieren
strike - stoßen, schlagschmieden (Umformung)
strike - 1. die Arbeitseinstellung, der Streik, 2. das Streichen
strike off - abstreichen
strike off board - das Abstreifbrett
striking edge - die Schlagschere
striking power - die Schlagkraft
string discharge - der Strangaustrag
stringer - der Längsträger
strip - 1. entmetallisieren, 2. abziehen, schälen 3. desorbieren (Destillation) 4. entfernen (von Farbe oder Gerbstoff)
strip - der Streifen, das Band (Walzerzeugnis)
strip (hydrometallurgy) - eluieren, austreiben
strip an organic solvent - das Auswaschen eines organischen Lösungsmittels
strip chart - der Meßstreifen
strip cleaning equipment - die Bandreinigungsanlage
strip electrode - die Bandelektrode (dünn, schmal, aufgerollt)
strip from organic solvent (hydrometallurgy) - rückextrahieren aus organischem Lösungsmittel
strip galvanizing line - die Bandverzinkungsanlage
strip iron - das Bandeisen
strip mill - das Bandwalzwerk
strip mine - der Tagebau
strip mining - die Gewinnung im Tagebau
strip of land - der Landstreifen
strip sheet mill - die Breitbandstraße
strip stage - die Waschstufe

strip steel - der Bandstahl
strip steel mill - das Bandstahlwalzwerk
strippable coating - der abziehbare Überzug
stripped solvent - das entmetallisierte Lösungsmittel
stripper - der Abstreifer
stripper blanks - das Mutterblech
stripper column - die Abtreibkollone (*Destillation*)
stripper column (*hydrometallurgy*) - die Entmetallisierungskolonne (-säule)
stripper tanks - die Mutterblechbäder
stripping - die Abraumbeseitigung (*Bergbau*)
stripping - das Austreiben, das Rückextrahieren (*Hydrometallurgie*)
stripping acid - die Säure zur Rückextraktion
stripping sheet flapper - das Richtschwert für Mutterbleche
stripping shovel (*mining*) - der Abraumlöffelbagger
stripping solution - die rückextrahierte Lösung
stripping solvent - das Lösungsmittel zur Rückextraktion
stripping winning - die schälende Gewinnung
stroke - der Hub, der Takt
stroke volume - der Hubraum
strong - stark, fest
strong acid leaching (*hydromet. Zn-extraction*), SAL - die stark saure Laugung, SSL
strong inclined seam - die stark geneigte Lagerung (*40-60 gon*)
strontianit - das Mineral: der Strontianit, $SrCO_3$
strontium - das Strontium (*Name nach dem schottischen Ort Strontian*), Sr
strontium addition - der Strontiumzusatz
strontium alloy - die Strontiumlegierung

strontium boride

strontium boride - das Strontiumborid
strontium bromide - das Strontiumbromid, SrBr, SrBr$_2$
strontium carbide - das Strontiumcarbid, SrC$_2$
strontium carbonate - das Strontiumcarbonat, SrCO$_3$
strontium chlorate - das Strontiumchlorat, Sr(ClO$_3$)$_2$
strontium chloride - das Strontiumchlorid, SrCl$_2$
strontium complex - der Strontiumkomplex
strontium compound - die Strontiumverbindung
strontium fluoride - das Strontiumfluorid, SrF$_2$
strontium hydride - das Strontiumhydrid
strontium hydroxide - das Strontiumhydroxid, SrOH, Sr(OH)$_2$
strontium iodide - das Strontiumjodid, SrJ$_2$
strontium ion - das Strontiumion, Sr(+2)
strontium nitrate - das Strontiumnitrat, Sr(NO$_3$)$_2$
strontium nitrite - das Strontiumnitrit, Sr(NO$_2$)$_2$
strontium oxide - das Strontiumoxid, SrO, SrO$_2$
strontium phosphate - das Strontiumphosphat, SrPO$_4$
strontium phosphide - das Strontiumphosphid
strontium silicate - das Strontiumsilikat
strontium silicide - das Strontiumsilicid
strontium sulfate - das Strontiumsulfat; als Mineral: das Zölestin, Coelestin, SrSO$_4$
strontium sulfide - das Strontiumsulfid, SrS
structural analysis - die statische Berechnung
structural change - die Gefügeänderung
structural constitution - der Gefügeaufbau
structural instability - die Gefügeunbeständigkeit
structural member - das tragende Bauteil
structural mill - das Formstahlwalzwerk
structural section - das Profil
structural steel - der Baustahl, der Profilstahl
structural steel rolling mill - das Profilstahlwalzwerk
structure - 1. der Aufbau, die Struktur, die Beschaffenheit, 2. die Konstruktion
as cast **structure** - das Gußgefüge
structure determination - die Strukturbestimmung *(Kristallographie)*
structure factor - der Strukturfaktor
structure of alloys - der Aufbau von Legierungen
structure of molten metals - die Struktur der Schmelze
structure of the layer - die Struktur des Überzugs
strut - der Bolzen, der Abstandhalter
strut - absteifen, verstreben
strut beam - die Stützstrebe, die Strebe
strutting - die Verstrebung
stub *(American writing of stud)* - der Bolzen
stub end - der Elektrodenrest, der Elektrodenstummel
stud - 1. die Stromzuführungsbolzen *(in der Aluminiumelektrolyse)*, der Kontaktstift, 2. die Kernstütze, 3. der Stift, der Zapfen, der Bolzen
stud bolt - die Stiftschraube
stud welding - das Bolzenschweißen
study thoroughly - eingehend studieren
study trip excursion - die Exkursion Studienreise
studying method - das Untersuchungsverfahren
stuff shovel - die Zeugschaufel

stuffing

stuffing - 1. das Abdichten, Dichten, die Dichtung, 2. die Packung, das Verpacken

stuffing box - die Stopfbüchse *(an Pumpen)*

SU = USSR *(Union of Soviet Socialist Republics)* - die Sowjetunion, UdSSR

sub assembly - die Teilmontage

sub zero temperature - die Unternulltemperatur

subboundary - die Subkorngrenze

subcontractor - der Subunternehmer, der Unterlieferer

subdivision - 1. die Unterabteilung, 2. die Unterformation *(geol.)*

subgrain - der Subkorn

subgrain coalescence - die Subkornkoaleszenz

subgrain formation - die Subkornbildung

subgrain growth - die Subkornwachstum

sublance - die Hilfslanze, die Meßlanze

sublevel - 2. die Teilsohle, die Zwischensohle (Bergbau untertage), die Bermen (Bergbau übertage)

sublimation - die Sublimieren

submarine - das Unterseeboot

submarine cable - das Unterseekabel

submerged arc furnace - der Lichtbogenreduktionsofen mit Kohleelektrode innerhalb des Reaktionsraumes

submerged arc heating *(ladle furnace process)* - der eingehüllter Lichtbogenofen *(Pfannenmetallurgie)*

submerged arc plasma furnace - das Eintauch-Lichtbogen, der Plasmaofen

submerged arc welding - das Unterpulverschweißen, *das UP Schweißen*

submerged mine - die ersoffene Grube

subsampling procedure - das Teilprobennahmeverfahren

subscribe to a periodical - das Abonnieren einer Zeitschrift

subscriber of periodical - der Bezieher einer Zeitschrift

substance - die Substanz, der Körper

substation - das Umspannwerk, die Schaltstation

substituent - der Ersatzbestandteil

substitute - 1. der Austauschstoff, 2. der Ersatzmann

substitute material - der Austauschwerkstoff

substitution - die Substituierung, der Ersatz, die Erneuerung

substitutional solid solution - der Substitutionsmischkristall

substrate - das Substrat

substratum - die Unterschicht *(Geol.)*

substructure - 1. der Unterbau, 2. das Subgefüge

subsurface - unterirdisch

subterraneous - unterirdisch

suburban - der Vorort

subway - die Unterführung

subzero temperature - die Temperatur unter Null

succession - die Folge, die Aufeinanderfolge

suck - ansaugen

sucker rod - die Pumpenstange

sucking - das Saugen

sucking tube - die Nutsche

sucking valve - die Saugklappe

suction casting - das Sauggießen

suction device - die Saugvorrichtung

suction dreddge - der Saugbagger

suction head - die Saughöhe

suction pipe - die Ansaugeleitung, die Saugleitung

suction power - die Ansaugeleistung

suction stroke - der Ansaughub

suction valve - das Saugventil

Democratic Republic of the **Sudan** - der Sudan, *SD*

sudden rise

sudden rise - das plötzliche Ansteigen
suffocating odour - der erstickende Geruch
sulfates - das Sulfat
sulfating roasting - das sulfatierende Rösten
sulfide - das Sulfid
sulfide inclusion - der Sulfideinschluß
sulfide ore - das Sulfiderz
sulfide ore concentrate - das sulfidische Erzkonzentrat
sulfite - das Sulfit
sulfonated oil - das geschwefelte Öl
sulfonitriding - das Sulfonitrieren
sulfur - der Schwefel, S
sulfur addition - der Schwefelzusatz
sulfur complex - der Schwefelkomplex
sulfur compound - die Schwefelverbindung
sulfur dioxide - das Schwefeldioxid
sulfur ion - das Schwefelion, $S(+4)$, $S(+6)$, $S(-2)$
sulfur oxide - das Schwefeloxid
sulfur print - der Schwefelabdruck
sulfur trioxide - das Schwefeltrioxid, SO_3
sulfurate - das Schwefeln
sulfuric acid - die Schwefelsäure, H_2SO_4
sulfurylchloride - das Sulfurylchlorid, Cl_2O_2S
sulphanil acid - die Sulfanilsäure (4-Amino-benzolsulfonsäure), Muttersubstanz der Sulfonamide, $C_6H_7NO_3S$, $C_6H_4(NH_2)(SO_2OH)$
sulphate of alumina - die schwefelsaure Tonerde
sulphonamide - die Sulfonamide *(chem. Bakterienbekämpfung)*
sum - die Summe, der Betrag
Sumitomo dust reduction process, *SDR process* - das Sumitomo Staubreduktionsverfahren, *das SDR Verfahren*
Sumitomo Metal Mining process, *SMM process* - ammoniakalische Laugung von Lateriten, *das SMM Verfahren*
Sumitomo Metal Mining Co. process, *SMMC process* - das Sumitomo Metal Mining Co. Verfahren, *das SMMC Verfahren*
Sumitomo prereduction method, *SPM process* - das Sumitomo Vorreduktionsverfahren, *das SPM Verfahren*
summary - die Zusammenfassung
summit - die Ecke
sump - der Sumpf
sump pump - die Schachtpumpe
sunk key - der Nutenkeil
super elastic stress - die überelastische Beanspruchung
super finishing - die Feinstbearbeitung
supercharger - das Aufladegebläse, der Kompressor, der Vorverdichter
superconduction transition - die Supraleitfähigkeitssprung
superconductivity - die Supraleitfähigkeit
superconductor - der Supraleiter
supercooling - die Unterkühlung
superdislocation - die Superversetzung
superelevation of curves - die Überhöhung von Kurven
superficial - oberflächlich
superficial dimension - die Flächenausdehnung
superficial hardening - die Oberflächenhärtung
superheater - der Überhitzer
superheating - das Überhitzen
superintendent - der Betriebsdirektor Betriebsleiter in den USA
superior - Ober...
superlattice - die Überstruktur
supernumerary - überzählig
superoxidized, overblown - übergar
superplasticity - die Superplastizität

supersaturate - übersättigen
supersaturated solid solution - der übersättigte Mischkristall
supersaturated solution - die übersättigte Lösung
supersonic speed - die Überschallgeschwindigkeit
superstructure - 1. der Hochbau, 2. der Überbau
supervise - beaufsichtigen, überwachen
supervision - die Überwachung, die Leitung, die Beaufsichtigung
supervisor - der Aufseher
supplant - ersetzen
supplement - der Nachtrag, die Ergänzung
supplementary air - die Zusatzluft
supplier - der Lieferant
supply - die Versorgung, die Materialzufuhr
supply - beliefern, versorgen
supply bottlenecks - der Versorgungsengpaß
supply gate - die Materialstrecke
supply pipe - das Zuflußrohr
support - ausbauen, unterstützen, unterfangen
support - 1. die Auflage(r), die Stütze, das Gestell, das Traggerüst, 2. der Ausbau, 3. die Unterstützung
support hewer - der Ausbauhauer, der Hauer
support roller - die Tragrolle
support rule - die Ausbauregel, die Ausbauvorschrift
supporting - das Tragen
supporting arms - die Tragarme
supporting axle - die Tragachse
supporting frame - das Traggerüst
supporting grid - der Tragrost
supporting lag - die Ausbauverspätung
supporting pillar - der Stützpfeiler
supporting pressure - der Stützdruck

supersaturate

supporting rod - die Tragstange
supporting rollers - die Unterstützungsrollen
supporting spring - die Stützfeder
suppression - die Unterdrückung *(Aufbereitung)*
surd numbers - die irrationalen Zahlen
surface - die Oberfläche
surface *(mining)* - über Tage
surface active agent - der oberflächenaktive Stoff
surface appearance - das Oberflächenbild
surface blowhole - die Oberflächenblase
surface charge - die Eigenladung
surface cleaning - das Oberflächenreinigen
surface cleanless - die Oberflächensauberkeit
surface conditions - der Oberflächenzustand
surface crack - der Oberflächenriß
surface decarburization - die Oberflächenentkohlung
surface defect - der Oberflächenfehler
surface deformation - die Oberflächenverformung
surface diffusion - die Oberflächendiffusion
surface energy - die Oberflächenenergie
surface finish - die Oberflächengüte
surface hardening - das Randschichthärten
surface hardness - die Oberflächenhärte
surface lathe - die Plandrehbank
surface layer - die Oberflächenschicht
surface mining - der Tagebau
surface of fluid - der Flüssigkeitsspiegel
surface overman - der Tagesbetriebsführer
surface plant *(mining)* - die Übertageanlage

surface plasmon

surface plasmon - das Oberflächenplasmon
surface plate - die Richtplatte
surface preparation - die Oberflächenvorbereitung
surface pressure - der Flächendruck
surface property - die Oberflächeneigenschaft
surface protection - der Oberflächenschutz
surface reaction - die Oberflächenreaktion
surface smoothness - die Oberflächenglätte
surface structure - das Oberflächengefüge
surface superintendent - der Tagesbetriebsführer *(zuständig für übertägige Schachtanlagen)*
surface table - die Anreißplatte
surface temperature - die Oberflächentemperatur
surface tension - die Oberflächenspannung
surface treatment - die Oberflächenbehandlung
surface water *(mining)* - das Oberflächenwasser
surfacing - das Auftragschweißen
surfacing by soldering or brazing - das Auftraglöten
surfacing equipment - das Auftragschweißmaterial
surge - der Spannungsstoß
surgical equipment - die chirurgische Ausrüstung
Republic of **Surinam** - die Republik Surinam, *SR*
surplus - der Überschuß
surplus gas - das Überschußgas
surplus heat - der Wärmeüberschuß
surrounding - die Umgebung
survey - beaufsichtigen, kontrollieren, überwachen
survey - der Überblick
survey *(geol.)* - ausmessen
survey *(mining)* - schürfen
survey frame work - das Netz von Festpunkten in der Vermessungstechnik
surveying - das Markscheiden, die Feldvermessung, das Vermessungswesen
surveying of mines - das Markscheidewesen
surveyor - der Markscheider
surveyor's table *(geol.)* - der Meßtisch
susceptibility - die Empfindlichkeit, die Anfälligkeit
susceptible - anfällig
susceptible to ageing - alterungsanfällig
suspend - aufschlämmen, hängen
suspend *(from)* - aufhängen *(an)*
suspended - in der Schwebe, schwebend
suspension - die Suspension, die Trübe, die Aufhängung
suspension bridge - die Hängebrücke
suspension casting - das Suspensionsgießen
suspension melting - das Suspensionsschmelzen
suspension point - der Aufhängepunkt
suspension preheater - der Zyklon-Vorwärmer
suspension pump - die Trübewasserpumpe
suspension roasting - die Schweberöstung
suspension-electrolysis of ZnS - die Suspensionselektrolyse von Zinksulfid
suspension-electrolysis leaching - die suspensionselektrolytische Laugung
sustained shockwave plasma process, SSP process - das ungedämpfte Schockwellen-Plasma- Verfahren, *das SSP Verfahren*

SV = Republic of El Salvador - die Republik El Salvador

SVM = Société de la Vieille-Montagne *(Liege - Belgien)*

swab - der Pinsel, der Quast, der Handfeger

swab - kehren, fegen

swage - der Fassonhammer, das Gesenk

swage - kalthämmern, schmieden

swage block - die Gesenkplatte, die Lochplatte

swaging - die Fassonschmiede, die Gesenkschmiederei

swaging hammer - der Gesenkhammer

swap *(with oil)* - einschmieren *(mit Öl)*

swarf - der Span, der Funkenstaub, das Kreislaufmaterial, der Drehspan, der Schleifstaub, der ölbehaftete Metallspan

sway - schwingen, flattern, schwenken

Kingdom of **Swaziland** - Königreich Swaziland, *SZ*

sweat - die Schwitzperle

sweating - das Schwitzen

Kingdom of **Sweden** - Königreich Schweden, *SE*

Swedish iron - der Schweißstahl, der Frischfeuerstahl, das reine Holzkohleneisen

sweep - die Schablone

sweep - spülen, abspülen, kehren, aufwischen, fegen

sweep moulding - die Schablonenformerei

sweeping - das Schablonieren

sweeping machine - die Kehrmaschine

sweeping with gas - die Spülgasbehandlung

sweeps - 1. der Kehricht; 2. die minderwertigen Edelmetallschrotte in Pulverform

swell up - aufblähen

swelling - das Aufquellen, das Quellen, die Anschwellung, die Schwellung

swg or S.W.G. = standard wire gauge - die Normaldrahtlehre

swill - abspülen, spülen

swing axle - die Schwingachse

swing bridge - die Drehbrücke

swing crane - der Drehkran

swing-mounted - schwenkbar

swinging - das Schwingen

switch - der Schalter, die Weiche

switch board - das Schaltbrett, die Wandtafel mit Schaltern, die Schalttafel

switch box - der Schaltkasten

switch in - einschalten

switch off - abschalten

switch panel - das Schaltbrett, die Schalttafel

switchboard - der Schaltschrank

switching - das Weichenstellen, das Verschieben, das Rangieren

switching compound - die Schaltanlage, die Schaltstation

switching system - das Schaltgetriebe

Switzerland, Swiss Confederation - die Schweiz, *CH*

swivel - drehen

swivel damper - der Drehschieber

swivel hook - der Wirbelhaken

swivel joint - das Drehgelenk

swivel joint units - die Gelenkscheren

swivelling - drehbar, schwenkbar

swivelling crane - der Schwenkkran, der Drehkran

sworn chemist - der vereidigte Chemiker

SX = solvent extraction - die Lösungsmittelextraktion

SX systems = solvent extraction systems - die Lösungsmittelextraktionssysteme

SY = Syrian Arab Republic - Arabische Republik Syrien

sylvine - das Mineral: Sylvin, KCl

symbol - das Kurzzeichen

synchronize - gleichzeitig machen, gleichschalten, synchronisieren

synchronous

synchronous - gleichzeitig
synchronous motor - der Synchronmotor
synchroton radiation - die Synchrotronstrahlung
synthetic - unecht, synthetisch
synthetic resin - das Kunstharz
synthetic sand - der synthetische Sand
synthetic slag - die synthetische Schlacke
synthetics - die Kunststoffe
syphon - der Fuchs *(ein S-förmiger Kanal)*, der Siphon, der Geruchsverschluß im Abwasser- und Kanalsystem, der Saugheber
syphon feed - der Dükerzulauf
Syrian Arab Republic - Arabische Republik Syrien, *SY*
SZ = Kingdom of Swaziland - Königreich Swaziland

T

T-beam - der T-Träger
T-connection - die T-Schaltung
T-joint - der T-Stoß
T-junction - die Streckengabelung *(Streb-Streckenübergang)*, T-förmiger Abzweig
table - die Zahlentafel, die Tafel, die Tabelle, der Tisch
table head - der Tabellenkopf
table of contents - das Inhaltsverzeichnis
tablet - die Tablette
tabletting machine - die Tablettenpresse
tabular - tafelförmig
tabular statement - die tabellarische Übersicht
TAC process = treatment of aluminium in crucibles *(transfer ladles)* - die Raffination von Aluminium in Tiegelöfen *(Transportpfannen)*, TAC Verfahren
tack welding - das Heften *(beim Schweißen)*
tackle - der Flaschenzug
TAE = Technische Akademie Esslingen *(Ostfildern)*
tail end - 1. das Schwanzende, 2. die Umkehrstation
tail end drive - der Hilfsantrieb
tail light of train - das Schlußsignal eines Zuges,
tail stock - der Reitstock
tailings - die Berge, die Abgänge, das taube Gestein, der Schutt
tailings *(mining)* - die Erzrückstände
tailings back fill - der Bergeversatz
tailings pond - der Bergeteich
tailings treatment - die Bergeverwertung, die Abgängeverwertung
tailoring - die Abschlämmung und gleichzeitige Abscheidung *(Aufbereitung)*
Taiwan, *Province of China (former: Formosa)* - Taiwan, *TW*
take the mine's - die Berechtsame, das Baufeld, das Grubenfeld
take over - 1. übernehmen, 2. abnehmen
take over *(traffic)* - überholen
take the altitude - die Höhe messen
take up *(chem.)* - binden, aufnehmen
taking off - der Entzug, die Entziehung
taking up - die Abnahme
talc, magnesium silicate with water - der Talk, Magnesiumsilikat, wasserhaltig, $Mg_6Si_8O_{20}(OH)_4$
tallow - der Talg
Tamano Chelate Resin process, *TCR process* - das Tamano Chelate Resin Verfahren, *TCR Verfahren*
Tammann furnace - der Tammann Ofen
tamp - 1. der Stampfer, die Ramme, 2. stampfen,

tamp a blast hole

tamp a blast hole - das Bohrloch besetzen
tamping box - der Stampfkasten
tamping machine - die Stampfmaschine
tandem furnace - der Tandemofen
tandem mill - das Tandemwalzwerk
tandem process - das Tandemverfahren
tank - der Behälter
tank aisle - die Bäderhalle
tank capacity - der Badinhalt
tank car - der Kesselwagen
tank house - die Elektrolysehalle
tank house fore man - der Elektrolysenmeister
tank leakage - die Tropflauge
tank liner - der Badlöter *(Elektrolypersonal)*
tank room circuit - der Betriebslaugenumlauf
tanker - das Tankschiff
tanks - die Elektrolysebäder
tantalum - das Tantal, Ta
tantalum addition - der Tantalzusatz
tantalum alloy - die Tantallegierung
tantalum boride - das Tantalborid, TaB, TaB_2
tantalum bromide - das Tantalbromid, $TaBr_3$, $TaBr_5$
tantalum carbide - das Tantalcarbid, TaC, Ta_2C
tantalum carbonate - das Tantalcarbonat
tantalum chloride - das Tantalchlorid, $TaCl_5$
tantalum complex - der Tantalkomplex
tantalum compound - die Tantalverbindung
tantalum fluoride - das Tantalfluorid, TaF_5
tantalum hydride - das Tantalhydrid
tantalum hydroxide - das Tantalhydroxid, $Ta(OH)_5$
tantalum iodide - das Tantaljodid, TaJ_5
tantalum ion - das Tantalion, Ta(+5)
tantalum nitrate - das Tantalnitrat
tantalum nitride - das Tantalnitrid, TaN, Ta_2N
tantalum ore - das Tantalerz
tantalum oxide - das Tantaloxid, Ta_2O5
tantalum phosphate - das Tantalphosphat
tantalum phosphide - das Tantalphosphid
tantalum production - die Tantalherstellung
tantalum silicate - das Tantalsilikat
tantalum silicide - das Tantalsilicid, $TaSi_2$, Ta_2Si, Ta_5Si_3
tantalum sulfate - das Tantalsulfat
tantalum sulfide - das Tantalsulfid, Ta_2S_4, TaS_2
United Republic **Tanzania** - Vereinigte Republik Tansania, TZ
tap - 1.anzapfen, 2.der Hahn
tap cinder - die Frischschlacke, die Schweißschlacke
tap cinder bulldog - die Puddelschlacke
tap hole - das Abstichloch
tap hole, the burning up of - das Aufbrennen des Stichlochs
tap hole plug - der Pfropfen für das Abstichloch
tap weight - das Abstichgewicht
tape - das Band, die Schnur
taper - verjüngen
taper pin - der konische Stift, Kegelstift
tapered - konisch, spitz zulaufend
tapered-edge belt - der querstabile Wellkantengurt
tapping arrangement - der Abstichaufbau
tapping bar - die Abstichstange
tapping hole - das Abstichloch
tapping of slag - der Schlackenabstich
tapping off - der Abstich
tapping slot - der Abstichschlitz

tapping spout

tapping spout - die Abstichrinne
tar - der Teer
tar kettle - der Teerkochkessel
tar man - der Teerer *(Elektrolysepersonal)*
tar oil - das Teeröl
tar pitch - das Pech
tare - Tara, das Verpackungsgewicht, das Totgewicht *(Differenz Brutto/Nettogewicht)*
target - das Ziel
tariff - der Tarif
tarnish - der trübe Belag
tarry - teerig
tartaric acid - die Weinsäure, $C_4H_6O_6$ oder HOOCCH(OH)CH(OH)COOH
tau phase - die Tau Phase
taut - gespannt, straff, stramm
TAW = Technische Akademie Wuppertal
taxes - die Steuern
TBO = tungsten blue oxide - das Wolframblauoxid *(Abk.: WBO)*, WO_3
TBP = tributylphosphate - das Tributylphosphat, $C_{12}H_{27}O_4P$
TBRC = process top blown rotary converter process *(Kaldo furnace)* - das Aufblasdrehkonverterverfahren *(Kaldoofen)*, TBRC Verfahren
TCA = Turbolent-Contact-Absorber - die Abgasreinigung *(SO_2-Entfernung)* im turbulenten Kontaktabsorber
TCDD = Tetrachlordibenzo-p-dioxins - das Tetrachlordibenzo-p-dioxine
TCR process = Tamano Chelate Resin process - das Tamano Chelate Resin Verfahren, TCR Verfahren
TCW = Treibacher Chemische Werke
TDA = Titanium Development Association *(Dayton - USA)*, die Titanentwicklungsvereinigung
tdc = top dead centre - der obere Totpunkt, OT
teapot spout ladle - die Siphonpfanne

technetium - das Technetium, Tc
technetium ion - das Technetiumion, Tc(+4), Tc(+6), Tc(+7)
technical - technisch
technical film - das Filmdokument
technician - der Techniker
technological property - die technologische Eigenschaft
technology transfer - der Technologietransfer
teem a mould - eine Form abgießen
teeming - das Blockgießen
teeming hole - die Tiegelprobe
teeming nozzle - der Ausguß
teeter bed - die Wirbelschicht
telecommunication - das Fernmeldewesen, die Nachrichtentechnik
telemetry - die Fernmessung
telephone line - die Telefonleitung
telescope - 1. das Fernrohr, 2. ineinanderschieben
telescopic excavator - der Teleskopbagger
television - das Fernsehen
television equipment - die Fernsehausrüstung
telluride - das Tellurid, (Metall$_2$*Te)
tellurite - Tellurit, (Metall$_2$*TeO$_3$)
tellurium - das Tellur, Te
tellurium acid - die Tellursäure, H_6TeO_6
tellurium addition - der Tellurzusatz
tellurium alloy - die Tellurlegierung
tellurium bromide - das Tellurbromid, $TeBr_2$, $TeBr_4$
tellurium chloride - das Tellurchlorid, $TeCl_2$, $TeCl_4$
tellurium complex - der Tellurkomplex
tellurium compound - die Tellurverbindung
tellurium fluoride - das Tellurfluorid, TeF_4, TeF_6
tellurium hydride - das Tellurhydrid, Tellurwasserstoff, H_2Te

tellurium iodide

tellurium iodide - das Tellurjodid, TeJ_4
tellurium ion - das Tellurion, $Te(+2)$, $Te(+3)$, $Te(+4)$, $Te(+6)$, $Te(-2)$
tellurium oxide - das Telluroxid, TeO, TeO_2, TeO_3
temf = thermoelectromotive force - die thermoelektromotorische Kraft, TEMK
temper - vergüten *(von Stahl)*, tempern, glühfrischen, anlassen
temper *(moulding sand)* - anfeuchten *(Formsand)*
temper brittleness - die Anlaßsprödigkeit
temper carbon - die Temperkohle
temper hardening - die Anlaßhärtung
temperate climate - das gemäßigte Klima
temperature - die Temperatur
temperature concentration section - der Temperatur-Konzentrations-Schnitt
temperature control - die Temperaturregelung
temperature distribution - die Temperaturverteilung
temperature effect - der Temperatureinfluß
temperature gradient - das Temperaturgefälle
temperature measurement - die Temperaturmessung
temperature measuring instrument - das Temperaturmeßgerät
temperature regulation - die Temperaturregelung
tempered martensite - der vergütete Martensit
tempered steel - der vergütete Stahl
tempering - das Anlassen
template - die Schablone
tenacity - die Zähfestigkeit
tennantite - das Mineral: der Tennantit, $(Cu,Fe)_{12}As_4S_{13}$
Tennessee = TN *(USA)*
tenorite - das Mineral: der Tenorit, CuO
tensile property - die Zugeigenschaft
tensile strain - die Zugspannung
tensile strength - die Zugfestigkeit, die Zerreißfestigkeit
tensile stress - die Zugspannung
tensile test - der Zugversuch, die Zerreißprobe
tension - die Zugspannung, der Zug
tension cable - das Spannseil, der Spanndraht
tension compression fatigue test - der Zug-Druck-Dauerversuch
tension crack - der Spannungsriß
tension rolling - das Walzen unter Zug
tension spring - die Spannfeder
tension testing machine - die Zugprüfmaschine
tensioning carriage - der Spannwagen
tensioning device, tensioner - die Spannvorrichtung
tensioning drum - die Spanntrommel
tephroite - das Mineral: der Tephroit, Mn_2SiO_4
terbium - das Terbium, Tb
terbium addition - der Terbiumzusatz
terbium alloy - die Terbiumlegierung
terbium complex - der Terbiumkomplex
terbium compound - die Terbiumverbindung
terbium ion - das Terbiumion, $Tb(+3)$
term of payment - der Zahlungstermin
terminate - abschließen, beenden, schließen
terminology - die Terminilogie
ternary alloy - die Dreistofflegierung, die ternäre Legierung
ternary system - das ternäre System, das Dreistoffsystem
tertiary creep - das tertiäre Kriechen
test *(experimental study)* - der Versuch
test certificate - das schriftliche Prü-

test equipment

fungsergebnis
test equipment - die Prüfeinrichtung
test load - die Prüflast, die Probelast
test log - das Versuchsprotokoll, das Prüfprotokoll
test piece - der Prüfkörper
test plant - die Versuchsanlage
test procedure - der Versuchsablauf
test spoon - der Probenlöffel
testing - die Prüfung, die Erprobung
testing machine - die Prüfmaschine
testing of materials - die Werkstoffprüfung
testing plant - die Prüfanlage
Tetrachlordibenzo-p-dioxins - das Tetrachlordibenzo-p-dioxine
tetragonal structure - die tetragonale Struktur
tetrahedrite, fahlore - der Tetraedrit, das Fahlerz *(silberhaltiges Arsenmineral, Antimonfahlerz)*, $(Cu,Fe)(As,Sb)S_4$ oder $(Cu,Ag,Fe,Zn)_{12}Sb_3S_{14}$)
tetravalent - vierwertig
Texas = TX *(USA)*
textile - die Textilien
textile industry - die Textilindustrie
texture - das Oberflächengefüge, die Textur
texture examination - die Oberflächenprüfung
TG = Togolese Republic - Republik Togo
Kingdom of Thailand - Königreich Thailand, *TH*
thallium - das Thallium, Tl
thallium addition - der Thalliumzusatz
thallium alloy - die Thalliumlegierung
thallium boride - das Thalliumborid
thallium bromide - das Thalliumbromid, TlBr
thallium carbide - das Thalliumcarbid
thallium carbonate - das Thalliumcarbonat, Tl_2CO_3
thallium chloride - das Thalliumchlorid, $TlCl_3$
thallium complex - der Thalliumkomplex
thallium compound - die Thalliumverbindung
thallium fluoride - das Thalliumfluorid, TlF, TlF_3
thallium hydride - das Thalliumhydrid
thallium hydroxide - das Thalliumhydroxid, TlOH
thallium iodide - das Thalliumjodid, TlJ
thallium ion - das Thalliumion, Tl(+1), Tl(+3)
thallium nitrate - das Thalliumnitrat, $TlNO_3$
thallium nitride - das Thalliumnitrid
thallium oxide - das Thalliumoxid, Tl_2O_3
thallium phosphate - das Thalliumphosphat
thallium phosphide - das Thalliumphosphid
thallium production - die Thalliumherstellung
thallium silicate - das Thalliumsilikat
thallium silicide - das Thalliumsilicid
thallium sulfate - das Thalliumsulfat, Tl_2SO_4
thallium sulfide - das Thalliumsulfid, Tl_2S, Tl_2S_3
thaw - auftauen
the limiting value, *TLV* - die maximale Arbeitsplatzkonzentration, *MAK*
Thénard's blue *(pigment, cobalt aluminate)* - das Cobaltaluminat, Thénards Blau *(Pigment)*, $CoO*Al_2O_3$, $CoAl_2O_4$
theodolite - der Theodolit
theorem - der Lehrsatz
theoretical study - die theoretische Untersuchung
theory - die Theorie
thermal - thermisch
thermal - Wärme....

thermal activation

thermal activation - die thermische Aktivierung
thermal analysis - die thermische Analyse
thermal condition - der thermische Zustand
thermal conduction - die Wärmeleitung
thermal conduction coefficient - der Wärmeleitkoeffizient
thermal conductivity - die Wärmeleitfähigkeit
thermal cut - der thermische Schnitt
thermal cutting - das thermische Trennen
thermal cycle - der Temperaturverlauf
thermal cycling - die Temperaturwechselbeanspruchung
thermal desorption - die thermische Desorption
thermal diffusivity - die Temperaturleitfähigkeit
thermal efficiency - der Wärmewirkungsgrad
thermal energy - die Wärmeenergie, das Wärmepotential
thermal etching - das thermische Ätzen
thermal expansion - die thermische Ausdehnung, die Wärmedehnung
coefficient of **thermal expansion** - der thermische Ausdehnungskoeffizent
thermal fatigue - die thermische Ermüdung
thermal insulating material - der Wärmeisolierstoff
thermal insulation - die Wärmeisolierung
thermal neutron - das thermische Neutron
thermal power plants - das Brennstoffkraftwerk
thermal property - die thermische Eigenschaft
thermal pulse - der Wärmeimpuls
thermal radiation - die Wärmestrahlung
thermal shock - der Wärmestoß
thermal shock resistance - die Temperaturwechselfestigkeit
thermal shock resistance test - der Wärmeschlagversuch
thermal stress - die Wärmebelastung, die Wärmespannung
thermal unit - die Wärmeeinheit
thermionic tube - die thermionische Röhre
thermistor - der Thermistor (*Temperatur-Meßwertaufnehmer*)
thermit brazing - das exotherme Hartlöten
thermit soldering - das exotherme Weichlöten
thermit welding - das Thermitschweißen (Schmelzschweißen)
thermochemical treatment - die thermochemische Behandlung
thermocouple - das Thermoelement
thermodiffusion - die Thermodiffusion
thermodynamic activity - die thermodynamische Aktivität
thermodynamic property - die thermodynamische Eigenschaft
thermodynamics - die Thermodynamik
thermoelectric generator - der thermoelektrische Stromerzeuger
thermoelectricity - die Thermoelektrizität
thermoelectromotive force - die thermoelektromotorische Kraft, *TEMK*
thermoforming - das Thermoformen
thermographic inspection - die Infrarotprüfung
thermogravimetric analysis - die thermogravimetrische Analyse
thermogravimetry - die Thermogravimetrie
thermoluminescence - die Thermolumineszenz
thermomagnetic analysis - die thermo-

thermomagnetic treatment

magnetische Analyse
thermomagnetic treatment - die thermomagnetische Behandlung
thermomechanical treatment - die thermomechanische Behandlung
thermometer - das Thermometer
thermopile - die Thermosäule
thermoplastics - der thermoplastische Kunststoff
thermosetting plastics - der heißaushärtbare Kunststoff
thesis - die Dissertation
theta phase - die Theta-Phase
thick - dick, dickflüssig
thick *(mining)* - mächtig
thick coatings - der Dicküberzug
thick-wall castings - das dickwandige Gußstück
thick-walled - dickwandig
thickener - der Eindicker
thickening - das Eindicken
thickness - die Mächtigkeit, die Dicke, die Wandstärke, die Stärke
thickness gauge - die Fühllehre, das Dickenmeßgerät
thickness measurement - die Dickenmessung
thimble - die Muffe
thimble - die Hülse
thin casting - das dünnwandige Gußstück
thin coatings - der Dünnüberzug
thin film - die Dünnschicht
thin layer chromatography - die Dünnschichtchromatographie
thin layer leaching, *TLL process* - die Dünnfilmlaugung, *TLL Verfahren*
thin seam *(mining)* - das geringmächtige Flöz
thin sheet - das Feinblech
thin slag - die dünnflüssige Schlacke
thin wall casting - das dünnwandige Gußstück
thin walled - dünnwandig
thiocarbamide, thiourea - der Thioharnstoff, das Thiocarbamid, H_2NCSNH_2 = CH_4N_2S = $CS(NH_2)_2$
thioglycol acid - die Thioglycolsäure, $HSCH_2COOH$, $C_2H_4O_2S$
thionyl chloride - das Thionylchlorid, Cl_2OS, $SOCl_2$
thiosulphate - das Thiosulfat *(entsteht beim Kochen von Sulfitlösungen mit Schwefel),* S_2O_3
thiourea, thiocarbamide - der Thioharnstoff, Thiocarbamid, H_2NCSNH_2 = CH_4N_2S = $CS(NH_2)_2$
thiourea - das Thiourea, $SC(NH_2)_2$
thiourea copper complex - der Thioharnstoff-Kupfer-Komplex
thiourea leaching of precious metals - die Thioharnstoff-Laugung von Edelmetallen
THM = tonnes hot metal - die Tonnen heißes Metall
Thomson tetrahedron - das Thomson-Tetraeder
thoriated tungsten - das thorierte Wolfram
thorium - das Thorium, Th
thorium addition - der Thoriumzusatz
thorium alloy - die Thoriumlegierung
thorium boride - das Thoriumborid
thorium bromide - das Thoriumbromid, $ThBr_4$
thorium carbide - das Thoriumcarbid, ThC_2
thorium carbonate - das Thoriumcarbonat
thorium chloride - das Thoriumchlorid, $ThCl_4$
thorium complex - der Thoriumkomplex
thorium compound - die Thoriumverbindung
thorium fluoride - das Thoriumfluorid, ThF_4

thorium hydride

thorium hydride - das Thoriumhydrid
thorium hydroxide - das Thoriumhydroxid, $Th(OH)_4$
thorium iodide - das Thoriumjodid, ThJ_4
thorium ion - das Thoriumion, $Th(+4)$
thorium nitrate - das Thoriumnitrat, $Th(NO_3)_4$
thorium nitride - das Thoriumnitrid, ThN, Th_3N_4
thorium oxide - das Thoriumoxid, ThO_2
thorium phosphate - das Thoriumphosphat, $Th(PO_3)_4$
thorium phosphide - das Thoriumphosphid, ThP, Th_3P_4
thorium silicate - das Thoriumsilikat, $ThSiO_4$
thorium silicide - das Thoriumsilicid, $ThSi$, $ThSi_2$, Th_3Si_2, Th_3Si_5
thorium sulfate - das Thoriumsulfat, $Th(SO_4)_2$
thorium sulfide - das Thoriumsulfid
at **thorough stirring** - unter gutem Umrühren
thorough study - das eingehende Studium
thread - das Schraubengewinde, Gewinde
thread gauge - die Gewindelehre
thread rolling - das Gewindewalzen
thread tap - der Gewindebohrer
threading - das Gewindeschneiden
threading die - das Gewindeschneideisen
threading machine - die Gewindeschneidmaschine
threadlike stretched molecules - die fadenförmig gestreckten Moleküle
threadlike-coily molecules - die fadenförmig-knäueligen Moleküle
three high stand - das Dreiwalzengerüst
three phase system - das Drehstromsystem, das Dreiphasensystem
three point suspension - die Dreipunktaufhängung
three-products separator - der Dreigutscheider
three-section roadway arch - der dreiteilige Streckenbogen *(Ausbau)*
three-strand conveyor - der Dreikettenförderer
threefold - dreifach
threshold - die Schwelle
threshold value - der Schwellenwert *(Meßtechnik)*
throttle - drosseln
throttle valve - das Rückschlagventil
throttling - die Drosselung
through thickness property - die Dikkenrichtungseigenschaft
throughput - der Durchsatz
throughput efficiency - die Durchsatzleistung
throw out - auswerfen
thrust - der Grubenbruch
thrust out - ausstoßen
thrust screw - die Druckschraube
thrust washer - die Druckscheibe
thulium - das Thulium, Tm
thulium addition - der Thuliumzusatz
thulium complex - der Thuliumkomplex
thulium compound - die Thuliumverbindung
thulium ion - das Thuliumion, $Tm(+3)$
thulium oxide - das Thuliumoxid, Tm_2O_3
thumb screw - die Flügelschraube
thyratron - das Thyratron *(Elektronenröhre)*
thyristor - der Thyristor *(Elektronenröhre)*
Thyssen Niederrhein process *(injection metallurgie)*, - das Thyssen Niederrhein Verfahren, *TN Verfahren*
thyxocasting - das Thyxocast Verfahren
tie bolt - der Ankerbolzen
tiellite - das Mineral: der Tiellit, $AlTiO_5$
TIG arc welding = tungsten inert gas arc welding - das Wolfram Inertgas Licht-

tight

welding - das Wolfram Inertgas Lichtbogenschweißen, WIG Lichtbogenschweißen
tight - dicht, undurchlässig, straff
tight fit - der Haftsitz
tighten - dichten, abdichten, festziehen, nachspannen
tightening of screws - das feste Anziehen von Schrauben
tile - der Ziegel, der Dachziegel, die Fliese, der Hohlziegel,
tilt - kippen
tilt boundary - die Kippgrenze
tilting - das Umkippen, das Kippen
tilting furnace - der Kippofen
tilting of a converter - das Kippen eines Konverters
tilting open hearth furnace - der kippbare Siemens-Martin-Ofen
timber - das Bauholz
timber *(mining)* - auszimmern
time delay - der Schaltverzug
time quenching - das Zeithärten
time sheet - der Arbeitszettel *(Stundennachweis)*
time-temperature-austenitization diagram, *TTA diagram* - das Zeit-Temperatur-Austenitiserungsdiagramm, *das ZTA Diagramm*
time-temperatur-transformation curve, TTT curve - das Zeit-Temperatur-Umwandlungsschaubild, *das ZTU Diagramm*
timer - der Zeitgeber
timing of instruments - das Einregeln von Meßgeräten
tin - das Zinn, Sn
tin addition - der Zinnzusatz
tin alloy - die Zinnlegierung
tin ashes - die Zinnkrätze
tin boride - das Zinnborid
tin bromide - das Zinnbromid, $SnBr_4$, $SnBr_2$
tin carbide - das Zinncarbid
tin carbonate - das Zinncarbonat
tin chloride - das Zinnchlorid, $SnCl_2$, $SnCl_4$
tin coating - das Verzinnen
tin complex - der Zinnkomplex
tin compound - die Zinnverbindung
tin dross - die Zinnkrätze
tin fluoride - das Zinnfluorid, SnF_2, SnF_4
tin hydride - das Zinnhydrid Zinnwasserstoff, SnH, SnH_4
tin hydroxide - das Zinnhydroxid, $Sn(OH)_2$, $Sn(OH)_4$
tin iodide - das Zinnjodid, SnJ_2, SnJ_4
tin ion - das Zinnion, $Sn(+2)$, $Sn(+4)$
tin mine - die Zinngrube
tin nitrate - das Zinnnitrat
tin nitride - das Zinnnitrid
tin ore - das Zinnerz
tin oxide - das Zinnoxid, SnO, SnO_2
tin phosphate - das Zinnphosphat
tin phosphide - das Zinnphosphid
tin plating - das galvanische Verzinnen
tin production - die Zinnherstellung
tin silicate - das Zinnsilikat
tin silicide - das Zinnsilicid
tin slag - die Zinnschlacke
tin sulfate - das Zinnsulfat, $SnSO_4$
tin sulfide - das Zinnsulfid, SnS
tin ware - das Zinngeschirr
tinned can - die Weißblechdose
tinned sheet - das Weißblech
tinplate - das Weißblech
tip - 1. kippen, 2. die Spitze, 3. das Trinkgeld, 4. die Müllkippe, Kippe
tipping - 1. das Umkippen, Kippen, 2. die Erdaufschüttung, 3. das Aufschweißen von Hartmetallplättchen
tipping of ladle - das Kippen der Pfanne
tipping wagon - der Kippwagen, Kipper

tippler - der Wagenkipper, der Kipper
tire - der Gummireifen, der Reifen
tissue - das Gewebe
tissue paper - das Seidenpapier
TIT = Tantalum - Niobium International Study Center *(Brussels)*
TIT = Tokyo Inst. of Technology
titan powder made by spraying under vacuum - die Titanpulverherstellung durch Versprühen im Vakuum, *das PSV Verfahren*
titan stabilized steel - der titanstabilisierte Stahl, *TSS*
titanite - das Mineral: der Titanit, $TiO_2 * CaO * SiO_2$
titanium - das Titan, Ti
titanium addition - der Titanzusatz
titanium alloy - die Titanlegierung
titanium borid - das Titanborid, TiB, TiB_2
titanium bromide - das Titanbromid, $TiBr_2$
titanium carbide - das Titancarbid, TiC
titanium carbonate - das Titancarbonat
titanium cast alloy - die Titangußlegierung
titanium chloride - das Titanchlorid, $TiCl_4$, $TiCl_3$
titanium complex - der Titankomplex
titanium compound - die Titanverbindung
Titanium Development Association *(Dayton - USA)* - die Titanentwicklungsvereinigung, *TDA*
titanium fluoride - das Titanfluorid, TiF_3, TiF_4
titanium hydride - das Titanhydrid, TiH_2
titanium hydroxide - das Titanhydroxid, $Ti(OH)_4$
titanium iodide - das Titanjodid, TiJ_2, TiJ_4
titanium ion - das Titanion, Ti(+2), Ti(+3), Ti(+4),
titanium nitrate - das Titannitrat, $Ti(NO_3)_2$, $Ti(NO_3)_3$
titanium nitride - das Titannitrid, TiN
titanium ore - das Titanerz
titanium oxide - das Titanoxid, TiO_2, TiO
titanium phosphate - das Titanphosphat, TiP_2O_7
titanium phosphide - das Titanphosphid
titanium production - die Titanherstellung
titanium silicate - das Titansilikat
titanium silicide - das Titansilicid, TiSi, $TiSi_2$, Ti_5Si_3
titanium sulfate - das Titansulfat
titanium sulfide - das Titansulfid, TiS, TiS_2, Ti_2S_3
titanomagnetite composites - die Titanomagnetit-Verwachsungen
titrimetry - die volumetrische Analyse
TLL process = thin layer leaching - die Dünnfilmlaugung, *TLL Verfahren*
TLV = the limiting value - maximale Arbeitsplatzkonzentration, *MAK*
TMS = The Metallurgical Society of AIME *(Warrendale - USA)*,
TMT15 = Trimercapto-s-triazin as natrium-salt - das Trimercapto-s-triazin in Form des Natriumsalzes
TN = Republic of Tunisia - Republik Tunesien
TN = Tennessee *(USA)*
TN process = Thyssen Niederrhein process *(injection metallurgie)* - das Thyssen Niederrhein Verfahren, *TN Verfahren*
TNCT = Toyama National Coll. of Technic *(Japan)*,
TO = Kingdom of Tonga - Tonga
tobernite - das Mineral: der Tobernit *(Uranphosphat, Kupferuranglimmer)*
toe cracking - der Kerbriß
toggle - der Kniehebel

Togolese

Republic Togolese - **Republik** Togo, *TG*
tolerance - die Toleranz
tolling - das Läuten
toluol - das Toluol, C_7H_8
tombac *(copper - zinc - alloy)* - der Tombak *(Kupfer - Zink - Legierung)*, Cu › 80% + Zn
tong-crane - der Zangenkran
tong-grab - der Zangengreifer
Kingdom of **Tonga** - Tonga, *TO*
tongs - die Zange
tongue - die Zunge
tongue file - die Zungenfeile
tongue rail - die Zungenschiene
tonnes hot metal - die Tonnen heißes Metall
tool - das Werkzeug
tool box - der Werkzeugkasten
tool cabinet - der Werkzeugschrank
tool grinding - das Scharfschleifen von Werkzeug
tool holder - der Werkzeughalter
tool life - die Werkzeugstandzeit
tool maker - der Werkzeugmacher
tool material - der Werkzeugwerkstoff
tool room - das Werkzeuglager
tool room *(mining)* - die Zeugkammer
tool shop - die Werkzeugmacherei
tool smith - der Werkzeugschmied
tool smith *(mining)* - der Zeugschmied
tool steel - der Werkzeugstahl
tools - die Gerätschaften, das Werkzeug
tools *(mining)* - das Gezähe
tooth - verzahnen, auszacken
tooth *(pl.: teeth)* - der Zahn
tooth face - die Zahnflanke
tooth pitch - die Zahnteilung
tooth tip - der Zahnkopf
toothed wheel - die Zahnscheibe
top - das Hangende

top belt - das Oberband
top blowing - von oben Blasen
top blown converter - der Aufblaskonverter
top blown rotary converter process *(Kaldo furnace process, modified for NF-metallurgists)* - das Aufblasdrehkonverterverfahren, *TBRC-Verfahren Verfahren*
top coal - die Oberkohle
top dead centre, *tdc* - der obere Totpunkt, *OT*
top edge - die Oberkante
top extending fitting - das Verlängerungsstück
top pouring - das Fallendgießen
top pouring ladle - die Kippgießpfanne
top pressure - der Gegendruck
top race - der Obertrum
top road - die Kopfstrecke
top view - die Draufsicht
topic - das Leitthema
TOPO = tri-n-octylphosphine-oxide *(organic compound)* - das Tri-n-Octyl-Phosphin-Oxid *(organ. Lösungsmittel)*
torch - der elektrische Brenner
TORCO process = treatment of refractory copper ores *(segregation process)* - die Behandlung von refraktären Kupfererzen, *TORCO Verfahren*
torque - das Drehmoment
torsion - 1. die Torsion, 2. die Verwindung, 3. die Verdrehung
combined **torsion and tensil stress** - die verbundene Verdreh- und Zugbeanspruchung
torsion test - der Torsionsversuch
torsional stress - die Torsionsspannung
total amount - der Gesamtbetrag
total output - die Gesamtfördermenge
total weight - das Gesamtgewicht
touch - der Feilstrich

tough - zäh

tough pitch copper *(tpc or t.p.c.)* - das zähgepolte Kupfer *(Kupfer mit flacher oder leicht gewölbter Oberfläche: 99.60% Cu - 99.95% Cu mit 0.02 - 0.05% Sauerstoff)*

toughening - das Zähmachen

toughness - die Zähigkeit

tow - das Schlepptau

tower - der Turm

towing - das Vertauen

toxic materials - der Schadstoff

toxic substance - der Giftstoff

toxicity - die Giftigkeit

toxicology - die Giftkunde, die Toxikologie

toy - das Spielzeug

tpc or t.p.c. see: tough pitch copper

TR = Republic of Turkey - Republik Türkei

trace - die Spur

trace analysis - die Spurenanalyse

tracer technique - die Tracertechnik

track - das Gleis

trackless conveyor - die gleislose Förderung

trackless transportation - der gleislose Transport

tractor - der Traktor, die Zugmaschine

trade - der Warenverkehr, der Handel

trade agreement - das Handelsabkommen

trade mark - das Schutzzeichen, das Warenzeichen

trade mark protection - der Musterschutz

trade statistics - die Handelsstatistik

trade union - die Arbeitergewerkschaft, die Gewerkschaft

trailer - der Anhänger

trailer coupling - die Anhängerkupplung, *AHK*

trailing cable - das Schleppkabel

trained - geübt, geschult, erfahren

trainee - der Anlernling

training officer - der Ausbildungsleiter

tramway - die Straßenbahn

transducer - der Meßwandler

transfer efficiency - der Ab-und Zubrand *(Schweißen)*

transfer ladle - die Transportpfanne

transfer ladle carriages - der Torpedopfannenwagen

transfer point - die Übergabestelle

transferred-arc plasma furnace - der übertrag-Lichtbogen Plasmaofen

transformation - die Umwandlung

transformation temperature - die Umwandlungstemperatur

transformer - der Wandler, der Umspanner, der Transformator

transformer sheet - das Transformatorenblech

transgranular corrosion - die transkristalline Korrosion

transgranular cracking - die transkristalline Rißbildung

transition - die Überführung, der Übergang

transition metal - das Übergangsmetall

transition metal alloy - die Übergangsmetallegierung

transition piece - das Übergangsstück

transition point - 1. der Umwandlungspunkt, 2. der Haltepunkt

transition temperature - die Übergangstemperatur

translucent - durchscheinend

transmission - die Übertragung

transmission line - die Überlandleitung, die Hochspannungsleitung

transmission tower - der Fernleitungsmast

transmit - übertragen

transport

transport charges - die Transportkosten
transport container - der Transportbehälter
transportation *(conveyor)* - die maschinengebundene Förderung
transuranium element alloy - die Transuranelementlegierung
transuranium elements - die Transurane
transverse crack - der Querriß
transverse direction - die Querrichtung
trap - 1. festhalten, 2. die Falle
trap door - 1. die Wettertür, 2. der Schachtdeckel
trapping - der Einfang
travel - 1. fahren, 2. der Vorschub
travelling car - der Pfannenwagen
travelling crab - die Laufkatze
travelling crane - der Laufkran
travelling hopper - der Zubringerwagen
travelling speed - die Fahrgeschwindigkeit, die Reisegeschwindigkeit
traverse - die Traverse, der Querbalken, die Querverbindung
traverse survey - die Vermessung mit Polygonzug
travertine *(coloured marble or calcite)* - das Mineral: der Travertin *(massiger, feinkristalliner, farbiger Calcit in Höhlen)*, $CaCO_3$
tray - 1. die Mulde, die Schale, das Gefäß, das Becken, 2. das Tragblech, der Boden
trayman - der Handlanger
treadle - der Fußhebel
treating - die Bearbeitung, die Behandlung
treatment - die Behandlung, Aufbereitung, die Bearbeitung
treatment ladle - die Behandlungspfanne
treatment of aluminium in crucibles *or transfer ladles* - die Raffination von Aluminium in Tiegelöfen oder Transportpfannen, *das TAC Verfahren*
treatment of refractory copper ores - die Behandlung von refraktären Kupfererzen, *Abk.: TORCO Verfahren*
treeing - die Bäumchenbildung *(Nadeln und Knospen von wachsende Kristallen)*
tremolite - das Mineral: der Tremolit, $Ca_2Mg_5Si_8O_{22}(OH)_2 = 5MgO * 2CaO * 8SiO_2 * H_2O$
trench - der Graben, die Grube
trend - der Trend
trepanner - der Trepanner, Kohlegewinnungs- und Lademaschine
tri-n-octylphosphine-oxide *(organic compound)* - das Tri-n-Octyl-Phosphin-Oxid, *TOPO (organ. Lösungsmittel)*
trial - 1. die Untersuchung, 2. der Versuch
trial mine - die Versuchsgrube
trial plant - der Versuchsbetrieb
trial shaft *(mining)* - der Prospektierschacht
triangle - das Dreieck
triangular - dreieckig
triangular file - die Dreikantfeile
triangulation - die Dreiecksvermessung
triatomic - dreiatomig
triaxial stress - die dreiachsige Spannung
tribology - die Tribologie
tribromomethane bromoform - das Bromoform, $CHBr_3$
tributylphosphate - das Tributylphosphat, TBP, $C_{12}H_{27}O_4P$
tricaprylmethylammoniumchlorid - das Tricaprylmethylammoniumchlorid, *Aliquat 336*
trichloroacetic acid - die Trichloressigsäure, CCl_3COOH, $C_2HCl_3O_2$
trichloroethane - das Trichlorethan, $C_2H_3Cl_3$, Cl_3CCH_3
trichloroethylene - das Trichloräthylen, Trichlorethylen, C_2HCl_3
trichlorosilane - das Trichlorsilan, HCl_3Si, Cl_3HSi, $SiHCl_3$

tricline structure

HCl_3Si, Cl_3HSi, $SiHCl_3$
tricline structure - die trikline Struktur
trigonometrical station - der trigonometrische Punkt
trilateral - dreiseitig
trim - 1. in Ordnung bringen, 2. formgeben, zurichten
Trimercapto-s-triazin as natrium-salt - das Trimercapto-s-triazin in Form des Natriumsalzes, *TMT15*
trimethylamine - das Trimethylamin, C_3H_9N, $N(CH_3)_3$
trimming - das Putzen, das Abgraten
Trinidad and Tobago - Trinidad und Tobago, *TT*
triple - dreifach
triple acting - dreifach wirkend
triple frame - das Gespann mit sechs Stempeln
triple pit *(mining)* - der dreitrümmige Schacht
Triton - das Triton *(geladenes Teilchen)*
troilite - das Mineral: der Troilit, FeS
trolley - die Laufkatze
trolley wire - der Fahrdraht
trolley wire locomotive - die Fahrdrahtlokomotive
Troostite - der Troostit *(feinstlamellarer Perlit - Stahlgefüge)*
tropical climate - das tropische Klima
troughed belt - das Muldenband
troughing - die Muldenform, Muldentiefe
true metal contents - die Wertmetallkonzentration, der wirkliche Metallgehalt
true stress true strain curve - die wahre Spannungs-Dehnungskurve, *die WSD Kurve*
trunk conveyor - das Hauptstreckenband, das Sammelband
Trust Territories = TT *(USA)*
truth of angle - die Winkelgenauigkeit
TSS = titan stabilized steel - der titanstabilisierte Stahl
TSTS curve = true stress true strain curve - die wahre Spannungs-Dehnungskurve, *WSD Kurve*
TT = 1. Trinidad and Tobago - Trinidad und Tobago
TT = 2. Trust Territories *(USA)*
TTA = Thenoyl-Trifluoro-Aceton
TTA diagram = time temperature-austenitization diagram - das Zeit-Temperatur-Austenitisierungsdiagramm, *ZTA Diagramm*
TTP = Trans. Tech. Publications *(Aedermannsdorf - Schweiz)*
TTS diagramm - das Zeit-Temperatur-Auflösungs-Diagramm, *ZTA Diagramm*
TTT curve = time-temperatur-transformation curve - das Zeit-Temperatur-Umwandlungsschaubild, *ZTU Diagramm*
TUB - Technische Universität Berlin
tub - der Förderwagen
tube - das Rohr
tube blank piercing - das Lochen von Rohrluppen
tube digester technology - das Rohraufschlußverfahren
tube digestor - der Rohraufschluß
tube drawing - das Rohrziehen
tube extrusion - das Rohrpressen
tube heater - der Röhrenofen
tube plating - der Rohrboden
tube rolling - das Rohrwalzen
tube rolling mill - das Rohrwalzwerk
tube round - das Rohrhalbzeug
crumple **tube stilt** - das nachgiebige Rohrverlängerungsstück
tubing - der Rohrstrang, Röhrenleitung
tubular structure - die Rohrkonstruktion
TUC - die Technische Universität Clausthal
tumbler - die Rolliertrommel

tumbling barrel

tumbling barrel for cleaning bars - die Putztrommel zum Stangenputzen
tumbling mill - die Trommelmühle
tumbling rock - das abstürzende Haufwerk
tundish - die Zwischenpfanne
tungstate - das Mineral: das Wolframat, $(FeO*MnO)WO_3$
tungstate phosphoric acid - die Wolframatophosphorsäure, $H_3[P(W_3O_{10})_4]*H_2O$
tungstate silicid acid - die Wolframatokieselsäure, $H_4[Si(W_3O_{10})_4]*H_2O$
tungsteene - das Mineral: scheelite *(calcium tungstate)* - der Scheelit *(Calciumwolframat, Tungstein)*, $CaWO_4$
tungsten - das Wolfram, W
tungsten acid - die Wolframsäure, H_2WO_4
tungsten addition - der Wolframzusatz
tungsten alloy - die Wolframlegierung
tungsten blue oxide, *TBO* - das Wolframblauoxid *(Abk.: WBO)*, WO_3
tungsten boride - das Wolframborid, W_2B
tungsten bromide - das Wolframbromid, WBr_2, WBr_5, WBr_6
tungsten carbide - das Wolframcarbid, WC, W_2C
tungsten carbonate - das Wolframcarbonat
tungsten carbonyl - das Wolframcarbonyl, $W(CO)_6$
tungsten chloride - das Wolframchlorid, WCl_6
tungsten complex - der Wolframkomplex
tungsten compound - die Wolframverbindung
tungsten electrode - die Wolframelektrode
tungsten fluoride - das Wolframfluorid, WF_5, WF_6
tungsten hydride - das Wolframhydrid
tungsten hydroxide - das Wolframhydroxid
tungsten inert gas arc welding, TIG arc welding - das Wolfram Inertgas Lichtbogenschweißen, *WIG Lichtbogenschweißen*
tungsten iodide - das Wolframjodid, WJ_2, WJ_4
tungsten ion - das Wolframion, W(+6)
tungsten nitrate - das Wolframnitrat
tungsten nitride - das Wolframnitrid, W_2N
tungsten ore - das Wolframerz, $(FeO.MnO)WO_3$
tungsten oxide - das Wolframoxid, WO_3
tungsten phosphate - das Wolframphosphat
tungsten phosphide - das Wolframphosphid
tungsten production - die Wolframherstellung
tungsten silicate - das Wolframsilikat
tungsten silicide - das Wolframsilicid, WSi_2, W_5Si_3
tungsten sulfate - das Wolframsulfat
tungsten sulfide - das Wolframsulfid, WS_2, WS_3
tungsten-inert-gas welding, *GTA welding* - Wolfram-Inertgas-Schweißen, *WIG Schweißen*
tungstenite - das Mineral: der Tungstenit, WS_2
Republic of **Tunisia** - Republik Tunesien, *TN*
tunnel furnace - der Tunnelofen
turbid water - die Trübe
turbid water - das trübe Wasser
turbine - die Turbine
turbine blade - die Turbinenschaufel
turboblower - das Turbogebläse
Turbolent-Contact-Absorber - die Abgasreinigung, d.h. die SO_2-Entfernung im turbolenten Kontaktabsorber

turbulent flow

turbulent flow - die turbulente Strömung
Republic of **Turkey** - Republik Türkei, *TR*
turning - das Drehen
turnover - der Absatz
tuyere - die Windform
tuyere connection - der Düsenstock
tuyere hole - die Blasöffnung
tuyere level - die Blasformebene
tuyere stock - der Düsenstock
twin - der Zwilling
twin - Doppel...
twin boundary - die Zwillingsgrenze
twinning - die Zwillingsbildung
twist - der Drall
twist boundary - die Drehgrenze
twist subboundary - die Drehsubkorngrenze
twisted - windschief
twisted auger - der Spiralbohrer
two high stand - das Zweiwalzengerüst
two shifts system - das Zweischichtensystem
two sided welding - das zweiseitige Schweißen
two slice system - das Teilschnittgewinnungsverfahren
two stage - zweistufig
two-high rolling mill - die Duo-Walzwerke
twofold - zweifach, doppelt
TX = Texas *(USA)*
type casting - der Schriftguß, der Letternguß
type foundry - die Letterngießerei, die Schriftgießerei
type I superconductor - der Supraleiter 1. Art
type II superconductor - der Supraleiter 2. Art
type metal - das Letternmetall, das Schriftmetall, das Typenmetall
type of joint - die Stoßart
type setting machine - die Drucksetzmaschine
type test - die Typenprüfung
typewriter - die Schreibmaschine
tyre - Gummireifen, Reifen
tyre rolling mill - das Radreifenwalzwerk
TZ = United Republic Tanzania - Vereinigte Republik Tansania

U

U notch impact test *(former: simple beam charpy test)* - der Charpy Rundkerbschlagversuch
UAM = Universidad Autonoma Metropolitana *(Mexico)*
UBC = used baverage cans - die Aluminiumschrottbüchsen, *UBC*
UBC = University of British Columbia *(Vancouver)*
UC = shaft upcast shaft - der Auszieschacht *(Grubenwetter)*
UCSS = Universal Cyclops Specialty Steel Div. *(Pittsburgh)*
UFOKAT - Umweltforschungskatalog
Republic of **Uganda** - Republik Uganda, *UG*
UHP = furnace ultra high power furnace - der extrem starke Elektroofen, *der UHP Ofen*
UHV = ultra high vacuum - das ultrahohe Vakuum, *UHV*
ullmannite - das Mineral: der Ullmannit, NiSbS
ultra high power furnace - der extrem starke Elektroofen, *der UHP Ofen*
ultra high vacuum, UHV - das ultraho-

ultrahard

he Vakuum, *UHV*
ultrahard - extrahart, ultrahart
ultrapure metal - das Reinstmetall
ultrasonic - der Ultraschall
ultrasonic cleaning - das Ultraschallreinigen
ultrasonic machining - das Ultraschallbearbeiten
ultrasonic probe - der Ultraschallprüfkopf
ultrasonic soldering - das Ultraschallweichlöten
ultrasonic testing - die Ultraschallprüfung
ultrasonic transducer - der Ultraschallüberträger
ultrasonic wave - die Ultraschallwelle
ultrasonic welding - das Ultraschallschweißen
ultraviolett radiation - die Ultraviolettstrahlen
umbrella discharge - der Schirmaustrag
umpire - der Schiedsrichter *(bei Streit durch Analyseabweichungen)*
umpire laboratory - das Schiedslabor
UMPLIS - das Umwelt-, Planungs- und Informationssystem
unagglomerated - desagglomeriert
unaltered - unverändert *(Werkstoff ändert sich nicht mit der Zeit)*
UNAM = Universidad Nacional Autónoma de Mexico
unbreakable - bruchsicher
uncombined water - das ungebundene Wasser
uncomplicated - umkompliziert
undamaged - unbeschädigt
undecomposable - unzersetzbar
undefinite - unbestimmt
under clad cracking - der Unterplattierungsriß
under-manager *(senior overman)* - der Obersteiger
underbead cracking - der Unternahtriß
undercut - unterschneiden, einschneiden
undercut - die Einbrandkerbe *(fehlerhafte Nahtform - Schweißfehler)*
underflow - der Unterlauf
underflow nozzle - die Unterlaufdüse
underground - 1. unter Tage, 2. unterirdisch, untertägig
underground brown coal mining - der Braunkohlentiefbau
underground cable - das unterirdische Kabel
underground conduit - die unterirdische Rohrleitung
underground construction material - der Baustoff unter Tage
underground gallery - die Abbaustrecke
underground investigation - untertägige Erkundung
underground leaching - das untertägige Auslaugen
underground manager - der Betriebsführer unter Tage, der Grubenbetriebsführer
underground mining - der Bergbau Untertage
underground storage - der Untertagespeicher
underground winning - der Grubenbau, die Untertagegewinnung
underhung face - die überkippte Abbaufront
underpin - unterfangen *(abstützen)*
underpressure - der Unterdruck
undersea cable - das Tiefseekabel
undersea conduit - die Unterwasserrohrleitung
undersea deposit - die marine Lagerstätte
undersize - das Unterkorn
undersize elimination - die Abschlämmung von Feinkorn *(Aufbereitung)*
underwater cutting - das Unterwasser-

schneiden
underwater equipment - die Unterwasserausrüstung
underwater welding - das Unterwasserschweißen
undestructible - unzerstörbar
undissolved - ungelöst
unemployed man - der Arbeitslose
unemployment - die Arbeitslosigkeit
unemployment benefit - die Arbeitslosenunterstützung
unetched - ungeätzt
unfit - untauglich
unground - ungemahlen
unhook - aushaken, abhaken
uniaxial - einachsig
uniaxial strain - die einachsige Verformung
uniaxial stress - die einachsige Spannung
uniform corrosion - die ebenmäßige Korrosion *(Flächenkorrosion)*
Union of Soviet Socialist Republics, *USSR* - die Sowjetunion - Union der sozialistischen Sowjet-Republiken, *UDSSR*
unit - die Einheit, einzelne Betriebsanlage
unit bore system - die Einheitsbohrung
unit operation - die Grundoperation, die Betriebseinheit *(Verfahrenstechnik)*
United Arab Emirates - Vereinigte Arabische Emirate, *AE*
United Kingdom of Great Britain and Northern Ireland - Vereinigtes Königreich von Großbritannien und Nordirland, *GB*
United States gallons per minute = USGPM
United States of America, *USA* - die Vereinigten Staaten von Amerika, ISO-code: US
univalent - einwertig
universal beam mill - die Universalträgerstraße

underwater equipment

universal mill - das Universalstahlwalzwerk
unkilled steel - der unberuhigte Stahl
unlimited - unbegrenzt
unpaid account - die unbezahlte Rechnung
unqualified - untauglich
unrecovered minerals in mill wastes - die nicht ausgebrachten Mineralien aus Abgängen von Aufbereitungsanlagen
unrefined - nicht raffiniert, unraffiniert
unsaturated - ungesättigt
unscreened - nicht abgeschirmt
unscrew - losschrauben
unshaped refractory - das ungeformte Feuerfesterzeugnis
unskilled worker - der Hilfsarbeiter, der Schaufeljokki, der ungelernte Arbeiter, der Pattjackel
unskilled worker *(mining)* - der Grubenfuzzi
unsmeltable - nicht verhüttbar, unschmelzbar
unsoldering - das Entlöten
unsound - undicht
unsound steel - der blasige Stahl
unstable - unbeständig, labil
unstable equilibrium - das labile Gleichgewicht
unstacking - das Entstapeln
unstressed - spannungsfrei
untanned - ungegerbt
untempered - ungehärtet, nicht angelassen
untight - undicht
untreated - unbehandelt
upcast shaft, UC shaft - der Ausziehschacht *(für die Grubenwetter)*
upfeed - die Steigspeisung
upgrading - das Aufbereiten
uphill casting - der steigende Guß
uphill run - die Bergfahrt
upper - Ober...

upper belt

upper belt - das Oberband
upper dead center - der obere Totpunkt
upper die - das Obergesenk
upper edge - die Oberkante
upper heat - das Oberfeuer
upper layer - die Deckschicht
Upper Volta *(new: Bourkina Fasso)* - Obervolta, *HV*
upright - senkrecht, aufrecht
upright kiln - der Schachtofen
upright shaft - die stehende Welle
upsetting - das Stauchen
upstream classifier - der Aufstromklassierer
uraninite, pitchblende - die Pechblende, Uraninit, UO_2
uranium - das Uran, U
uranium addition - der Uranzusatz
uranium alloy - die Uranlegierung
uranium boride - das Uranborid, UB_2, $2UB_{12}$, UB_4
uranium bromide, uranyl bromide - das Uranbromid, Uranylbromid, UO_2Br_2
uranium carbide - das Urancarbid, UC, UC_2, U_2C_3
uranium carbonate - das Urancarbonat
uranium chloride, uranyl chloride - das Uranchlorid, Uranylchlorid, UO_2Cl_2
uranium complex - der Urankomplex
uranium compound - die Uranverbindung
uranium fluoride - das Uranfluorid, UF_2, UF_3, UF_4
uranium hydride - das Uranhydrid, UH_3
uranium hydroxide - das Uranhydroxid, $UO_2*(OH)_2$
uranium iodide - das Uranjodid, UJ_3, UJ_4
uranium ion - das Uranion, U(+3), U(+4), U(+5), U(+6)
uranium nitrate *(uranyl nitrate)* - das Urannitrat, Uranylnitrat, $UO_2(NO_3)_2$
uranium nitride - das Urannitrid, UN, UN_2, U_2N_3, U_3N_4
uranium ore - das Uranerz
uranium oxide, uranyl oxide - das Uranoxid, Uranyloxid, UO_3
uranium phosphate, uranyl phosphate - das Uranphosphat, Uranylphosphat, UO_2HPO_4
uranium phosphide - das Uranphosphid, UP, UP_2
uranium pitch ore - die Unranblende
uranium silicate - das Uransilikat
uranium silicide - das Uransilicid, USi, USi_2, USi_3, U_3Si_2, U_3Si_5
uranium sulfate - das Uransulfat, $U(SO_4)_2$
uranium sulfide - das Uransulfid
uranyl bromide, uranium bromide - das Uranbromid, Uranylbromid, UO_2Br_2
uranyl chloride, uranium chloride - das Uranchlorid, Uranylchlorid, UO_2Cl_2
uranyl nitrate, uranium nitrate - das Urannitrat, Uranylnitrat, $UO_2(NO_3)_2$
uranyl oxide, *uranium oxide* - das Uranoxid, Uranyloxid, UO_3
uranyl phosphate, *uranium phosphate* - das Uranphosphat, Uranylphosphat UO_2HPO_4
uranyl sulfate - das Uranylsulfat, $UO_2SO_4 * 3H_2O$
urban climate - die Stadtatmosphäre
urea - der Harnstoff, Karbamid, H_2NCONH_2
urea calcium nitrate - der Harnstoffkalksalpeter
urea dewaxing - die Harnstoffentparaffinierung
urea resin - das Harnstoffharz, Karbamidharz
uric acid - die Harnsäure, $C_5H_4N_4O_3$
uric acid calculus - der Harnsäurestein
Eastern Republic of **Uruguay** - Uruguay, *UY*
US = ISO-code: United States of Ameri-

ca - Vereinigte Staaten von Amerika, *USA*
USC = Universidad de Santiago de Chile,
use - der Gebrauch
used baverage cans - die Aluminiumschrottbüchsen
used foundry sand - der Gießereialtsand
useful grate area - die wirksame Rostfläche
useful load - die Nutzlast
useless byproduct - das Abfallprodukt
USGPM = United States gallons per minute
USSR = Union of Soviet Socialist Republics - die Sowjetunion, UdSSR, ISO-code: *SU*
UT = Utah *(USA)*
utensils - die Werkzeuge, das Gezähe *(Bergbau)*
utilization - 1. die Anwendung, 2. die Ausbeutung
utilization of fuel - die Brennstoffausnutzung
utilization of gas - die Gasausnutzung
utilization of power input - die Energieausnutzung
utilization of the thermal energy - die Nutzung des Wärmepotentials
utilization of waste heat - die Abwärmeverwertung
utilization of wastes - die Verwertung von Abfällen
UY = Eastern Republic of Uruguay - Uruguay

V

VA = Virginia *(USA)*
VAC = Vakuumschmelze GmbH *(Hanau und Berlin)*
vacancy - die Leerstelle
vacancy cluster - der Leerstellencluster
vacancy migration - die Leerstellenwanderung
vacuum - das Vakuum
vacuum annealing - das Vakuumglühen
vacuum arc degassing process, *VAD process* - das Vakuum-Lichtbogen-Entgasungsverfahren, *das VAD Verfahren*
vacuum arc double electrode remelting process, *VADER process* - das Vakuum-Lichtbogen-Doppelelektrode-Umschmelzverfahren, *VADER Verfahren*
vacuum arc furnace - der Vakuumlichtbogenofen
vacuum arc remelting - das Vakuumlichtbogenumschmelzen, *VAR*
vacuum argon refining process converter - der Vakuum Argon Raffinations Prozeß Konverter, *VARP Konverter*
vacuum compaction *(powder pressing)* - das Vakuumpressen *(Pulvermetallurgie)*
vacuum degassing, *VD* - die Vakuumentgasung
vacuum deoxidation - die Vakuumdesoxidation
vacuum die casting - das Vakuumkokillengießen
cathodic **vacuum etching** - das kathodische Vakuumätzen
vacuum extraktion - die Vakuumheißextraktion
vacuum filter - der Vakuumfilter

vacuum forming

vacuum forming - das Vakuumumformen
vacuum furnace - die Vakuumofen
vacuum gauge - das Vakuummeter
vacuum hot pressing - das Vakuumheißpressen, *VHP*
vacuum induction degassing and pouring, *VIDP* - die Vakuum-Induktionsentgasung und Gießen
vacuum induction degassing, *VID* - die Vakuum-Induktionsentgasung
vacuum induction furnace - der Vakuuminduktionsofen
vacuum induction melting, *VIM* - das Vakuuminduktionsschmelzen, *VIS*
vacuum melting - das Vakuumschmelzen
vacuum metallizing - das Vakuummetallisieren
vacuum metallurgy - die Vakuummetallurgie
vacuum moulding - das Vakuumformverfahren
vacuum oxygen decarburisation process *(steel refining: VOD process)* - das Vakuum-Sauerstoff-Entkohlungsverfahren *(Stahlfrischen: VOD Verfahren)*
vacuum oxygen decarburization converter - Vakuum-Oxygen-Decarburisation-Konverter, *VOD Konverter*
vacuum pouring - das Vakuumgießen
vacuum pump - die Vakuumpumpe
vacuum remelting - das Vakuumumschmelzen
vacuum sintering - das Vakuumpulversintern
vacuum treated steel - der vakuumbehandelte Stahl
VAD process = vacuum arc degassing process - das Vakuum-Lichtbogen-Entgasungsverfahren, *das VAD Verfahren*
VADER process = vacuum arc double electrode remelting process - das Vakuum-Lichtbogen-Doppelelektrode-Umschmelzverfahren, *das VADER Verfahren*
vakuum treatment - das Vakuumverfahren
valence - die Valenz
valentinite - das Mineral: der Weißspießglanz, Valentinit, Sb_2O_3
valuating - das Bewerten
valuation of analytical results - die Bewertung von Analysenergebnissen
value - 1. der Wert, 2. die Währung
value of all taxes, *VAT* - die Mehrwertsteuer, *MWSt*
valve - 1. der Schieber, 2. das Ventil
valve lock - der Schieberverschluß
valve spring - die Ventilfeder
VAMI = All-Union Aluminium und Magnesium Inst. *(Leningrad)*
Van der Waals forces - die Van der Waalschen Kräfte
vanadinite - das Mineral: der Vanadinit *(ein wichtiges Vanadiumerz)*, das Bleivanadat, $Pb_5Cl[VO_4]_3$
vanadium - das Vanadium, V
vanadium addition - der Vanadiumzusatz
vanadium alloy - die Vanadiumlegierung
vanadium aluminat - das Vanadiumaluminat, $V(AlO_2)_2$
vanadium boride - das Vanadiumborid, VB, VB_2, V_3B_2, V_2B_3, $2V_5B_6$, $2V_3B_4$
vanadium bromide - das Vanadiumbromid, VBr_3
vanadium carbide - das Vanadiumcarbid, VC, V_2C
vanadium carbonate - das Vanadiumcarbonat
vanadium chloride - das Vanadiumchlorid, VCl_3
vanadium complex - der Vanadiumkomplex
vanadium compound - die Vanadiumverbindung
vanadium fluoride - das Vanadiumfluo-

vanadium hydride

rid, VF_3, VF_5
vanadium hydride - das Vanadiumhydrid
vanadium hydroxide - das Vanadiumhydroxid, $VO(OH)$, $V_2O_5·H_2O$
vanadium iodide - das Vanadiumjodid, VJ_2
vanadium ion - das Vanadiumion, $V(+2)$, $V(+3)$, $V(+4)$, $V(+5)$
vanadium nitrate - das Vanadiumnitrat
vanadium nitride - das Vanadiumnitrid, VN
vanadium ore - das Vanadiumerz
vanadium oxide - das Vanadiumoxid, V_2O_5, V_2O_4
vanadium phosphate - das Vanadiumphosphat
vanadium phosphide - das Vanadiumphosphid
vanadium production - die Vanadiumherstellung
vanadium silicate - das Vanadiumsilikat
vanadium silicide - das Vanadiumsilicid, V_3Si, V_5Si_3
vanadium sulfate - das Vanadiumsulfat
vanadium sulfide - das Vanadiumsulfid, VS, V_2S_2, V_2S_5
vane - das Flügelrad
vanners - der Goldwäscher (*gravimetrische Aufbereitung von Golderz*)
vapor (*America*) - der Dampf
vaporization - das Verdampfen
vapour - der Dampf
vapour degreasing - das Dampfentfetten
vapour density - die Dampfdichte
vapour deposition - das Aufdampfen
vapour phase soldering - das Kondensationslöten
vapour pressure - Dampfdruck
vapour shielded welding - das Lichtbogenschweißen unter Dampf
VAR = vacuum arc remelting - das Vakuumlichtbogenumschmelzen
varnish - der Lack
varnishing - das Lackieren
VARP converter = vacuum argon refining process converter - der Vakuum Argon Raffinations Prozeß Konverter, *der VARP Konverter*
VAT = value of all taxes - die Mehrwertsteuer, *MWSt*
vat - der Trog, die Bütte, der Bottich
vat paper - das Büttenpapier
VAW = Vereinigte Aluminiumwerke AG *(Bonn)*
VAW tube digestor process - das Rohraufschlußverfahren der Vereinigten Aluminiumwerke, *der VAW Rohraufschluß*
VC = vertical casting - der stehende Guß
VC casting = vertical continuous casting - das vertikale Stranggießen
VCI = Verband der Chemischen Industrie *(Frankfurt am Main)*
VD = vacuum degassing - die Vakuumentgasung
VDE = Verband Deutscher Elektrizitätswerke e.V. *(Frankfurt am Main)*
VDEh = Verein Deutscher Eisenhüttenleute e.V. *(Düsseldorf)*
VDG = Verein Deutscher Gießereifachleute *(Düsseldorf)*
VDI = Verein Deutscher Ingenieure *(Düsseldorf)*
VDM = Vereinigte Deutscher Metallwerke AG *(Werdohl)*
VDM = Verein Deutscher Metallhändler e.V. *(Bonn)*
VE = Republic of Venezuela - Republik Venezuela
VECS = vertical eddy current separator - der vertikale Stromscheider
vehicle - das Fahrzeug
vehicle chassis - das Fahrgestell
vehicle component - das Fahrzeugbauteil
vein (*mining*) - die Ader

veins

veins in marble - die Streifen im Marmor
veiny - aderig
velvet - der Samt
Republic of **Venezuela** - Republik Venezuela, *VE*
vent gas scrubber - der Abgaswäscher
ventilation - die Lüftung
ventilation *(mining)* - die Bewetterung
ventilation dam - der Wetterdamm
ventilation level - die Wettersohle
ventilation officer - der Wettersteiger
ventilation road - die Wetterstrecke
verification - die Überprüfung, Kontrolle
verification survey - die Nachvermessung, die Überprüfungsvermessung
vermiculite - das Mineral: der Vermiculit, $(Mg,Fe,Al)_3(Al,Si)_4O_{10}(OH)_2 * 4H_2O$
vermilion - zinnoberrot
Vermont = VT *(USA)*
vertex - der Scheitelpunkt
vertical - lotrecht, vertikal, senkrecht
vertical casting, *VC* - der stehende Guß
vertical continuous casting - das vertikale Stranggießen
vertical down - die Fallposition
vertical eddy current separator - der vertikale Stromscheider
vertical kiln - der senkrechte Kalzinierofen
vertical lance - die Senkrechtlanze
vertical position - die Senkrechtposition
vertical roll - die vertikale Walze
vertical segregation - die vertikale Seigerung
vertical spindle mill - die Kugelring-Wälzmühle *(Kohleaufbereitung)*
vertical stud *(electrolysis)* - der senkrechte Strombolzen *(Elektrolyse)*
vertical stud Soderberg cell - die Söderbergzelle mit senkrechtem Strombolzen, *die VSS Zelle*
vertical support - der Stempelausbau
vertical up - die Steigposition
very low carbon steel, *VLC steel* - der sehr kohlenstoffarme Stahl, *SKA Stahl*
vessel - der Behälter
VFBE = der Verband der Führungskräfte in Bergbau und Energiewirtschaft e.V. *(Essen)*
VG = the British Virgin Islands - die britischen Jungfrau-Inseln
VHP = vacuum hot pressing - das Vakuumheißpressen
vibrate - schwingen
vibration - die Schwingung
vibration damping - die Dämpfung von Schwingungen
vibration milling - das Schwingmahlen
vibrational casting - das Vibrationsgießverfahren
vibratory compaction - das Vibrationspressen
vibratory conveyor - die Schüttelrutsche
vibratory stress relief - das Vibrationsentspannen
vice - der Schraubstock
Vickers test - der Vickersversuch
VID = vacuum induction degassing - die Vakuum-Induktionsentgasung
VIDP = vacuum induction degassing and pouring - die Vakuum-Induktionsentgasung und Gießen
Socialist Republic of **Viet Nam** - die Sozialistische Republik Vietnam, *VN*
view point - der Gesichtspunkt
vigorous - stark, kräftig
VIM = vacuum induction melting - das Vakuuminduktionsschmelzen
violarite - das Mineral: der Violarit, $Ni_2.FeS_4$, $FeNi_2.S_4$
violent reactions - die heftigen Reaktionen
VIP process = Vitrokele-in-pulp process -

Vitrokele-in-Pulpe Verfahren, *VIP Verfahren*

virgin electrolyte - der frisch angesetzte Elektrolyt

British **Virgin Islands** - die britischen Jungfrau-Inseln, *VG*

virgin metal - 1. das gediegene Metall; 2. das Originalhüttenmetall, das unmittelbar aus dem Erz und nicht aus sekundären Rohstoffen gewonnen wurde

Virginia = VA *(USA)*

viscid - klebrig

viscosity - die Zähigkeit, die Viskosität

viscous - viskos, dickflüssig, zäh, schlüpfrig

visible - sichtbar

visko[si]meter - das Viskosimeter

visual inspection - die Sichtprüfung

vitreous - glasig, glasartig, porzellanartig

vitreous brick - der Glasstein

vitreous slag - die glasige Schlacke

vitrification - die Herstellung glasförmigen Metalls

vitrified brick - der glasierte Stein

Vitrokele-in-pulp process - Vitrokele-in-Pulpe Verfahren, *VIP Verfahren*

VLC steel = very low carbon steel - der sehr kohlenstoffarme Stahl, *SKA Stahl*

VN = Socialist Republic of Viet Nam - die Sozialistische Republik Vietnam

VOC emissions = volatile organic compounds emissions - die Emissionen durch flüchtige organische Verbindungen, *die VOC Emissionen*

VOD converter = vacuum oxygen decarburization converter - der Vakuum-Oxygen-Decarburisation- Konverter, *der VOD Konverter*

VOD process = vacuum oxygen decarburisation process *(steel refining)* - das Vakuum-Sauerstoff-Entkohlungsverfahren *(Stahlfrischen: das VOD Verfahren)*

void of air - luftleer

virgin electrolyte

voiding - die Entleerung

volatile - flüchtig

volatile matter - die flüchtigen Bestandteile

volatile *organic compounds emissions* - Emissionen durch flüchtige organische Verbindungen, *die VOC Emissionen*

volatile oxides - die flüchtigen Oxide

volatility - die Flüchtigkeit

volatilization - die Verflüchtigung

voltage - die elektrische Spannung

voltage recorder - der Spannungsschreiber *(Meßtechnik)*

voltammetry - die Voltammetrie

volume - das Volumen, der Inhalt

volume stream - der Volumenstrom

vortex *(pl. vortices)* - der Strudel, der Wirbel

vortex finder - 1. der Wirbelsucher 2. die Überlaufdüse *(Aufbereitung)*

VPISU = Virginia Polytechnic Inst. and State Univ. *(Blacksburg)*

VSS cell = vertical stud Soderberg cell - die Söderbergzelle mit senkrechtem Strombolzen, *die VSS Zelle*

VT = Vermont *(USA)*

WA = Washington *(USA)*

wabbler - die Taumelscheibe

Waelz furnace - der Wälzofen *(Drehrohrofen)*

wafer *(chem.)* - die Oblate

wage earner - der Lohnarbeiter

wage rate - der Lohnsatz

wage register - die Lohnliste

wage table

wage table - die Lohntabelle
wages - der Arbeitslohn, das Gehalt, Lohn
rail tanker **wagon** *citerne* - der Eisenbahntanker
WAIT = Western Australian Inst. of Technology *(Bentley)*
Walker wheel - die Drehscheibengießmaschine, Bauart nach Walker
walking beam - der Hubbalken
walking beam furnace - der Hubbalkenofen
walking track - der Fahrweg
walking-beam furnace plant - die Hubbalkenofenanlage
wall thickness - die Wanddicke
warehouse - der Speicher, das Lagerhaus
warm drawing - das Halbwarmziehen
warm extrusion - das Halbwarmstrangpressen
warm forming - das Halbwarmumformen
warning plate - das Warnschild
warp - die Kette, Aufzug *(in einem Gewebe)*
wash - spülen, abschlämmen, entschlämmen, waschen
wash trough - das Setzfaß
washery - die Wäsche
washery dirt - die Waschberge
washery feed coal - die Rohförderkohle
washery foreman - der Waschmeister
washery shale - die Waschberge
washing of cathodes *(acid separation)* - das Waschen der Kathoden *(Säureabtrennung)*
washing plant - die Waschanlage *(Aufbereitung)*
washing stage - die Waschstufe *(Aufbereitung)*
washing zyclone - der Waschzyklon
Washington = WA *(USA)*
washroom - die Kaue, Waschraum

waste bin - der Abfallbehälter
waste casting - der Fehlguß
waste coal - die Steinkohlenabgänge
waste copper - die Kupferabfälle
waste disposal - das Abfallbeseitigen
waste dump - die Abgängehalde, die Abfallhalde
waste dumping - die Abfallablagerung
waste flue - der Essenkanal
waste fuels - die Ersatzbrennstoffe
waste gas - das Abgas
waste gas connection - der Abgasstutzen
waste gas dedusting - die Abgasentstaubung
waste gas duct - der Abgaskanal
waste gas fan - das Abgasgebläse
waste heat - die Abwärme
waste heat recovery - die Abwärmerückgewinnung
waste metal - die Krätze, der Metallabfall
waste oil - das Altöl
waste pickle liquor - die verbrauchte Beizflüssigkeit, die Abbeize, das Beizabwasser
waste rock *(mining)* - die Berge
waste rock pile - die Bergehalde
waste steam - der Abdampf
waste treatment - die Abfallbehandlung
waste utilization - die Abfallverwertung
waste water - das Abwasser
waste water cleaning - die Abwasserreinigung
waste water treatment - die Abwasserbehandlung
wastes - der Abfall
bidistilled **water** - das doppelt destillierte Wasser
water analysis - die Wasseranalyse
water channel - die Seige
water consumption - der Wasserverbrauch

water content

water content - die Restfeuchte
water cooling of wall elements - die Wasserkühlung von Wandelementen
water corrosion - die Wasserkorrosion
water gas - das Wassergas *(Heizgas für Synthesen: Mischung aus Kohlenmonoxid und Wasserstoff)*
water glass - das Wasserglas, Na_2O*SiO_2
water handling - die Wasserhaltung *(unter Tage)*
water handling installation - die Wasserhaltung
water hardness - die Wasserhärte
water jacket - die Wassertasche *(Ofenkühlung)*
water jet - der Wasserstrahl
water management - die Wasserwirtschaft
water pollution - die Wasserverschmutzung
water pollution control - die Wasserreinhaltung
water quenching - das Wasserabschrecken
water spray cooling - die sekundäre Kühlung
water supply - die Wasserversorgung
water tower - der Wasserturm
water transport - der Wassertransport
water treatment - das Wasseraufbereiten
water turbine - die Wasserturbine
waterbearing - wasserführend
watering - das Besprengen
watertight - wasserdicht
wave - die Welle
wave attenuation - die Wellendämpfung
wave form - die Wellenform
wave interference - die Welleninterferenz
wave propagation - die Wellenfortpflanzung
wave soldering - das Schwallöten
waveguide - der Wellenleiter
wavelength - die Wellenlänge
wax - das Wachs
wax pattern - das Wachsmodell
wayleave officer - der Außendienstler
WBK = Westfälische Berggewerkschaftskasse *(Bochum)*
weak - schwach, dünn
weak gas - das Schwachgas
weak-base anion exchanger - der schwachbasische Anionenaustauscher
weapon - die Waffe
wear - der Verschleiß
wear - abnutzen, verschleißen
wear resistance - die Verschleißfestigkeit, die Verschleißbeständigkeit
wear resistant alloy - die verschleißfeste Legierung
wear resistant steel - der verschleißfeste Stahl
wear test - der Verschleißversuch
wearing quality - die Verschleißgüte
weathering - das Verwittern
weathering steel - der witterungsbeständige Stahl
WEC = Westinghouse Electric Corp. *(Pittsburg)*
wedge - 1. ankeilen, 2. der Keil
wedge cake - die Keilplatte *(Gußformat zum Weiterverarbeiten mit leicht konischen, keilförmigen Seiten)*
weeksite - das Mineral: der Weeksit, $K_2(Si_2O_5)(UO_2)_2*4H_2O$
weft - der Einschlag *(im Gewebe)*
weigh - wiegen
weigher - die Waage
weighing - das Wägen
weighing material - der Schwerstoff
weight - das Gewicht
weight loss time diagram - das Gewichtsverlust-Zeit-Diagramm
weight unit - die Gewichtseinheit
weight-% = percent by weight - Gew.-% =

weighted

Gewichtsprozent
weighted - gewichtsbeschwert, beschwert
weighted *primary dust content index, (wpdci or W.P.D.C.I.)* - der gewichtete primäre Staubgehalt-Index, *(die Formel ist in der aktuellen Literatur nachzusehen)*
weightlessness - die Schwerelosigkeit
weir - das Wehr
weld - die Schweißnaht
weld backing material - die Badsicherung
weld bonding - das Punktschweißkleben
weld cladding - das Schweißplattieren
weld cracking - die Schweißrißbildung
weld defect - der Schweißfehler
weld metal - das Schweißgut
weld penetration - der Einbrand
weld primer - die Schweißgrundierung
weld shape - die Nahtform
weld toe - der Nahtübergang
weld zone - die Schweißzone
weldability - die Schweißbarkeit
weldability test - der Schweißbarkeitsversuch
weldable steel - der schweißbare Stahl
welded joint - die Schweißverbindung
welded structure - die Schweißkonstruktion
welded tube - das geschweißte Rohr
welding - das Schweißen
welding accessory - das Schweißzubehör
welding arc physics - die Schweißlichtbogenphysik
welding conditions - die Schweißbedingungen
welding converter - der Schweißumformer, der Schweißkonverter
welding equipment - die Schweißausrüstung
welding flux - das Schweißpulver
welding generator - der Schweißgenerator
welding glass - der Schweißschutzglas
welding gun - die Schweißpistole
welding head - der Schweißkopf, die Schweißdüse
welding metals with active gas - das Metall - Aktivgasschweißen, *MAG Schweißen*
welding metals with inert gas - das Metallinertgasschweißen, *MIG Schweißen*
welding parameter - die Schweißparameter
welding position - die Schweißposition
welding power source - die Schweißstromquelle
welding rectifier - der Schweißgleichrichter
welding rod - die Stabelektrode
continuous **welding seam** - die durchlaufende Schweißnaht
welding shoe - der Gleitschuh
welding shop - die Schweißwerkstatt
welding torch - der Schweißbrenner
welding transformer - der Schweißtransformator
well - der Schacht, der Brunnen, die Quelle, die Grube
well shaft - der Brunnenschacht
West Germany - Westdeutschland, BRD, ISO-Code: *DE*
West Virginia = WV *(USA)*
wet - 1. naß, feucht 2. benetzen, netzen, befeuchten
wet assay - die Naßprobe
wet classification - die Stromklassierung (Aufbereitung)
wet cleaning - das Naßgasreinigen
wet cyclone - der Hydrozyklon
wet dust removing plant - die Naßentstaubungsanlage
wet filter - der Naßfilter
wet filtration - die Naßfiltration
wet high intensity magnetic separa-

wet ore treatment

tion *(gold and uran extraction)*, *WHIMS* - die hochintensive Naßmagnetscheidung *(Gold- und Urangewinnung)*
wet ore treatment - die Naßaufbereitung
wet parting - die Naßscheidung
wet separation process - das Naßtrennverfahren
wet treatment - das Naßverfahren
wettability - die Benetzbarkeit
wetted area - der Füllgrad
wetting unit - die Benetzungseinheit
WGM = Wirtschaftsverband Großhandel Metallhalbzeug e.V. *(Bonn)*
wharf - 1. die Kaianlage, Landungsbrücke, der Pier, die Hafenanlage, 2. die Schrägrampe
wheel - das Rad
WHIMS = the wet high intensity magnetic separation *(gold and uranium extraction)* - die naße Starkfeld-Magnetscheidung, die hochintensive Naßmagnetscheidung *(Gold- und Urangewinnung)*
whip - ausschlagen, schlagen
whisker - der Whisker
whistle - die Alarmpfeife, Pfeife
white cast iron - das weiße Gußeisen
white heart malleable cast iron - der weiße Temperguß
white lead - das Bleiweiß *(Blei-II-carbonat)*
white marble, *marble white* - der weiße Marmor *(reiner fein kristalliner Calcit)*, $CaCO_3$
white metal - das Weißmetall, der Spurstein *(praktisch eisenfreier Kupferstein mit 78-80% Kupfer)*
white ore - das weiße Erz, $(FeO.MnO)WO_3$
white washer - der Kälker *(Elektrolysepersonal in den USA)*
WI = Wisconsin *(USA)*

wide flange beam - der Breitflanschträger
wide flat - der Breitflachstahl
wide milling machines - die Breit-Fräsmaschinen
wide strip - das Breitband
wide strip mill - das Breitbandwalzwerk
widen out - sich erweitern, weiter werden
Widmannstaetten structure - das Widmannstättensche Gefüge
width - die Weite, die Breite
width across the measures - querschlägige Ausrichtung
width of cut - die Schnittbreite
wild steel - der unberuhigte Stahl
willemite - das Mineral: der Willemit *(Zinksilikat)*, $Zn_2SiO_4 = 2ZnO*SiO_2$
win - abbauen *(bergmännisch gewinnen)*
winch - die Zugwinde
wind engine - der Windmotor
wind mill - die Windmühle
winding - die Förderung
winding installation - die Förderanlage
winding machine - die Fördermaschine
winding pulley - die Treibscheibe
winding rope - das Förderseil
winding shaft - der Förderschacht
windlass - die Hebewinde, Berghaspel
window - das Fenster
winning *(metallurgy)* - der Aufschluß
winning *(mining)* - der Abbau
winning machine - die Gewinnungsmaschine
winning operations - die Abbautätigkeit
wiper - der Wischer
wiper ring - der Abstreifring
wire - der Draht, der Leitungsdraht
wire coil - der Drahtring
wire drawing - das Drahtziehen
wire flux combination - die Draht-Pulver-Kombination

wire gauge

wire gauge - die Drahtlehre
wire gauze - das Drahtgeflecht, die Drahtgaze
wire goods - die Drahtwaren
wire nail - der Drahtstift, Nagel
wire net - das Drahtnetz
wire patentient - das Drahtpatentieren
wire rod - der Walzdraht
wire rope - das Drahtseil
wire spoke wheel - das Drahtspeichenrad
wire tack - der Drahtstift
wirebar - der Drahtbarren
wiring - die Kabelverlegung
Wisconsin = WI *(USA)*
withdraw - abziehen
withdrawal device - das Raubgerät
witherite - das Mineral: barium carbonate - der Witherit Bariumcarbonat, $BaCO_3$
withstand - aushalten, standhalten
wittichenite - das Mineral: der Wittichenit, Cu_3BiS_3
wolframite - das Mineral: der Wolframit, $(Fe.Mn)WO_4$ oder $FeWO_4$
wood - das Holz
wood drill - der Holzbohrer
wood dust - das Holzmehl
wood tar - der Holzteer
wood tin - das Mineral: Wood Tin, *agglomeriertes, kolloidales Zinnoxid mit dem Aussehen von Holz,* $SnO_2 * H_2O$
woodcatcher - der Holzabscheider
wooden mallet - der Holzhammer
woody - holzig
WORCRA process = Worner Conzinc Riotinto of Australia *(pyromet. copper refining process)* - das pyrometallurgische Kupferraffinationsverfahren, *das WORCRA Verfahren*
work - arbeiten
work bench - die Werkbank
work function - die Austrittsarbeit
work holder - die Spannvorrichtung
work loose - sich lösen, lockern
work operation - der Arbeitsvorgang
work preparation - die Arbeitsvorbereitung
work roll - die Arbeitswalze
work shop - die Werkstatt
work study - die Arbeitsstudie
workability - 1. die Verarbeitbarkeit, 2. die Bauwürdigkeit
workable oreshoots - die abbauwürdige Vererzung
worked out - abgebaut, ausgeraubt *(Bergbau)*
working - der Abbau, der Grubenbau
working condition - die Arbeitsbedingung, die Betriebsbedingung
working door - die Arbeitstür
working face - der Abbaustoß
working inset - der Ansatzpunkt
working length - die Baulänge
working method - die Arbeitstechnik
working of furnace - der Ofengang
working of the heat - die Schmelzführung
working pressure - der Arbeitsdruck
working schedule - das Arbeitsschema
working speed - die Betriebsdrehzahl
working time - die Arbeitszeit
working to the dip - der fallende Abbau
working to the rise - der schwebende Abbau
working to the strike - der streichende Strebbau
workman - der Handwerker, der Facharbeiter
workmanship - 1. die Kunstfertigkeit, 2. die Verarbeitungsgüte
workplace layout - die Arbeitsplatzgestaltung
works - der Betrieb *(Unternehmen)*
works building - das Betriebsgebäude

works ground - das Betriebsgelände
works manager - der Betriebsleiter
works manager's office - das Betriebsbüro
works of art - der Kunstgegenstand
works safety - die Betriebssicherheit
workshop - die Werkstatt
world - die Welt
world wide trade - die Weltwirtschaft
worm - die Schnecke
worm driven - mit Schneckenantrieb
worm gearing - das Schneckengetriebe
worm wheel - das Schneckenrad
worn moulding material - der Altformstoff
worn out - abgenutzt, verschlissen
Worner Conzinc Riotinto of Australia pyromet. copper refining process - das pyrometallurgische Kupferraffinationsverfahren, *das WORCRA Verfahren*
true **worth metal contents** - die echte Wertmetallkonzentration
wpdci / W.P.D.C.I. = weighted primary dust content index - der gewichtete, primäre Staubgehalt-Index *(die umfangreiche Formel ist in der aktuellen Fachliteratur angegeben)*
wrapping paper - das Packpapier
wrench - der Schraubenschlüssel, der Schlüssel
wrinkle - der Kunstgriff
wrinkling - die Furchenbildung, die Runzelbildung
in written form - schriftlich
wrought alloy - die Schmiedelegierung
wrought iron - das Schmiedeeisen
wrought metal - das Schmiedemetall
wrought steel - der Schmiedestahl
WS = Independent State of Western Samoa - Unabhängiger Staat West Samoa
wulfenite - das Mineral: das Gelbbleierz, Wulfenit, $PbMoO_4$
WV = West Virginia *(USA)*
WY = Wyoming *(USA)*

x-ray absorption - die Röntgenabsorption
x-ray analysis - die Röntgenanalyse
x-ray diffraction - die Röntgenbeugung
x-ray diffractometer - das Röntgenstrahlendiffraktometer
x-ray emission - die Röntgenemission
x-ray fluoceszence - die Röntgenfluoreszenz
x-ray fluoceszence spectrometry - die Röntgenfluoreszenzspektrometrie
x-ray photoelectron spectrometry - die Elektronenspektroskopie zur chemischen Analyse, ESCA
x-ray scattering - die Röntgenstreuung
X-ray spectrometry - die Röntgenspektometrie
x-ray topography - die Röntgenstrahlentopographie
X-rays - die Röntgenstrahlen
Xenon - das Xenon, Xe
XPS = x-ray photoelectron spectrometry - die Elektronenspektroskopie zur chemischen Analyse, *ESCA*

Y-pipe

Y

Y-pipe - das Hosenrohr
yard = 3 feet = 914 mm - das Yard *(Umrechnung: 1m = 1,093 yards)*
yard stick - der Zollstock
YD = People's Democratic Republic of Yemen - die Demokratische Volksrepublik Jemen
YE = Arab Republic Yemen - die Arabische Republik Jemen
yellow pyrite production - die Schwefelkiesgewinnung
yellow ware - das Steingut
yellowing - das Vergilben
Arab Republic of Yemen - die Arabische Republik Jemen
People's Democratic Rep. of Yemen - die Demokratische Volksrepublik Jemen
yield - 1. der Nutzen, die Ausbeute, der Ertrag 2. nachgeben, liefern, ausweichen, 3. die Leistungsfähigkeit *(Produktionskapazität)*
yield *(material economy)* - das Ausbringen
yield of anodes - der Anodenvorlauf
yield of segregated solution - der Trennlaugenvorlauf
yield point drof - der Streckgrenzenabfall
yield point elongation - die Streckgrenzenverlängerung
yield strength - die Fließgrenze
yielding arch support - der nachgiebige Bogenausbau, der nachgiebige Gleitbogenausbau
yitrocrasite - das Mineral: der Yitrocrasit, $YTh_2Ti_4O_{11}$
yoke - 1. der Bügel, 2. das Joch *(z.B. das Magnetjoch)*

young urban people in establishment, *Yupie* - die jungen Leute in der Stadt mit Arbeit
Young's modulus - das Elastizitätsmodul, E-Modul
ytterbium - das Ytterbium, Yb
ytterbium addition - der Ytterbiumzusatz
ytterbium alloy - die Ytterbiumlegierung
ytterbium complex - der Ytterbiumkomplex
ytterbium compound - die Ytterbiumverbindung
ytterbium ion - das Ytterbiumion, Yb(+2), Yb(+3)
yttrium - das Yttrium, Y
yttrium addition - der Yttriumzusatz
yttrium alloy - die Yttriumlegierung
yttrium boride - das Yttriumborid
yttrium bromide - das Yttriumbromid, YBr_3
yttrium carbide - das Yttriumcarbid, YC_2
yttrium carbonate - das Yttriumcarbonat, $Y2.(CO_3)_3$
yttrium chloride - das Yttriumchlorid, YCl_3
yttrium complex - der Yttriumkomplex
yttrium compound - die Yttriumverbindung
yttrium fluoride - das Yttriumfluorid, YF_3
yttrium hydride - das Yttriumhydrid, YH_2, YH_3
yttrium hydroxide - das Yttriumhydroxid, $Y(OH)_3$
yttrium iodide - das Yttriumjodid, YJ_3
yttrium ion - das Yttriumion, Y(+3)
yttrium nitrate - das Yttriumnitrat, $Y(NO_3)_3$
yttrium nitride - das Yttriumnitrid, YN
yttrium oxide - das Yttriumoxid, Y_2O_3
yttrium phosphate - das Yttriumphosphat, YPO_4

yttrium phosphide - das Yttriumphosphid
yttrium silicide - das Yttriumsilicid
yttrium sulfide - das Yttriumsulfid
YU = Socialist Federal Republic of Yugoslavia - Sozialistische Bundesrepublik Jugoslawien
Yupie = young urban people in establishment - s.o.

Z

Z-working - der Z-Bau
ZA = Republic of South Africa - die Republik Südafrika, *RSA*
Republic of Zaire - Republik Zaire, *ZR*
Republic of Zambia - Republik Zambia, *ZM*
ZDA = Zinc Development Association *(London)*
zeolite - der Zeolit
zero - die Null
zeta phase - die Zeta Phase
Zimbabwe - Zimbabwe, *ZW*
zinc - das Zink, Zn
zinc addition - der Zinkzusatz
zinc alloy - die Zinklegierung
zinc ashes - die Zinkasche
zinc blende *(sphalerite)* - das Mineral: die Zinkblende *(Sphalerit)*, ZnS
zinc boride - das Zinkborid
zinc bromide - das Zinkbromid, $ZnBr_2$
zinc calcine - der Zinkabbrand
zinc carbide - das Zinkcarbid
zinc carbonate - das Zinkcarbonat, $ZnCO_3$
zinc chloride - das Zinkchlorid, $ZnCl_2$
zinc coating - das Verzinken
zinc coating - das Zinkbeschichten
zinc complex - der Zinkkomplex
zinc compound - die Zinkverbindung
zinc concentrate - das Zinkkonzentrat
zinc dross - die Zinkkrätze
zinc dust paint - der Zinkstaubanstrich
zinc ferrite - das Mineral: der Zinkferrit, $ZnFe_2O_4$
zinc fluoride - das Zinkfluorid, ZnF_2
zinc hydride - das Zinkhydrid, der Zinkwasserstoff, ZnH_2
zinc hydrosilicate, hemimorphyte - der Kieselgalmei, Hemimorphyt, $Zn_2SiO_4 * H_2O$
zinc hydroxide - das Zinkhydroxid, $Zn(OH)_2$
zinc iodide - das Zinkjodid, ZnJ_2
zinc ion - das Zinkion, $Zn(+2)$
zinc metallurgist - der Zinkhüttenmann
zinc nitrate - das Zinknitrat, $Zn(NO_3)_2$
zinc nitride - das Zinknitrid, Zn_3N_2
zinc ore - das Zinkerz
zinc oxide - das Zinkoxid, ZnO
zinc phosphate - das Zinkphosphat, $Zn_3(PO_4)_2$
zinc phosphide - das Zinkphosphid, ZnP_2, Zn_3P_2
zinc plating - das galvanische Verzinken
zinc production - die Zinkherstellung
zinc retort - der Zinkmuffel
zinc selenid - das Zinkselenid, ZnSe
zinc selenite - das Zinkselenit, $ZnSeO_3$
zinc silicate - das Zinksilikat, Zn_2SiO_4 = $2ZnO * SiO_2$
zinc silicide - das Zinksilicid
zinc spar, *galmei or galmey* - der Zinkspat, der Galmei (*das Zinkcarbonat, der Smithsonit, das Kieselzinkerz*), $ZnCO_3$
zinc sulfate - das Zinksulfat, $ZnSO_4$
zinc sulfide - das Zinksulfid, ZnS

zinc white

zinc white - das Zinkweiß, das Zinkoxid
zinc works - die Zinkhütte
zinc-plated version - die verzinkte Ausführung
Zintl phase - die Zintlphase
zircon refractory - das Zirkonerzeugnis
zircone - das Mineral: der Zirkon, $ZrSiO_4$
zirconia refractory - das Zirkonoxiderzeugnis
zirconium - das Zirconium, Zr
zirconium addition - der Zirconiumzusatz
zirconium alloy - die Zirconiumlegierung
zirconium boride - das Zirconiumborid, ZrB_2
zirconium bromide - das Zirconiumbromid, $ZrBr_2$
zirconium carbide - das Zirconiumcarbid, ZrC
zirconium carbonate - das Zirconiumcarbonat
zirconium chloride - das Zirconiumchlorid, $ZrCl_4$
zirconium complex - der Zirconiumkomplex
zirconium fluoride - das Zirconiumfluorid, ZrF_4
zirconium hydride - das Zirconiumhydrid, ZrH_2
zirconium hydroxide - das Zirconiumhydroxid, $Zr(OH)_4$
zirconium ion - das Zirconiumion, $Zr(+4)$
zirconium nitrate - das Zirconiumnitrat, $Zr(NO_3)_4$
zirconium nitride - das Zirconiumnitrid, ZrN
zirconium oxide - das Zirconiumoxid, ZrO_2
zirconium oxyiodide - das Zirconiumoxidjodid, $ZrOJ_2$
zirconium phosphate - das Zirconiumphosphat
zirconium phosphide - das Zirconiumphosphid
zirconium production - die Zirconiumherstellung
zirconium selenide - das Zirconiumselenid, $ZrSe_2$
zirconium silicate based refractories - die feuerfeste Ausmauerung auf Zirconsilicat-Basis
zirconium silicide - das Zirconiumsilicid, $ZrSi$, $ZrSi_2$, Zr_2Si, Zr_5Si_3
zirconium sulfate - das Zirconiumsulfat, $Zr(SO_4)_2$
zirconium sulfide - das Zirconiumsulfid, ZrS_2
ZM = Republic of Zambia - Republik Zambia
zonal sequence - die flächenmäßige, zonale Abfolge
zone melting - das Zonenschmelzen
zone of fusion - die Schmelzzone
zone refining - das Zonenraffinieren
ZR = Republic of Zaire - Republik Zaire
zunyite - das Mineral: der Zunyite *(Bauxitmineral)* - $Al_{12}(OH,F)_{18}$ * (AlO_4) * $(Si_5O_{16})Cl$
ZW = Zimbabwe - Zimbabwe